电力工程造价从业人员职业能力培训教材

通信工程

电力工程造价与定额管理总站　编

中国电力出版社
CHINA ELECTRIC POWER PRESS

内 容 提 要

《电力工程造价从业人员职业能力培训教材》体系设置主要从培养电力工程造价从业人员管理能力和专业技术能力两个方面设置内容。对应工程造价管理能力和工程造价专业技术中的公共基础能力培养，设置《综合知识》；对应专业技术能力中的专业基础能力、专业能力培养两部分内容，分专业设置《发电建筑工程》《电网建筑工程》《热力设备安装工程》《电气设备安装工程》《通信工程》《输电线路工程》6 册。

本分册为《电力工程造价从业人员职业能力培训教材　通信工程》，分为基础知识、计量与计价两篇，其中基础知识篇包括概述、通信设备与材料、通信工程设计、通信工程施工四章，计量与计价篇包括通信工程建设预算编制、通信工程预算、工程量清单计价与计算三章。

本套教材作为电力工程造价专业执业资格考试指定用书，同时作为电力工程设计、施工、监理、咨询等单位工程造价人员岗位技能学习、继续教育用书，还可作为高校相关专业教学指导用书。

图书在版编目（CIP）数据

通信工程 / 电力工程造价与定额管理总站编. —北京：中国电力出版社，2021.6（2024.4 重印）
电力工程造价从业人员职业能力培训教材
ISBN 978-7-5198-5694-6

Ⅰ. ①通… Ⅱ. ①电… Ⅲ. ①电力工程–通信工程–工程造价–中国–技术培训–教材 Ⅳ. ①F426.61

中国版本图书馆 CIP 数据核字（2021）第 108797 号

出版发行：中国电力出版社
地　　址：北京市东城区北京站西街 19 号（邮政编码 100005）
网　　址：http://www.cepp.sgcc.com.cn
责任编辑：赵　杨（010-63412287）　闫姣姣（010-63412433）
责任校对：黄　蓓　常燕昆　王海南
装帧设计：赵丽媛
责任印制：石　雷

印　　刷：北京天泽润科贸有限公司
版　　次：2021 年 6 月第一版
印　　次：2024 年 4 月北京第二次印刷
开　　本：889 毫米×1194 毫米　16 开本
印　　张：19
字　　数：550 千字
印　　数：1501—2000 册
定　　价：98.00 元

《电力工程造价从业人员职业能力培训教材》

编　委　会

主　　编　董士波

副 主 编　顾　爽　杨鸿珍　马卫坚

编写人员　李海龙　成　菲　施玉彬　苟全峰　黄义皓
毛　华　夏华丽　庄峥宇　李建刚　谢榕昌
罗　涛　陈　铭

审查专家　钟晓波　朱学文　谭　毅　黄育平　何　波
马大奎　汪子兵　武奋前　何勇萍　杨文生

前　言

为提高电力工程造价从业人员的业务素质和职业水平，推进从业人员职业能力评价与继续教育培训工作，结合当前电力行业发展形势和需求，依据中国电力企业联合会组织制定的《电力工程造价从业人员培训考核规范》（T/CEC 286—2019），电力工程造价与定额管理总站组织编写了本套教材。

本套教材囊括了最新国家有关电力工业发展的政策、法规及电力工程造价的规章制度、标准规范等，其内容涵盖火力发电工程和电网工程，分为综合知识、发电建筑工程、电网建筑工程、热力设备安装工程、电气设备安装工程、输电线路工程、通信工程七册。各册教材均采用模块化的编写方案，主要内容包括工程基本知识、设备材料、设计与识图、工程施工、计量与计价等，内容密切结合电力工程造价工作实际，力求准确、完整、系统，强调规范性和可操作性。既可作为电力工程造价从业人员职业能力培训教材，也可兼作从业人员职业能力评价和日常工具用书。

本套教材编写工作于2020年初启动，成立了编写委员会，组建了编写工作组，按统一的原则和思路确定了编写大纲，采用分头编写、集中审查与审定的方式，经过辛勤努力，在各方的通力合作与密切配合下，历时一年多，完成了教材的编写和出版工作。

本套教材在编撰过程中，得到了广大电力建设管理、设计、施工、监理、咨询以及高等院校等单位的大力支持，特别鸣谢国网浙江省电力有限公司、西北电力设计院有限公司、华北电力设计院有限公司等单位的密切配合，各册主编、副主编、参编及审查专家也都为此付出了大量时间、精力和智慧，在此一并表示衷心感谢！

本套教材的编写和出版，由于时间紧、任务重，难免存在疏漏和不足之处，恳请广大读者批评指正。

电力工程造价与定额管理总站

2021年5月

目　录

前言

第一篇　基础知识

第一章　概述……2
第一节　电力系统通信……2
第二节　通信系统组成……3
第三节　通信业务……5
第二章　通信设备与材料……8
第一节　通信设备……8
第二节　通信常用材料……75
第三章　通信工程设计……93
第一节　设计概述……93
第二节　通信工程识图……97
第四章　通信工程施工……114
第一节　施工机具……114
第二节　施工安装及调测……120

第二篇　计量与计价

第五章　通信工程建设预算编制……158
第一节　工程建设预算文件编制……158
第二节　建设预算项目划分及费用性质划分……162
第六章　通信工程预算……167
第一节　光纤通信数字设备……167
第二节　无线专网设备……179
第三节　电力载波设备……183
第四节　微波设备……184
第五节　交换设备……186
第六节　会议电话、会议电视设备……191
第七节　数据通信设备……193
第八节　监控设备、安全防护设备……195
第九节　卫星通信甚小口径地面站（VSAT）设备……197
第十节　同步网设备……199
第十一节　网络管理系统……201
第十二节　通信电源设备……202
第十三节　通信线路……204
第十四节　辅助设备……209
第十五节　设备电缆……211
第十六节　公共设备……213
第十七节　通信业务调测……215
第七章　工程量清单计价与计算……217
第一节　概述……217
第二节　工程量清单……218
第三节　工程量清单计价……225

附录 A　专业术语缩写……235
附录 B　通信安装工程预算编制案例……238
附录 C　通信安装工程工程量清单编制案例……274

参考文献……293

第一篇 基础知识

概　　述

第一节　电力系统通信

一、电力系统通信发展

作为电力系统的专用通信网，电力通信网随着电力系统的发展而逐步形成和发展。在建设之初，我国电力通信链路主要依赖架空明线和电力线载波，电力系统电话主要采用点对点的磁石电话、共电电话及少量纵横制电话交换机，电力通信只有单一的电力调度电话业务，电力系统通信的能力远不能满足电力生产的发展要求。

如今，电力通信网已经建成覆盖全国主要地区的电力专用光纤网络和覆盖全国县级以上城市供电企业、发电厂的电力专用数字程控交换网络，并实现了全国联网和全程自动拨号。电力通信为全国电力系统提供调度电话、行政办公电话、继电保护通道、自动化通道、信息网络、会议电话和会议电视、视频监控、电能计量网络、电力服务和营销系统等业务，成为我国电力系统发、输、供、配各个环节安全、稳定、高效运行的支撑系统。

通信技术经历了从步进制和纵横制交换到程控交换、从明线和同轴电缆到光纤传输、从模拟通信到数字通信、从固定通信到移动通信、从点对点通信到环网自愈通信、从主要面向硬件到面向软件技术的几大阶段变化，电力通信也经历了同样的发展阶段。电力通信网随着电网的建设、发展以及电网自动化水平的不断提高逐步发展壮大。在20世纪60～70年代，电力通信以音频、载波、模拟微波等通信方式为主。20世纪80年代，随着大规模集成电路的发展，出现了数字微波、光纤通信、程控交换等通信方式。20世纪90年代，电力通信网得到了进一步的发展，各种新技术、新设备不断得以应用，传输网、交换网等得到进一步完善，数字数据网、监测网、互联网、同步网等也逐步建立并得到应用。21世纪，智能电网已成为电力发展的重要趋势，它建立在集成的、高速双向通信网络的基础上，通过先进的传感与测量技术、传输技术、控制方法以及决策支持系统技术的应用，实现电网的可靠、安全、经济、高效、环境友好和使用安全的目标。“智能电网，通信先行”，要建设经济、高效、可靠的智能电网，离不开先进的通信技术。

由各种传输、交换、终端设备及通信电源等辅助设备组成的电力行业专用通信网络已形成包括传输网（光纤、微波、电力线载波系统等）、业务网（数据通信网、交换网、电视电话会议网等）和支撑网（信令网、同步网、网管网等）的通信系统。

二、电力系统通信作用

电力系统为了安全地发供电、合理地分配电能，及时处理和防止系统事故，就要求集中管理、统一调度，建立与之相适应的电力通信系统。

电力通信系统是电网不可缺少的重要组成部分，是电网调度自动化和管理现代化的基础，是确保电网安全、稳定、经济运行的重要手段。随着智能电网和现代通信技术的发展，电力通信系统承载了电网继电保护和安全稳定控制系统等核心业务。电力通信与电网安全息息相关，电力通信系统在电网安全中起着至关重要的作用，主要表现在以下几个方面：

（1）为电网调度指挥提供高质量、高可靠性的话音通道，使电网调度员和电网运行人员能方便、准确、清晰地通过电话了解情况，下达调度命令，指挥运行操作和事故处理。

（2）为调度自动化及实时控制系统提供信息通道，确保采集数据、稳定控制信息的快速、可靠传送。

（3）提供高质量、高可靠性的保护传输通道，确保继电保护装置的正确动作和快速切除，改善和提高继电保护动作性能，提高电力系统的稳定水平。

（4）在电力系统事故状态下，通信系统提供的通道保证了电网安全稳定控制系统可靠动作，防止电力系统失去稳定性和避免电力系统发生大面积停电事故。

历史上由于电力通信网的故障威胁到电网安全运行的事例很多，调度通信中断延误了事故处理的时间，甚至曾经发生因通信中断，造成电网事故扩大，电网发生稳定破坏、系统瓦解的大事故。因此电力通信网的安全运行直接影响到电网的安全运行，电力通信对保证电网安全稳定运行具有重要技术支撑作用。

第二节　通信系统组成

电力系统通信网主要由传输网、业务网、支撑网以及为通信网提供传输媒质的通信线路组成，通信系统组成示意图如图 1-1 所示。常规通信站系统配置：光传输设备等传输网设备提供传输通道；调度交换机、行政交换机、PCM 设备、路由器、交换机以及 IMS 交换设备等业务网设备完成各类业务接入；网管系统、同步时钟等支撑网设备为通信网提供网络管理、业务管理、网同步等功能，再通过光缆接入光传输网络，将通信站的各类业务传输至调度大楼所在的通信主站。通信站设备配置示意图如图 1-2 所示。

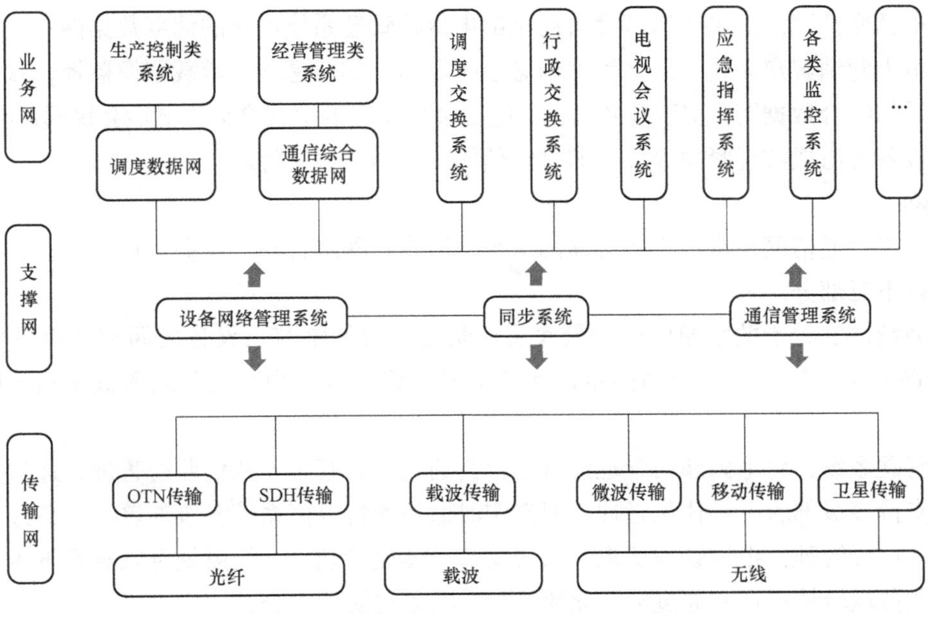

图 1-1　通信系统组成示意图

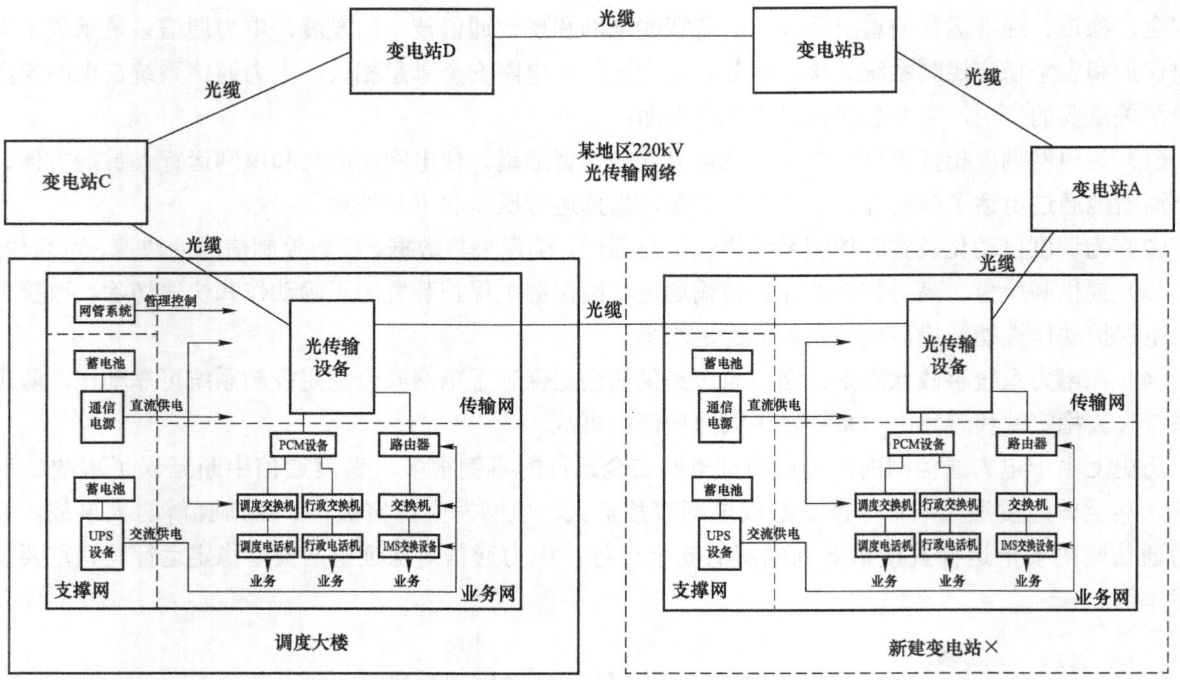

图 1-2　通信站设备配置示意图

一、传输网

传输网是整个信息通信网络的基础，是传送通道的网络，提供分用、复用、可靠数据传输、带宽保证及延时保证等。通信方式分有线通信和无线通信两种方式，有线通信主要是以光纤为承载介质，通过光缆网提供底层的物理传输线路，由 OTN、SDH 等设备组成，此外还有电力系统专有的电力线载波通信。无线通信则包括微波通信、卫星通信、移动通信等。

二、业务网

业务网是提供一种或数种业务的网络，包括提供调度电话业务的调度电话交换网；提供支持办公行政功能的行政电话交换网；提供传送调度自动化继电保护管理系统信息的调度数据网；提供传送企业资源计划系统、电力营销客户系统、生产管理信息系统等信息的信息网；承载图像监控、输变电在线监测系统等业务的通信综合数据网；实现视频会议、电话会议功能的电视会议、电话会议网；由应急通信车、应急通信单兵设备等组成实现紧急事件下即时通信的应急指挥系统等。

三、支撑网

支撑网负责提供通信网正常运行所必需的信令、同步、网络管理、业务管理、运营管理等功能。支撑网主要包括以下三部分：

（1）同步系统。它处于数字通信网的最底层，负责实现网络节点设备之间和节点设备与传输设备之间信号的时钟同步、帧同步以及网同步，保证地理位置分散的物理设备之间数字信号的正确接收和发送。

（2）通信管理系统。将电力通信管理业务划分为通信资源管理、通信监视管理、通信运维调度三个业务域。系统支持多级部署，一体化管理，根据实时监控的特点，系统多级部署，在各级进行设备、网络的实时监视，运行管理；根据管理要求，系统支持一体化管理，一级系统可以查看下级系统管理对象的运行情况和业务运转情况，并通过电子化流程与下级单位协同办公。

（3）设备网络管理系统。设备网络管理的主要目标是通过实时和近实时来监视业务网的运行情况，并相应地采取各种控制和管理手段，在各种情况下充分利用网络资源，以保证通信的服务质量。

四、通信线路

通信线路是把信号从一个地方传递到另一个地方的传输媒质，是保证信息传递的通路。通信传输主要通过光缆、通信电缆和电力线三种方式传播。电力通信线路是电力通信网的重要组成部分，是电力通信的基础。线路传输大体上经历了架空明线、对称电缆、同轴电缆、光缆等主要发展阶段。光缆具有传输频带宽、传输容量大、传输距离长、传输质量高、信号串扰小等特点，已成为电力通信线路传输的主要手段。

第三节　通　信　业　务

一、通信业务概述

电力专用通信网作为电力建设中的支撑和保障系统，不仅承担着电力系统的生产指挥和调度任务，同时也为经营管理和自动化信息传输提供服务。电力系统业务在传输网络中以窄带语音、窄带低速数据、宽带数据、多媒体业务及视频业务等多种通信业务类型传送，分别由各种业务网络承载。

不同的业务网可以采用同一传输网承载，也可以采用不同的传输网承载。PCM 网络由传统 SDH 网络承载；IP 网络可以采用光纤直驱的方式组网，也可以承载在传统 SDH 网络或 MSTP 网络上。通过多年的发展和应用，MSTP 网络因其多业务的支持能力，已成为电力系统通信建设传输网络的首选方案。采用 MSTP 构建统一的多业务承载平台，可以同时承载 PCM 网络和 IP 网络，从而避免重复投资、减少建设成本和维护成本。

二、通信业务分类

（一）按功能业务分类

（1）自动化业务：包括调度自动化、电能计量系统、变电站综合自动化、电力市场技术支持系统等。

（2）保护业务：包括故障录波系统、电网安全稳定控制系统、雷电检测系统和继电保护系统等。

（3）话音业务：包括调度电话、行政电话、会议电话。调度电话主要用于各级调度中心与变电站、电厂之间的语音通信，保障电网安全稳定运行；行政电话系统主要服务于电力内部的生产和管理；会议电话系统实现多方语音通信的功能。

（4）管理信息业务：包括各种营销系统、财务管理系统、电力基建项目管理系统、电力生产及安全管理系统、人事管理、运营管理、OA（办公自动化）、地理信息系统等。

（5）视频业务：包括会议电视系统及视频监控系统。

（二）按运行业务分类

1. 运行控制类业务

运行控制类业务作为电网控制的一个环节，直接关系到电网安全，由于此类业务对通信传输时延、通道可靠性要求极高。该类业务主要有继电保护、调度自动化等。

2. 运行信息类业务

运行信息类业务覆盖范围广、通道可靠性要求高，通信误码率要求小于 10^{-6}，通道时延要求相对较低，一般允许几百毫秒以内，通信方式以专网通信为主，公网通信为辅助补充。该类业务主要分为保护管理信息（包括行波测距、故障录波等业务）、相量测量装置（phasor measurement unit，PMU）、稳控管理信息、水调自动化、调度管理、生产技术、电力市场交易、计量自动化等。

保护管理信息系统的主要功能是通过实时收集变电站的运行和故障信息，为分析事故、故障定位及整定计算工作提供科学依据，以便调度管理部门做出正确的分析和决策，保证电网的安全稳定运行。PMU 系统主要功能是利用 GPS 同步时钟技术，进行集中相角的监视和稳定控制，即将电压相角信息报送到调度中心，由调度中心对相角信息进行处理后进行相角的监视；在已知相角信息的条件下，应用相角信息进行暂态稳定的分析和控制。

稳控管理信息系统是对控制主站、控制子站检测和收集到的信息以及子站对有关指令的执行情况和执行结果，子站及其执行站的装置及通信通道的正常、异常和故障情况进行分析的系统。以上系统对通信通道路由、使用的技术有严格要求，需严格保证通信通道可用，保证通信安全可靠，不被恶意侵入。目前，主要采用光通信 2M 通道或调度数据网承载。

3. 事务管理类业务

（1）管理信息类业务。管理信息业务主要有财务管理、市场营销、生产计划管理、人力资源管理、安监及党群信息、信息支持系统等，是电力企业运行、管理的支撑系统，对通信可用性、可靠性、安全性等要求极高，对时延要求相对较低，一般运行几秒以内，通信方式以专网通信为主，公网通信为辅。财务管理系统、财务公司数据报送系统等财务管理业务，单点带宽达到 2Mbit/s，要求通信时延在几秒内，通信误码率不大于 10^{-3}，需严格保证通信通道绝对可靠，严格保证信息不被恶意截获和修改。财务管理业务主要采用电力综合数据网技术。

营销管理系统、客户服务系统、电力分析预测系统、市场部用电负荷分析和决策支持系统等市场营销业务，单点带宽最高 2Mbit/s，要求通信时延在几秒内，通信误码率不大于 10^{-3}，需严格保证通信通道可靠，严格保证信息不被恶意截获和修改。市场营销业务在电网企业内部全部使用电力专网通信，主要采用综合数据网技术。

信息支持系统包括企业信息门户、企业综合决策支持系统、内部邮件系统、电子印章系统、视频点播系统、PKI 身份认证、信息分类和编码系统等。单点带宽一般要求在 10Mbit/s 以内，通信时延在几秒内，通信误码率不大于 10^{-3}，需严格保证通信通道可用，严格保证信息不被恶意截获和修改。信息支持系统全部使用电力专网通信，主要采用综合数据网、光纤直连等技术。

（2）管理办公类业务。管理办公业务主要分为办公通信和办公信息两种，主要满足企业内外通信需求。办公通信包括会议电视系统、行政电话等。

（三）按接口类型分类

通信业务按接口类型可分为光口业务和电口业务。

（1）光口业务。按其速率不同，可为不同带宽需求的业务提供 100M、155M、622M、2.5G、10G 等不同光接口。

（2）电口业务。按其速率不同，可为不同带宽需求的业务提供 64k、2M、10M、100M、1000M 等不同电接口。

（四）按设备类型分类

1. SDH（MSTP）设备业务类型

SDH（MSTP）设备作为电力系统通信传输网的主要传输设备，可提供多种速率、接口的业务类型，包括 E1（2Mbit/s）业务、以太网业务、高次群业务等。

（1）2M 业务。2M 业务属于电口业务。2M 业务又称 E1 业务，即基本传输速率为 2Mbit/s 的双向链路通道，是 SDH 网络中最常见的业务之一。在 SDH 网络中开通一条 2M 业务时需确定源端口、宿端口、业务时隙、业务路由及保护方式等基本信息。

（2）以太网业务。以太网业务是 SDH（MSTP）设备传送的重要业务，根据 IUT-T 规范，SDH 网络中主要有以太网专线（EPL）、以太网虚拟专线（EVPL）、以太网专用局域网（EPLAN）和以太网虚拟专用局域网（EVPLAN）4 种以太网业务类型。

（3）高次群业务。高次群是 PDH 体系中的高速信号。同 SDH 体系一样，PDH 体系的高速信号也是由低速信号复用而来，比如欧洲标准中的一次群的速率为 E1（2Mbit/s），通过逐级复用，可以形成二次群 8Mbit/s（E2）、三次群 E3（34Mbit/s）、四次群 E4（139Mbit/s）等高次群。

2. PCM 设备业务类型

PCM 设备作为电力系统通信网中的接入设备，可提供 64k 业务，包括二线业务、2/4W 模拟业务、数字业务。

（1）二线业务。二线业务主要是指二线话路，二线话路接口主要包括 FXO 接口和 FXS 接口。在进行二线业务配置时，根据实际情况选择接口类型（FXO 接口或 FXS 接口），配置输入电平、输出电平、线路阻抗和输入阻抗等接口参数。

（2）2/4W 模拟业务。2/4W 模拟业务主要是指 2 线音频接口业务和 4 线音频接口业务。2/4W E/W 模拟中继接口是局间模拟中继接口，可用于局间交换机或 PCM 终端设备之间的音频转接，也可作为透明的话路通道使用。在电力系统中，4 线音频接口可以同时分别传送一路远动信号的上行数据和一路远动信号的下行数据。在进行 2/4W E/W 模拟业务配置时，根据实际情况选择接口方式（2W 或 4W）、输入电平和输出电平。

（3）数字业务。随着电力通信系统的发展，越来越多的用户开始采用数据通道传输远动信号。数字业务的配置一般是指数据接口板业务的配置。在进行数字业务的配置时，根据实际情况选择数据的传输方式（同步或异步）、传输速率、内部交换电路、流量控制和字符格式（长度、停止位和奇偶校检）等。

通信设备与材料

第一节 通 信 设 备

通信设备包括传输网设备、业务网设备、支撑网设备、辅助设备及监控设备。

一、传输设备

电力系统常用传输设备包括光传输设备、电力线载波通信设备、无线传输设备。

（一）光传输设备

光纤通信是一种以光波为信号载体，以光纤为传输媒质的通信方式。光波和无线电波同属电磁波，但光波的频率比无线电波的频率高，波长比无线电波的波长短。因此，它具有传输频带宽、通信容量大和抗电磁干扰能力强等优点。

光波按其波长长短，依次可分为红外线光、可见光和紫外线光。红外线光和紫外线光属不可见光，它们同可见光一样都可用来传输信息。光纤通信按光源特性可分为激光通信和非激光通信。按传输媒介的不同，可分为有线光通信和无线光通信（也称大气光通信）。通常把应用石英光纤的有线光通信简称为光纤通信。

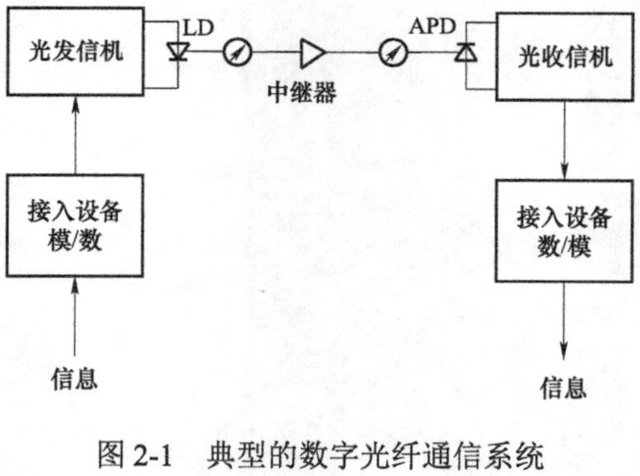

图 2-1 典型的数字光纤通信系统

光纤是光传输的基本媒质，光纤通信系统按波长和光纤类型可分为短波长（850nm）多模光纤通信系统、长波长（1310nm）多模光纤通信系统、长波长（1310nm 或 1550nm）单模光纤通信系统，典型的数字光纤通信系统见图 2-1。

从图 2-1 可以看出，数字光纤通信系统基本上由光发信机、中继器与光收信机组成。在发射端，接入设备把模拟信息（如话音）进行模/数转换；在接收端，接入设备再进行数/模转换，恢复成原来的模拟信息。

光发信机是实现电/光转换的光端机，它由光源、驱动器和调制器组成，其功能是将来自接入设备的电信号对光源发出的光波进行调制，成为已调光波，然后再将已调的光信号耦合到光纤中传输。

光收信机是实现光/电转换的光端机，它由光检测器和放大器组成，其功能是将光纤传输来的光信号，经光检测器转变为电信号，然后再将微弱的电信号经放大器放大到足够的电平，送到接收端的接入设备。

对于长距离的光纤通信系统还需中继器，其作用是将经过长距离光纤衰减和畸变后的微弱光信号放大、整形，再生成一定强度的光信号，继续送向前方以保证良好的通信质量。

1. 准同步数字体系（PDH）光传输设备

同一等级的群路，其比特率不统一，这就导致了在复用方法上，信号采用准同步复用，即靠塞入一些额外比特使各路信号与复用设备同步并复用成高速信号，这种复用系统即称为准同步数字体系（plesiochronous digital hierarchy，PDH）。

通俗地讲，采用准同步数字体系的系统，是在数字通信网的每个节点上都分别设置高精度的时钟，这些时钟的信号都具有统一的标准速率，尽管每个时钟的精度都很高，但总还是有一些微小的差别，为了保证通信的质量，要求这些时钟的差别不能超过规定的范围，因此这种同步方式严格来说不是真正的同步，所以叫作“准同步”。

PDH 数字复接体制见图 2-2。

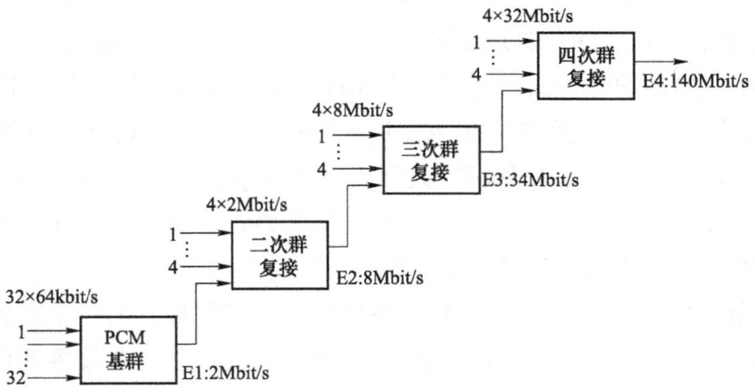

图 2-2　PDH 数字复接体制

首先将 32 个 64kbit/s 的数字信号复接成一个 E1（2.048Mbit/s）信号，简称为 2Mbit/s 基群或一次群信号，这是第一次复接；然后用 4 个 2Mbit/s 信号复接成一个 8Mbit/s 的二次群信号，其标称速率为 8.448Mbit/s，这是第二次复接；依次类推，用 4 个 8Mbit/s 信号复接成一个 34Mbit/s 的三次群信号……

PDH 系统结构图见图 2-3，PDH 光端机参考图见图 2-4，16 路 E1 处理单板参考图见图 2-5。

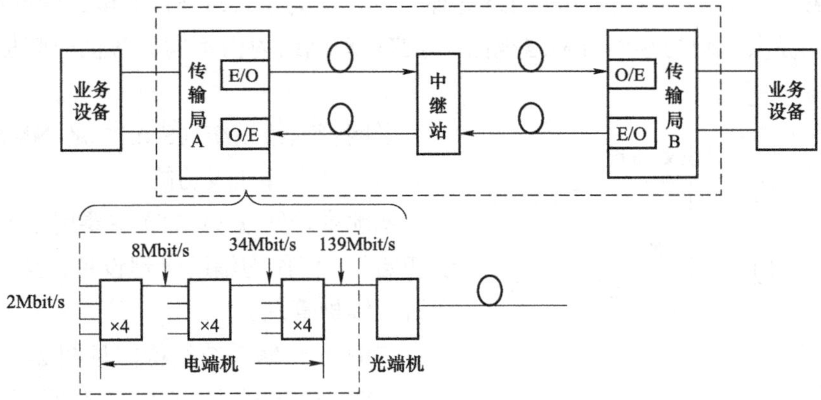

图 2-3　PDH 系统结构图

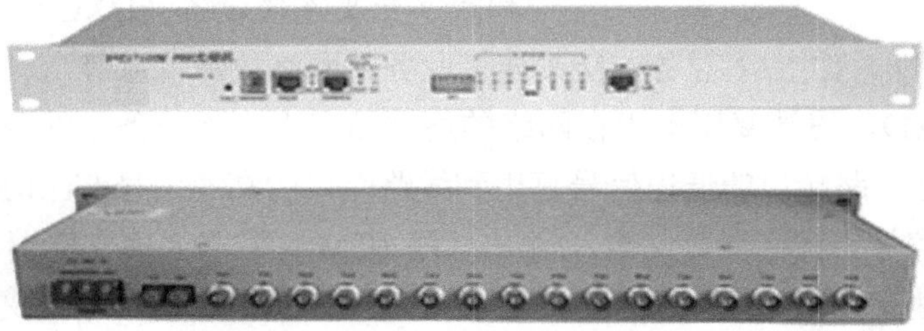

图 2-4　PDH 光端机参考图

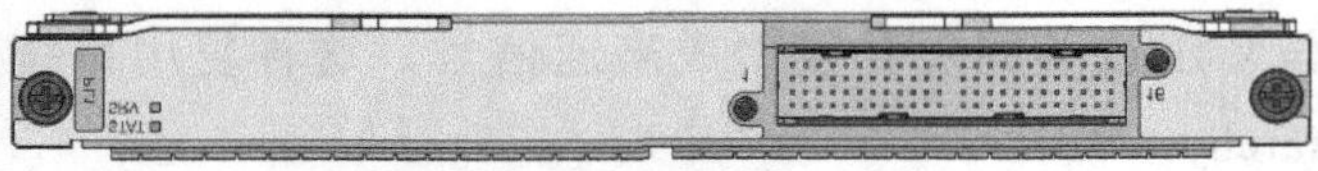

图 2-5　16 路 E1 处理单板参考图

2. 光纤同步数字体系（SDH）光传输设备

SDH 是为实现在物理传输网络中传送适当配置的信息而标准化的数字传输结构体系。它由一些网络单元组成，可在光纤上进行同步信息传输、复用和交叉连接。

基于 SDH 的 MSTP 是指基于 SDH 平台同时实现 TDM、ATM、以太网等业务的接入、处理和传送，提供统一网管的多业务节点，是 SDH 的升级版。MSTP 为了适应逐步增加的数据业务需求，在原有的 SDH 传输平台上，提供了 ATM 和 Ethernet 接口，以完成数据业务的透传功能，主要技术为级联、LAPS 封装等，提供了强大的以太网二层交换能力和 ATM 的交换功能，通过划分 VLAN 实现用户的有效安全隔离，同时还可组建 ATM 的 VP-Ring 和利用以太网的 STP 保护；引入了 GFP 封装机制、LCAS 链路容量动态调整和虚级联技术，使得 MSTP 对数据业务的支持能力进一步加强，同时也在 MSTP 中内嵌 RPR（弹性分组环）技术，引入了带宽统计复用功能，提高了环路利用率。

（1）SDH 光传输系统的组成。在 SDH 光传输系统网络中经常提到的一个概念就是网元，网元就是网络单元，一般把能独立完成一种或几种功能的设备都称之为网元。一个设备就可以称为一个网元，但也有多个设备组成一个网元的情况。

网络是由网元构成的，即网元之间的互相联系，就构成了网络。

SDH 网络管理系统主要由网元管理级系统（EMS）、网络管理级系统（NMS）、子网管理级系统（SMS）及本地维护终端（LCT）组成。

网元管理级系统（EMS）是指 SDH 传送网网元管理系统，即为了管理一个或多个 SDH 网元所使用的软硬件系统。网元管理系统管理由单一设备供应商提供的 SDH 网元或 SDH 子网。

网络管理级系统（NMS）是指传输网网络管理系统，即为了管理 SDH 传送网网络所使用的软硬件系统。网络管理系统提供全网的端到端网络视图，能够管理网络内由不同设备供应商提供的 SDH 网元或 SDH 子网。

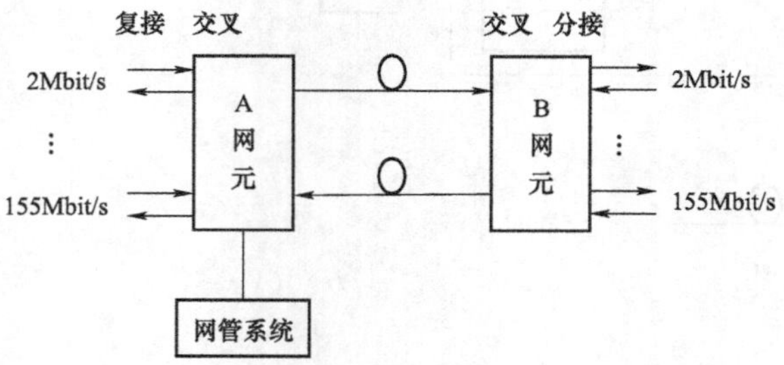

图 2-6　SDH 光传输系统结构图

子网管理级系统（SMS）是 NMS 的子层，可完成大部分网络管理级功能。

本地维护终端（LCT）主要用于 SDH 系统设备安装初始化，但作为辅助管理设备，也可对 SDH 设备进行日常维护管理。

SDH 光传输系统结构图见图 2-6。

SDH 光传输系统的基本网元有终端复用器（TM）、分/插复用器（ADM）、再生中继器（REG）和数字交叉连接设备（DXC），通过这些不同的网元完成 SDH 光传输系统功能，如上/下业务、交叉连接业务、网络故障自愈等。

1）终端复用器（TM）。终端复用器用在网络的终端站点上，如一条链的两个端点上，它是一个双端口器件。它的作用是将支路端口的低速信号复用到线路端口的高速信号 STM-N 中，同时将 STM-N 中的信号分接成低速支路信号。线路端口仅输入/输出一路 STM-N 信号，而支路端口却可以输出/输入多路低速支路信号。在将低速支路信号复用进 STM-N 帧（线路）上时，有一个交叉的功能。终端复用器示意图见图 2-7。

2）分/插复用器（ADM）。分/插复用器用于 SDH 光传输系统网络的转接站点处，如链路的中间节点或环上节点，是 SDH 网络上使用最多、最重要的一种网元，它是一个三端口的器件。

ADM 有两个线路端口和一个支路端口，ADM 的作用是将低速支路信号交叉复用到线路上去，同时将线路信号分接成低速支路信号，另外还可将两个线路侧的 STM-N 信号进行交叉连接。

ADM 也可等效成其他网元，即能完成其他网元的功能，例如，一个 ADM 可等效成两个 TM。分/插复用器示意图见图 2-8。

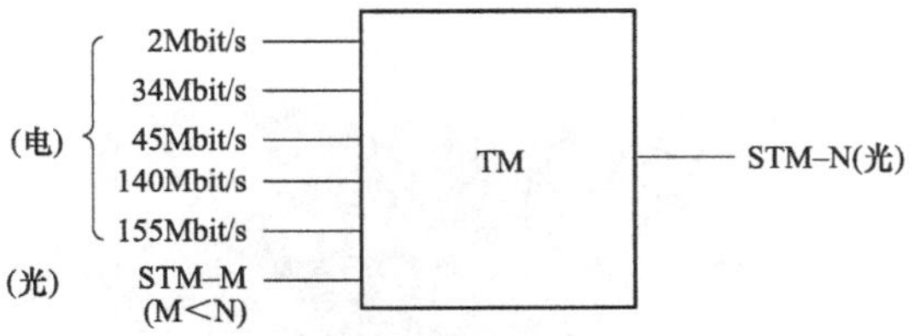

图 2-7 终端复用器示意图

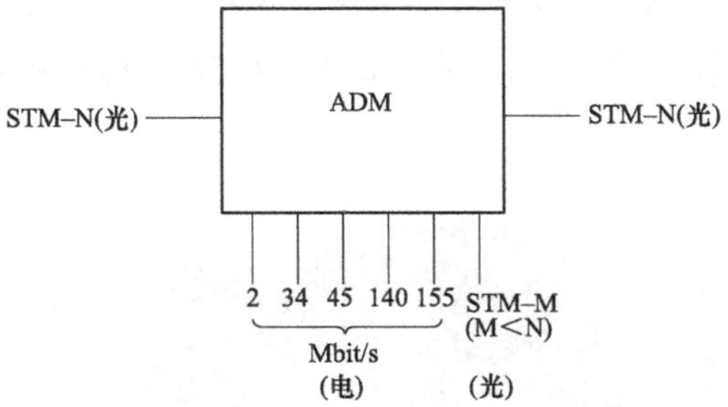

图 2-8 分/插复用器示意图

（2）SDH 光传输设备的逻辑功能块。SDH 光传输设备的逻辑功能块可以分为信号处理模块、开销功能模块、网络管理模块和时钟同步模块四大模块。

（3）SDH 设备。SDH 设备主要由子架和功能单元组成，功能单元由相应的板件组成，主要包括主控板、交叉板、线路板、支路板等，不同设备的板件设计不同，有些低端设备采用一体化设计，将几个功能单元设计在一起。下面介绍典型的子架及板件类型。

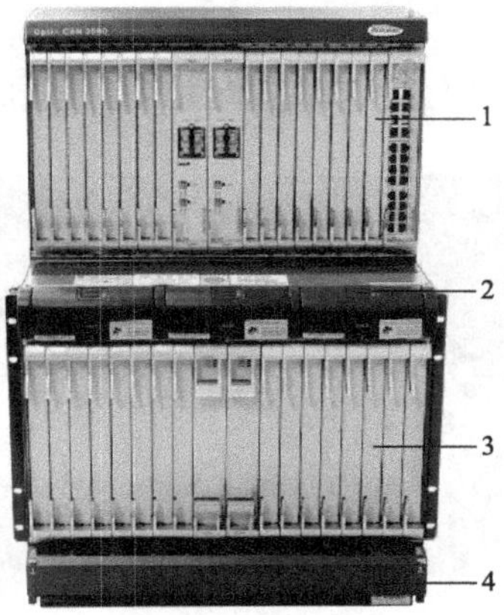

图 2-9 子架结构图及设备参考图

1—接口板区；2—风扇区；3—处理板区；4—走线区

1）子架。子架一般采用双层子架结构，子架结构图及设备参考图如图 2-9 所示，分为出线板区、处理板区和风扇区，出线板区可以插各种出线板，如 2Mbit/s 出线板、以太网出线板等，处理板区可以插各种功能处理板，风扇区安装风扇，用以对设备进行风冷散热。

2）公共单元板件。公共单元板件由交叉连接单元板件、同步定时单元板件、系统控制与通信单元板件、辅助功能单元板件组成。

a. 交叉连接单元板件是 SDH 设备的核心板块，作用是对线路板和支路板送过来的 VC 信号进行高低阶交叉连接，负责完成 STM-N 的交叉连接功能，相当于一个交叉矩阵，完成各个信号间的交叉连接，决定设备的处理能力和容量。交叉板参考图见图 2-10。

b. 同步定时单元板件由时钟板组成，作用是从外接时钟提取时钟信息，自身晶体时钟提供时钟同步信息，提供给其他设备时钟同步信息，以及这些时钟同步信息的处理。

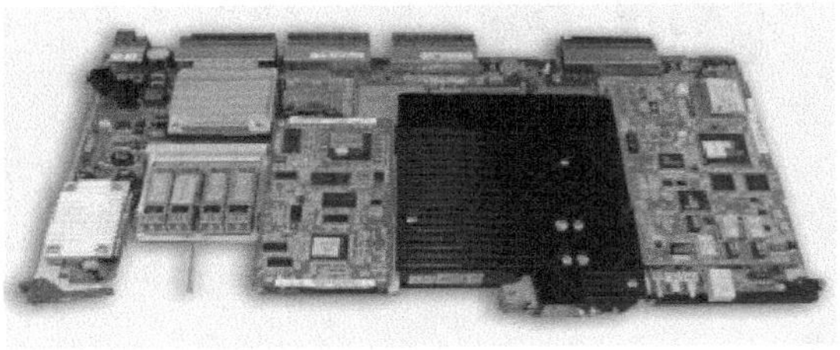

图 2-10 交叉板参考图

c. 系统控制与通信单元板件由主控板组成，作用是提供系统控制和通信功能，同时提供网关接口功能。

d. 辅助功能单元板件由电源板、开销板、辅助接口板、风扇灯组成。

3）线路接口单元板件。线路接口单元板件由 SDH 光接口板、光放板和色散补偿板等板件组成。

SDH 光接口板在接收方向进行光/电转换，将 STM-N

的 SDH 光信号解复用成 VC4 级别，送入交叉连接单元，进行内部处理；在发送方向进行电/光转换，将 VC4 信号复用成 STM-N 级别的 SDH 光信号，送入光缆线路。同时，SDH 光板还有上报光路故障、告警等功能。

SDH 光板一般为单模，工作波长一般为 1310nm 或 1550nm。SDH 光板根据传输速率可以分为 STM-1、STM-4、STM-16 和 STM-64 四种；根据光口的数量可以分为单光口光板和多光口光板；根据传输距离可分为局间（I 口）光板、短距（S 口）光板、长距（L 口）光板。4 光口 STM-16 光接口板参考图见图 2-11，单光口 STM-64 光接口板参考图见图 2-12，STM-16/4/1 混插光接口板参考图见图 2-13。

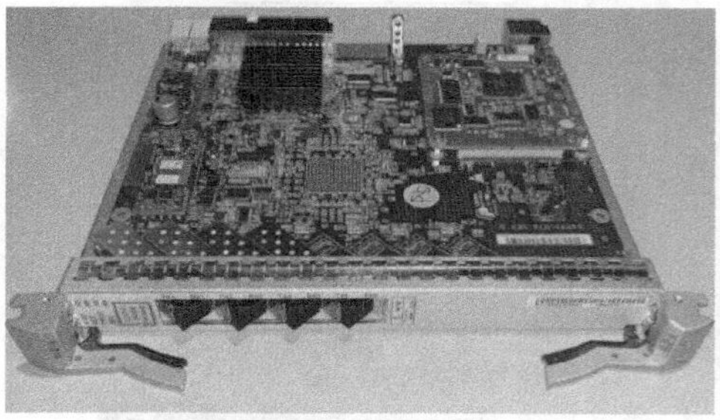

图 2-11　4 光口 STM-16 光接口板参考图

图 2-12　单光口 STM-64 光接口板参考图

图 2-13　STM-16/4/1 混插光接口板参考图

4）支路接口单元板件。支路接口单元由各种 PDH 业务板、SDH 业务板、以太网业务板、ATM 业务板等组成。

2Mbit/s 业务板参考图（控制卡+出线卡）见图 2-14。

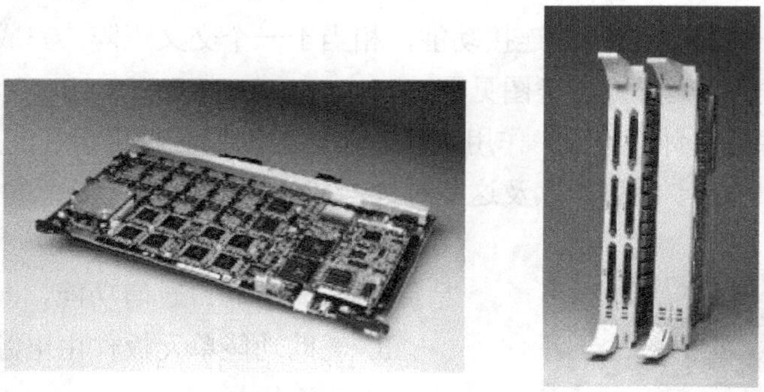

(a)　　(b)

图 2-14　2Mbit/s 业务板参考图（控制卡+出线卡）

（a）控制卡；（b）出线卡

以太网业务板参考图见图 2-15。

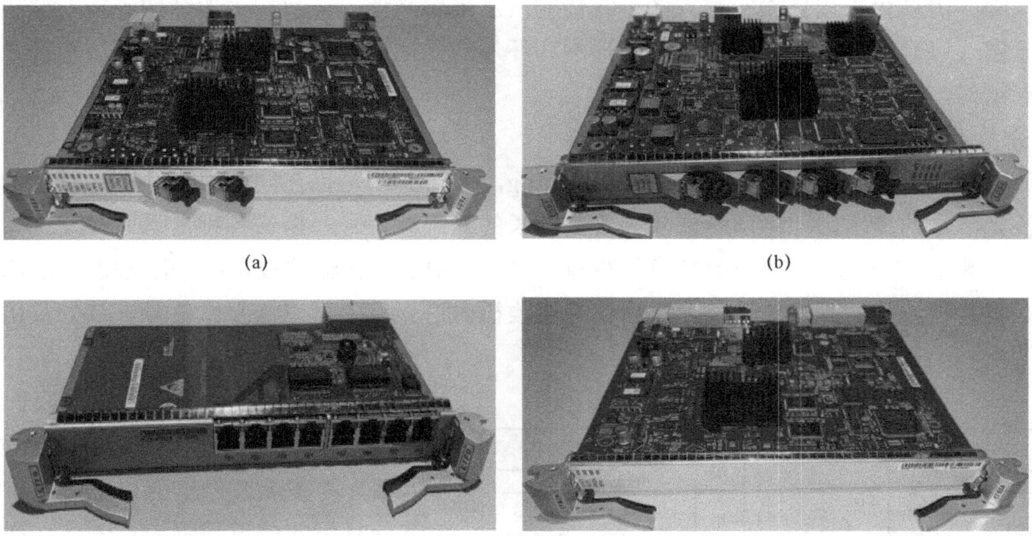

(a)　(b)　(c)

图 2-15　以太网业务板参考图

(a) 2 光口千兆以太网处理板；(b) 4 光口千兆以太网处理板；(c) 8 口以太网处理板

(4) SDH 组网方式。SDH 网络是由 SDH 光传输设备通过光缆相连组成的，每台网元设备和相连光缆组合就构成了网络的拓扑结构。网络的有效性、可靠性和经济性在很大程度上与其拓扑结构有关。

基本的网络拓扑分为链形、星形、树形、环形和网形。基本网络拓扑图见图 2-16。

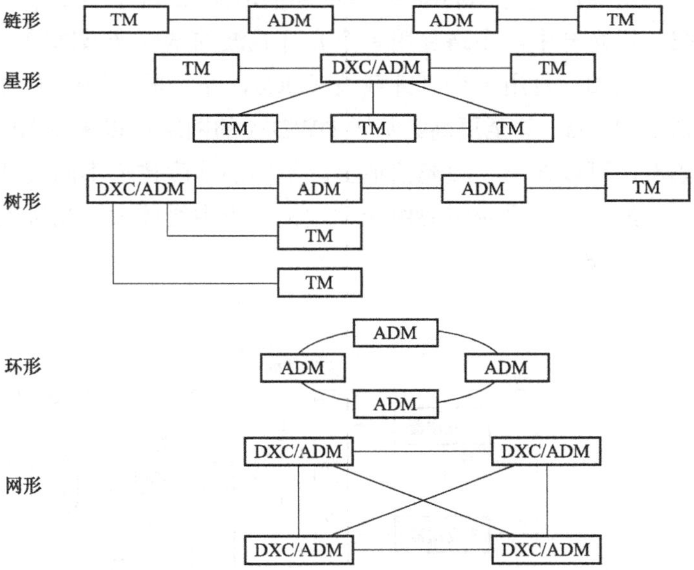

图 2-16　基本网络拓扑图示意图

1）链形网：链形网是将网络中的所有节点一一串联，而首尾两端开放。这种拓扑的特点是较经济，在 SDH 网的早期用得较多。

2）星形网：星形网是将网络中的某个网元作为特殊节点与其他节点相连，其他各网元节点互不相连，网元节点的业务都要经过这个特殊节点转发。这种网络拓扑的特点是可通过这个特殊节点来统一管理其他节点，利于分配带宽，节约成本，但存在特殊节点失效导致整个网络瘫痪的隐患以及处理能力的瓶颈问题。

3）树形网：树形网可看成是链形拓扑和星形拓扑的结合，也存在特殊节点的安全保障和处理能力的潜在瓶颈问题。

4）环形网：环形网实际上是指将链形首尾相连的网络拓扑方式，是 SDH 网络中最常用的网络拓扑形式，主要是因为它具有很强的生存性，即自愈功能较强。

5）网形网：将网络中的所有网元两两相连，就形成了网形网。网形网为两网元之间提供多个传输路由，增强了网络的可靠性，解决了瓶颈问题和失效问题。但是这种拓扑结构对传输协议的性能要求很高，传统 SDH 协议无法支持，可以采用下一代的智能光网络协议支持网形网络。

电力系统传输网可分为五层，即国家级干线传输网、大区干线传输网、省（市）级干线传输网、地区网和接入网。国家级干线传输网、大区干线传输网宜采用网形、环形和星形结构多种类型相结合的复合网结构；省（市）级干线传输网宜采用网形网和环形网；地区网宜采用环形网；各厂站接入传输网时应采用两点结构。

3. 波分复用（WDM）设备

（1）波分复用（wavelength division multiplexing，WDM）：是指在同一根光纤中同时传输两个或多个不同波长光信号的技术，即将两种或多种不同波长的光载波信号（携带各种信息）在发送端经复用器（亦称合波器）汇合在一起，并耦合到光线路的同一根光纤中进行传输的技术；在接收端，经解复用器（亦称分波器）将各种波长的光载波分离，然后由光接收机做进一步处理以恢复原信号。波分复用示意图见图 2-17。

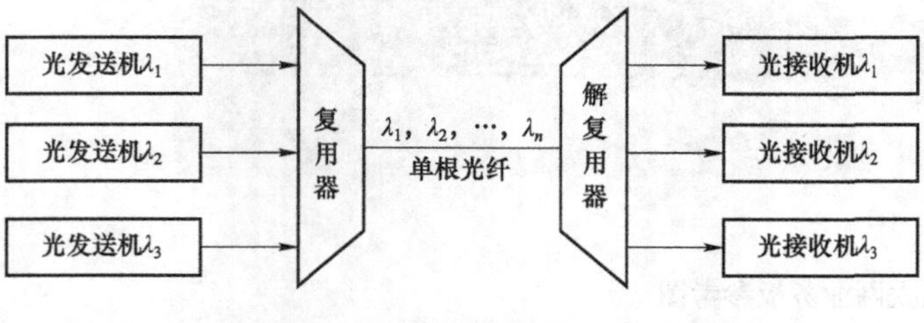

图 2-17　波分复用示意图

通信系统的设计不同，每个波长之间的间隔宽度也有不同。按照通道间隔的不同，WDM 可以细分为稀疏波分复用和密集波分复用。稀疏波分复用的信道间隔为 20nm，而密集波复用的信道间隔为 0.2～1.2nm。电力系统中密集波复用运用较为广泛，本书以介绍密集波复用设备为主。

密集波复用（dense wavelength division multiplexing，DWDM）：是能将不同波长的光波组合在一起，在一根光纤中，多路复用单个光纤载波的紧密光谱间距，提高光纤利用率，增大传输容量。

例如，复用 8 个光纤载波（OC），即一根光纤中传输 8 路信号，这样传输容量就将从 2.5Gbit/s 提高到 20Gbit/s，甚至更高。基于 DWDM 的网络可以采用 IP 协议、ATM、SONET/SDH、以太网协议来传输数据，可以在一个激光信道上以不同的速度传输不同类型的数据流量。

波分复用系统主要由光发送机、光中继放大、光接收机、网络管理系统组成。波分复用系统的构成见图 2-18。

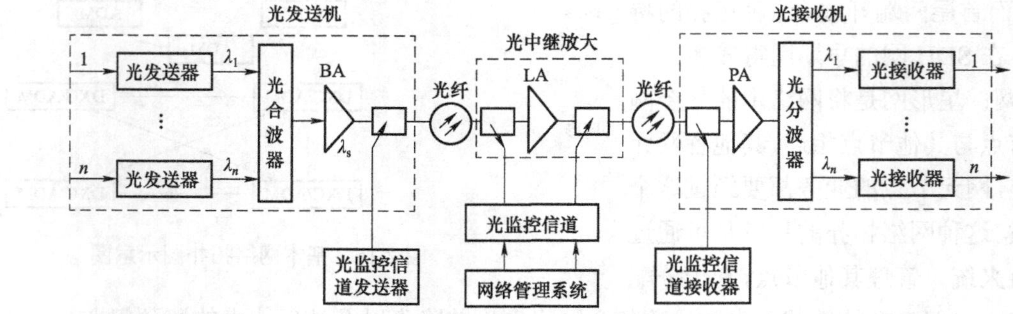

图 2-18　波分复用系统的构成

密集波分复用设备参考图见图 2-19。

（2）OTN 即光传送网，实际上是 DWDM 和自动光交换网络的综合体。首先 OTN 具备光交叉能力，即通过加载 WSS 型 ROADM 模块，可以使其组成类似于自动光交换网络设备的 MESH 网结构，既提高业务调度的灵活性，又增加了网络安全性；其次 OTN 具备电交叉能力，即每个波道的子速率交叉能力，这一部分与 SDH 的作用非常相像，但 OTN 有自己特殊的帧结构，那就是 2.5G 颗粒的 ODU1 和 10G 颗粒的 ODU2，也有专门为数据业务服务的 ODU1E 和 ODU2E。GE 业务也是如此，因为许多节点大多只需要 1～2 个 GE，而不必要 8～9 个 GE。为解决这一问题，就必须在 DWDM 上引入类似于 SDH 的交叉功能，从而演进出 OTN 的电交叉功能。OTN 的电交叉部分实际相当于一端只能调度 2.5G 和 10G 颗粒的 SDH 设备，其客户侧部分是彩色光口，与业务设备对接，通过客户侧将业务信号接入至交叉矩阵，复用成 ODU1 或者 ODU2 颗粒，然后通过线路侧的 OTU 转换成符合 DWDM 规范的波长，通过 OMU 和 ODU 以及 OA 在光缆上传输。由此可见，OTN 实际上可比喻为密集波复用＋自动光交换网络的综合体，但需要注意的是 OTN 对低于 2.5G 颗粒的业务几乎难以支持。OTN 设备参考图见图 2-20。

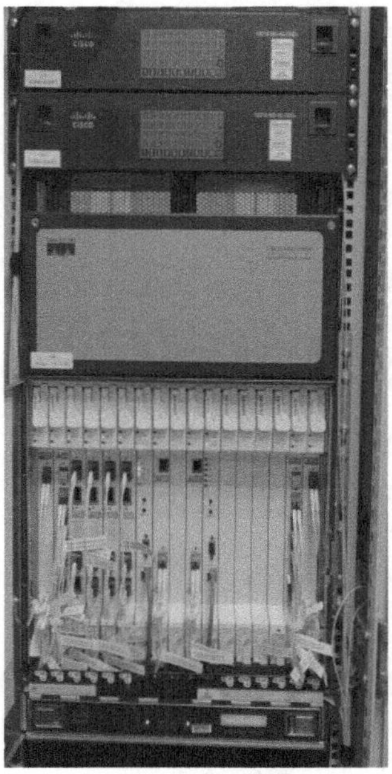

图 2-19　密集波分复用设备参考图

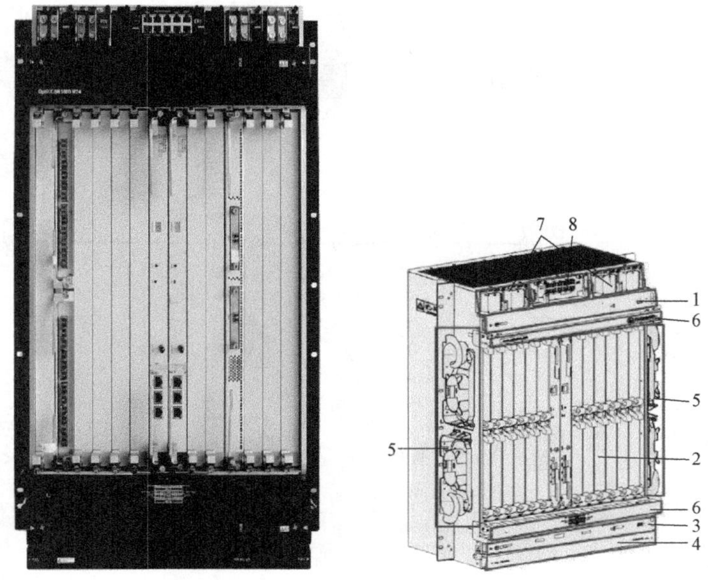

(a)　(b)

图 2-20　OTN 设备参考图

（a）实物图；（b）结构图

1—风机盒；2—单板区；3—风机盒；4—防尘网；5—旋转盘纤盒；

6—走纤槽；7—PIU；8—EFI

（3）组网方式：OTN 组网和 SDH 有很大差别，SDH 组网以调度层、汇聚层、接入层分层组网，每层组网一般为环形或相交环形。OTN 以相邻点形成的 OTS 段为基本单位，是以复用段为基本单位进行组网的，所以未限定成环方式，OTN 保护方式一般是光层保护的三种和电层保护的一种，当需要实现电保护（ODUk 1+1 保护）且需要不含同路由的两条路由时需要环形组网，其他情况下组网自由灵活。OTN 组网见图 2-21。

4. 无源光网络设备

无源光网络（PON）为在光线路终端（OLT）和光网络单元（ONU）之间的光分配网（ODN），是一种纯介质网络。

（1）无源光网络特点。

1）可升级性好、低成本，接入网线路中去掉了有源设备，从而避免了电磁干扰和雷电影响，减少了线路和外部设备的故障率，降低了相应的运维成本。

2）业务透明性较好，高带宽，可适用于任何制式和速率的信号，支持三重播放（语音、视频和数据）业务。

3）高可靠性，提供不同业务优先级的 QoS 保证，适应宽带接入市场 IP 化的发展潮流，适于大规模的应用。

（2）无源光网络分类。无源光网络主要有APON/BPON（采用ATM协议）、以太网无源光网络（ethernet passive optical network，EPON）、GPON和WDM-PON［WDM-PON是一种采用波分复用技术的、点对点的无源光网络，即在同一根光纤中，双向采用的波长数目大于3个以上，利用波分复用技术实现上行接入，典型的WDM-PON系统由OLT、光波长分配网络（optical wavelength distribution network，OWDN）和ONU三部分组成］四种类型。

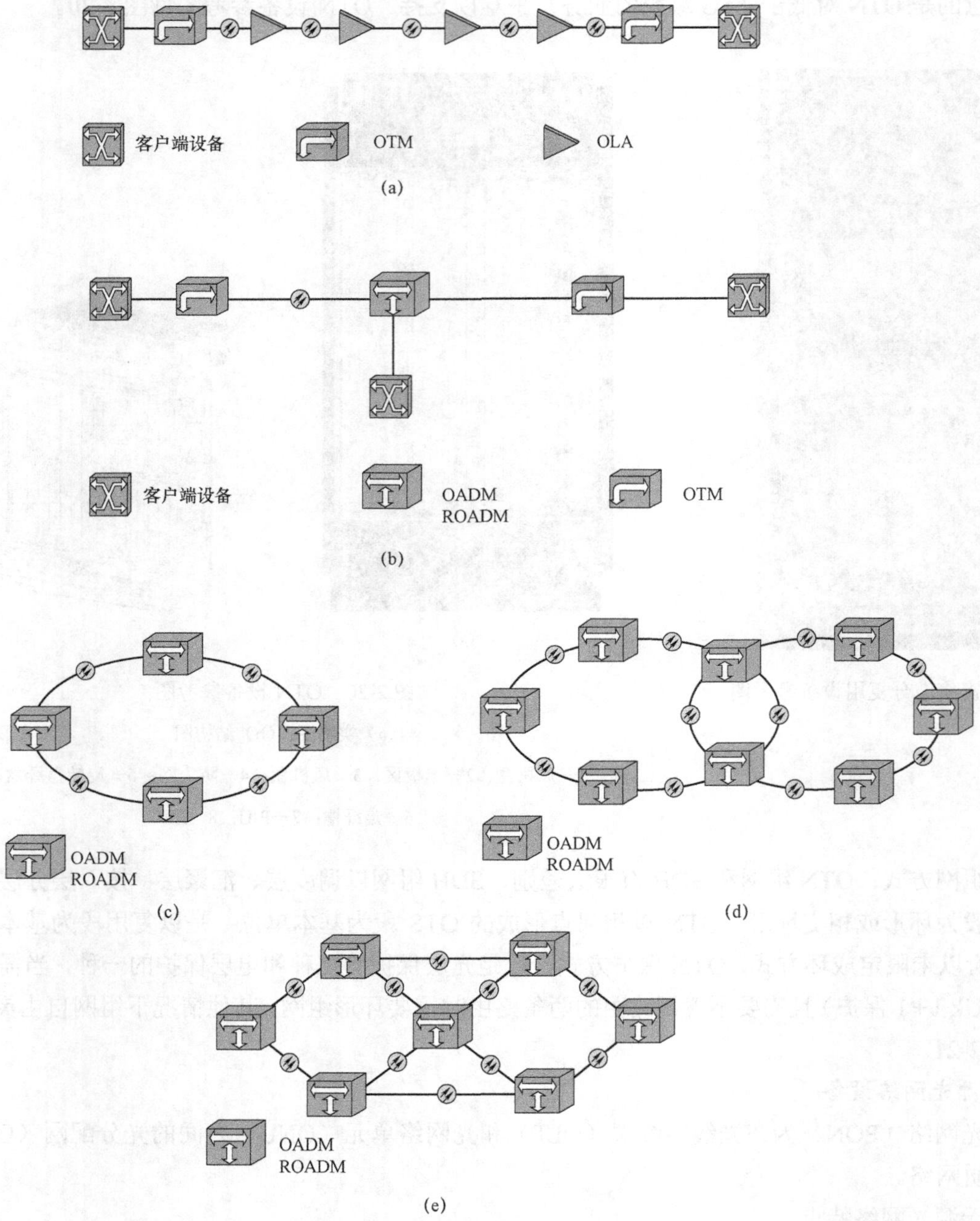

图2-21　OTN组网图

（a）点到点组网；（b）链形组网；（c）环形组网；（d）相交环组网；（e）网状组网

1）EPON同时具备了以太网和PON的优点，成为光接入网领域中的热门技术。EPON采用点到多点结构、无源光纤传输，在以太网上提供多种业务。它在物理层采用了PON技术，在链路层使用以太网协议，利用 PON 的拓扑结构实现了以太网的接入。EPON 综合了 PON 技术和以太网技术的优点：低成本、高带宽、扩展性强、灵活快速的服务重组、与现有以太网的兼容性强、方便管理等。

2）GPON 可以灵活地提供多种对称和非对称上下行速率，传输距离至少达 20km，系统分路比可以为 1:16、1:32、1:64 乃至 1:128，而 EPON 只提供 1.25Gbit/s 对称速率，分路比最多为 1:32。即 GPON 在速率、速率灵活性、传输距离和分路比方面有优势，所需要的 OLT 数量也比 EPON 少。GPON 采用了两种适配方式，除了传统的 ATM，还在传输汇聚层采用了通用成帧规程（GFP），这是一种可以透明、高效地将各种数据信号封装进现有 SDH 网络的通用标准信号适配映射技术，可以适应任何用户信号格式和任何传输网络制式，无需附加 ATM 或 IP 封装层，封装效率高、业务灵活，全面体现了业务提供商对业务提供的灵活要求，而 APON/BPON 和 EPON 对每种特定业务都需要提供特定的适配方法。

从提供的业务看，GPON 不仅可以提供 10Mbit/s、100Mbit/s、1Gbit/s 的业务，而且可以提供 VLAN 业务和语音业务，事实上可以适应现有业务和未来新业务的适配要求，成为光接入网领域中的热门技术。

（3）无源光网络的应用及设备。无源光网络技术广泛应用于电力系统配网自动化中，E/GPON 以太无源光网络技术，采用点到多点结构、无源光纤传输，在以太网之上提供多种业务。

E/GPON 技术是一种点到多点的单纤双向光接入网络，由配电子站侧的 OLT、配电终端侧的 ONU 以及 ODN 组成。ODN 由主干光缆、分光器和支路光缆组成，将一个 OLT 和多个 ONU 连接起来，提供光信号的双向传输。E/GPON 在配电网通信中的常用解决方案见图 2-22。

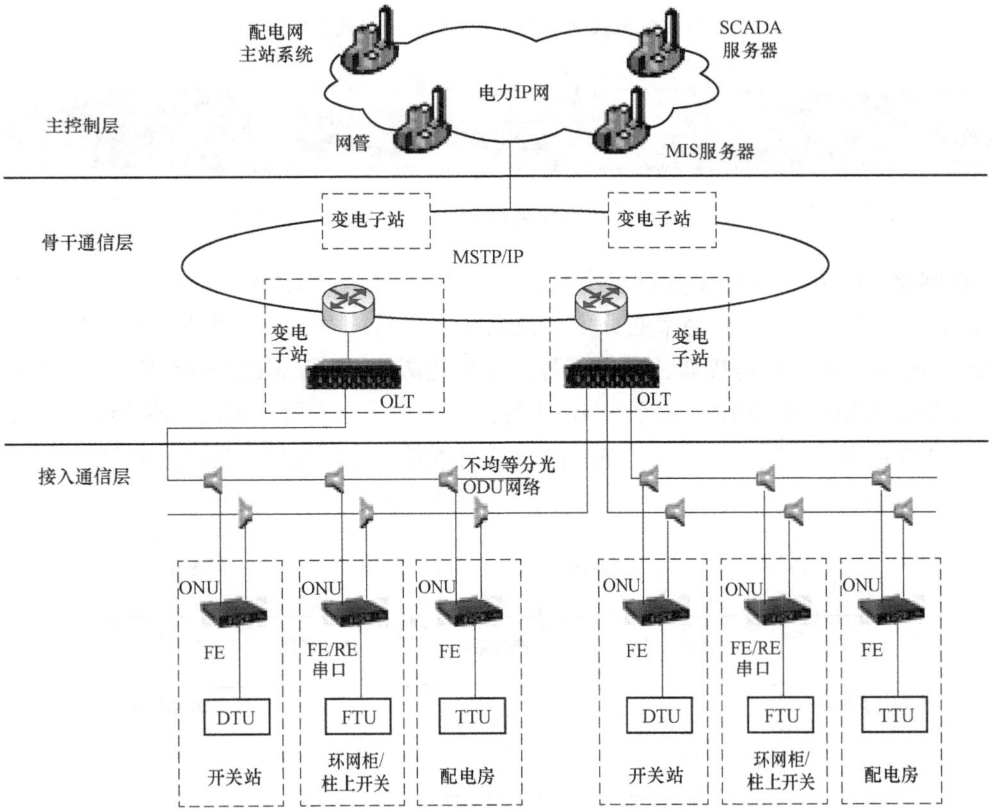

图 2-22　E/GPON 在配电网通信中的常用解决方案

1）光线路终端（OLT）。OLT 是 PON 光纤网络主站处的终端，属于接入网的业务节点侧设备，与路由器（交换机）相连，主要由业务接口与协议处理模块、光传输模块和后管理模块组合而成。一般放置在中心机房内，是整个 E/GPON 系统的核心设备，提供整个 E/GPON 系统与其他系统的数据业务接口。机架式 96 口 OLT（光线路终端）参考图见图 2-23。

2）光网络单元（ONU）。ONU 提供对用户的散出连接。以 EPON 为例，每条 PON 中继线最多可支持 32 次分路和 64 个 ONU。用户与 ONU 的连接可以使用同轴电缆、双绞线、光缆，甚至是无线连接。属于接入网的用户侧设备，负责用户数据的转发及选择性接收 OLT 转发的广播数据，为用户提供电话、数据通信、图像等各种业务接口，主要由业务接口与协议处理模块、光传输模块、电源及环境监控模块组成。8 以太网口远端 ONU 模块（100M）参考图见图 2-24。

图 2-23　机架式 96 口 OLT（光线路终端）参考图

图 2-24　8 以太网口远端 ONU 模块（100M）参考图

3）光分布网络（ODN）。ODN 负责连接 OLT 与所属的 ONU。ODN 为 OLT 与 ONU 之间提供光传输手段，其主要功能是完成光信号功率的分配。在光纤到户系统中 ODN 通常由光纤复合低压电缆、普通光缆、光交接/配线设备、光连接器、光分路器等设备组成。光信号通过光分路器把 OLT 上一路光纤下行的信号分成多路分配给每个 ONU，每个 ONU 上行的信号通过分光器合成在一路光纤里上传给 OLT。一个基本的 ODN 结构示意图如图 2-25 所示。E/GPON 光纤通信示意图见图 2-26。

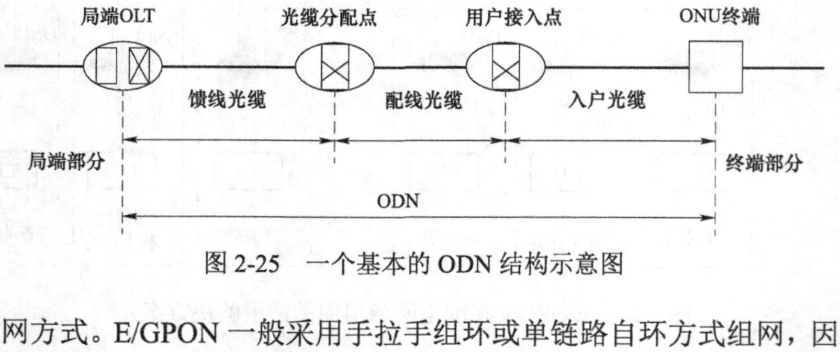

图 2-25　一个基本的 ODN 结构示意图

4）E/GPON 组网方式。E/GPON 一般采用手拉手组环或单链路自环方式组网，因逐级分光越至末端的站点衰耗越大，一般情况下一个环路的节点原则上不超过 8 个。E/GPON 手拉手方式组网光纤纤芯连接示意图见图 2-26，E/GPON 自环方式组网光纤纤芯连接示意图见图 2-27，ONU 光缆纤芯接线示意图见图 2-28。

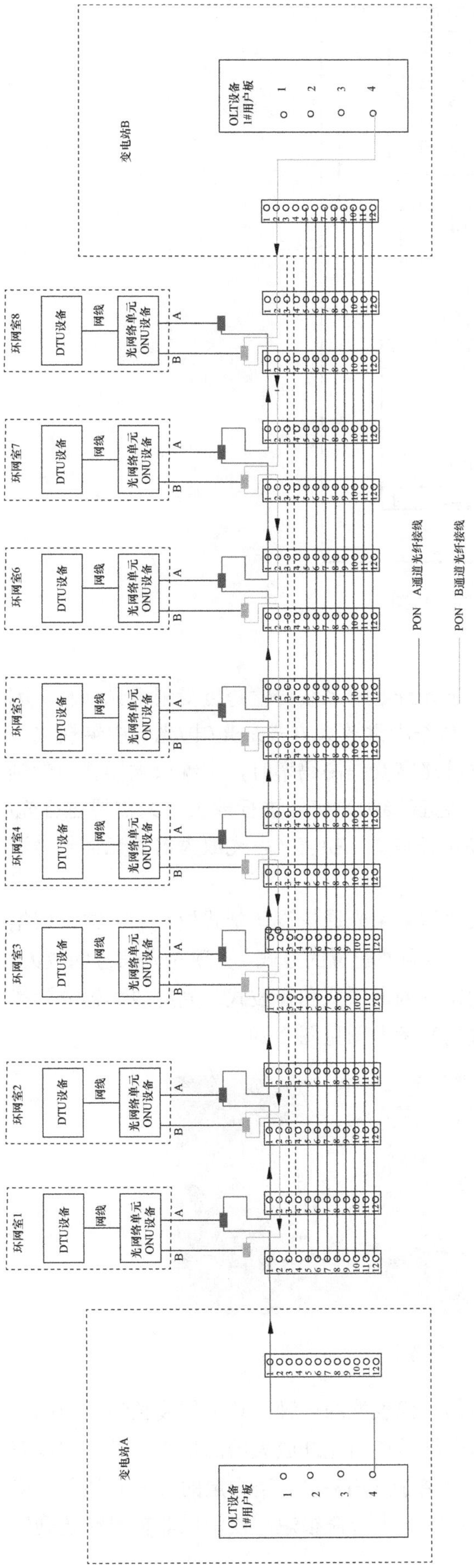

图 2-26　E/GPON 手拉手方式组网光纤芯连接示意图

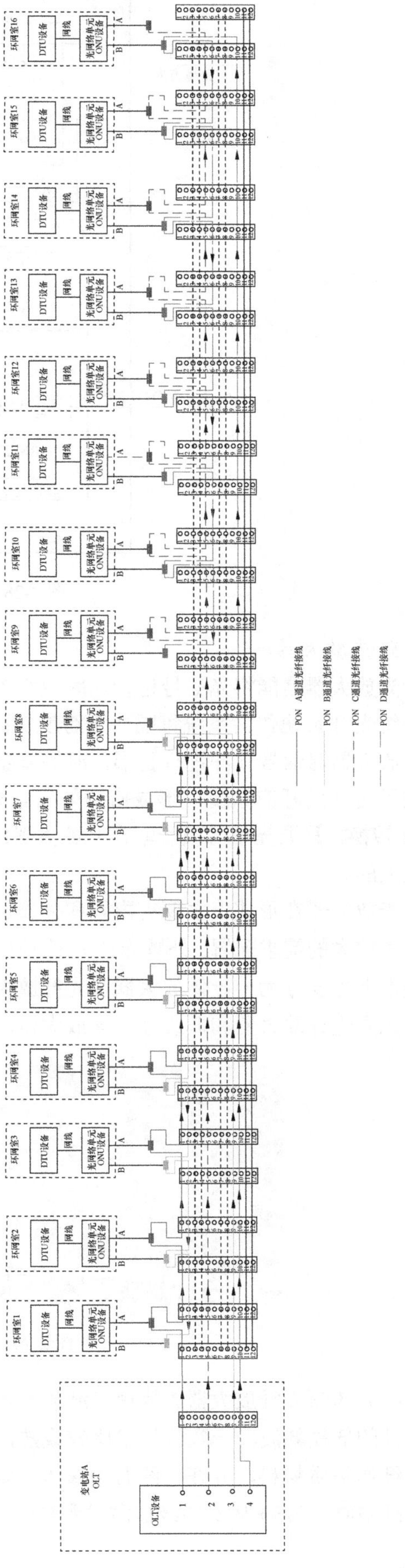

图 2-27　E/GPON 自环方式组网光纤芯连接示意图

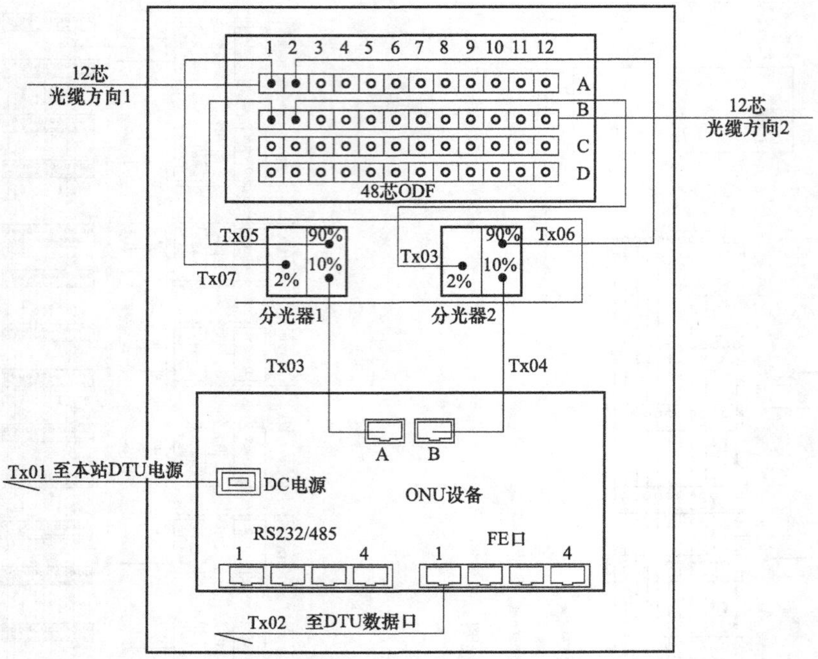

图 2-28　ONU 光缆纤芯接线示意图

5. 光放大器

光放大器是能将光信号进行功率放大的一种光器件，由于光纤通信系统传输跨度受限于光损耗，因此传统光纤长途传输系统每隔一定跨度需要加再生中继器，传统中继放大方式是光/电/光的中继模式，中继放大器对信号脉冲进行整形，时钟重整和再生，当传输链路需要提高码率时，中继放大器就会受制于电子器件的呼应速度，形成瓶颈效应。光放大器则不同，它直接对光信号进行放大，无需要进行光/电/光转换，只要光信号波长落在光放大器的有效增益区，便可被放大，换言之，光放大器对光信号是透明放大的。

光放大器在形式上主要有内置和外置两种，内置光放大器即采用光通信设备制式板块的方式，根据光信号放大的需求配置。外置光放大器则采用独立于光通信设备额外配置的方式，实现对光信号的放大。在技术上主要分为半导体放大器及光纤放大器。半导体放大器分为谐振式和行波式；光纤放大器分为掺稀土元素光纤放大器和非线性光学放大器。光放大器（外置型）参考图见图 2-29。

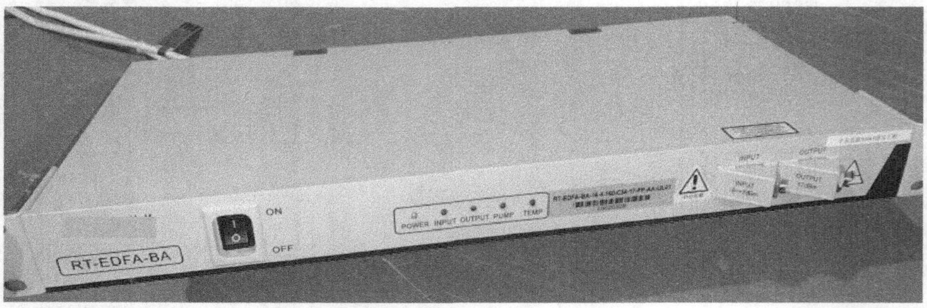

图 2-29　光放大器（外置型）参考图

（1）掺铒光纤放大器。掺铒光纤放大器是光纤放大器中具有代表性的一种。其工作波长为 1550nm，与光纤的低损耗波段一致且技术比较成熟，应用广泛。掺铒光纤是掺铒光纤放大器的核心元件，它以石英光纤作基质材料，并在其纤芯中掺入一定比例的稀土元素铒离子（Er3+）。当一定的泵浦光注入到掺铒光纤中时，Er3+从低能级被激发到高能级，由于 Er3+在高能级上寿命很短，很快以非辐射跃迁到较高能级上，并在该能级和低能级间形成粒子数反转分布。由于这两个能级之间的能量差正好等于 1550nm 光子的能量，所以只能发生 1550nm 光子的受激辐射，也只能放大 1550nm 的光信号。

掺铒光纤放大器的组成见图 2-30。

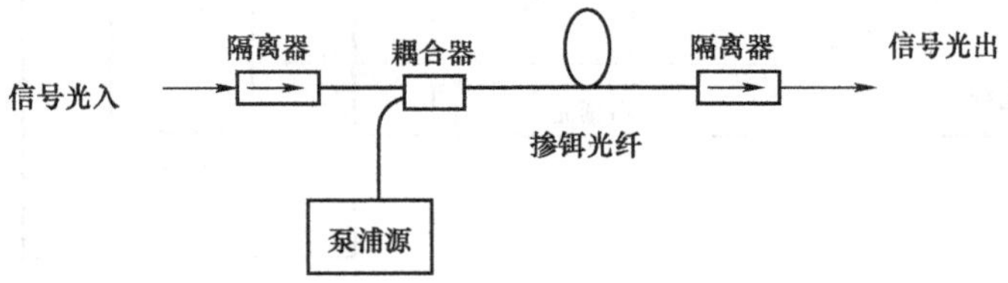

图 2-30　掺铒光纤放大器的组成

掺铒光纤放大器的工作原理图见图 2-31。

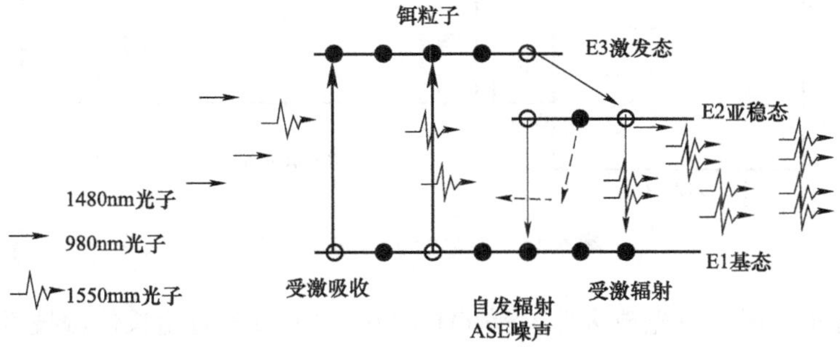

图 2-31　掺铒光纤放大器的工作原理图

（2）拉曼放大器。RAMAN 放大原理基于光纤非线性效应：受激 RAMAN 散射（SRS）或足够强的光波，光波在线路光纤中传递时能够向其他波长段产生能量平移，从而使其他波长能量得以增强。受激 RAMAN 散射分为上频移和下频移散射两种，即能量向短波长转移和向长波长转移，后者是 RAMAN 放大的基础。

拉曼放大器主要分为集中式（或分立式）拉曼放大器（centralized raman amplifier，CRA）和分布式拉曼放大器（distributed raman amplifier，DRA）两类。集中式拉曼放大器采用的放大介质通常是色散补偿光纤（DCF）或高非线性光纤。所用的增益光纤相对比较短，一般是几千米。泵浦功率要求很高，一般在几到十几瓦特。分布式拉曼放大器则是利用了普通单模光纤作为增益介质。所用的增益光纤很长，一般是几十千米，泵浦的功率可以降低到几百毫瓦特，主要是和 EDFA 配合使用，提高系统的性能。

分布式 RAMAN 放大器模块分小功率 DRA 模块和大功率 DRA 模块，小功率 DRA 模块的泵浦功率是 750mW，大功率模块的泵浦功率是 1400mW。

DRA 一般是和 EDFA 配合使用，DRA 单板根据不同应用场景分为 DRA—B 与 DRA—P 两种子类型，两种子类型单板功能相同。

DRA—P（C-band）位于系统接收端，泵浦光源反向馈入传输光纤（相对于信号传输方向，泵浦光和信号光的传输方向是相反的）。

DRA—B（C-band）位于系统发送端，泵浦光源正向馈入传输光纤（相对于信号传输方向，泵浦光与信号光方向相同）。

DRA 单板主要功能是将泵浦光沿光传输反方向馈入光纤，通过拉曼效应实现对光信号的分布式放大。拉曼放大应用原理如图 2-32 所示。

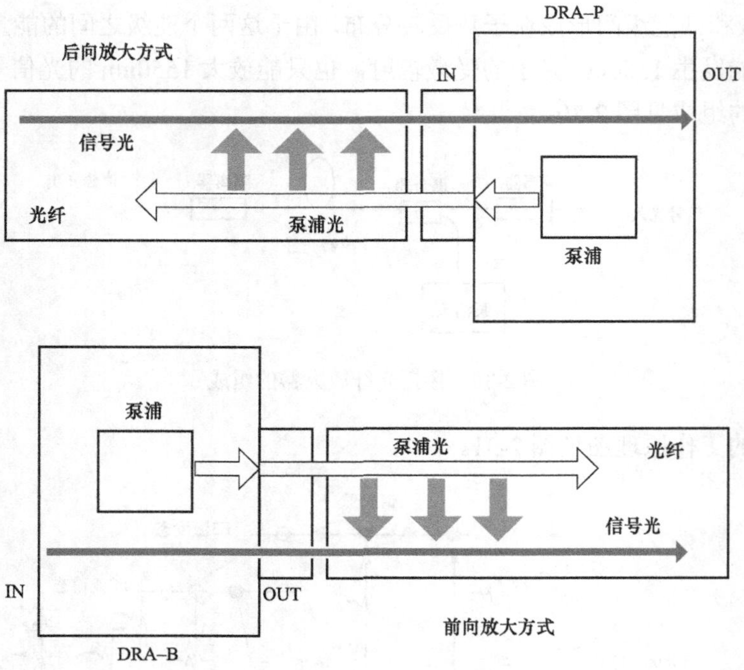

图 2-32　拉曼放大应用原理图

（3）遥泵。RPOA（远程泵浦光放大器）是 OTN/DWDM 系统的超长传输技术之一。RPOA 是在铺设传输光纤的时候嵌入一段掺铒光纤，在远端站点提供泵浦光，实现对传输光信号的放大。

RPOA 是为了在不具备供电条件的情况下实现超长单跨段传输，主要应用于以下几种情况：跨越海峡、近海，穿越无人区（如沙漠、沼泽、森林等）时，无法提供电力供应或建立中继站点；在偏远地区由于地域限制，中继站点设置和维护相对困难。

ROPA 系统原理如图 2-33 所示。RPOA 系统由远程泵浦单元（RPU）和远程增益单元（RGU）两部分组成。RGU 的增益介质是由一段掺铒光纤组成，为系统提供增益单元，实现光信号的放大。RGU 通过将远端 RPU 传来的泵浦光和信号光耦合进增益介质掺铒光纤，实现信号光的受激放大，从而实现信号的无源光中继。

RPOA 系统设备参考图如图 2-34 所示。

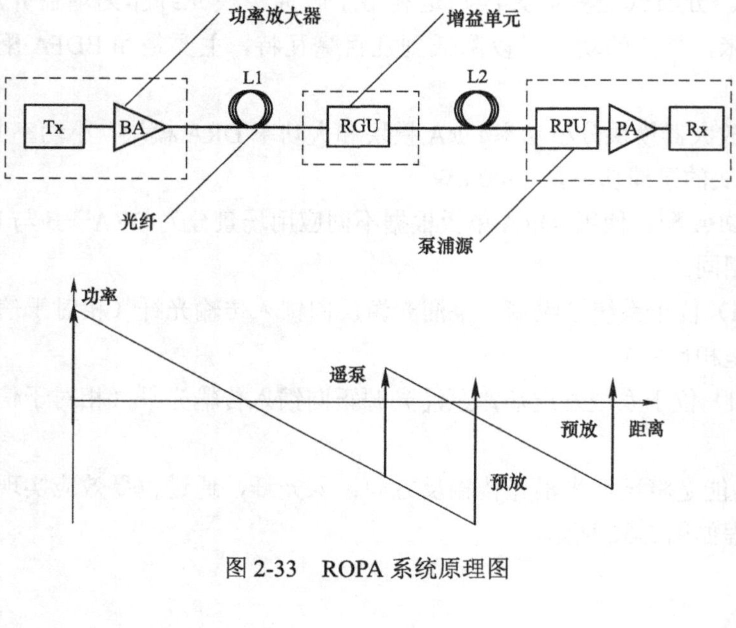

图 2-33　ROPA 系统原理图

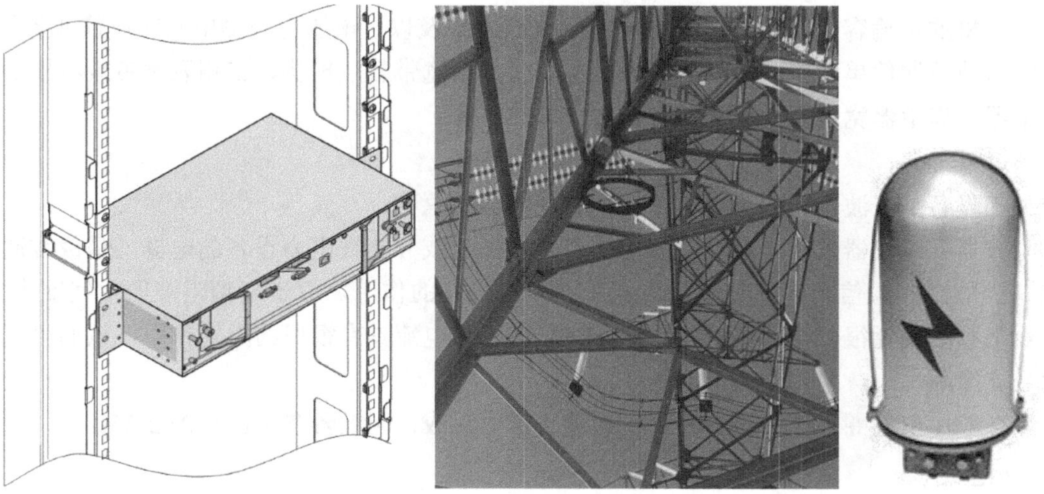

图 2-34　RPOA 系统设备参考图

（二）电力线载波设备

电力线载波包括在高压输电线上传输的高压载波和在低压输电线上传输的低压载波。

1. 载波机

高压载波机是一种在高压输电线上传输语音及非语音信号的载波终端设备。有模拟电力线载波机和数字电力线载波机。

模拟电力线载波机是在基本载波频带内通过采用单边带幅度调制或频分复用等模拟的信号调制方式实现语音和数据传输的电力线载波机。

数字电力线载波机采用数字调制技术，在基本载波频带内通过时分复用（TDM）、语音压缩实现语音和数据传输，并且在高频线路侧传输数字制式已调波信号的电力线载波机。这种载波机可以通过语音模拟接口接入多路语音信号、通过模拟接口或数字接口接入远动数据，并且能够实现不同传输速率下灵活的接口配置，通过 4W E/M 接口或者数字接口与数字程控交换机连接，或将不同制造厂生产的载波机设备组成通信网。数字电力线载波机参考图见图 2-35。

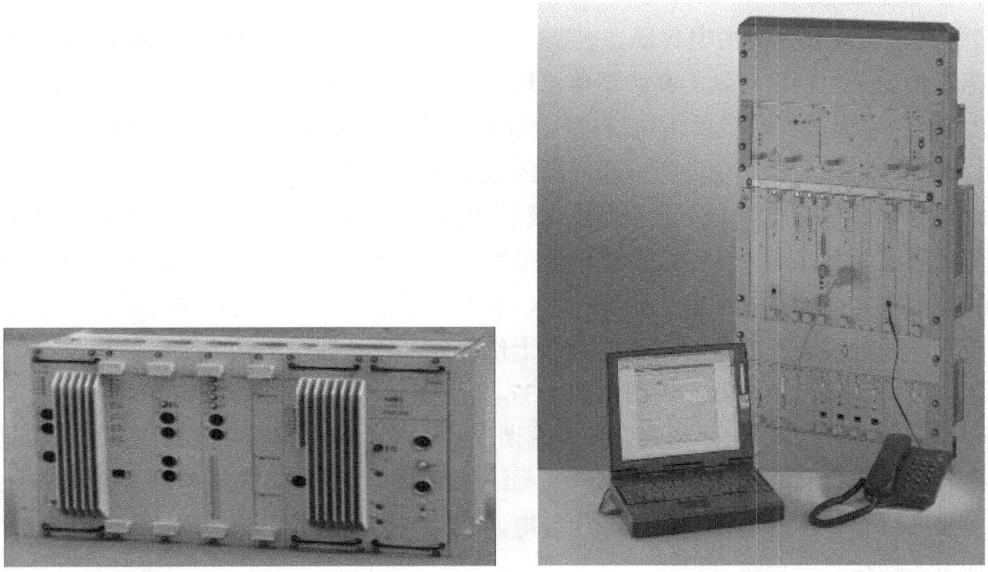

图 2-35　数字电力线载波机参考图

数字载波机的传输容量能满足一些小型电厂和110kV及以下电压等级变电站对通信业务的要求。

低压宽带载波通信单元主要分为单相表及Ⅰ型采集器宽带载波模块、三相表宽带载波模块、宽带载波Ⅱ型采集器、集中器宽带载波模块、宽带载波抄控器等。

2. 结合加工设备

结合加工设备是阻波器、耦合电容器、结合滤波器的总称。

（1）阻波器。阻波器是阻止高频载波信号进入开关站或分支线电力设备的电器，是载波通信及高频保护不可缺少的高频通信元件，它起到“通工频阻高频”的作用，由于高频阻波器主线圈电感在1mH的量级，对工频的损耗很微小，但对40～500kHz的高频电流具有很好的阻塞作用，从而可阻止高频电流向其他分支泄漏。

阻波器一般由主线圈、调谐装置和保护装置三部分组成，阻波器参考图见图2-36。

图2-36　阻波器参考图

1）主线圈。阻波器为单层或多层开放型结构，主线圈用裸铝扁导线绕制，线匝由玻璃钢垫块和撑条支持，经浸漆处理，整体性强，结构轻巧，适用于10～330kV线路，同时满足短路电流的要求，并可直接安装在耦合电容器上。

2）调谐装置。该装置主要由电容器、电感、电阻构成，它与主线圈构成谐振回路，对高频信号起阻塞作用。电容器均采用特别研制的高频聚苯乙烯介质，其绝缘配合安全裕度远高于IEC标准。

3）保护装置。将阻波器所受的雷电过电压及操作过电压限制在一定的范围之内，用以保护调谐装置和主线圈。采用专为阻波器研制的带串联间隙的氧化锌避雷器。

（2）耦合电容器。耦合电容器是连接在电力线上的高压电容器。与结合滤波器共同构成载波信号的通道，它起到“通高频阻工频”作用，由于耦合电容器电容在5000pF的量级，对高频的损耗很微小，但对50～60Hz的工频电流具有很好的隔离作用，从而可阻止工频电流进入弱电系统，保证人身及通信设备安全。带有电压抽取装置的耦合电容器除以上作用外，还可抽取工频电压供保护及重合闸使用，起到电压互感器的作用。耦合电容器参考图见图2-37。

（3）结合设备（结合滤波器）。结合设备能调谐耦合，与耦合电容器共同构成高通或带通的滤波器，可补偿耦合电容器的容抗和匹配高频电缆侧与高频线路侧阻抗，使载波电流的耦合衰减降至最小。

结合设备接在耦合电容器的低电压端和连接电力线载波机的高频电缆之间；或者在桥路情况下，直接或经过附加设备接往另一台结合设备。

结合设备经耦合电容器与电力线的一相或多相导线耦合。相地耦合、相相耦合是最普遍的耦合方式。

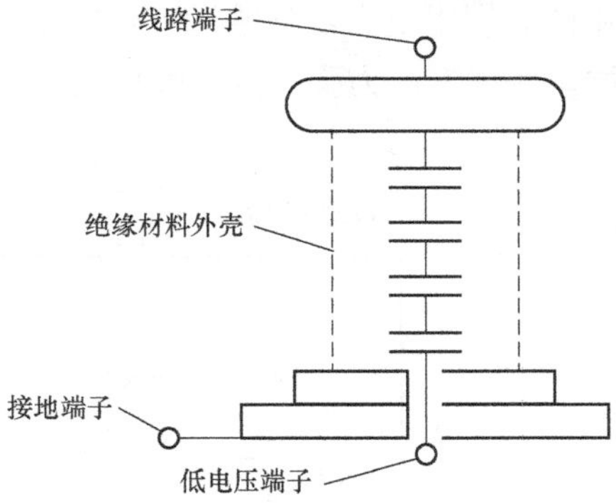

(a) (b)

图 2-37　耦合电容器参考图

(a) 实物图；(b) 结构图

结合设备包括：

1）接地开关：满足维修和其他的需要，将结合设备的一次端子直接有效接地，保证设备和人身安全。

2）避雷器：限制来自电力线的瞬时过电压。

3）排流线圈：将来自耦合电容器的工频电流接地。

4）调谐元件（包括匹配变量器）：与耦合电容器一起组成高通、带通滤波器或其他网络，以提高载波信号的传输效率。匹配变量器的一次与二次线圈电位隔离，确保在设备故障时，工频电压不会影响人身及通信设备安全。

结合设备（结合滤波器）参考图见图 2-38。

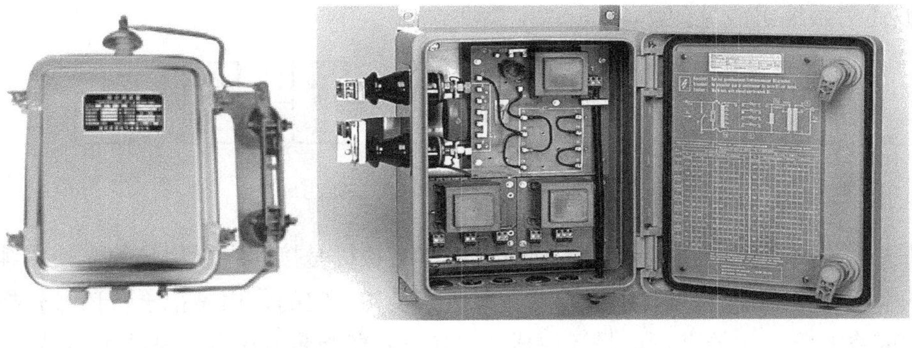

图 2-38　结合设备（结合滤波器）参考图

为实现载波通信系统的双向通信，通常采用双频带二线制传输和单频带四线制传输方式。前者是在同一对导线上，两个传输方向上采用两个不同的传输频带，以区分收信和发信两种不同的信号。后者是在同两对导线上，两个传输方向上采用相同的传输频带。载波通信系统的双向通信示意图见图 2-39。

3. 电力线载波通信的应用

（1）高压载波。电力线载波通信（power line carrier，PLC）是利用高压输电线作为传输通路的载波通信方式，用于电力系统的调度通信、远动、保护、生产指挥、行政业务通信及各种信息传输。电力线路是为输送 50Hz 强电设计的，线路衰减小、机械强度高、传输可靠，电力线载波通信复用电力线路进行通信不需要通信线路建设的基建投资和日常维护费用，在电力系统中占有重要地位。

电力线载波通信是电力系统特有的通信方式。我国电力线载波通信频带范围规定为 40～500kHz，采用 4kHz 为基本载波频带的单边带载波系统，电网中只有 115 个标称基本载波频带。如不采取技术措施，在一定区域内只能开设 57.5 条载波电路，显然不能满足电网对频率资源的需求，因此电网中载波频率在一定条件下是要重复使用的。利用电力线传输远方保护信号，比其他方式（包括 OPGW）传输远方保护信号具有更多优势，如抗自然灾害能力强、传输可靠性高、运行管理简单，是既迅速又可靠的传输手段。

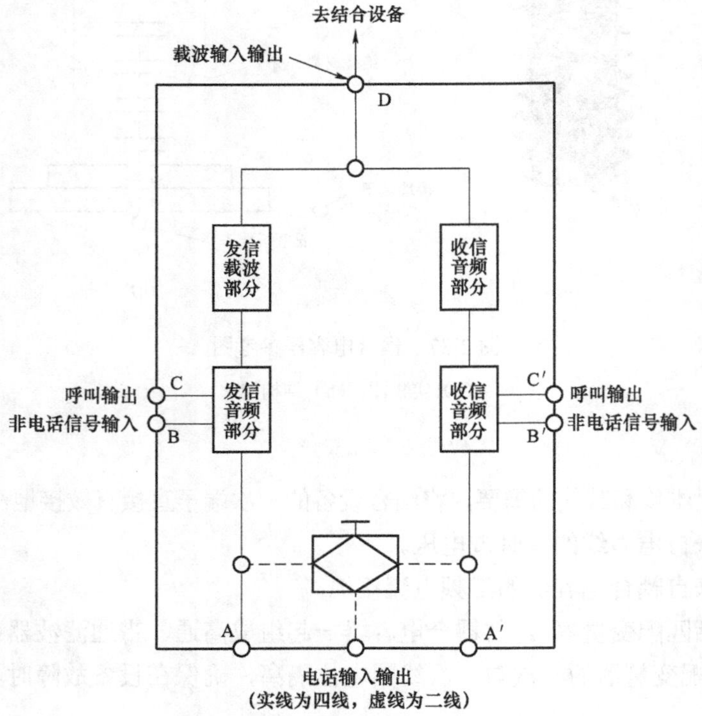

图 2-39　载波通信系统的双向通信示意图

电力线载波通信系统组成见图 2-40。

图 2-40　电力线载波通信系统组成

用户通常是电话机或远动设备专用的调制解调器；交换机是接通电话用户的交换接续设备，分人工和自动接续两种；载波机相当于通信系统的发送和接收设备，它的作用是把语音信号转换成适合线路传输的频率信号，或将线路传输的高频信号还原成语音信号；高频通道在电力系统中通常是指由高频电缆、结合滤波器、耦合电容器、高压线路等组成的传输通道。

（2）低压载波。HPLC 是高速电力线载波，也称宽带电力线载波，是在低压电力线上进行数据传输的宽带电力线载波技术。宽带电力线载波通信网络则是以电力线作为通信媒介，实现低压电力用户用电信息汇聚、传输、交互的通信网络。宽带电力线载波主要采用了正交频分复用（OFDM）技术，频段使用 2～12MHz。与传统的低速窄带电力线载波技术比较，HPLC 技术带宽大、传输速率高，可以满足低压电力线载波通信更高的需求。

HPLC 最大的市场应用还是用电信息采集系统，该系统的低压宽带载波通信网络一般会形成以中央协调器（central coordinator，CCO）为中心、以代理协调器（proxy coordinator，PCO）（智能电能表/Ⅰ型采集器通信单元、宽带载波Ⅱ型采集器）为中继代理，连接所有站点（stattion，STA）（智能电能表/Ⅰ型采集器通信单元、宽带载波Ⅱ型采集器）多级关联的树形网络，HPLC 在用电信息采集系统的应用见图 2-41。

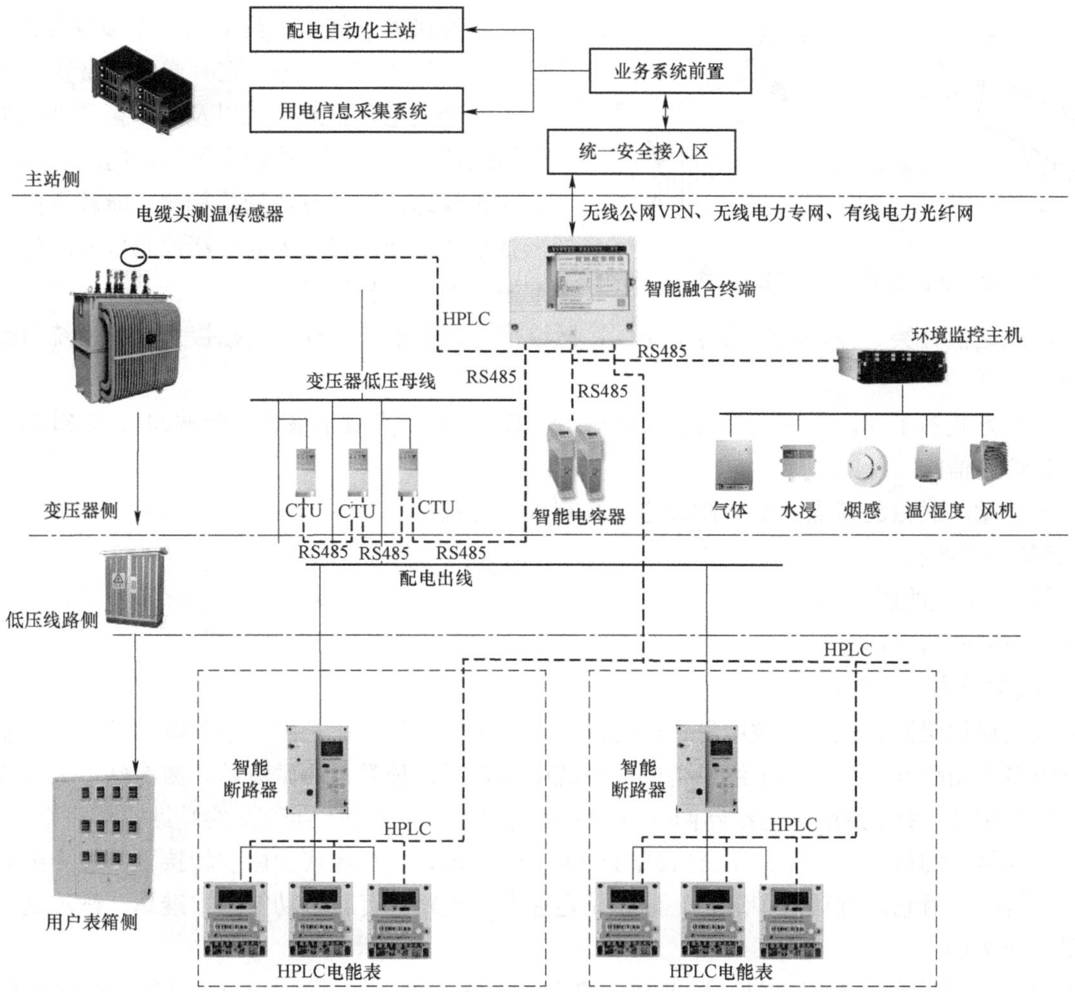

图 2-41　HPLC 在用电信息采集系统的应用示意图

（三）无线传输设备

无线传输是利用空间电磁波作为传输介质的传输技术，包括微波通信设备、卫星通信设备、移动通信设备。

1. 微波通信设备

（1）微波通信概述。微波通信是使用波长在 0.1mm～1m、频率介于 300MHz～300GHz 的电磁波进行的通信，其传播的速度等于光速，微波通信不需要固体介质，当两点间直线距离内无障碍时就可以使用微波传送。微波的绕射能力较差，可作为视距或超视距中继通信。

微波通信是 20 世纪 50 年代的产物。由于其具有通信容量大且投资费用省、建设速度快、抗灾能力强等优点而取得迅速的发展，成为长距离、大容量地面干线无线传输的主要手段。模拟微波传输容量高达 2700 路，也可同时传输高质量的彩色电视，而后逐步进入中容量和大容量数字微波传输。20 世纪 80 年代中期以来，随着频率选择性色散衰落对数字微波传输中断影响的发现以及一系列自适应衰落对抗技术与高状态调制与检测技术的发展，使数字微波传输产生了很大的变化。

微波接力通信系统是利用微波地面视距传播以中继站转接信号方式实现远距离传输的通信系统，也称微波中继通信系统。需满足微波沿地面直线视距传播特点，考虑到地球曲率半径的影响，一般在平原地区，天线架高 50～60m 时，通信距离约为 50km。为了实现远距离通信，必须以接力方式，将信号逐站依次传递下去，一般全程可达几百至几千千米。微波接力通信线路示意图见图 2-42。

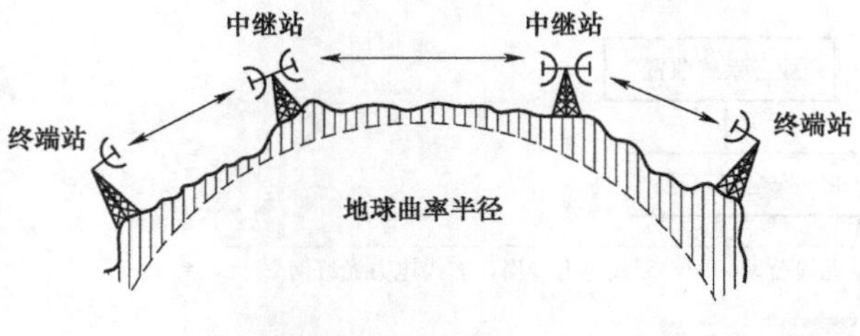

图 2-42 微波接力通信线路示意图

微波接力通信系统典型的工作频段有 2、4、6、7、8、11、15、20GHz 等。它有通信频带宽、通信容量大、不受天电和工业干扰以及太阳黑子变化的影响、通信的可靠性较高、传输质量好，同时与其他波长较长的无线通信以及有线通信相比，能较方便地克服地形带来的不便，有较大的灵活性且成本较低，施工周期短和便于维护等优点。

（2）微波通信分类。根据基带信号的不同，微波接力通信系统可分为模拟接力通信系统与数字接力通信系统。

根据同步方式的不同，数字微波通信又可分为 PDH（准同步数字系列）微波通信和 SDH（同步数字系列）微波通信。

（3）数字微波通信的特点。数字微波通信具有以下特点：

1）通信频段的频带宽。

2）受外界干扰的影响小。

3）微波通信灵活性较大。

4）天线增益高、方向性强。

（4）微波通信组网方式。微波中继通信可以实现远距离通信，它是由一系列微波站组成，整个微波通信链路由多个相距几十千米的中继站构成，系统中包含了各种类型的微波站。微波站可分为终端站、中继站和分路站等类型。终端站是线路两端点的站或有支线时的支线终点站，终端站只对一个方向收发。中继站只完成信号的放大与转接。中继方式可分为基带转接、中频转接和微波转接。一般中继站可无人值守，并由终端站对它进行遥测和遥控。分路站是能上下话路又有转接功能的中继站。微波通信链路组成示意图见图 2-43。

图 2-43 中的结点统称为微波站，除两头的终端站之外，还有大量的中继站、枢纽站和分路站。

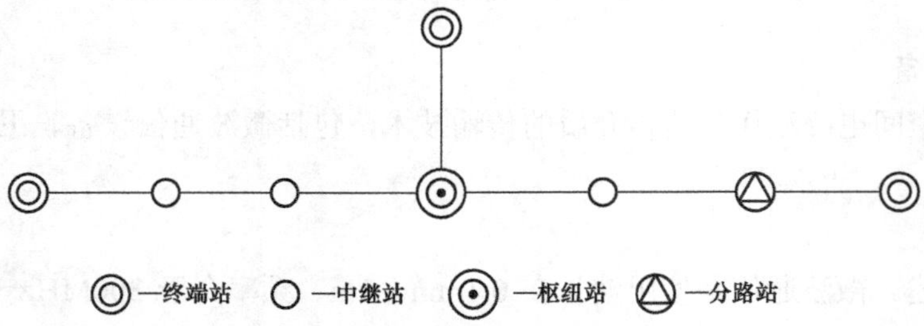

图 2-43 微波通信链路组成示意图

（5）微波天线、馈线系统。

1）天线。天线从实质上讲是一种转换器，它可以把在封闭的馈线中传输的电磁波转换为在空间传播的电磁波，也可以把在空间中传播的电磁波转换为在封闭的馈线中传输的电磁波。

天线的品种繁多，以供不同频率、不同用途、不同场合、不同要求等不同情况下使用。按用途分类，可分为通信天线、电视天线、雷达天线等；按工作频率分类，可分为短波天线、超短波天线、微波天线；按方向性分类，可分为全向天线、定向天线等；按外形分类，可分为线状天线、面状天线等。天线按照极化方向可分为单极化天线和双极化天线。由于天线辐射出去的电波是由电场与磁场矢量构成，而电磁场矢量的方向在不同的空间方向上是不同的，极化方向是指天线在最大辐射方向上辐射出的电场矢量的方向。天线的极化方向一般与单元振子的方向一致。

通常将工作于米波、分米波、厘米波、毫米波等波段的天线，统称为微波天线。常用的微波天线类型为抛物面天线和卡塞格伦天线。抛物面天线是由抛物面反射器和位于其焦点处的馈源组成；卡塞格伦天线是由主反射器、副反射器、辐射源构成。卡塞格伦天线相对于抛物面天线来讲，它将馈源的辐射方式由抛物面天线的前馈方式改变为后馈方式。对微波天线总的要求：天线增益高、与馈线匹配良好、波道间寄生耦合小，另外还应使天线具有一定的抗风强度和防冰雪的措施。

卡塞格伦天线由三部分组成，即主反射器、副反射器和辐射源。其中主反射器为旋转抛物面，副反射面为旋转双曲面。在结构上，双曲面的一个焦点与抛物面的焦点重合，双曲面焦轴与抛物面的焦轴重合，而辐射源位于双曲面的另一焦点上。它是由副反射器对辐射源发出的电磁波进行的一次反射，将电磁波反射到主反射器上，然后再经主反射器反射后获得相应方向的平面波波束，以实现定向发射。微波天线参考图见图 2-44。

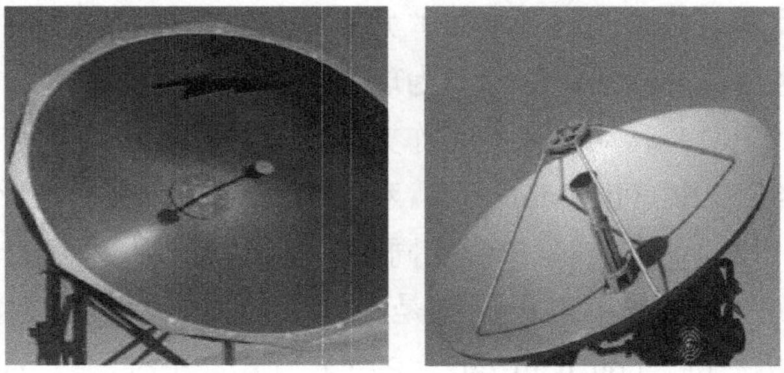

(a) (b)

图 2-44 微波天线参考图

（a）抛物面天线；（b）卡塞格伦天线

2）微波馈线系统。微波馈线系统是指连接微波收、发信设备与天线的微波传输线和有关的微波器件部分。主要包括微波馈线、收发共用器等。

同轴电缆型馈线及连接头参考图见图 2-45。

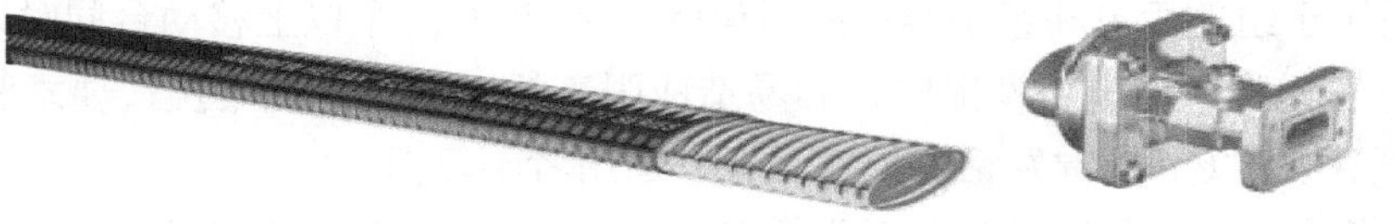

图 2-45 同轴电缆型馈线及连接头参考图

（6）SDH 数字微波设备。SDH 数字微波设备系统概述。SDH 数字微波设备的工作频段可以是 4、5、6、7、8GHz 等多个微波传输频段，除传输 STM-1 主信号流外，还可传输 2×2.048Mbit/s 的旁路业务（WS）。

SDH 数字微波设备主要由中频调制、解调部分（中频调制解调器）、微波收发信机部分三部分电路组成。SDH 数字微波设备参考图见图 2-46，信号流程见图 2-47。

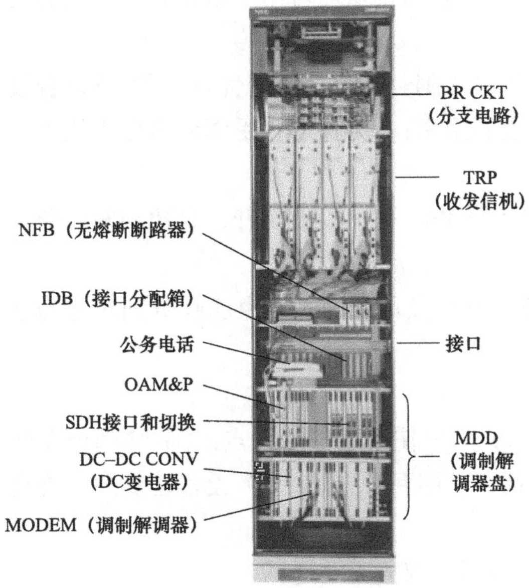

图 2-46 SDH 数字微波设备参考图

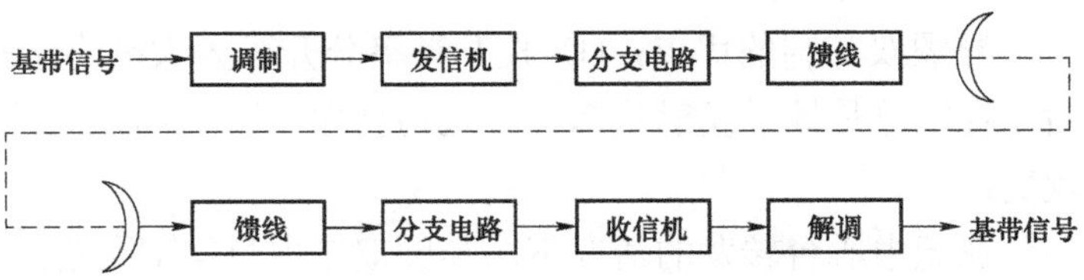

图 2-47 信号流程图

2. 移动通信设备

移动通信是指移动用户之间，或移动用户与固定用户之间进行的通信。

随着社会的发展，科学技术的进步，人们希望能随时随地、迅速可靠地与通信的另一方进行信息交流。“信息交流”不仅包括双方的通话，还包括数据、传真、图像等通信业务。

正是因为移动通信能让人们随时随地、迅速可靠地与通信的另一方进行信息交流，为人们更有效地利用时间提供了可能，因而随着电子技术，特别是半导体、集成电路及计算机技术的发展，得到了迅速发展。随着应用领域的扩大和对性能要求的提高，促使移动通信在技术上和理论上向更高水平进展。时至今日，移动通信已成为现代通信网中一种不可缺少并发展最快的通信手段之一。

（1）移动通信的工作方式。移动通信按照用户的通话状态和频率使用的方法分单工制（simplex）、半双工制（half duplex）、双工制（deplex）三种工作方式。

1）单工制分单频（同频）单工、双频（异频）单工。

a. 同频单工，同频是指通信的双方，使用相同工作频率（f_1）；单工是指通信的双方的操作采用“按一讲”（push to talk，PTT）方式。平时，双方的接收机均处于收听状态。如果 A 方需要发话，可按下 PTT 开关，发射机工作，并使 A 方接收机关闭。这是由于 B 方接收机处于收听状态，即可实现由 A 至 B 的通话；同理，也可实现 B 至 A 的通话。在该方式中，电台的收发信机是交替工作的。故收发信机不需要使用天线共用器，而使用同一副天线。这种工作方式移动台之间可直接通话，不需转接。其优点：① 设备简单；② 移动台之间可直接通话，不需基站转接；③ 不按键时发射机不工作，因此功耗小。缺点：① 只适用于组建简单和甚小容量的通信网。② 当有两个以上移动台同时发射就会出现同频干扰。③ 当附近有邻近频率的电台发射时，容易造成强干扰。为了避免干扰，要求相邻频率的间隔大于 4MHz，频谱利用率低。④ 按键发话，松键受话，适用者不习惯。

b. 异频单工是指通信的双方使用两个不同频率 f_1 和 f_2，而操作仍采用“按一讲”方式。由于收发使用不同的频率，同一部电台的收发信机可以交替工作，也可以收常开，只控制发，即按下 PTT 发射。其优缺点与同频单工基本相同。在无中心台转发的情况下，电台需配对使用，否则通信双方无法通话。故这种方式主要用于有中心台转发（单工转发或双工转发）的情况。所谓单工转发，中心转信台使用一组频率（如收用 f_1，发用 f_2），一旦接收有载波信号即转去发送。所谓双工转发中心转信台使用二组频率（一组收用 f_1，发用 f_2；另一组收用 f_3，发用 f_4），任一路一旦接收有载波信号即转去发送。

由于使用收发频率有一定保护间隔的异频工作，提高了抗干扰能力，从而可用于组建有几个频道同时工作的通信网。

2）半双工制是指中心转信台使用一组频率，而移动台采用单工制。半双工制的优点：① 移动台设备简单，价格低，耗电少；② 收发采用不同频率，提高了频谱利用率；③ 移动台受邻近电台干扰小。其缺点是移动台仍需按键发话，松键受话，使用不方便。

由于收发使用不同的频率，同一部电台的收发信机可以交替工作，也可以收常开，只控制发，即按下 PTT 发射。在中心台转发的系统中，分台必须使用该方式。

3）双工制是指通信的双方，收发信机均同时工作，即任一方在发话的同时，也能收听到对方的话音，无需按 PTT 开关，类同平时打市话，使用自然，操作方便。

双工可分频分双工（也称异频双工）和时分双工（也称同频双工）。

异频双工制的优点：① 收发频率分开可大大减小干扰；② 用户使用方便。缺点：① 移动台在通话过程中总是处于发射状态，因此功耗大；② 移动台之间通话需占用两个频道；③ 设备较复杂，价格较贵。

在无中心台转发的情况下，异频双工电台需配对使用，否则通信双方无法通话。

同频双工采用时隙双工技术，目前在无线通信中得到了越来越多的采用，如 PHS（PAS，即“小灵通”）及无绳电话系统等。同频双工最大的优点是频率利用率高，无需申请配对频点。

（2）移动通信体制。移动通信系统按其经营方式或用户性质可分为专用移动通信系统和公共移动通信系统。按服务区域覆盖特点分，可分为两类：一类是小容量的大区制，另一类是大容量的小区制。

1）大区制移动通信网。大区制就是在一个服务区域（如一个城市）内只有一个基站（base station，BS），并由它负责移动通信的联络和控制，如图 2-48 所示。

通常为了扩大服务区域的范围，基站天线架设得都很高，发射机输出功率也较大（一般在 200W 左右），其覆盖半径为 30～50km。

但是因为电池容量有限，通常移动台发射机的输出功率较小，故移动台距基站较远时，移动台可以收到基站发来的信号（即下行信号），但基站却收不到移动台发出的信号（即上行信号）。为了解决两个方向通信不一致的问题，可以在适当地点设立若干个分集接收站，如图 2-48 虚线所示，以保证在服务区内的双向通信质量。

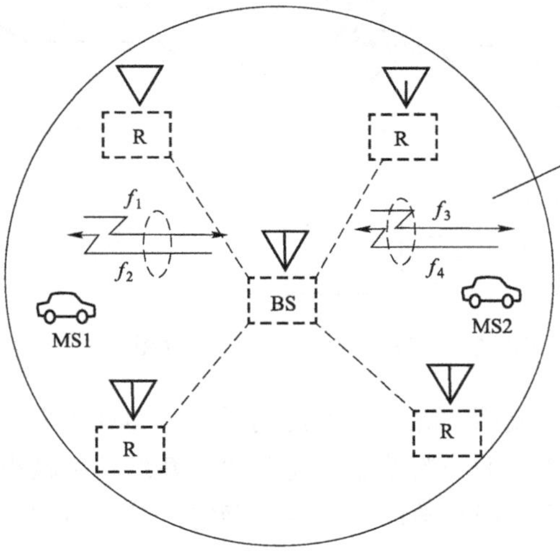

图 2-48　大区制移动通信示意图

在大区制中，为了避免相互间的干扰，在服务区内的所有频道（一个频道包含收、发一对频率）的频率都不能重复。如移动台 MSl 使用了频率 f_1 和 f_2，那么另一个移动台 MS2 就不能再使用这对频率了，否则将产生严重的相互串扰。因而这种体制的频率利用率及通信的容量都受到了限制，满足不了用户数量急剧增长的需要。

大区制的优点是简单、投资少、见效快，主要用于专用移动通信网，或用于用户较少的地域，如农村城镇，为节约初期工程投资，可按大区制设计考虑。但是，从远期规划来说，为了满足用户数量增长的需要，提高频率的利用率，就需采用小区制的办法。

专网的最大功能要求是调度，专网经历了一对一的单机对讲系统，单信道一呼百应系统及选呼系统，后来又发展到多信道多用户共享的专用调度系统。集群（trunking）移动通信是传统的专用无线调度系统的高级发展阶段，是专用移动通信的发展方向。随着电子技术、集成电路技术、计算机技术和交换技术的飞速发展，专用移动通信的网络结构与公共移动通信系统越来越相像，如 Motorola 的 iDEN 数字集群移动通信系统，其本身就是在数字蜂窝移动通信系统上加上了调度功能。

2）小区制（蜂窝）移动通信网。小区制就是把整个服务区域划分为若干个无线小区（cell），每个小区分别设置一个基站，负责本区移动通信的联络和控制。同时，又可在移动业务交换中心的统一控制下，实现小区之间移动用户通信的转接，以及移动用户与市话用户的联系，小区制（蜂窝）移动通信网示意图见图 2-49。由于形状酷似蜂窝，小区制常俗称蜂窝网（cellular）。每个小区（半径为 2～20km）设一个小功率基站（BS1～BS7），发射功率一般为 5～20W，以满足各无线小区移动通信的需要。随着用户数的不断增加，无线小区还可以继续划小为微小区（microcell）和微微小区（毫区），以不断适应用户数增长的需要。每个小区的半径按需要决定，目前小的半径有 1～3km，有的城市为 500m。

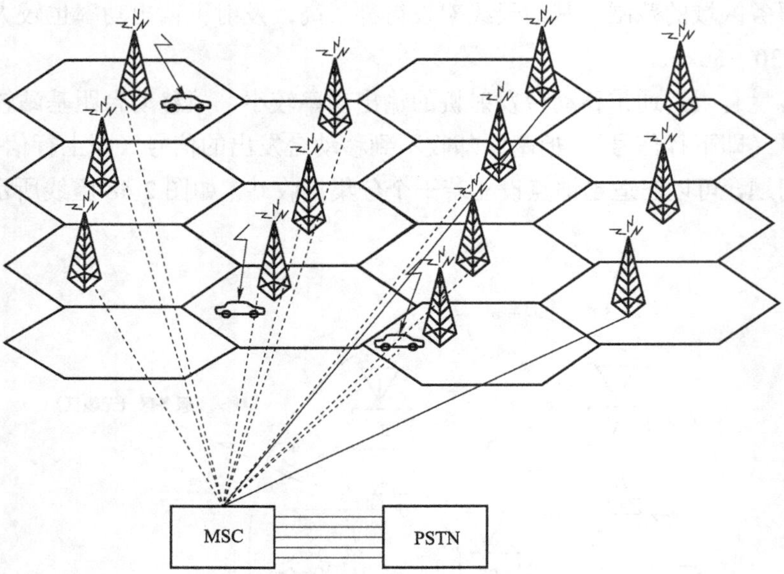

图 2-49　小区制（蜂窝）移动通信网示意图

小区制的最大特点是实现网内的频率复用，这大大地提高了频率的利用率，有效解决频道数量有限和用户数增大的矛盾，被视为移动通信史上的一次革命。而且由于基站功率减小，也使相互间的干扰减少了；此外，无线小区的范围还可根据实际用户数的多少灵活确定，具有组网的灵活性。公用移动电话网均采用这种体制。

但是这种体制在移动台通话过程中，从一个小区转入另一个小区时，移动台需要更换工作频道。无线小区的范围越小，通话中转换频道的次数就越多，这样对控制交换功能的要求就提高了，再加上基站数量的增加，建网的成本就提高了，所以无线小区的范围也不宜过小。目前，无线小区半径一般为 5km 左右。

当基站采用全向天线时，基站覆盖区大致是一个圆。当多个无线小区彼此连接覆盖整个服务区，可以用圆的内接正多边形来近似。能全面覆盖一个平面的正多边形有正三角形、正方形、正六边形三种。在这三种小区结构中，正六边形小区的中心间隔和覆盖面积均最大，且重叠区域宽度和重叠区域的面积最小。这意味着对于同样大小的服务区域，采用正六边形构成小区所需的小区数最少，所需频率组数最少，各基站间的同频干扰最小。由于小区采用了正六边形小区结构，形成蜂窝状分布，故小区制亦称蜂窝制。在移动通信系统中，对基站进行选址和分配信道组的设计过程叫作频率规划。

（3）公共移动通信系统的组成。公共移动通信系统，即蜂窝移动通信系统，其基本结构如图 2-50 所示。一个交换区由一个移动交换中心（mobile service switching centre，MSC）、一个或若干个归属位置寄存器（home location register，HLR）和访问者位置寄存器（visitor location register，VLR，有时几个 MSC 合用一个 VLR）、设备识别寄存器（equipment identity register，EIR）、鉴权中心（authentication centre，AuC）、操作维护中心（operation and maintenance centre，OMC）、基地站（base station，BS）和移动台（mobile station，MS）等功能实体组成。

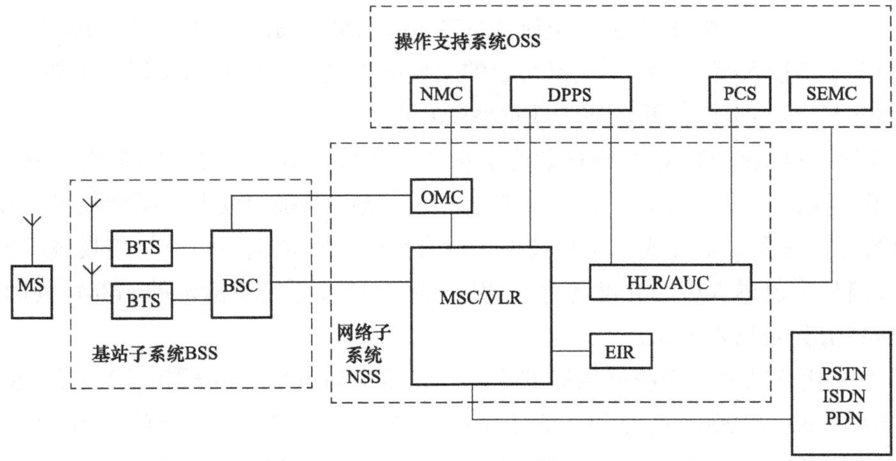

图 2-50　蜂窝移动通信系统的基本结构

MSC 对位于其服务区内的 MS 进行交换和控制，同时提供移动网与固定公众电信网的接口。MSC 是移动网的核心。作为交换设备，MSC 具有完成呼叫接续与控制的功能，这点与固定网交换中心相同。作为移动交换中心，MSC 又具有无线资源管理和移动性管理等功能，如移动台位置登记与更新、越区切换等。为了建立从固定网至某个移动台的呼叫路由，固定网进入移动网的接口 MSC 称为关口 MSC（GMSC），由该 GMSC 查询有关的 HLR，并建立至移动台当前所属的 MSC 的呼叫路由。

HLR 是用于移动用户管理的数据库。每个移动用户必须在某个 HLR 中登记注册。HLR 所存储的用户信息分为两类：一类是有关用户参数的信息，如用户类别，所提供的服务，用户的各种号码、识别码，以及用户的保密参数等。另一类是有关用户当前位置的信息，如移动台漫游号码、VLR 地址等，用于建立至移动台的呼叫路由。

VLR 是存储用户位置信息的动态数据库。当漫游用户进入某个 MSC 区域时，必须向该 MSC 相关的 VLR 登记，并被分配一个移动用户漫游号（MSRN），在 VLR 中建立该用户的有关信息，其中包括移动用户识别码（MSI）、MSRN，所在位置区的标志以及向用户提供的服务等参数，这些信息是从相应的 HLR 中传递过来。MSC 在处理入网、出网呼叫时需要查询 VLR 中的有关信息。一个 VLR 可以负责一个或若干个 MSC 区域。

EIR 是存储有关移动台设备参数的数据库。EIR 实现对移动设备的识别、监视、闭锁等功能。

AuC 鉴权中心是认证移动用户的身份以及产生相应认证参数的功能实体。AuC 对任何试图入网的用户进行身份认证，只有合法用户才能接入网中并得到服务。

OMC 操作维护中心是网络操作维护人员对全网进行监控和操作的功能实体。

（4）移动通信的发展历程。移动通信的发展大致经历了以下几个发展阶段：

20 世纪 20～30 年代：警车无线电调度电话（AM 调幅），使用 2MHz 频率。

20 世纪 40～50 年代：人工接续的移动电话（FM 调频），单工工作方式，使用频段为 150MHz 及 450MHz。特别值得一提的是 1947 年贝尔实验室提出蜂窝概念。

20 世纪 60 年代：自动拨号移动电话，全双工工作方式，使用频段为 150MHz 及 450MHz。1964 年美国开始研究先进移动电话系统（IMTS）。

20 世纪 70～80 年代：AMPS、TACS 分别在美国、英国投入使用。使用频段为 800/900MHz（早期曾使用 450MHz），全自动拨号，全双工工作，具有越区频道转换、自动漫游通信功能。频谱利用率、系统容量及话音质量都有明显的提高。20 世纪 80 年代发展起来的模拟蜂窝移动电话系统，人们把它称为第一代移动通信系统。其主要技术是模拟调频、频分多址，主要业务是电话。代表这一系统的有美国的

AMPS（1979 年首先在美国芝加哥开通），英国 TACS（属 AMPS 系统的改进型，1983 年投入商用），北欧的 NMT-900（1981 年投入商用）等。模拟系统的主要缺点是：频谱利用率低、不能与 ISDN 兼容、保密性差及移动终端进一步小型化、低功耗、低价格的难度大。

20 世纪 90 年代：典型有 GSM 数字移动通信系统和窄带 CDMA（IS-95A）数字移动通信系统及卫星移动通信，称第二代移动通信系统。第二代移动通信系统在系统构成上与第一代模拟移动通信系统无多大差别。不同的是，它在多址方式、调制技术、话音编码、信道编码、分集接收技术等几个主要方面采用了数字技术。国际上已进入商用和准备进入商用的数字蜂窝系统有欧洲的 GSM、美国的 DAMPS（原 IS-54，目前用 IS-136，）及日本的 JDC。

21 世纪初：第三代移动通信系统开始标准化，并逐步走向市场。主要有基于窄带 IS-95CDMA 技术的宽带 CDMA 技术的 cdma2000、基于日本无线工业广播协会（ARIB）支持的纯 W-CDMA 和欧洲电信标准协会（ETSI）制定的 UTRA 两个独立建议的 W-CDMA、由我国提出的时分同步 CDMA（TD-SCDMA）等第三代（3G）系统（IMT-2000）陆续开始投入使用。其中第三代（3G）系统使用频段为 1885～2025MHz、2110～2200MHz，全球统一标准。

2010 年：2010 年 12 月 6 日，国际电信联盟把 LTE 正式称为 4G，LTE 是 Long Term Evolution 的缩写，全称 3GPP Long Term Evolution。中文翻译 3GPP 长期演进技术，为第三代合作伙伴计划（3GPP）标准，它改进并增强了 3G 的空中接入技术，采用 OFDM 和 MIMO 作为其无线网络演进的唯一标准。4G 技术包括 TD-LTE 和 FDD-LTE 两种制式，这两种制式是分别用于非成对频谱和成对频谱。

如今，已出现 5G 网络即第五代移动通信网络（5th generation mobile networks 或 5th generation wireless systems，5G）。其性能目标是高数据速率、减少延迟、节省能源、降低成本、提高系统容量和大规模设备连接。其主要优势在于：数据传输速率远高于以前的蜂窝网络，最高可达 10Gbit/s，比 4G 快 100 倍。电信标准制定组织 3GPP 定义的 5G 三大应用场景包括：

1）增强型移动宽带（eMBB）：3D/超高清视频等大流量移动宽带业务；又分用于传输控制信息的控制信道和用于传输数据信息的数据信道。

2）海量物联网通信（mMTC）：大规模物联网业务。

3）低时延、高可靠通信（URLLC）：需要低时延、高可靠连接的业务，如无人车等。

3. 卫星传输设备

卫星通信是一种利用人造地球卫星作为中继站来转发无线电波而进行的两个或多个地球站之间的通信，是由通信卫星和经该卫星连通的地球站两部分组成。按照工作轨道区分，卫星通信系统一般分为低轨道卫星通信系统（LEO）、中轨道卫星通信系统（MEO）、高轨道卫星通信系统（GEO）三类。高轨道卫星距地面 35 800km，即同步静止轨道。理论上，用三颗高轨道卫星即可以实现全球覆盖。传统的同步轨道卫星通信系统的技术最为成熟，自从同步卫星被用于通信业务以来，用同步卫星来建立全球卫星通信系统已经成为建立卫星通信系统的传统模式。

卫星通信系统连接示意图见图 2-51。静止通信卫星是目前全球卫星通信系统中最常用的星体，是将通信卫星发射到赤道上空 35 860km 的高度上，使卫星运转方向与地球自转方向一致，并使卫星的运转周期正好等于地球的自转周期（24h），从而使卫星始终保持同步运行状态。故静止卫星也称为同步卫星。静止卫星天线波束最大覆盖面可以达到大于地球表面总面积的 1/3。因此，在静止轨道上，只要等间隔地放置三颗通信卫星，其天线波束就能基本上覆盖整个地球（除两极地区外），实现全球范围的通信。当前使用的国际通信卫星系统，就是按照上述原理建立起来的，三颗卫星分别位于大西洋、太平洋和印度洋上空。

卫星通信是现代通信技术的重要成果，它是在地面微波通信和空间技术的基础上发展起来的。与电缆通信、微波中继通信、光纤通信、移动通信等通信方式相比，卫星通信具有以下特点：

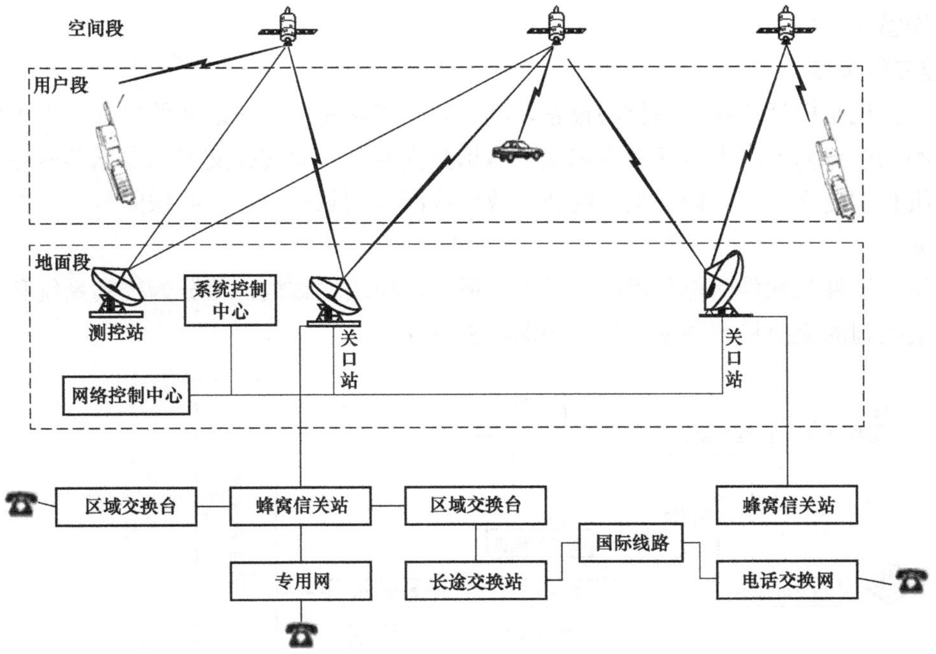

图 2-51　卫星通信系统连接示意图

（1）卫星通信覆盖区域大，通信距离远。因为卫星距离地面很远，一颗地球同步卫星便可覆盖地球表面的 1/3，因此，利用 3 颗适当分布的地球同步卫星即可实现除两极以外的全球通信。卫星通信是远距离越洋电话和电视广播的主要手段。

（2）卫星通信具有多址连接功能。卫星所覆盖区域内的所有地球站都能利用同一卫星进行相互间的通信，即多址连接。

（3）卫星通信频段宽，容量大。卫星通信采用微波频段，每个卫星上可设置多个转发器，故通信容量很大。

（4）卫星通信机动灵活。地球站的建立不受地理条件的限制，可建在边远地区、岛屿、汽车、飞机和舰艇上。

（5）卫星通信质量好，可靠性高。卫星通信的电波主要在自由空间传播，噪声小，通信质量好。就可靠性而言，卫星通信的正常运转率达 99.8%以上。

（6）卫星通信的成本与距离无关。地面微波中继系统或电缆载波系统的建设投资和维护费用都随距离的增加而增加，而卫星通信的地球站至卫星转发器之间并不需要线路投资，因此，其成本与距离无关。

但卫星通信也有不足之处，主要表现在：

（1）传输时延大。在地球同步卫星通信系统中，通信站到同步卫星的距离最大可达 40 000km，电磁波以光速（3×108m/s）传输，这样，路经地球站→卫星→地球站（称为一个单跳）的传播时间约需 0.27s。如果利用卫星通信打电话的话，由于两个站的用户都要经过卫星，因此，打电话者要听到对方的回答必须额外等待 0.54s。

（2）回声效应。在卫星通信中，由于电波来回转播需 0.54s，因此产生了讲话之后的“回声效应”。为了消除这一干扰，卫星电话通信系统中增加了一些设备，专门用于消除或抑制回声干扰。

（3）存在通信盲区。把地球同步卫星作为通信卫星时，由于地球两极附近区域“看不见”卫星，因此不能利用地球同步卫星实现对地球两极的通信。

（4）存在日凌中断、星蚀和雨衰现象。

二、业务设备

（一）程控交换设备

数字程控交换机是电话交换网的核心设备，其主要功能是完成用户之间的接续。电力电话交换网根据其服务对象不同可分为行政电话交换网和调度电话交换网，因此程控交换机根据其服务对象不同也可分为行政交换机和调度交换机。调度交换网和行政交换网并列独立运行，并按照号码分配原则，进行统一组网，统一编码。

程控交换机由硬件和软件两部分组成。硬件一般采用模块化结构，可分为控制系统和话路系统两大部分。采用分级控制的交换机硬件基本结构如图 2-52 所示。

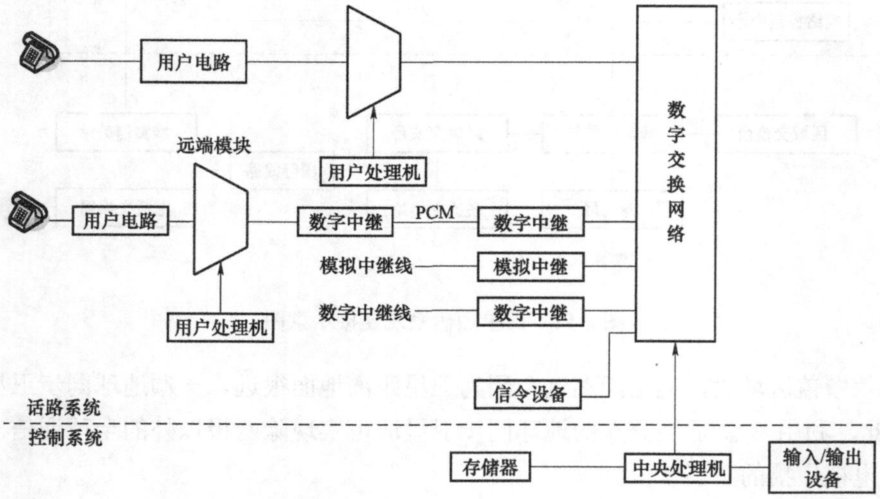

图 2-52　采用分级控制的交换机硬件基本结构图

程控交换机软件包括程序部分和数据部分。程序部分包括操作系统程序和应用程序，前者用于任务调度、输入输出控制、障碍检测和恢复处理、障碍诊断、命令执行控制等；后者用于实施各种电话交换事件与状态处理、硬件资源管理、用户服务类别管理、话务量统计、服务观察、软件维护和自动测试等。数据部分包括系统数据、交换框架数据、局数据、路由数据和用户数据，主要用于表征交换系统特点、本电话站及周围环境特点、各用户的服务类别等。

程控交换机常用的外围设备主要有模拟电话机、数字电话机、数据通信适配器（DCA/SDCA）、管理维护终端（或仿真终端）、话务台、计费设备、调度台和录音设备等。

程控交换技术从业务功能上区分包括行政交换网和调度交换网。

行政交换网主要用于电力系统行政办公。行政交换网按照国家电力生产管理交换网由大区、省、地三级组网原则，建立省调及地市局使用局用交换机，各直属单位、县供电局以及电厂以远端模块方式或中继连接模式接入的网络。省调的局用机上联至网调，接入全国电力生产管理电话交换网。

行政交换组网省内网类型大致包括复合汇接网、星形汇接网、单星形网三种组网方式。图 2-53 为行政交换网组网示意图。

调度交换网主要为电力调度生产提供服务，是电网安全、稳定运行的重要指挥系统，是电网的中枢神经。实现调度中心迅速可靠地与电网内下一级调度中心、发电厂、变电站等部门的调度联系。

调度交换系统的网络结构采用分级汇接方式，按主网和区域两种等级设备；网络的交换节点按不同调度级别的交换中心及其相关的汇接交换站两种类型设置；主网级交换节点由网、省调交换中心及所辖范围的汇接交换站组成，区域级交换节点由省调交换中心、省网内重要地调交换中心及所辖范围的汇接交换站组成；通常在网、省调度部门设置主网交换中心，在地区调度部门设置区域交换中心，根据组网需要，也可在主网设置区域交换中心，在区域网设置汇接交换站。图 2-54 为某省的电力调度组网方式。

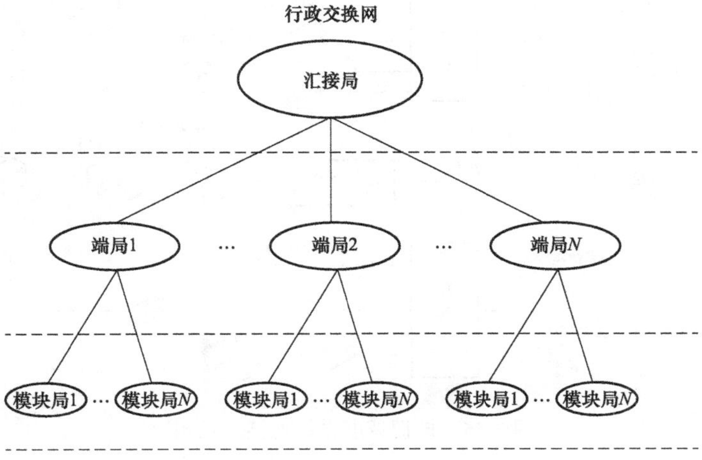

图 2-53　行政交换网组网示意图

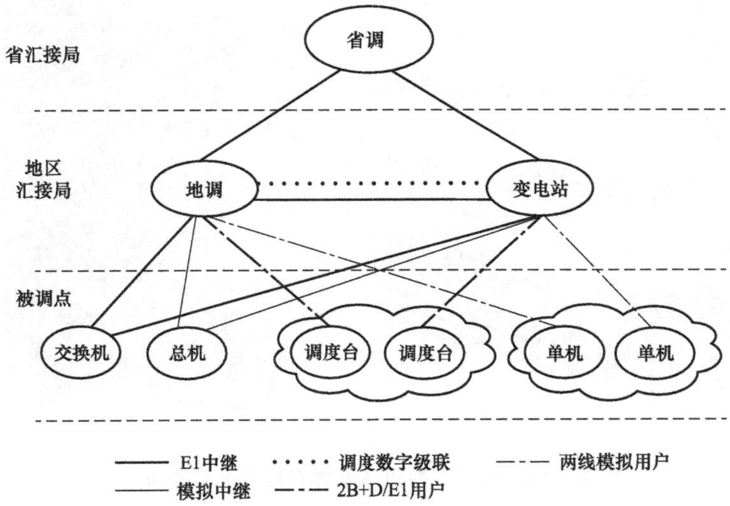

图 2-54　某省电力调度组网示意图

在省调，有两套调度交换机，各个地市也有两套调度交换机，一套在地调，另外一套在 500kV 变电站，省调与地调或 500kV 变电站交换机之间、地调与 500kV 变电站之间都有直达的 2M 中继相连，并且在交换机内设置成迂回路由。各个地调和变电站的调度台都分别与地调大楼和 500kV 变电站调度交换机相连，互为备用。

地调调度系统由两台调度交换机组成，分别安装在地调大楼和 500kV 变电站，两交换机采用互为备份的方式连接，即在地调和各个 220kV 变电站采用一边连接在地调调度交换机上，另一边连接到 500kV 变电站调度交换机上。因此，无论哪台交换机有故障，不影响调度通信的正常运行。地调调度系统连接示意图见图 2-55。

1. 行政交换机

行政交换机的主要功能是用户接听电话、呼叫等待、呼叫转移、遇忙回呼、呼叫保持、热线电话、三方通话、呼叫转接、叫醒服务、黑白名单、虚拟网等。行政交换机（或远端模块）参考图见图 2-56。

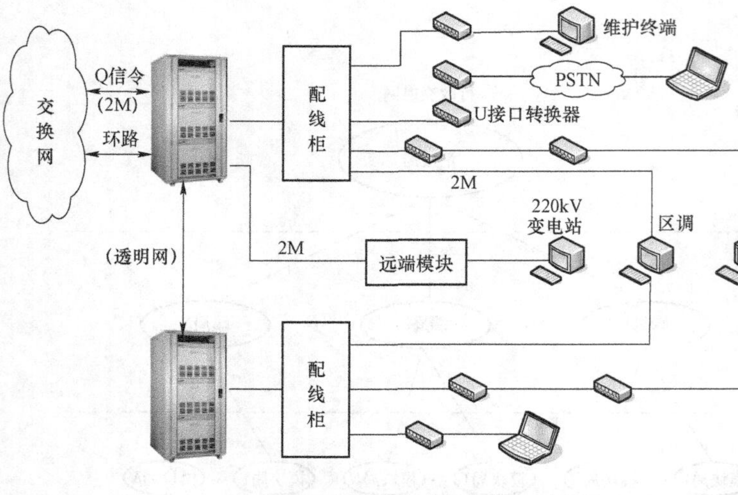

图 2-55　地调调度系统连接示意图

图 2-56　行政交换机（或远端模块）参考图

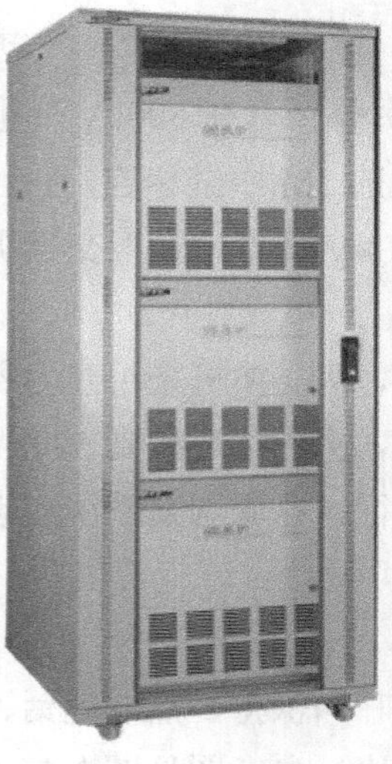

图 2-57　调度交换机参考图

（1）行政交换机组成。行政交换机一般包括数字线路单元（DLU）、线路中继组（LTG）、交换网络（SN）、消息缓存器（MB）、公共信道信令控制器（CCNC）、通信处理机（CP）、中央时钟发生器（CCG）。

（2）外围设备：计费系统。计费系统通过对交换机的原始话单进行分解，实现用户、部门按不同时段进行电话详单和话费的查询。一般采用客户机/服务器（C/S）结构，以高可靠的数据库服务器为核心，分为数据接收、数据分拣、数据查询、话费营收、话费控制、系统管理等六大模块。

2. 调度交换机

调度交换机主要用于电力系统电力生产调度。录音系统通过对调度通话过程的录音，确保调度全过程控制便于监控、查询和质检。

调度交换机参考图见图 2-57。

（1）调度交换机组成。调度交换机主要由公共控制部分和用户机架部分组成。

1）公共控制部分：① 机架电源；② 交换机中央处理器（ECPU 板）；③ 冗余存储器板（RMU 板）；④ HCSU 板：C 总线板；⑤ 时钟定时板（TTU 板）；⑥ CTU 板；⑦ TSU/SSU 板。

2）用户机框部分：用户机框可以放置各种不同的用户电路板卡，包括模拟/数字用户板、模拟中继板、E&M 中继板、2M 中继板（E1）、双音多频板（DTMF）、多频互控板（MFC）、来电显示信号发生器板（ASG）、调度接口板（16 线 HDDU 或 8 线 DDU）板、录音控制板（RCU）等板卡。

（2）外围设备。

1）调度台。调度台是调度交换机的一个重要组成部分，是调度员完成电网调度指挥的专用通信设备，是调度员向调度用户下达调度指令的通信工具。多个调度台组成一个台组，调度台之间互相透明，具有相同的呼叫状态、呼叫提示等信息显示功能，每个调度台可进行相同或不同的调度呼叫。

调度交换机的调度台有按键式、触摸式和视频三大类调度台。

双手机组合式调度台参考图见图 2-58。

2）数字多路录音系统。电话录音系统是采用数字电子技术，辅以管理操作终端及配套软件的一套综合性系统，它可以同时对多路电话通话进行录音、监控和查询。

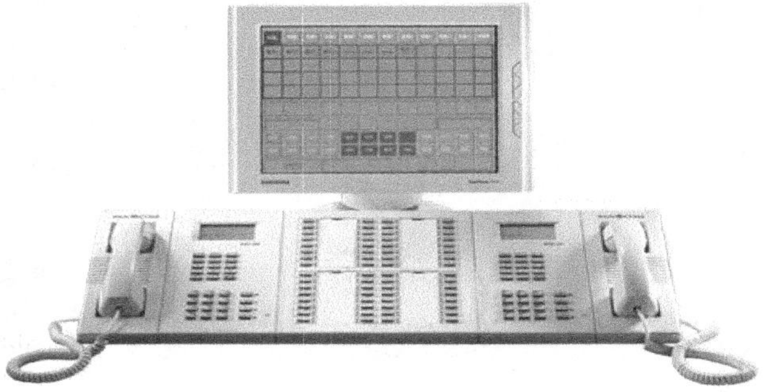

图 2-58　双手机组合式调度台参考图

（二）软交换与 IMS 设备

1. 软交换

软交换技术区别于传统电信网的电路“硬”交换，是基于分组交换网络、以软件来实现交换与呼叫控制管理的一门新的电信网络技术。它是下一代网络（next generation network，NGN）的核心。我国信息产业部电信传输研究所对软交换的定义是：软交换是网络演进以及下一代分组网络的核心设备之一，它独立于传送网络，主要完成呼叫控制、资源分配、协议处理、路由、认证、计费等主要功能，同时可以向用户提供现有电路交换机所能提供的所有业务，并向第三方提供可编程能力。

软交换在分组交换网络的基础上，彻底实现了交换、路由与业务功能相互分离。在软交换网络中，路由由分组交换网络的路由设备提供，业务功能提供由业务功能服务器（应用服务器）提供，交换功能（呼叫管理与控制）由软交换机提供。但是，传统交换机的“呼叫控制”功能是和业务结合在一起的，不同的业务所需要的呼叫控制功能不同，所以这就要求软交换提供的呼叫控制功能是各种业务的基本呼叫控制。正是由于软交换技术的这种结构模块化、实现软件化的特点使得以软交换技术为核心的下一代网络能够真正成为业务独立于网络的网络，通过业务与呼叫控制分离以及呼叫控制与承载分离实现相对独立的业务体系，并且使得软交换设备在组网的灵活性和网络的功能升级能力上大大优于传统电路交换机。

2. IMS

IP 多媒体系统（IP multimedia subsystem，IMS）是一种全新的多媒体业务形式，它能够满足现在的终端客户更新颖、更多样化多媒体业务的需求。IMS 被认为是下一代网络的核心技术，是基于 IP 承载网，以 SIP 协议作为核心控制协议，并能够提供与接入无关的 IP 多媒体业务控制能力，是解决移动与固网融合，引入语音、数据、视频三重融合等差异化业务的重要方式。

IMS 网络结构可以分为应用层、业务能力层、会话控制层、承载控制与接入层，承载控制与接入层负责控制承载资源，包括的网元有 SBC 和 IM-MGWo；会话控制层的功能室呼叫控制、用户管理、业务触发、资源控制、网络互通，包括的网元有 P-CSCF（代理 CSCF）、I-CSCF（问询 CSCF）、S-CSCF（服务 CSCF）、AGCF、MGCF、HSS/SLF（用户数据库），会话控制层属于 IMS 网络的核心；业务能力层顾名思义能够为 IMS 网络提供诸如融合一号通业务和融合 VPMN 业务等各种业务功能；应用层主要提供第三方的应用：通过 OSA 提供的接口来实现对下层业务能力的调用，包括的网元有 AS，这也是 IMS 的网络的核心网元，IMS 网络结构示意图见图 2-59。

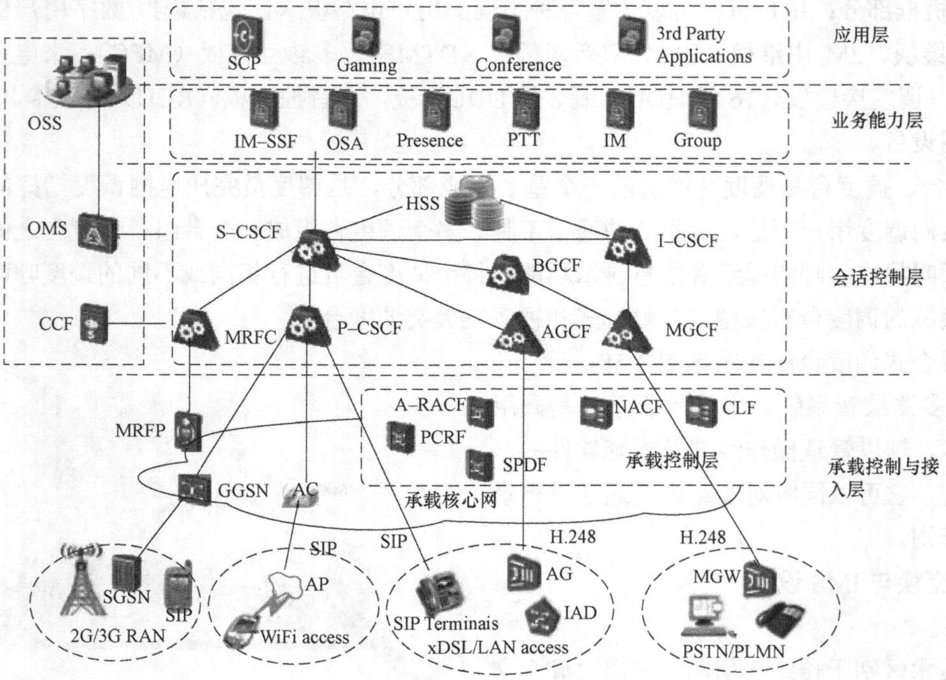

图 2-59　IMS 网络结构示意图

如果从采用的基础技术上看，IMS 和软交换有很大的相似性：都是基于 IP 分组网；都实现了控制与承载的分离；大部分的协议都是相似或者完全相同的；许多网关设备和终端设备甚至是可以通用的。

IMS 和软交换最大的区别在于以下几个方面。

（1）在软交换控制与承载分离的基础上，IMS 进一步实现了呼叫控制层和业务控制层的分离。

（2）IMS 起源于移动通信网络的应用，因此充分考虑了对移动性的支持，并增加了外置数据库——归属用户服务器（HSS），用于用户鉴权和保护用户业务触发规则。

（3）IMS 全部采用会话初始协议（SIP）作为呼叫控制和业务控制的信令，而在软交换中，SIP 只是可用于呼叫控制的多种协议的一种，更多的使用媒体网关协议（MGCP）和 H.248 协议。

总体来讲，IMS 和软交换的区别主要是在网络构架上。软交换网络体系基于主从控制的特点，使得其与具体的接入手段关系密切，而 IMS 体系由于终端与核心侧采用基于 IP 承载的 SIP 协议，IP 技术与承载媒体无关的特性使得 IMS 体系可以支持各类接入方式，从而使得 IMS 的应用范围从最初始的移动网逐步扩大到固定领域。此外，由于 IMS 体系架构可以支持移动性管理并且具有一定的服务质量（QoS）保障机制，因此 IMS 技术相比于软交换的优势还体现在宽带用户的漫游管理和 QoS 保障方面。

（三）PCM 设备

脉冲编码调制（pulse code modulation，PCM），是将模拟信号（如语音信号）经过抽样、量化和编码三个过程转化为数字信号再传给对方，对接收到的数字信号经过再生、解码和滤波，把数字信号还原为原来的模拟信号的通信技术。

每路电话 PCM 编码后的标准数码率是 64kbit/s。PCM 设备可以将 30 路 64kbit/s 通道复接成 2Mbit/s。

PCM 设备具备数据与语音等多业务综合接入功能，在传输中采用并行数字交换技术与灵活的时隙交叉连接技术完成不同流向的业务调度。

PCM 设备参考图见图 2-60。PCM 设备组网图见图 2-61。

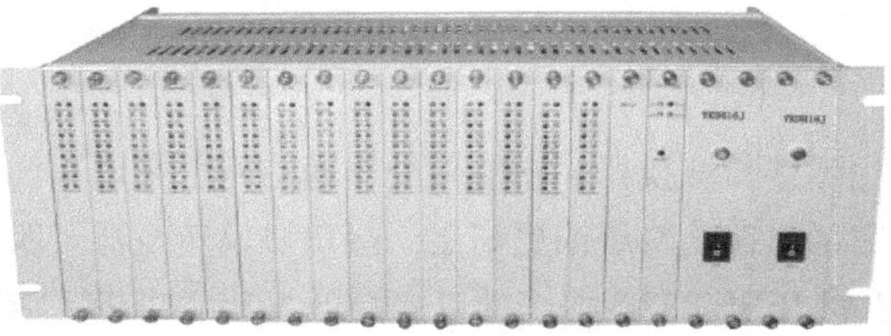

图 2-60 PCM 设备参考图

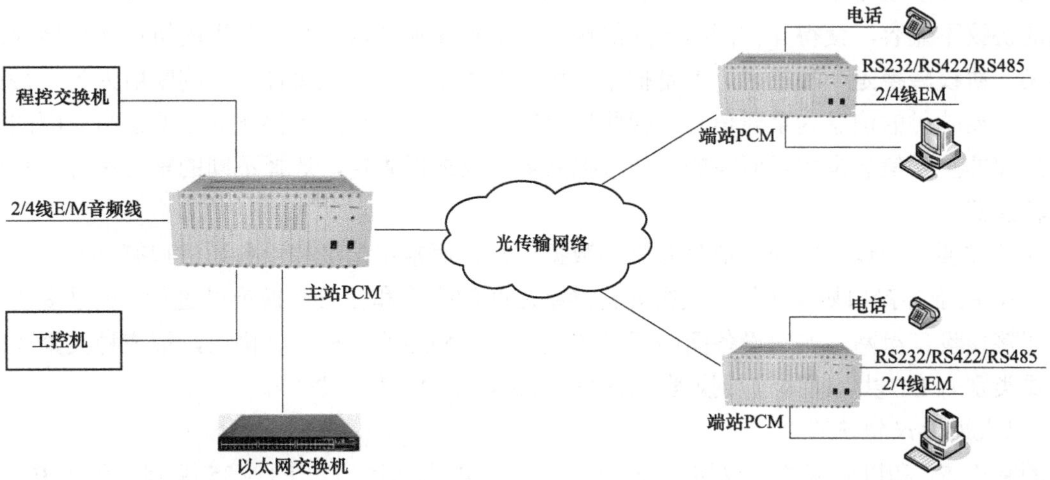

图 2-61 PCM 设备组网示意图

（四）数字交叉连接设备

数字交叉连接设备（DXC）相当于一种自动的数字电路配线架，其核心部分是可控的交叉连接开关（空分或时分）矩阵，DXC 设备系统框图见图 2-62。参与交叉连接的基本电路速率可以等于或低于端口速率，它取决于信道容量分配的基本单位。一般每个输入信号被分接为 *m* 个并行支路信号，然后通过时分（或空分）交换网络，按照预先存放的交叉连接图或动态计算的交叉连接图对这些电路进行重新编排，最后将重新编排后的信号复接成高速信号输出。

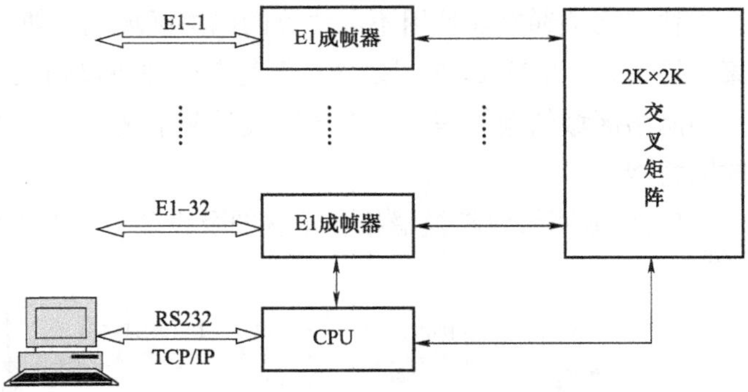

图 2-62 DXC 设备系统框图

通常用 DXCX/Y 来表示一个 DXC 的配置类型，其中第一个数字 X 表示输入端口速率的最高等级，第二个数字 Y 表示参与交叉连接的最低速率等。

数字 0 表示 64kbit/s 电路速率；数字 1、2、3、4 分别表示 PDH 的 1 至 4 次群的速率，其中 4 也代表 SDH 的 STM1 等级；数字 5 和 6 分别代表 SDH 的 STM4 和 STM16 等级。

在数字数据网（DDN）中，数字交叉连接设备 DXC 起着核心的作用，通过 DXC 把数字数据电路准动态地汇接起来，使得组成的 DDN 具有灵活性；DXC 能对通过数字数据电路传输的业务进行集中、分散和疏导；DXC 能把长距离的数字数据电路分为若干段，这样就可以进行分段测试和维护，当某一数字数据电路出现故障时，通过 DXC 将其传输的信息切合换到其他电路上去，有利于提高传输质量和管理水平。DXC 的交叉连接方式主要有空（S）分方式、时隙（T）方式以及 T-S-T 方式。采用空分方式交叉连接速度；采用时隙方式，可以在不同等级、较多的通道下进行交叉；若需要扩大容量，则可采用 T-S-T 方式。

（五）协议转换器

协议转换器简称协转，也称接口转换器，它能使处于通信网上采用不同高层协议的主机仍然互相合作，完成各种分布式应用。它工作在传输层或更高层。接口协议转换器一般用一个 ASIC 芯片就可以完成，成本低、体积小。它可以将 IEEE 802.3 协议的以太网或 V.35 数据接口同标准 G.703 协议的 2M 接口之间进行相互转换，也可以在 232/485/422 串口和 E1、CAN 接口及 2M 接口进行转换。

工业现场的许多设备采用的通信接口各不相同，常用的有 RS232、RS485、CAN 和网络，由于各种通信结构的协议不兼容，使得异构网络之间的操作和信息交换难以进行。常用的协议转换器只能完成点对点的转换，协议转换是一种映射，就是把某一协议的收发信息（或事件）序列映射为另一协议的收发信息序列。需要映射的信息为重要信息，因此协议转换可以看作是两个协议的重要信息之间的映射。所谓重要信息和非重要信息是相对而言的，要根据具体需要加以确定，选择不同的重要信息做映射，会得到不同的转换器。

工业通信需要多个设备之间的信息共享和数据交换，而常用的工控设备通信口有 RS232、RS485、CAN 和网络，由于各接口协议不同，使得异构网络之间的操作和信息交换难以进行，通过多协议转换器可以将不同接口设备组网，实现设备间的互操作。基于多种通信口和各种协议，形成种类繁多的协议转换器。主要类别有 E1/以太网协议转换器、RS232/485/422/CAN 转换器等。

1. E1/以太网协议转换器

现有的基于 E1 和以太网的协议转换器主要分为 E1/以太网系列和 E1/V.35 系列。利用 E1 链路来传输以太网数据在现实中有着广泛的应用，由于 E1 与以太网的数据传输协议标准不一样，它们之间需要使用协议转换器来完成数据的转换。已经存在的 E1/以太网协议转换器在转换数据时都是以整条 E1 的传输能力为基础1。

它将以太网信号或 V.35 信号转换为 E1 信号，以 E1 信号形式在同步/准同步数字网上进行长距离传输。主要目的是延长以太网信号和 V.35 信号的传输距离，是一种网络接入设备。

协议网关通常在使用不同协议的网络区域间做协议转换。这一转换过程可以发生在 OSI 参考模型的第 2 层、第 3 层或 2、3 层之间。但是有两种协议网关不提供转换的功能：安全网关和管道。由于两个互连的网络区域的逻辑差异，安全网关是两个技术上相似的网络区域间的必要中介。如私有广域网和公有的因特网。

E1/以太网协议转换器拓扑示意图及设备参考图见图 2-63。

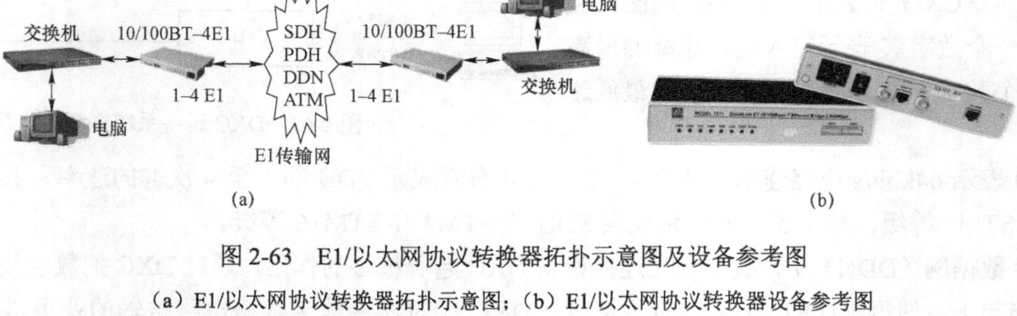

图 2-63　E1/以太网协议转换器拓扑示意图及设备参考图

（a）E1/以太网协议转换器拓扑示意图；（b）E1/以太网协议转换器设备参考图

2. RS232/485/CAN 转换器

基于集中串口和不同协议的联合，主要有 RS232 串口到 2M 转换器，RS485/422 串口到 2MG.703 转换器，RS232 串口到 2ME1 的转换器，CAN 转 232、485 转换器，以及 USB TO RS232/485/422 转换器等，RS232/485/CAN 接口转换器参考图见图 2-64。

图 2-64　RS232/485/CAN 接口转换器参考图

具有串行通信能力的设备仍然在控制领域、通信领域大面积使用，随着接入设备的增多，应用功能复杂程度的提高，传统的串行通信网络的缺点越来越明显，而采用 RS232/CAN 智能转换器升级、改造或重新构建既有通信或控制网络，能够很方便地实现 RS232 设备多点组网、远程通信，特别是在不需要更改原有 RS232 通信软件的情况下，用户可直接嵌入原有的应用领域，使系统设计达到更先进的水平，在系统功能和性能大幅度提高的情况下，减少重复投资和系统更新换代造成的浪费。

USB-RS232 接口转换器首要的功能是实现两种总线的协议转换。主机端可以使用新的 USB 总线协议，向外发送数据，转换器内部将数据格式转变为 RS232 串行信号，再发送到设备。设备回送主机的数据，则经转换器转变为 USB 协议数据。

USB-RS232 接口转换器在对所流经的数据进行协议转换时，可以增加特别的功能：① 由于 USB 总线的速度比 RS232 接口快很多，可以在接口转换器上设计数据缓冲区，以协调两总线的速度差。② RS232 接口有一些变种，如 RS485、RS422 接口，接口转换器中可以设计 RS232-RS485 或是 RS232-RS422 接口转换器，简化整个系统的通信接口转换。③ 接口转换器在进行数据格式转换时，可以设计加密、解密算法，对流经的数据进行处理，提高系统的数据保密性。

（六）会议电话、会议电视设备

1. 会议电话、会议电视概述

会议电话、会议电视是通过传输通道及多媒体设备把两地或多个地点的会议室连接起来，将声音、影像及文件资料互传，实现即时且互动的沟通，以电话、电视方式召开会议的一种通信方式。两地间的电话、电视会议称为点对点电话、电视会议；多个地点间的电话、电视会议称为多点电话、电视会议。

会议电话系统是利用电话终端（机）作为工具，利用线作为载体召开会议的模式。与传统会议相比，会议电话具有会议安排迅速，没有时间、地域限制，费用更低廉等特点。从功能上讲，会议电话系统打破了传统点对点电话业务只能局限于两方通话的界限，可满足三方以上用户同时通话。

会议电视经历了模拟电视会议和数字电视会议两个阶段。

模拟会议电视是早期的会议电视，在 20 世纪 70 年代就有了这种通信业务，当时传送的是黑白图像，并且只限于在两个地点之间举行会议，尽管如此，电视会议还是要占用很宽的频带，费用很高，因此这种电视会议没有得到很好的发展。

数字电视会议是 20 世纪 80 年代出现的，是在数字图像压缩技术的发展中研制出来的，它具有占用频带窄、图像质量好、缩短空间、节约时间、提高效率、节省费用等优点，可以节省大量的会议费用，并且可以在办公自动化、紧急求援、现场指挥调度等方面发挥作用。

会议电视系统主要由多点控制单元设备、终端设备及外围音、视频设备等组成。

2. 会议电话、会议电视组网方式

（1）会议电话系统结构及主要功能。会议电话系统主要由会议电话汇接机及会议电话扩音装置组成。会议电话汇接机主要用来召开并控制电话会议，会议电话扩音装置作为终端设备参加电话会议。

会议电话系统主要由电话通信系统、电话会议服务器、会议管理模块、会议操作员管理模块、数据库等组成。

会议电话系统采用模块化设计，可以根据自己的实际情况，在系统配置上进行从小规模到大规模的灵活选择，规模可大可小，并可平滑升级。

（2）会议电视系统结构及主要功能。

1）会议电视逻辑系统结构。从功能上看，完整的会议电视系统应具有会议管理、协作处理、视频/

音频处理，多点控制、通信服务等功能模块。

2）会议电视系统组网方式。会议电视系统的组网结构随与会者参加方式的不同有所不同，从整体上看，有点对点组网方式和多点会议组网方式。

点对点组网方式。点对点会议电视系统只涉及两个会议终端系统，其组网结构非常简单，不需要MCU，也不需要增加额外的网络设备，只需在终端系统的系统控制模块中增加会议管理功能即可实现。

两个会议场点（终端系统）只需相互拨号呼叫对方并得到对方确认后便可召开会议电视。目前使用比较多的可视电话的通信网络是PSTN，实际上这是点对点结构的一种特例。

多点会议组网方式。在多个会议场点进行多点会议时，必须设置一台或多台MCU（多点控制设备）。MCU是一个数字处理单元，通常设置在网络节点处，可供多个会议场点同时相互通信。MCU应在数字域中实现音频、视频、数据信令等数字信号的混合和切换（分配），但不得影响音频、视频等信号的质量。

多点会议组网方式比较复杂，根据MCU数目可分为单MCU方式和多MCU方式两类。而多MCU方式一般又可分为星形组网方式和层级组网方式两种。

会议电视系统组网系统参考图见图2-65。

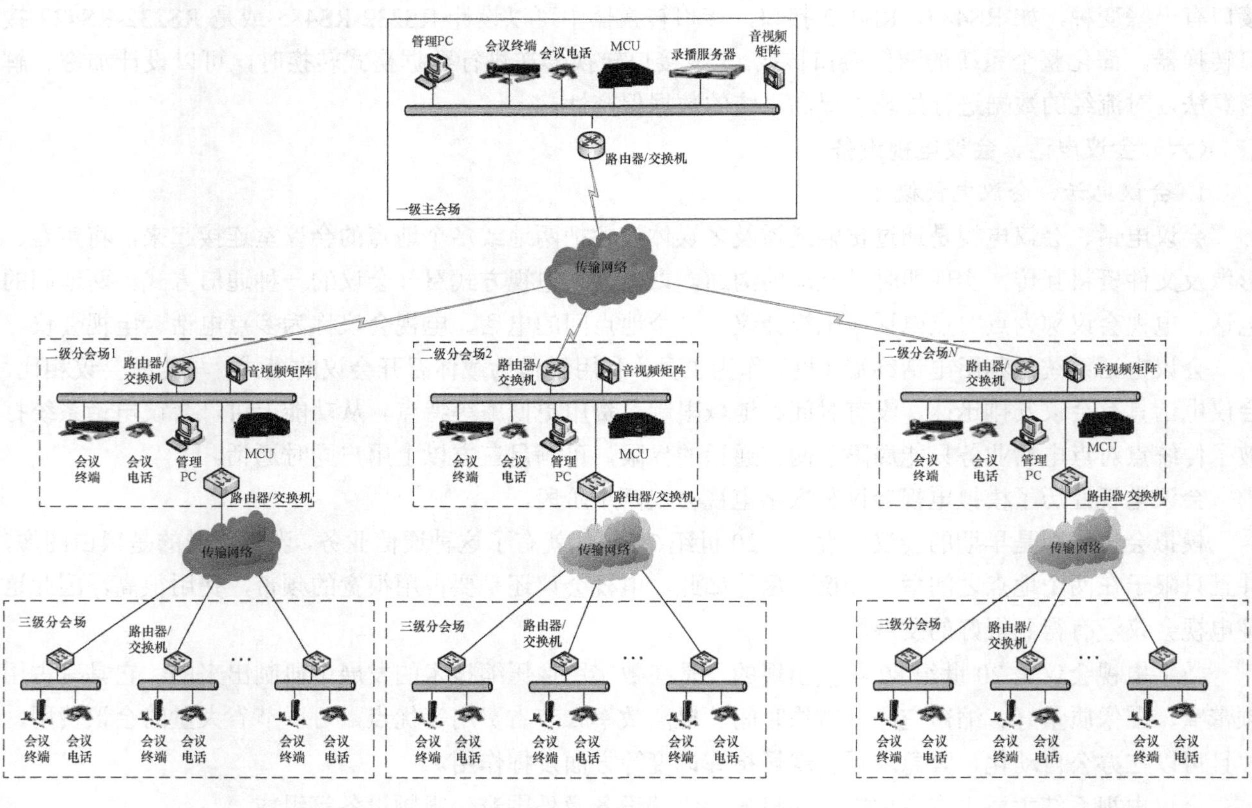

图2-65 会议电视系统组网系统参考图

3. 会议电话、会议电视设备

（1）会议电话设备。会议电话系统核心设备主要为会议电话汇接机，其他外围设备与会议电视设备相同。会议电话汇接机设备参考图见图2-66。

会议电话汇接机是完成语音混合和多方向分配的语音汇接设备。用会议电话汇接机进行语音处理可以实现多方汇接混合，信号不衰减、不振鸣，同时还可以实现背景噪声过滤，有序语音信号分析、选择、复制分配，以及自动识别发言方等功能。

（2）会议电视设备。会议电视系统设备包括MCU、网关、网守、终端、外围音视频辅助设备等。

1）MCU（多点控制设备）。它是视频会议系统特有的设备，由两部分组成：一部分是MC，主要负责处理会议中的控制信息，比如信令控制；另一部分是 MP，主要用来处理音频、视频和数据信息，比如混音、Transcode（把一种代码转换成另一种代码）等媒体处理。MC 和 MP 在物理上可以是一个设备，也可以是独立的设备。MCU（多点控制设备）参考图见图 2-67。

图 2-66　会议电话汇接机设备参考图

图 2-67　MCU（多点控制设备）参考图

2）网关（Gateway）。现有的网络会议软件和网络电话软件采用的是国际电信联盟（ITU-T）制定的 H.323 协议族。而 H.323 标准定义了一个在基于分组的网络上进行灵活的、实时的、可交互的多媒体通信协议集，实现了终端设备在网络上传输音频、视频和数据。

网关的作用就是进行 H.323 协议和其他非 H.323 协议的转换，使 H.323 终端和其他非 H.323 终端能进行互通。网关是 H.323 网络中一个可选组件。当通信要经过不同协议体系结构的网络时，网关是必须的。

3）网守。H.323 以区（Zone）或域为单位来组织和管理网络，网守通过对区内端点的地址解析实现呼叫选路，因此网守就是一个域的管理者，在视频会议系统中起着重要的作用。当 H.323 网络中不存在网守时，两个端点是不需要经过认证就能直接通信。

4）终端设备。终端是提供实时的、双向通信功能的节点设备。终端的主要功能是采集视频/音频信号，经处理后送给 MCU 或其他终端，同时接收视频/音频信号，处理后送到相应的输出设备。每一会场应配置一台会议电视终端设备，重要会场应备用一台。会议电视终端设备参考图见图 2-68。

图 2-68　会议电视终端设备参考图

5）外围音、视频辅助设备。音视频矩阵是指通过阵列切换的方法将 m 路视频信号任意输出至 n 路监看设备上的电子装置。

音、视频切换矩阵设备参考图见图 2-69。

（3）摄像机。会议电视的每一会场应配备带云台的受控摄像机，面积较大的会议室还可按照需要增加辅助摄像机，以满足功能上的需求和保证从各个角度摄取会场全景或局部特写镜头。摄像机参考图见图 2-70。

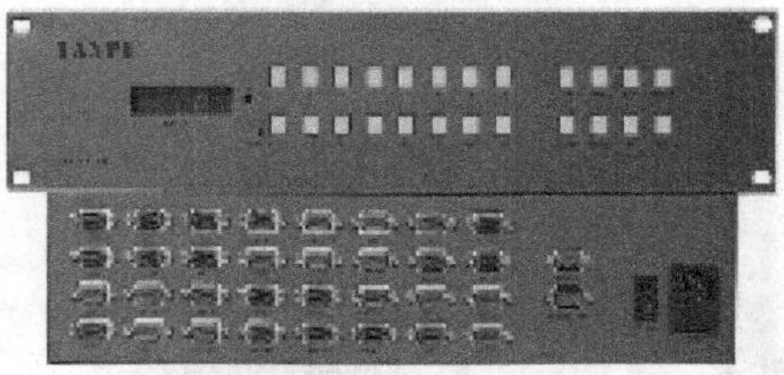

图 2-69　音、视频切换矩阵设备参考图

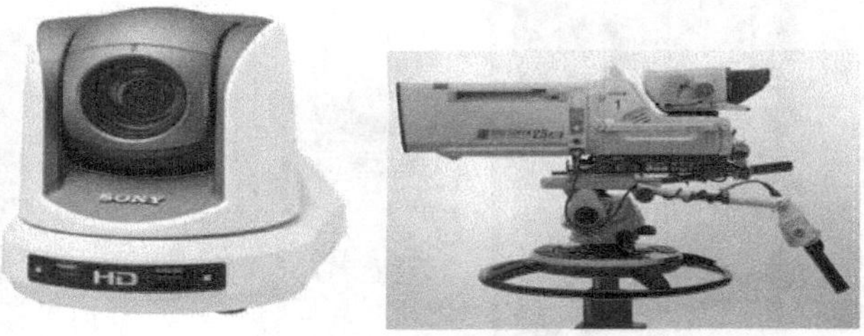

图 2-70　摄像机参考图

（4）图像显示设备。在会议电视系统中，需根据会议室的大小和照度，选择适宜的图像显示设备。主流的图像显示设备包括液晶显示器、投影显示系统等。

投影机参考图见图 2-71，投影幕参考图见图 2-72。

图 2-71　投影机参考图

图 2-72　投影幕参考图

（5）会场扩声设备。会场扩声设备一般包括话筒、调音台、扬声器、功放、均衡器等。话筒参考图见图 2-73。

（6）调音台。调音台又称调音控制台，它将多路输入信号进行放大、混合、分配、音质修饰和音响效果加工，是现代电台广播、舞台扩音、音响节目制作等系统中进行播送和录制节目的重要设备。调音台参考图见图 2-74。

图 2-73　话筒参考图

图 2-74　调音台参考图

（7）扬声器。扬声器是扩声系统的喉舌，直接影响声音的音质，是音响系统最关键的部分。扬声器参考图见图 2-75。

（8）功率放大器。功率放大器简称“功放”。功放是利用三极管的电流控制作用或场效应管的电压控制作用将电源的功率转换为按照输入信号变化的电流。功率放大器参考图见图 2-76。

（9）录播服务器。多媒体录播服务器可将视频、音频和计算机屏幕信号进行一体化的同步录制、直播和点播。录播服务器参考图见图 2-77。

图 2-75　扬声器参考图

图 2-76　功率放大器参考图

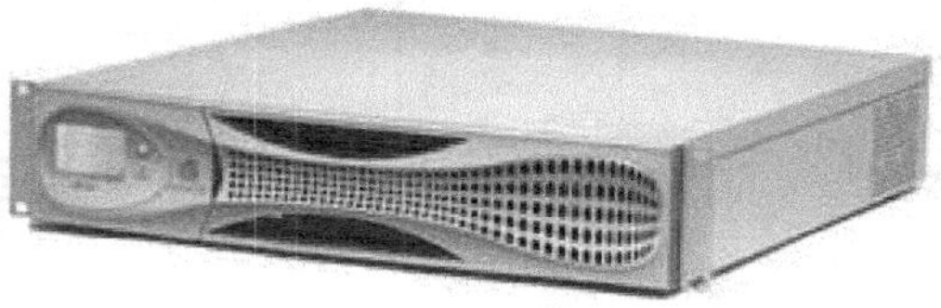

图 2-77　录播服务器参考图

（七）电力数据网

1. 电力数据网概念

电力数据网是电力系统内部用于电力调度和生产服务的数据网络，网络采用 IP 交换技术体制，构建在 SDH 的专用通道的传输平台或者裸光纤上，网络协议为 TCP/IP，采用高性能的路由器设备组网。电力数据网通常采用符合 MPLS 的 VPN 技术，通过统一部署支持 MPLS/VPN 的网络设备，构建电力数据网的多张逻辑专网，形成具有强逻辑隔离的电力专网，既保护基础设施投资，又达到网络安全防护需求。

电力数据网用于承载企业管理、生产管理、系统办公、资源共享、因特网访问、政策宣传等各种功能业务，是电网信息化的重要标志。

电力业务系统以路由器、交换机等网络设备构建的数据网为基础，通过企业级服务器群提供各类服务，通过存储、备份设备保护数据安全，通过网络安全设备保护业务系统安全。电力业务系统结构示意图见图 2-78。

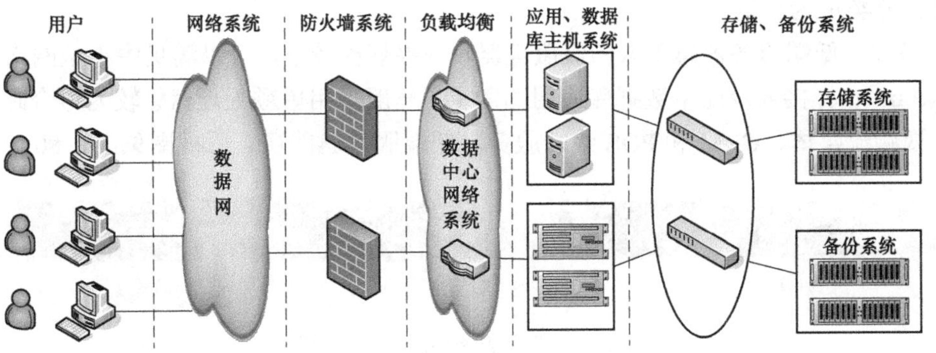

图 2-78　电力业务系统结构示意图

根据电力系统自身的特点，数据网节点多，网络规模大，总体结构一般采取分级分层、多自治域方式，可分为核心层、骨干层、接入层。核心层为网络业务的交汇中心，通常情况下只完成数据交换功能；骨干层位于核心层和接入层之间，负责层内数据交换以及层间业务的汇聚、分发；接入层将用户业务接入网络，实现质量保证和访问控制。以一个省为例，典型网络系统拓扑示意图见图 2-79。

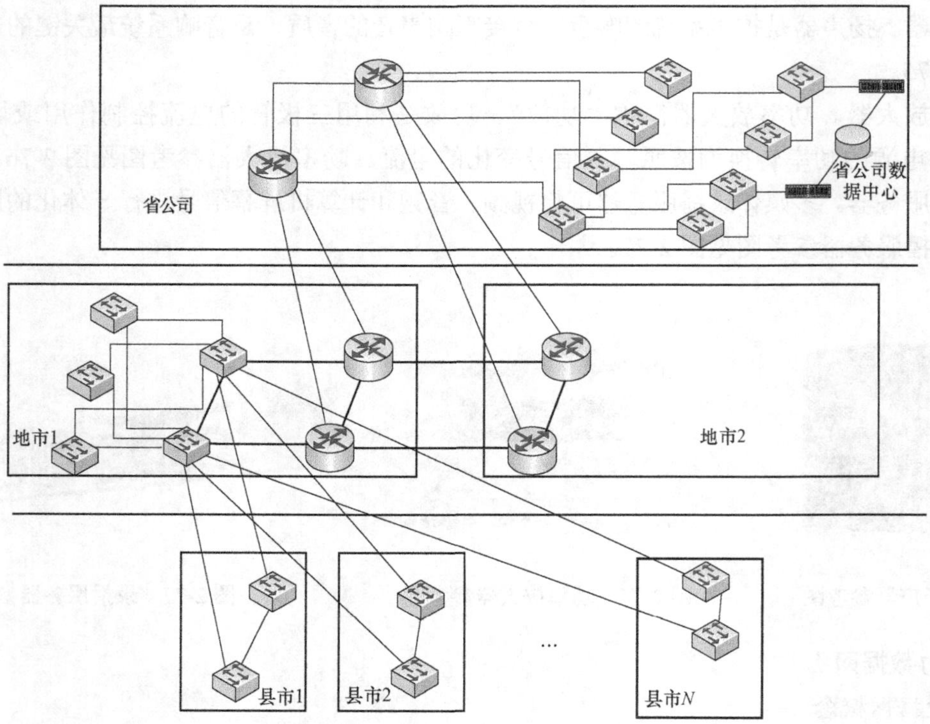

图 2-79　典型网络系统拓扑示意图

2. 数据网设备

（1）服务器。

1）定义。服务器（Server）是一种通过运行管理软件以控制对网络或网络资源（磁盘驱动器、打印机等）进行访问的计算机，并能够为在网络上的计算机提供资源。服务器接收网络上其他计算机（客户机）提交的服务请求，并提供相应的服务（如 Web 浏览、协同办公、即时通信等）。

2）功能及作用。服务器在网络上为客户端计算机提供各种服务，服务器具有高速度的运算能力、长时间的可靠运行、强大的外部数据吞吐能力，为网络用户提供集中计算、信息发布及数据管理等服务。

3）服务器分类。按照不同的分类标准，服务器可分为许多种。其中以低端服务器、中端服务器和高端服务器进行分类最为普遍。

a. 低端服务器。低端服务器属于入门级服务器，网络规模较小，可以满足中小型网络用户的数据处理、文件共享、Internet 接入及简单数据库应用的需求。一般采用单颗处理器，较为适合邮件服务、文件和打印服务、视频流媒体、CRM 和 POS 终端服务。低端服务器前视、后视图见图 2-80。

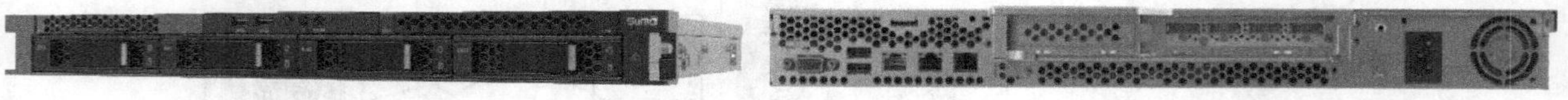

(a)　(b)

图 2-80　低端服务器前视、后视图

（a）前视图；（b）后视图

b. 中端服务器。中端服务器属于数据中心级服务器，一般都是支持双 CPU 以上的对称处理器结构，具备比较完全的硬件配置，具备卓越的计算性能和强大的 I/O 扩展能力，最大限度实现了高性能和高扩展性，满足各行业应用的需要。中端服务器非常适用于金融、证券、交通、邮政、电信、能源、互联网等行业对服务器性能、可扩展性及可靠性要求较高。中端服务设备参考图见图 2-81。

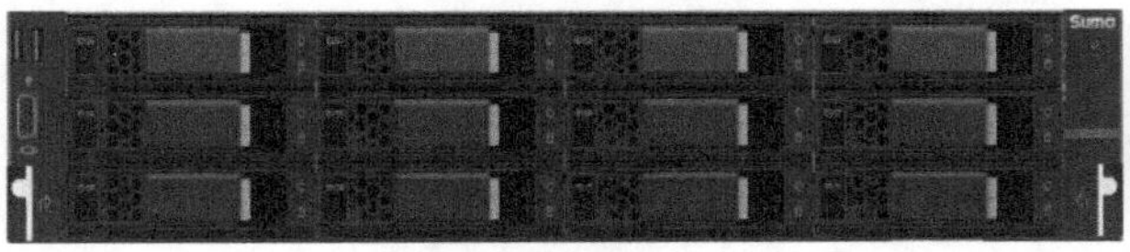

(a)

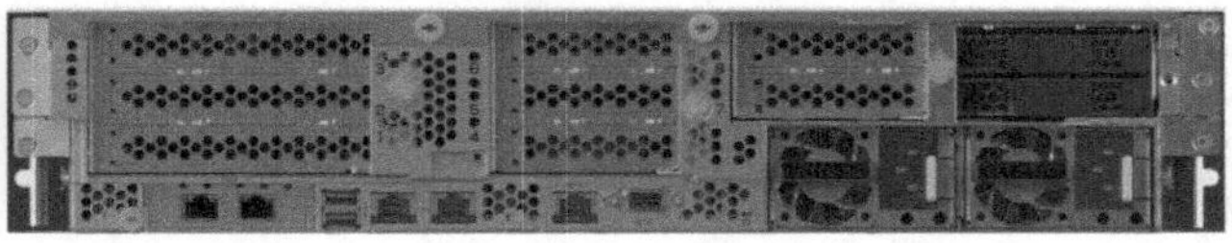

(b)

图 2-81　中端服务器设备参考图

（a）前视图；（b）后视图

c. 高端服务器。高端服务器属于大型数据中心关键业务应用。一般采用 4 个或者 8 个 CPU 的对称处理器结构。高性能：支持高达 8 颗可扩展处理器，内存频率最大提升 2 倍，能满足绝大多数高性能计算的需求。高可靠性：关键部件全冗余设计，减小因单一部件故障停机的概率，实现从操作系统到硬件 FW 再到芯片级的全过程数据保护、纠错，保证数据的完整性、一致性，提高机器可靠性。高可管理性：智能 BMC 管理，可实现全方位设备管理、监控、配置、故障定位和分析。曙光星空光 LED 通路配合触控式液晶监控屏，实现全方位监控机器健康状态，从 CPU、内存、硬盘到 PCI-E 外插卡、风扇、电源、网卡，均配置 LED 指示灯，机器健康状态尽收眼前。全模块化设计：整系统由计算模块、存储模块、IOE 模块、风扇模块、电源模块、管理模块、监控模块 7 大模块组成，完全摆脱传统线缆连接方式，使得全面在线维护拆卸、安装更加方便快捷，保障业务不间断。可靠性堪比小型机，保障关键业务运行的稳定可靠、性能卓越，是大型数据库、商业智能分析、ERP 等关键业务的理想选择。高端服务器设备参考图见图 2-82。

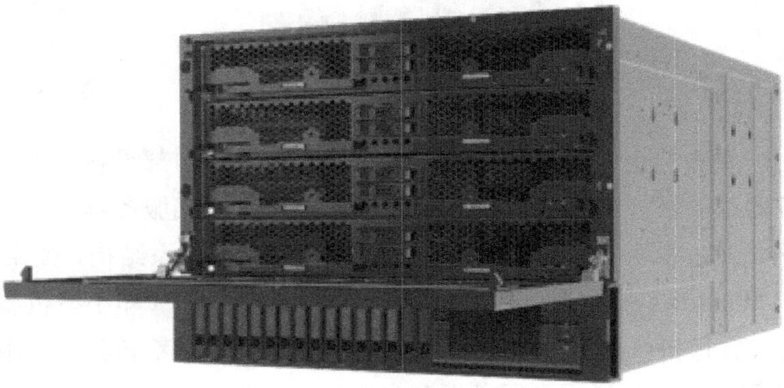

(a)

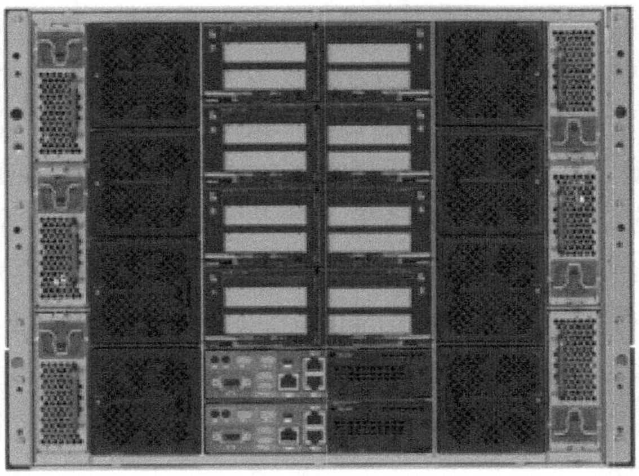

(b)

图 2-82　高端服务器设备参考图

（a）前视图；（b）后视图

其他分类方法：

a. 按照外观结构分。按服务器的机箱结构来划分，可以把服务器划分为台式服务器、机架式服务器、机柜式服务器 和刀片式服务器四类。

塔式服务器。塔式服务器从外观看就像一台体积比较大的PC，机箱做工一般比较扎实，非常沉重，一般为低端服务器。塔式服务器参考图见图2-83。

机架式服务器。机架式服务器是可以安装在机架上的服务器，大大节省了空间占用，同时能够满足服务器性能的要求，是目前采用的主流服务器类型，一般为中高端服务器。机架式服务器参考图见图2-84。

刀片式服务器。刀片式结构是一种比机架式更为紧凑整合的服务器结构，是专门为特殊行业和高密度计算环境所设计的。刀片服务器在外形上比机架服务器更小，体积只有机架服务器的1/3至1/2，这样就可以使服务器密度更加集中，更大地节省了空间。每个刀片就是一台独立的服务器，具有独立的CPU、内存、I/O总线，通过外置磁盘可以独立安装操作系统，可以提供不同的网络服务，相互之间并不影响，一般为中高端服务器。刀片式服务器参考图见图2-85。

图2-83　塔式服务器参考图

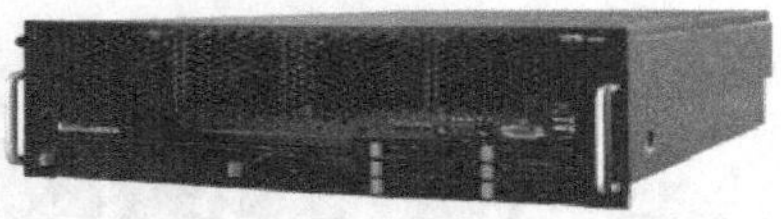

图2-84　机架式服务器参考图

图2-85　刀片式服务器参考图

机柜式服务器。在一些高档企业服务器中由于内部结构复杂，内部设备较多，有的还具有许多不同的设备单元或几个服务器都放在一个机柜中，这种服务器就是机柜式服务器。

b. 按照体系架构分。X86服务器（即PC服务器）。基于PC机体系结构，使用Intel或其他兼容X86指令集的处理器芯片和Windows操作系统的服务器。非X86服务器（即小型机服务器等）。使用RISC（精简指令集）或EPIC（并行指令代码）处理器，并且主要采用UNIX和其他专用操作系统的服务器。

c. 按照用途分。按用途可分为通用型服务器和专用型服务器两类。

通用型服务器是没有为某种特殊服务专门设计的、可以提供各种服务功能的服务器，当前大多数服务器是通用型服务器。这类服务器因为不是专为某一功能而设计的，所以在设计时就要兼顾多方面的应用需要，服务器的结构就相对较为复杂，而且要求性能较高，当然在价格上也就更贵些。

专用型（或称“功能型”）服务器是专门为某一种或某几种功能专门设计的服务器。在某些方面与通用型服务器不同，如光盘镜像服务器主要是用来存放光盘镜像文件的，在服务器性能上也就需要具有相应的功能与之相适应。光盘镜像服务器需要配备大容量、高速的硬盘以及光盘镜像软件。FTP服务器主要用于在网上（包括Intranet和Internet）进行文件传输，这就要求服务器在硬盘稳定性、存取速度、I/O（输入/输出）带宽方面具有明显优势。而E-mail服务器则主要是要求服务器配置高速宽带上网工具，硬盘容量要大等。这些功能型服务器的性能要求比较低，因为它只需要满足某些需要的功能应用即可，所以结构比较简单，采用单CPU结构即可；在稳定性、扩展性等方面要求不高，价格也便宜许多，相当于2台左右的高性能计算机价格。

d. 按应用层次划分。按应用层次划分为入门级服务器、部门级服务器和企业级服务器四类。

入门级服务器通常只使用一块CPU，并根据需要配置相应的内存和大容量IDE硬盘，必要时也会采用IDE RAID（一种磁盘阵列技术，主要目的是保证数据的可靠性和可恢复性）进行数据保护。入门级服务器主要是针对基于 Windows NT，NetWare 等网络操作系统的用户，可以满足办公室中小型网络用户的文件共享、打印服务、数据处理、Internet 接入及简单数据库应用的需求，也可以在小范围内完成诸如 E-mail、Proxy、DNS 等服务。

部门级服务器通常可以支持 2～4 个 Xeon（至强）处理器，具有较高的可靠性、可用性、可扩展性和可管理性。集成了大量的监测及管理电路，具有全面的服务器管理能力，可监测如温度、电压、风扇、机箱等状态参数。此外，结合服务器管理软件，可以使管理人员及时了解服务器的工作状况。同时，大多数部门级服务器具有优良的系统扩展性，当用户在业务量迅速增大时能够及时在线升级系统，可保护用户的投资。部门级服务器是企业网络中分散的各基层数据采集单位与最高层数据中心保持顺利连通的必要环节。适合中型企业（如金融、邮电等行业）作为数据中心、Web 站点等应用。

企业级服务器属于高档服务器，普遍可支持 4～8 个 Xeon（至强）处理器，具有高内存带宽、大容量热插拔硬盘和热插拔电源，具有超强的数据处理能力。这类产品具有高度的容错能力、优异的扩展性能和系统性能、极长的系统连续运行时间，能在很大程度上保护用户的投资。可作为大型企业级网络的数据库服务器。

企业级服务器主要适用于需要处理大量数据、高处理速度和对可靠性要求极高的大型企业和重要行业（如金融、证券、交通、邮电、通信等行业），可用于提供 ERP（企业资源配置）、电子商务、OA（办公自动化）。

（2）路由器。

1）定义。路由器是连接因特网中各局域网、广域网的设备，工作在 OSI 的第三层网络层或 TCP/IP 的第二层网络层。路由器根据信道的情况自动选择和设定路由，以最佳路径，按前后顺序发送信号，将数据包从一个网络路由转发到另一个网络，是数据网络的枢纽；通过路由器可实现网络的复杂组网，将各个不同的孤岛站点（局域网）连接成互联互通的数据网络。

2）功能及作用。路由器实现了两项基本功能：① 将收到的报文转发到正确的输出端口；② 维持路由器的路由选择表，作为正确转发报文的依据。

路由器的作用可归纳为如下 3 点：

a. 网络互连。路由器支持各种局域网和广域网接口，主要用于互联局域网和广域网，实现不同网络互相通信。

b. 数据处理。提供包括分组过滤、分组转发、优先级、复用、加密、压缩和防火墙等功能。

c. 网络管理。路由器提供包括配置管理、性能管理、容错管理和流量控制等功能。

3）路由器分类。路由器可按照性能档次、结构、功能等多个方面予以区分。按照功能分类从网络整体架构设计结合路由器性能来区分路由器，是较为典型的路由器分类方法，通常将路由器分为 3 层来实现不同的网络需求，分别为核心层路由器、汇聚层路由器、接入层路由器。

a. 核心层路由器。核心层路由器要求高可靠性、冗余性，能够提供网络节点之间的最佳传输通道，实现高速运送网络数据流量，拥有非常高的包处理性能，并且端口密度高、端口类型多，具备较少的时延和良好的可管理性，能够适应复杂的网络环境，一般为高端路由器。核心层路由器参考图见图 2-86。

b. 汇聚层路由器。汇聚层路由器主要提供访问流量及端口的收敛汇总，隔离拓扑结构的变化，控制路由表的大小。汇聚层路由器上联核心层，下接接入层路由器，具备较高的可靠性和冗余性，一般为中高端路由器。汇聚层路由器参考图见图 2-87。

c. 接入层路由器。接入层路由器主要提供各种接入方式，将网络终端流量接入网络，并控制访问，保证网络安全，执行其他的边缘功能（如 QOS），一般为低端路由器。接入层路由器参考图见图 2-88。

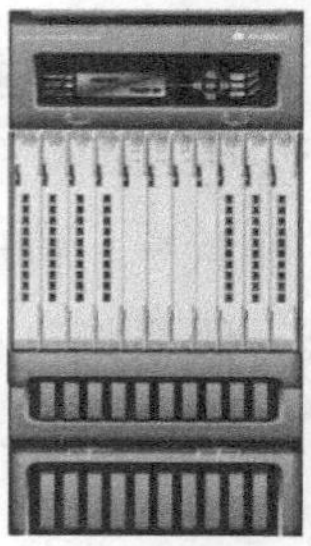

图 2-86　核心层路由器参考图

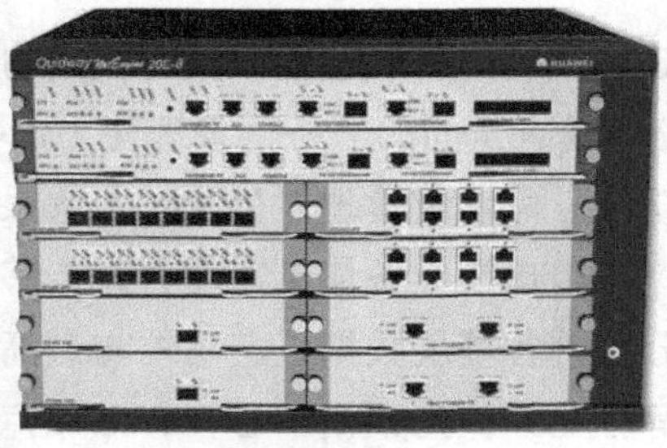

图 2-87　汇聚层路由器参考图

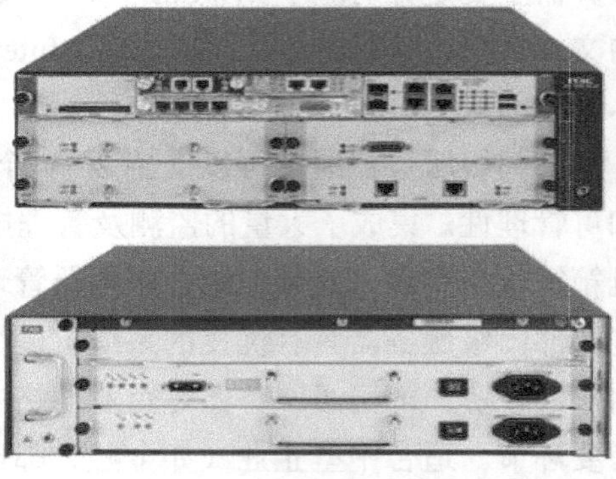

图 2-88　接入层路由器参考图

按照结构分为模块化结构路由器、非模块化路由器。

模块化结构路由器。模块化结构路由器可以灵活配置路由器各个模块（电源、风扇、路由引擎、业务板、光模块等），以适应企业不断增加的业务需求，通常中高端路由器采用模块化结构。

非模块化路由器。非模块化路由器只能提供固定的接口，通常为低端路由器。

（3）网络交换机。

1）定义。网络交换机是用于连接局域网上各类基于通信协议的数据交换设备，广义的交换机就是一种在通信系统中完成信息交换功能的设备。它通过对信息进行重新生成，并经过内部处理后转发至指定端口，具备自动寻址能力和交换作用，能为子网络提供更多的连接端口，以便连接更多的计算机。

2）功能及作用。网络交换机具有高密度端口，其基本功能及作用是提供局域网多用户、不同类型网络的集中接入，实现网络资源共享，通过现代网络技术提高网络带宽，减少数据冲突，消除网络回路现象，并提供丰富安全访问控制、虚拟局域网等功能。通过网络交换机，可以按需组建局域网，实现无纸化办公及办公一体化。

3）网络交换机分类。按照现在复杂的网络构成方式，网络交换机被划分为接入层交换机、汇聚层交换机和核心层交换机。其中，核心层交换机全部采用机箱式模块化设计，已经基本上都设计了与之相配备的 1000Base-T 模块。接入层支持 1000Base-T 的以太网交换机基本上是固定端口式交换机，以 10/100M 端口为主，并且以固定端口或扩展槽方式提供 1000Base-T 的上联端口。汇聚层 1000Base-T 交换机同时存在机箱式和固定端口式两种设计，可以提供多个 1000Base-T 端口，一般也可以提供 1000Base-X 等其他形式的端口。接入层和汇聚层交换机共同构成完整的中小型局域网解决方案。

从传输介质和传输速度上看，网络交换机可以分为以太网交换机、快速以太网交换机、千兆以太网交换机、FDDI 交换机、ATM 交换机和令牌环交换机等多种，这些交换机分别适用于以太网、快速以太网、FDDI、ATM 和令牌环网等环境。

规模应用上又有企业级交换机、部门级交换机和工作组级交换机等。各厂商划分的尺度并不完全一致，一般来讲，企业级交换机都是机架式，部门级交换机可以是机架式，也可以是固定配置式，而工作组级交换机则一般为固定配置式，功能较为简单。

企业级交换机。企业级交换机通常为一种插槽式（模块式）的三层网络交换机，用于核心层组网，是整个局域网的中心，时刻承受着巨大的流量压力，其性能要高，扩展性好，支持端口数据的线速转发，可支持不同的网络类型，如以太网、快速以太网、千兆以太网等。企业级交换机参考图见图 2-89。

部门级交换机。部门级交换机通常为一种盒式或者简单模块式的三层网络交换机，用于网络数据的汇聚，或者用于连接服务器，这种交换机在支持固定端口类型网络的基础上，还可以支持其他类型的网络。部门级交换机参考图见图 2-90。

工作组级交换机。工作组级交换机又被定义为二层网络交换机，用于连接计算机或其他网络终端，需要具备大量的普通网口（RJ-45 端口）。工作组级交换机参考图见图 2-91。

图 2-89　企业级交换机参考图

图 2-90　部门级交换机参考图

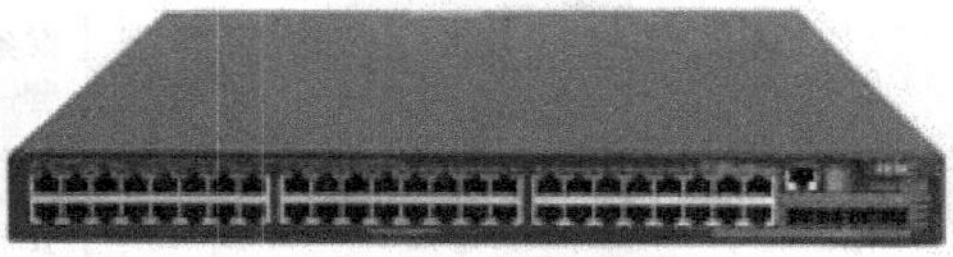

图 2-91　工作组级交换机参考图

按照 OSI 的七层网络模型，交换机又可以分为第二层交换机、第三层交换机、第四层交换机等。基于 MAC 地址工作的第二层交换机最为普遍，用于网络接入层和汇聚层。基于 IP 地址和协议进行交换的第三层交换机普遍应用于网络的核心层，也少量应用于汇聚层。部分第三层交换机也同时具有第四层交换功能，可以根据数据帧的协议端口信息进行目标端口判断。第四层以上的交换机称之为内容型交换机，主要用于互联网数据中心。

（4）网络安全设备。

1）定义。在网络系统中，用于保护系统的硬件、软件及其中的数据，确保其不因偶然的或者恶意的原因而遭受到破坏、更改、泄露，保持系统连续可靠正常运行，网络服务不中断的一类设备称为网络安全设备。网络安全设备是一个统称，现代网络技术的发展需要各种安全防护设备协同工作才能确保网络系统安全。

2）功能及作用。网络安全设备功能及作用是保证网络上信息的保密性、完整性、可用性、真实性和可控性。网络的安全是指通过采用各种技术和管理措施，使网络系统正常运行，从而确保网络数据的可用性、完整性和保密性。经过数年的发展、实践，电力数据网部署了三道纵深防线确保系统安全。电力数据网部署了三道纵深防线，其结构示意图见图 2-92。

第一道防线，通过采用国产防火墙、IDS、IPS 等信息安全产品，实现管理信息外网与互联网之间的防护。

第二道防线，通过采用自主研发的信息内外网络逻辑强隔离装置，实现信息内外网系统与设备的高强度逻辑隔离。

第三道防线，通过采用自主研发的正反向隔离装置，实现核心生产控制系统与管理信息网络、互联网严格隔离。

3）防护设备分类如下：

a. 防火墙。防火墙是部署在不同安全级别的网络之间，对网络间的网络数据流进行有效访问控制的一套软硬件设备。防火墙根据网络带宽需求可分为百兆、千兆、万兆防火墙。防火墙参考图见图 2-93。

b. 入侵监测设备（IDS）。入侵检测是通过对网络或计算机系统中的若干关键点收集信息并对其进行分析，从中发现网络或系统中是否有违反安全策略的行为和被攻击的迹象。入侵监测设备参考图见图 2-94。

c. 入侵防御设备（IPS）。入侵防御是部署在网络关键点，对所有流量进行深度检测分析，实时阻断网络攻击行为。入侵防御设备参考图见图 2-95。

d. VPN 加密设备。VPN 加密是建立在公共网络架构上，通过“隧道”协议，对数据进行加密传输，以保证数据机密性的一套软硬件系统。VPN 加密设备参考图见图 2-96。

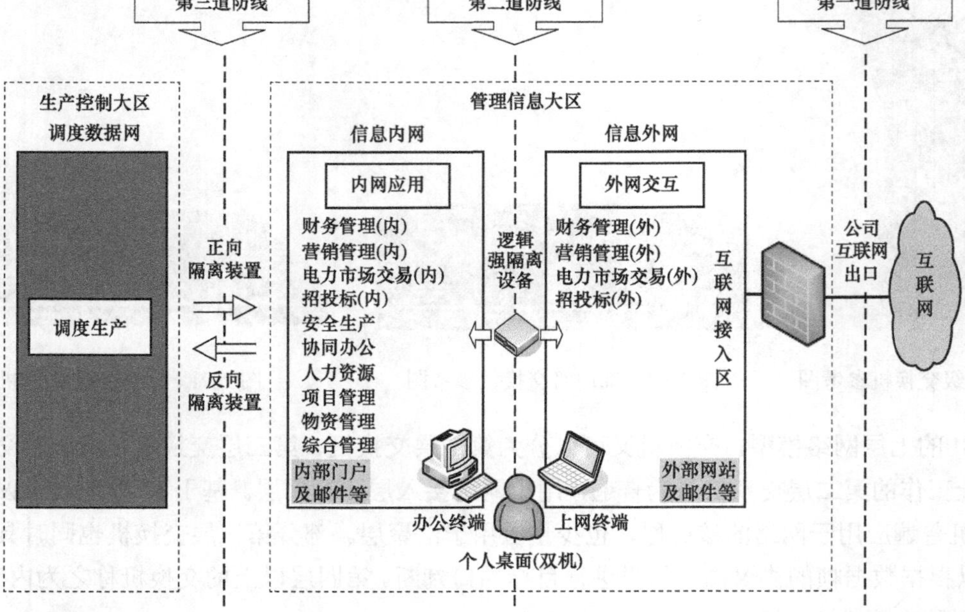

图 2-92　电力数据网三道纵深防线结构示意图

图 2-93　防火墙参考图

图 2-94　入侵监测设备参考图

图 2-95　入侵防御设备参考图

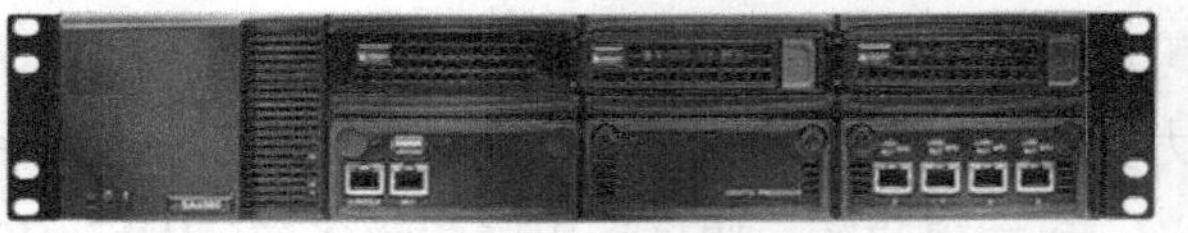

图 2-96　VPN 加密设备参考图

e. 安全隔离设备（隔离网闸）。安全隔离设备是在两个不同安全域之间，通过协议转换的手段，以信息摆渡的方式实现数据交换，且只有被系统明确要求传输的信息才可以通过。安全隔离设备参考图见图 2-97。

图 2-97　安全隔离设备参考图

f. 上网行为管理系统。上网行为管理系统是用来保障应用安全的设备，具备多种安全功能，基于应用协议层防御、低误报率检测、高可靠高性能平台和统一组件化管理的技术。上网行为管理设备参考图见图 2-98。

g. 负载均衡、流量监测清洗设备。链路负载均衡就是在内部交换机和连接 ISP 的路由器之间，跨接一台智能交换机，所有的地址处理和 Internet 链路优化全部由智能交换机来完成。

流量控制和带宽管理技术是识别网络流量中的各种协议，并对协议进行分类以及有效控制，以实现网络出口带宽合理分配的一项技术手段。负载均衡器参考图见图 2-99。

图 2-98　上网行为管理设备参考图

图 2-99　负载均衡器参考图

h. 其他。网络安全设备随着 IT 技术的发展而快速更新，新的安全产品不断涌现，如防毒墙、UTM，还有防病毒软件、系统补丁等安全防护软件。

（5）数据存储设备。

1）定义。数据存储设备是用于储存各类信息的设备，通常是将信息数字化后再以利用电、磁或光学等方式的媒体加以存储。数据存储设备主要包括磁带库设备、光盘塔及光盘库设备、磁盘阵列设备等。

2）功能及作用。磁盘阵列、磁带库、光盘库等存储设备因其信息存储特点的不同，应用环境也有较大区别。

磁带库更多的是用于网络系统中的海量数据的定期备份。如数据中心备份系统存储设备。

光盘库适用于不需要经常改写数据的应用环境来选用，如一次性备份和一些图书馆之类的企业。

磁盘阵列主要用于网络系统中海量数据的即时存取。如应用系统核心数据库存储设备等。

3）数据存储设备分类如下：

a. 磁带库设备。广义的磁带库产品包括自动加载磁带机和磁带库。自动加载磁带机和磁带库实际上是由磁带和磁带机有机结合组成的。自动加载磁带机是一个位于单机中的磁带驱动器和自动磁带更换装置，它可以从装有多盘磁带的磁带匣中拾取磁带并放入驱动器中，或执行相反的过程。磁带库是像自动加载磁带机一样的基于磁带的备份系统，它能够提供同样的基本自动备份和数据恢复功能，但同时具有更先进的技术特点，提供更大的存储容量。可以实现连续备份、自动搜索磁带，也可以在驱动管理软件控制下实现智能恢复、实时监控和统计，整个数据存储备份过程完全摆脱了人工干涉。磁带库设备参考图见图 2-100。

b. 光盘塔及光盘库。光盘塔由几台或十几台 CD-ROM 驱动器并联构成，可通过软件来控制某台光驱的读写操作。

c. 光盘库是一种可存放几十张或几百张光盘并带有机械臂和一个或多个光盘驱动器的光盘柜。光盘库也称自动换盘机，它利用机械手从机柜中选出一张光盘送到驱动器进行读写。光盘塔及光盘库参考图见图 2-101。

图 2-100　磁带库设备参考图

图 2-101　光盘塔及光盘库参考图

图 2-102　磁盘阵列设备参考图

d. 磁盘阵列设备，又称廉价磁盘冗余阵列（redundant array of inexpensive disks，RAID），是指将多个类型、容量、接口，甚至品牌不一致的专用硬磁盘或普通硬磁盘连成一个阵列，使其能以某种快速、准确和安全的方式来读写磁盘数据，从而达到提高数据读取速度和安全性的一种手段。磁盘阵列设备参考图见图 2-102。

（八）应急通信设备

现代意义的应急通信，一般指在出现自然的或人为的突发性紧急情况时，同时包括重要节假日、重要会议等通信需求骤增时，综合利用各种通信资源，保障救援、紧急救助和必要通信所需的通信手段和方法，是一种具有暂时性的、为应对自然或人为紧急情况而提供的特殊通信机制。

一旦某区域受到非常大自然灾害的影响，常常会造成电力系统的瘫痪，不能开展通信数据以及图像有效传输，这不但会影响到灾区的有效救援，同时也会因为灾区不能与外界取得联系而引起人员恐慌，这也是电力企业亟待解决的一个重要问题。

1. 应急通信的组成

应急通信通过充分利用无线通信、有线通信、A/D 转换、音视频压缩编码、GPS 定位、音视频存储、网络传输纠错、流媒体转发等技术的融合应用来实现自然灾害发生时，能够第一时间将灾区的情况传输到指挥平台，同时能够确保信息准确性以及实效性，为进行灾区救援提供必要的信息基础支持。应急通信系统主要由各级应急指挥中心、应急指挥车、应急通信车（含前端信息采集设备及信息传输设备，如音、视频设备，局域网传输设备，语音电话等）、卫星便携站、卫星主站及相关卫星组成（导航卫星、通信卫星、广播电视卫星），其系统结构见图 2-103。

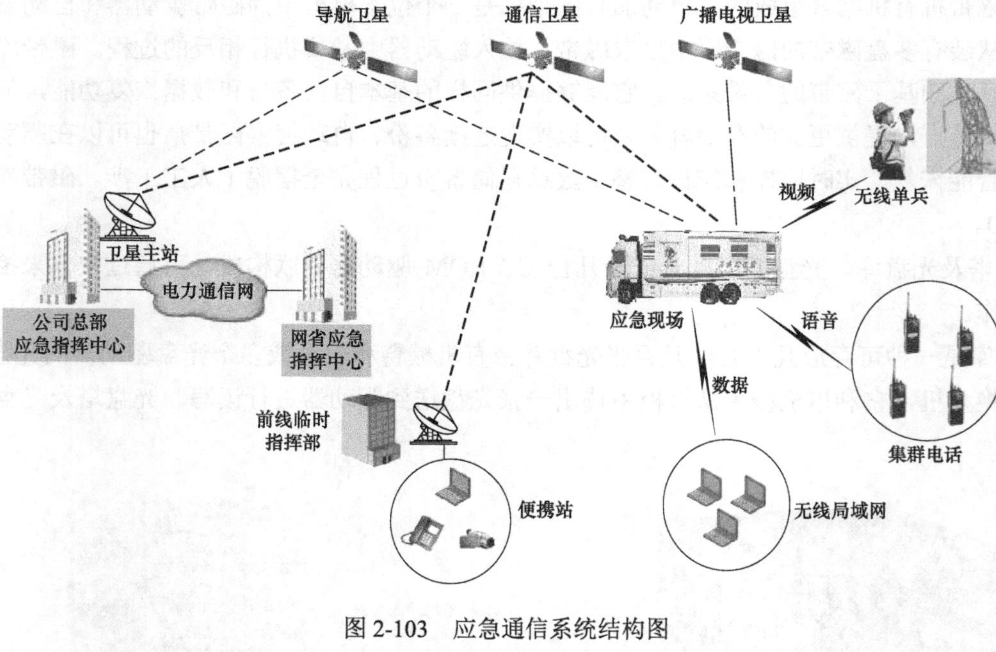

图 2-103　应急通信系统结构图

采用基于 IP 的网络融合、基于 AV 控制器的终端共享和软交换等一系列实用技术，实现了在同一个 VSAT 网络内卫星 IP 电话、高清视频会议、现场图像传输、移动办公等多种业务、多种媒体高度融合，实现了应急指挥通信各个业务系统与公司系统电力通信固定网络各个业务系统无缝连接、统一编号和便捷使用，实现了各个业务系统横向之间、远程传输与近程接入系统之间都能互联互通，实现了应急指挥中心、前线应急指挥部、应急通信车载站、便携站、车内人员、车外人员全线一体化灵活通信，实现了各种信息都能在应急指挥车和通信车内综合展示、灵活调度。

2. 应急通信的系统功能需求

（1）高清视频会议功能。

（2）系统电话功能。

（3）无线图像采集（单兵）功能。

（4）集群电话功能。

（5）局域网功能（含有线、无线两种方式）。

（6）无线网络延伸（无线网状网）功能。

（7）海事卫星系统功能。

（8）卫星电视功能。

（9）数据加密功能。

（10）北斗卫星定位/通信功能。

（11）音视频编解码功能。

（12）移动指挥场所。

3. 应急通信相关设备

应急通信系统主要以卫星通信为主，光纤通信、无线通信等多种技术手段为辅助组成的一套覆盖天空、地面的"空、天、地"多维度立体化通信网络体系。

（1）卫星地面站。一般位于公司总部，与分、子公司所属的应急指挥车或应急通信车进行数据通信，接收现场发回的信息，并进行远程指挥，属于救灾指挥中心，覆盖面相对广泛，对于所覆盖的范围能够指挥以及通信。但是其无法有效移动，这是较主要的限制问题。卫星地面站设备见图 2-104。

（2）卫星便携站。一般位于分、子公司，与公司所属的应急通信车进行数据通信，接收现场发回的信息，利用卫星链路对灾区情况进行实时转播，并进行远程指挥，具备一定的移动性和机动性，但容易受质量或体积等因素的影响。卫星便携站设备见图 2-105。

图 2-104　卫星地面站设备参考图

图 2-105　卫星便携站设备参考图

（3）应急通信/指挥车。采用先进的车辆改装技术、卫星通信技术、图像采集和传输技术/计算机通信技术、无线微波传输和图像处理等技术，是一个功能较为完备的移动指挥中心，在处理紧急突发事件中机动灵活、快速反应，可实现保障、指挥调度、图像采集传输功能，将现场情况通过车载卫星系统高质量传回指挥中心，实现现场与远地指挥中心之间的远程图像监控、语音联络、数据查询等功能。由于其具有移动的性质，所以在一定程度上会受到路面平整度的影响。应急通信车见图 2-106。

（4）卫星电话。主要作用是互通信息。如果发生了灾情，电力应急通信可以在第一时间启动卫星通

图 2-106　应急通信车参考图

信技术，通过对不同通信系统的结合来进行优势互补，同时发挥作用，为灾区提供一系列的救助服务。

三、支撑设备

（一）同步网设备

1. 同步网概述

同步网是一个网络体系，它是由节点时钟设备和定时链路组成的一个实体网，它有自己的网管和监控网。同步网负责为各种业务网提供定时，以实现各种业务的同步。

通信网内任何两个数字交换设备的时钟速率差超过一定值时，接收信号交换的缓存读写时钟会产生速率差，当该差值超过某一定值时将产生滑码，会造成接收数字流的误码或失步。同步网的功能就在于使交换设备时钟频率相同，以消除或减少滑码。

同步网与通信管理网、信令网一起并列为通信网的三大支撑网，是通信网正常运行的基础，也是保障各种业务网运行质量的重要手段。

2. 同步网组网方式

目前，我国电力通信同步网以分布式多基准的方式进行组网，采用等级主从同步方式，在数字同步网内，以大楼综合定时系统（BITS）为基础，作为同步网的各级同步节点，构成同步网。利用卫星导航系统的同步网，具有接收方便、设备投资少的特点，在世界各国同步网中得到广泛应用。采用这种组网方式，正常情况下，同步网上各个同步节点均同步于卫星导航系统定时信号，即以卫星导航系统为第一时钟参考源，只有在卫星导航系统信号异常的情况下，才倒换到来自地面（PRC）的定时信号。

全国电力数字同步网内同步方法采用等级主从同步，共分三级。网内各同步节点之间是主从关系，每个同步网节点赋予一个等级地位。一级节点采用一级基准时钟，二级节点采用二级节点时钟，三级节点采用三级节点时钟。

基准时钟的等级为一级，包括基准钟（PRC）和区域基准钟（LPR）两种。

3. 同步网设备

（1）原子钟。原子钟是目前人类最精确的时间测量仪器，也是世界上已知最准确的时间测量和频率标准，也是国际时间和频率转换的基准，用来控制电视广播和全球定位系统卫星的信号。它主要是利用原子不受温度和压力影响的固定频率振荡的原理制成。

实际使用的原子钟包括铯原子钟、铷原子钟两种。铯原子钟参考图见图 2-107。

（2）石英晶体振荡器。石英晶体振荡器是利用石英晶体（二氧化硅的结晶体）的压电效应制成的一种谐振器件，简称为石英晶体或晶体、晶振。其产品一般用金属外壳封装，也有用玻璃壳、陶瓷或塑料封装的。石英晶体谐振器结构见图 2-108。

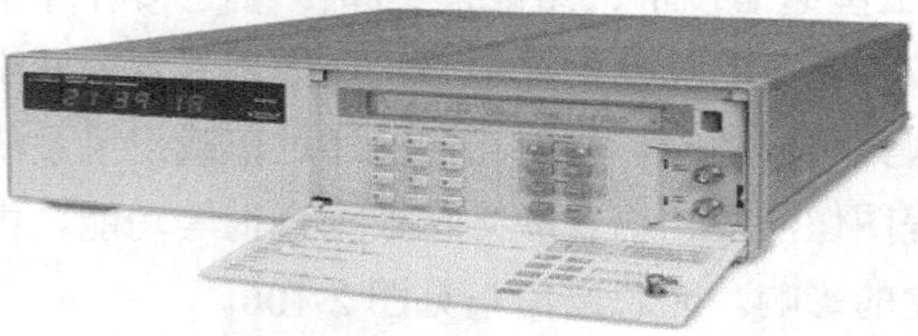

图 2-107　铯原子钟参考图

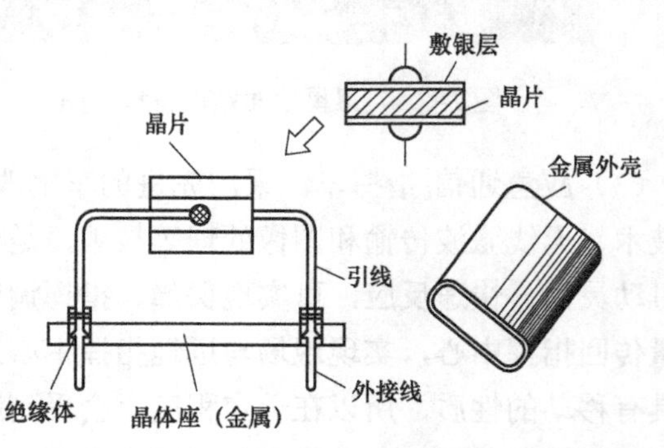

图 2-108　石英晶体谐振器结构图

（3）BITS 设备。BITS 设备是一个高性能、智能化的兼容同步状态信息的专用数字同步设备，其设备模块分类较多，输出数量较多，功能强大，可以满足频率同步和时间同步等多种同步要求。综合型 BITS 设备可以直接接收外同步一级参考时钟源，通过数字锁相环产生同步于外基准的频率，在输入单元将各时钟源做对比，利用长时间的平均稳定值，消除一级时钟源由于长距离传输而产生的短时间信号抖动及漂移后，再作为二级及三级节点的从钟，以提供该定时节点区的外同步定时信号，此系统采用模块化设计，包括输入、通信、时钟及输出模块。BITS 设备参考图见图 2-109。

（4）全球定位系统。相对成熟稳定的全球定位系统包括美国的 GPS 卫星、中国的北斗导航卫星、俄罗斯的 GLONASS 卫星。

屋顶式中频天线的卫星接收机参考图见图 2-110。

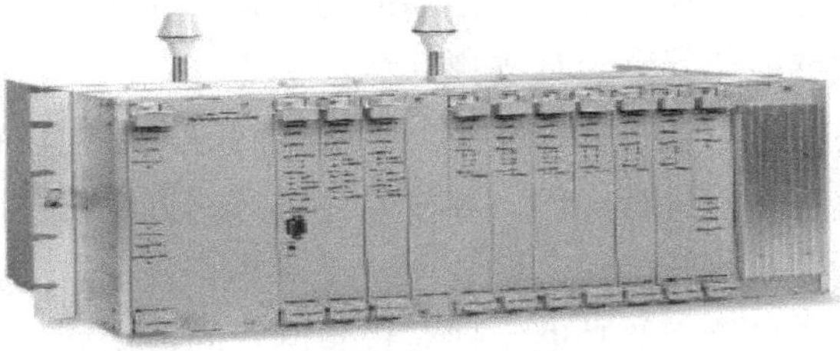

图 2-109　BITS 设备参考图

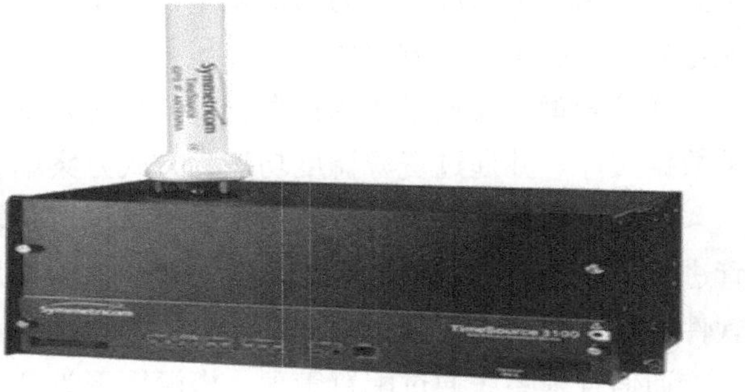

图 2-110　屋顶式中频天线的卫星接收机参考图

（二）通信管理系统（TMS）

通过对电力通信管理工作内容、业务流程、工作职责的分析梳理，将电力通信管理业务划分为三个业务域，即通信资源管理、通信监视管理、通信运维调度。通信管理系统业务架构见图 2-111。

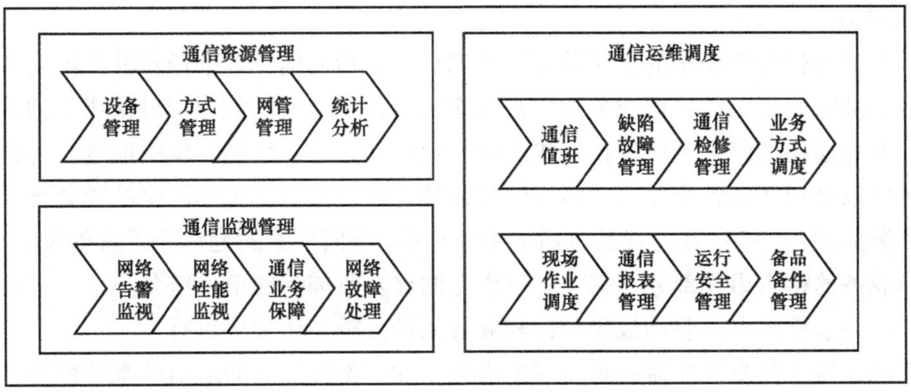

图 2-111　通信管理系统业务架构

通信管理系统需全面考虑电力通信专业的业务特点，基于全面的模型设计、数据处理规则设计、管理流程设计、专业支撑功能设计，将系统进行平台化处理，强化专业支撑和业务拓展能力。

系统需支持多级部署，一体化管理，根据实时监控的特点，系统多级部署，系统在各级进行设备、网络的实时监视，运行管理；根据管理要求，系统支持一体化管理，一级系统可以查看下级系统管理对象的运行情况和业务运转情况，并通过电子化流程与下级单位协同办公，在保留了技术特点的同时也兼顾了管理需求。

1. 通信资源管理

通信资源管理是指通信管理部门对其建设运维的各类通信设备和网络资源的管理工作。它是建立在对各类资源信息收集、整理的基础上对通信资源的台账管理、分配使用以及统计分析。具体业务可以分为设备管理、方式管理、网管管理和统计分析。

在通信管理系统中主要由资源管理模块功能支撑通信资源管理业务的开展。

（1）设备管理。设备管理是对各类通信资源的台账管理，是通信资源管理业务中的日常基础业务之一。其主要业务工作是对包括站点、机房、光缆、电缆、配线设备、传输设备、PCM 设备、业务网设备、支撑网设备、接入网设备、通信电源等设备信息进行台账查询、分类、汇总、维护。

通信管理系统通过资源信息管理对设备管理业务提供支撑。

（2）方式管理。方式管理是指通信部门按照部门内外的需求，设计编制业务电路方式方案，包括业务的开通、变更和退出，覆盖光纤、传输复用 2M/155M、64k 等业务类型。其主要业务工作是依据通信资源的占用空闲情况、电力通信安全、路由优化等相关信息和原则设计业务通道的详细连接路径，作为业务方式调度工作的方案依据。

通信管理系统通过资源信息管理、资源查询统计、资源图形管理等基础功能为方式管理业务提供基础数据支撑，并通过资源调度功能为方式方案编制提供智能化辅助设计支撑。

（3）网管管理。网管管理是指通信部门对传输网、PCM、业务网、支撑网、接入网等网络的设备网管进行专项专人的使用、维护。其主要业务工作是对设备网管进行维护，并按照业务方式方案使用网管软件功能进行网络配置的修改。

通信管理系统通过配置管理、资源图形管理、资源信息管理等功能实现对设备网管的数据同步应用支撑；并通过支撑网管理实现对设备网管本身的信息管理、状态监视与维护支撑。

（4）统计分析。通信资源的统计分析是通信管理的常用功能，在报表编制、方式管理、网络规划、预案制订等多项工作中，均需要统计分析工作的支持。资源统计分析是对网络资源进行整体或分类的分析，对通信网的规模、资源占用、负荷状况等提供趋势、建议、预警等输出。

通信管理系统通过资源查询统计、资源分析与预警等功能提供对统计分析业务的支撑。

2. 通信监视管理

通信监视管理是通信管理系统的实时数据流的源头，是指通信管理部门对其运维的各通信网络运行状态的实时监视和故障处理工作。该业务建立在网络实时告警和性能数据实时采集和通信资源信息动态同步的基础上，对各通信网络子系统上报的实时状态数据（告警、性能）集中监视、综合分析、统一处理。具体的业务可以分成网络告警监视、网络性能监视、通信业务保障和网络故障处理。

（1）网络告警监视。网络告警监视是对网络中各专业、不同厂家的通信子系统告警数据的集中监视，是通信监视保障业务的核心组成部分。其主要工作是通过及时捕捉通信系统各环节（子系统）的网络异常事件，并维护相关事件足迹，驱动故障分析和业务保护分析工作顺序进行。

（2）网络性能监视。网络性能监视是对网络中各专业、不同厂家的通信子系统性能量数据的集中监视与分析，是通信监视保障业务的核心组成部分之一。其主要工作是通过及时获取通信系统各环节（子系统）的网络性能量指标值，辅助分析网络运行状态，从而通过预警等手段降低网络故障率。

（3）通信业务保障。通信业务保障是对通信网所承载的业务状态的保障，是通信监视保障业务的重要组成部分之一。其主要的工作是以网络告警和性能监视的输出作为驱动，结合各类资源间关联关系分析各业务的实时运行状态，从而保障通信承载业务的服务质量、可靠性等。

（4）网络故障分析。网络故障分析是对通信网故障的分析辅助，其主要工作是在实时告警数据的驱动下，帮助快速发现并定位故障源，并通过经验库等手段辅助得出故障处理方案。

3. 通信运维调度

通信运维调度是指通信专业管理人员、运行人员、检修人员的日常运维工作，是建立在通信流程标准化基础上，将通信专业调度、运行、检修、处缺等工作进行流程化、信息化。具体业务可分为通信值班、缺陷故障管理、通信检修、业务方式调度、现场作业调度、通信报表管理、运行安全管理和备品备件管理。

（1）通信值班。通信值班是指通信调度人员监控网络状态、跟踪运行工作、执行通信方式的集中管理。其主要业务工作是对通信设备、通信机房环境的实时监视和告警进行分析、判断、处理，跟踪指导通信检修工作。

（2）缺陷故障管理。缺陷故障管理是指对通信设备、线路缺陷处理全过程的监控管理。其主要业务工作是减少缺陷处理时长，确保缺陷处理的及时性和可控性；并对数据进行分析统计，全面掌握设备运行状态。

（3）通信检修。通信检修是指对通信网络设备、通道检修工作的合理流转与执行进行管理的工作。其主要业务工作是对检修时间、检修设备、影响范围、风险措施等内容进行详细的制订，通过相关调度部门、通信调度部门进行审批，提前通知相关业务使用用户业务中断、影响时间，便于用户提前制订有效应对措施；通过通信调度的监控指导，使现场准确、可控地完成检修工作。

（4）业务方式调度。业务方式调度是指对方式方案的合理性、准确性进行审批，并对方式方案的执行过程进行管理。其主要业务工作是通过管理人员的审核、运行人员的方式执行、方式人员的执行校核工作，确保通信资源的有效、合理利用。

（5）现场作业调度。现场作业调度是指规范施工现场操作工作。其主要业务工作是对现场标准化作业卡或标准化作业指导书进行信息化，展开危险点分析、风险源辨识，规范检修、调度、处缺等现场施工工作。

（6）通信报表管理。通信报表管理是对运行管理工单数据的深入加工，通过灵活定制报表与自动生成报表数据，将通信工作从被动式运维向主动式和预防式运维过渡。

通信管理系统通过通信值班、缺陷管理、通信检修、业务方式调度、现场作业调度、备品备件管理对通信报表管理提供支撑。

（7）运行安全管理。运行安全管理是指对通信运行维护人员进行安全管理素质、安全教育的管理工作。其主要业务工作是依据通信安全管理规程，通过系统开展安全教育与安全活动，对工作票、操作票进行规范定制，制订通信反事故措施，提高运行维护人员安全管理素质。

（8）备品备件管理。备品备件管理是指对通信设备备品备件的采购、供应、成本进行物资管理。其主要业务工作是对备品备件的入库、出库、调拨、返修、库存、成本等的规范管理。

（三）通信电源设备

1. 通信电源概述

通信电源是指对通信设备供电的电源设备。通信电源是电力系统通信部门电源的主要组成部分。在电力系统通信站中主要的电源设备及设施包括蓄电池、蓄电池在线监测系统、高频开关电源、配电设备（交流配电、直流配电）。在通信设备内部通常根据内部板卡电路工作需要配有电源转换系统，即直流/直流变换（DC/DC）、交流/直流变换（AC/DC）等。

由于通信设备承载着保障电网安全稳定运行的继电保护、调度自动化、调度电话等实时业务，通信设备对通信电源系统提出了以下要求：

（1）高可靠性要求。通信设备作为电力系统各类信息业务的承载平台，数据传输速率也非常高，任何因通信电源输出中断而引起的通信传输中断，都会带来巨大的经济损失和安全隐患。所以除不可抗拒因素外都必须保证通信电源设备不发生故障停电或瞬间中断。高可靠性要求是通信设备对通信电源最基本的要求。

（2）高稳定性要求。因为通信设备的高精度、高数据传输率，所以对通信电源提供的输出电压质量要求非常高，电压输出质量用稳压精度、波纹系数、杂音电压等一系列参数来表示。设备的这些参数指标都应优于参考标准允许值，否则轻则影响通信设备的正常数据传输，重则导致通信中断或损毁通信设备。

（3）小型智能化要求。随着大功率电子器件、微电脑控制技术的发展，通信电源由相控电源发展到高频开关电源，并具有大功率、小体积、智能化程度高、便于运行管理和故障维护等特点。

（4）高效率要求。早期相控电源的效率仅为70%，大量的能耗都转化成了热量，既浪费了能源，又造成设备的故障率提高。如今，通信设备的高频开关技术、零电压及零电源切换技术等都降低了整流模块自身的损耗，提高了转换效率（可达到90%以上）。效率的提高不仅可以节省能源，更重要的是效率的提高意味着故障率的降低。

2. 通信电源设备

（1）蓄电池。化学能和电能可以相互转换的电池叫蓄电池。它具有电压稳定、供电方便和安全可靠等优点。蓄电池的种类很多，通常按照使用用途、极板结构、电解液种类的不同进行划分。

1）根据用途和结构划分，有固定型（用于场所固定不变的场合，如通信厂站、设备机房等）和移动型（主要用于电力机车牵引、船用等场合）两种。

2）根据极板结构分类，有形成式、涂膏式和管式三种。

3）根据蓄电池盖和结构分类，有开口式、排气式、防酸隔爆式和密封阀控式四种。

4）根据电解液的pH值种类划分，有酸性蓄电池和碱性蓄电池两种。

5）根据电解液的数量来划分，有贫液式和富液式两种。

6）根据电解液的流动性能来划分，有普通铅酸蓄电池（采用普通硫酸电解液）和胶体蓄电池（采用凝胶状硫酸电解液）两种。

电力系统中普遍采用的是密封阀控式铅酸蓄电池。

密封阀控式铅酸蓄电池全密封，不会漏酸，在充放电时不会像老式铅酸蓄电池那样会有酸雾放出来而腐蚀设备，污染环境，并且具有体积小、质量轻、自放电低、寿命长、节省投资、安装简便、安全可靠、使用方便和维护简单等特点，因此在通信站被大量使用。

密封阀控式铅酸蓄电池主要由正极板（正极为二氧化铅）、负极板（铅）、隔板、电解液（硫酸）、安全阀及外壳、端子等组成。密封阀控式铅酸蓄电池参考图见图2-112，密封阀控式铅酸蓄电池组参考图见图2-113。

图2-112　密封阀控式铅酸蓄电池参考图

图2-113　密封阀控式铅酸蓄电池组参考图

蓄电池在线监测系统就是一种直流系统蓄电池在线监测系统，通过实时测量蓄电池组的单体电池电压、温度、内阻及充放电电流，实现蓄电池组运行参数的实时监测。蓄电池在线监测系统由硬件部分和软件部分组成。硬件部分包括端站侧的单体电池电压采集模块、内阻采集模块、温度采集模块、电池充放电电流采集模块和主站侧监控主机、数据管理服务器等。

（2）高频开关电源。因高频开关电源具有体积小、质量轻、效率高、输出纹波低、动态响应快、控制精度高、模块可叠加输出、N+1 冗余等特点，所以通信系统中常用此类电源。通信用高频开关电源整流模块使用的是高频开关电源技术，因此有时也称整流模块为高频开关整流器或高频开关整流模块。高频开关整流电源参考图见图 2-114。

（3）配电设备。配电设备按照其电流性质可分为交流配电设备和直流配电设备。

交流配电设备：通常由双路市电切换装置、防雷器、控制开关等组成，负责将一路或两路三相交流电供给多个整流模块。交流输入采用三相五线制，即 A、B、C 三根相线和一根零线 N、一根地线 E。交流输入首先经过双电源切换装置（只有一路市电无需切换电路）转换成一路交流电，经过切换装置的交流电再接上防雷器（也称避雷器），保护后面的电路免受高电压的冲击。整流模块的供电由模块总开关进行控制，总开关采用 3 个独立开关，每个开关各控制一相交流电。另外，经过切换装置的交流电有的也接有分配开关，提供给其他允许交流电短时间中断的设备使用。

直流配电设备：将汇流排上的直流电，分成多路分配给各种容量的直流通信负载。分配装置主要是熔丝和开关，对于大功率负载一般使用熔丝分配，小功率负载使用开关分配。在整流模块输出和汇流排之间一般接有分流器，以检测整流输出总电流和负荷电流。直流配电设备参考图见图 2-115。

（4）电源变换器（AC/DC、DC/DC 变换）。

1）AC/DC：交流/直流变换，将交流电整流、稳压后供给内部电路。

2）DC/DC：将一个固定的直流电压变换为可变的直流电压。

电源变换器参考图见图 2-116。

图 2-114　高频开关电源参考图

图 2-115　直流配电设备参考图

图 2-116　电源变换器参考图

（5）UPS 电源。当交流电网输入发生异常或中断时，它可以继续向负载供电，并能够保证供电质量，使负载供电不受影响，这种供电装置称为不间断电源装置，或者称为不间断供电系统（uninterruptible power system，UPS）。不间断供电装置依据其向负载提供的是交流还是直流可分成两大类型，即直流不间断供电系统和交流不间断供电系统，但习惯上人们总是将交流不间断供电系统简称为 UPS。UPS 参考图见图 2-117。

（6）太阳能电源。太阳能供电系统由太阳能电池板、太阳能控制器、蓄电池（组）组成。如输出电源为交流 220V 或 110V，还需要配置逆变器。

太阳能电池板：太阳能电池板是太阳能发电系统中的核心部分，也是太阳能发电系统中价值最高的部分。其作用是将太阳的辐射能力转换为电能，或送往蓄电池中存储起来，或推动负载工作。

图 2-117　UPS 参考图

太阳能控制器：太阳能控制器的作用是控制整个系统的工作状态，并对蓄电池起到过充电保护、过放电保护的作用。在温差较大的地方，合格的控制器还应具备温度补偿的功能。其他附加功能如光控开关、时控开关都应当是控制器的可选项。

蓄电池：一般为铅酸电池，小微型系统中，也可用镍氢电池、镍镉电池或锂电池。其作用是在有光照时将太阳能电池板所发出的电能储存起来，到需要的时候再释放出来。

逆变器：由于太阳能的直接输出一般都是 DC 12/24/48V，为能向 AC 220V 的电器提供电能，需要将太阳能发电系统所发出的直流电能转换成交流电能，因此需要使用 DC/AC 逆变器。

并网光伏系统主要由光伏方阵、并网逆变器、输配电系统及远程监测通信系统组成，包括光伏组件、交/直流电缆、逆变器、防雷系统、光伏并网一体柜。其中，光伏组件到逆变器的电气系统称为光伏发电单元系统。

光伏方阵将太阳能转化为电能（直流电），并通过光伏专用直流线传递到与之相连的逆变器上，逆变器采用 MPPT（最大功率跟踪）技术最大限度将直流电（DC）转变成交流电（AC），输出符合电网要求的交流电能，与电网连接。其中光伏发电系统的核心设备是光伏组件和并网逆变器。

光伏组件是通过光伏效应将太阳能直接转变为直流电能的部件，是光伏系统的核心部件。在电站直流发电系统中，光伏组件通过合理的连接，形成电站所需的光伏组件方阵，并与逆变器构成直流发电系统。对光伏系统而言，光伏组件是光伏系统最基本的发电部件。

光伏发电系统示意图见图 2-118。

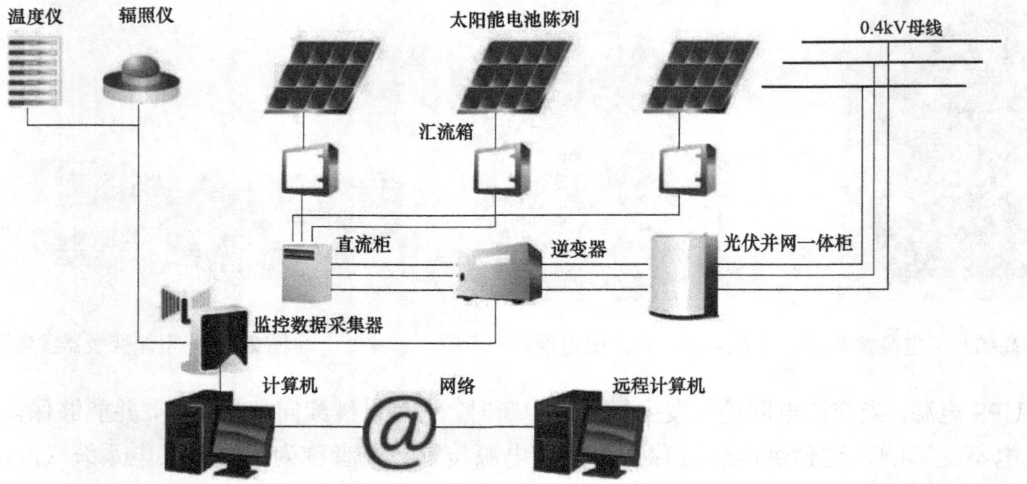

图 2-118　光伏发电系统示意图

四、辅助设备

（一）辅助设备概述

通信其他辅助设备是指除了通信主设备和前述辅助系统设备以外设备的总称。其作用是对主设备的各项功能进行补充完善，但不影响主设备各项功能的实现。

（二）通信辅助设备

1. 配线设备

（1）光纤配线架。

1）光纤配线架的作用。光纤配线架（optical fiber distribution frame，ODF）是光传输系统中一个重要的配套设备，对于光纤通信网络安全运行和灵活使用有着重要的作用。光纤配线架主要用于光缆终端的光纤熔接、光连接器安装、光路的调节、多余尾纤的存储及光缆的保护等，具有固定、熔接、调配以及存储四项基本功能。

2）光纤配线架分类。光纤配线架根据结构的不同可分为壁挂式、机架式以及具备远方切换功能的智能光配。

a. 壁挂式光纤配线架可直接固定于墙体上，一般为箱体结构，适用于光缆条数和光纤芯数都较小的场所。机架式光纤配线架可直接安装在标准机柜中，适用于较大规模的光纤网络。

b. 机架式光纤配线架又分为两种，一种是固定配置的配线架，光纤耦合器被直接固定在机箱上；另一种采用模块化设计，用户可根据光缆的数量和规格选择相对应的模块，便于网络的调整和扩展。光纤配线架接头主要有FC、SC、LC等，电力系统常用的光纤配线架接头为FC头。机架式光纤配线子框参考图见图2-119。

图2-119 机架式光纤配线子框参考图

c. 智能光配：智能光配包括智能光配终端设备和网管操作系统，两者通过上行和下行数据通信进行有机结合，实现通信光路远程切换、光缆纤芯自动测试和巡检、光缆故障点远程定位、光缆纤芯资源远程管理和调配等功能。智能光配式引入了高效的光缆自动巡检模式，改变了需要人工现场逐芯监测的状况。不仅大大提高了光缆巡检的效率，缩短了采集周期，还降低了资源采集的错误率，增大了巡检的覆盖面。智能光配交换容量有24、48、96芯，并可以通过级联方式扩容。智能光配设备参考图见图2-120。

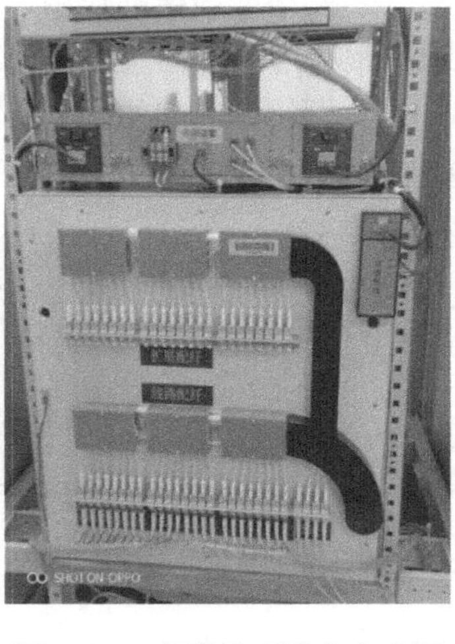

图2-120 智能光配设备参考图

（2）数字配线架。

1）数字配线架的作用。数字配线架能使数字通信设备的数字码流连接成为一个整体，使速率2～155Mbit/s信号的输入、输出都可在数字配线架上成端，为配线、调线、转接、扩容带来很大的灵活性和方便性。

2）数字配线架的分类。数字配线架以系统为单位，有8系统、10系统、16系统、20系统等。16系统数字配线子框参考图见图2-121。

（3）音频配线架。

1）音频配线架的作用。音频配线架用于接入设备（如PCM设备）与话路终端设备间的连接线的成端，为配线、调线、转接、扩容带来很大的灵活性和方便性。

2）音频配线架的分类。音频配线架以对为单位，共分为两种：一种是固定配置的配线架，被直接固定在配线箱上；另一种是敞开式配线架，用户可根据需要进行配置，便于调整和扩展。固定配置的配线架参考图见图 2-122，敞开式音频配线架参考图见图 2-123。

图 2-121　16 系统数字配线子框参考图

图 2-122　固定配置的配线架参考图

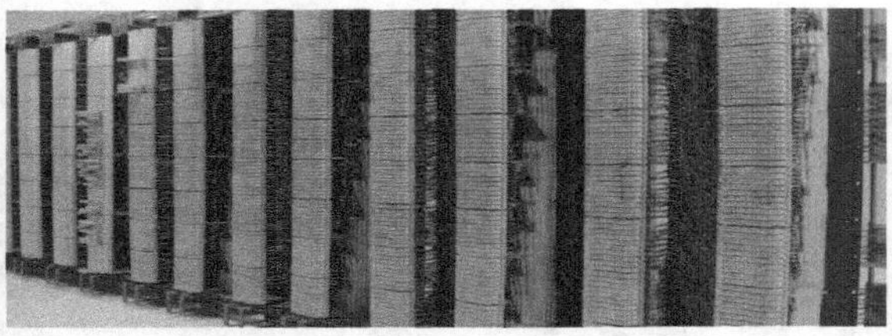

图 2-123　敞开式音频配线架参考图

（4）网络配线架。

1）网络配线架的作用。网络配线架用于传输设备、交换机与用户设备间的以太网线的成端，为配线、调线、转接、扩容带来很大的灵活性和方便性。

2）网络配线架的分类。网络配线架按端口数量分类可分为 24 口网络配线架、48 口网络配线架等；按速率分类可分为五类网络配线架、六类网络配线架等。24 口网络配线架参考图见图 2-124。

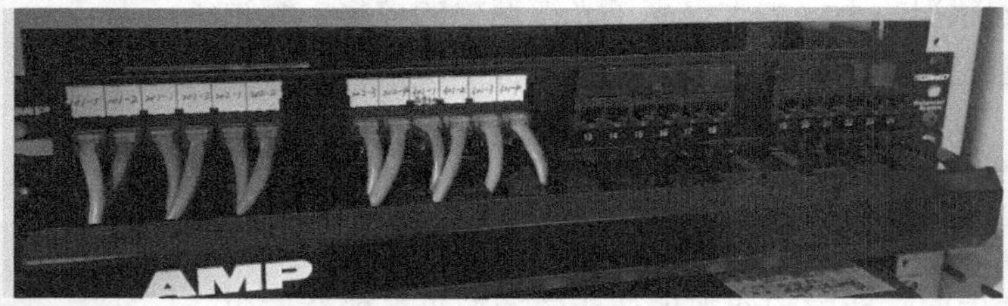

图 2-124　24 口网络配线架参考图

（5）走线桥架的分类。走线桥架可分为开放式桥架和封闭式桥架，走线方式可分为上走线和下走线等。走线桥架参考图见图 2-125。

2. 通信设备机柜

（1）机柜的作用。机柜一般是冷轧钢板或合金制作的用来有序、整齐地存放相关控制设备的物件，可以提供对存放设备的保护。机柜应具备良好的电磁隔离、接地、噪声隔离、通风散热等性能。此外，还应具有抗振动、抗冲击、耐腐蚀、防尘、防水、防辐射等性能，以便保证柜内设备稳定可靠地工作。

图 2-125　走线桥架参考图

（2）机柜的分类。机柜外形有宽度、深度、高度三个常规指标，根据外形尺寸不同，一般包括 600mm×600mm×1000mm、600mm×600mm×2000mm、600mm×600mm×2200mm、800mm×600mm×2000mm、800mm×600mm×2200mm、600mm×900mm×2200mm、1000mm×600mm×2200mm 等不同尺寸；根据适用范围的不同可分为户外机柜和室内机柜。电力系统中机柜内部安装架尺寸一般为 19in（英寸）或 21in（英寸），配置有直流分配单元、交流电源分配单元（PDU）、接地铜排、理线环、端子排。机柜参考图见图 2-126，直流电源分配单元参考图见图 2-127，PDU 参考图见图 2-128，机柜接地铜排参考图见图 2-129，理线环参考图见图 2-130，端子排参考图见图 2-131。

图 2-126　机柜参考图

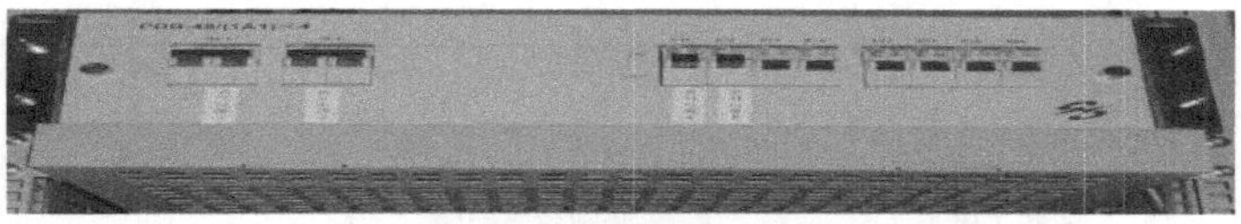

图 2-127　直流电源分配单元参考图

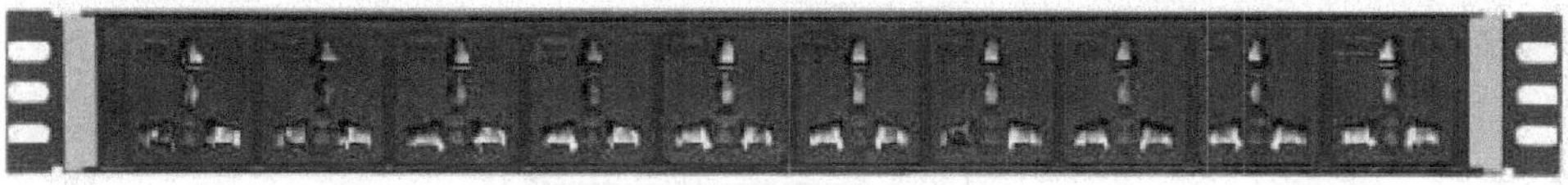

图 2-128　PDU 参考图

图 2-129　机柜接地铜排参考图

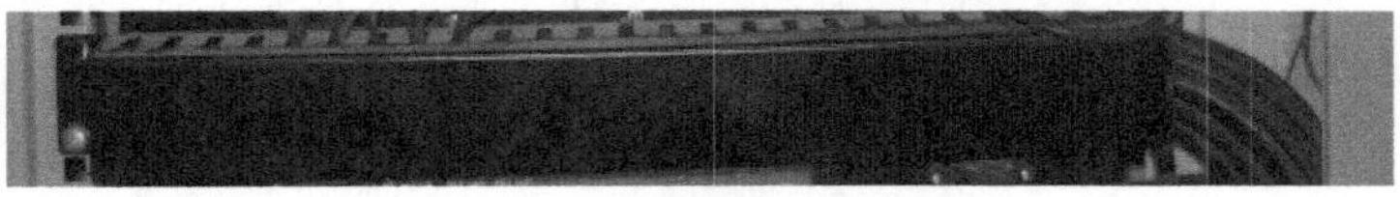

图 2-130　理线环参考图

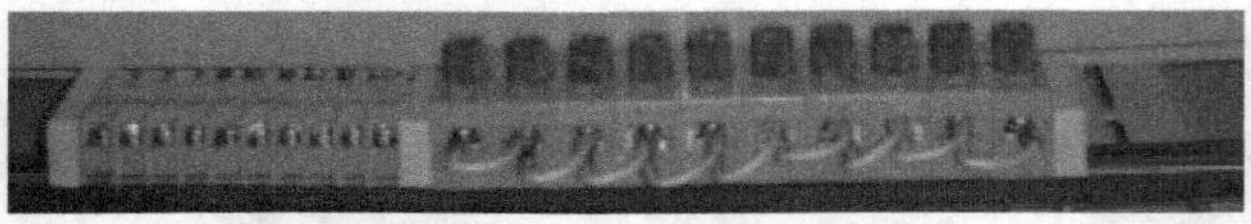

图 2-131　端子排参考图

3. 防雷接地

防雷接地包括防止因雷击而造成的损害和防止静电产生的损害。

通信站一般采用联合接地方式，将围绕建筑物的环形接地体、建筑物基础地网及变压器地网相互连通，共同组成联合地网。若站内有多个建筑物时，一般使用水平接地体将各建筑物的地网相互连通，形成封闭的环形结构。通信站地网参考图见图 2-132，垂直接地主干线参考图见图 2-133。

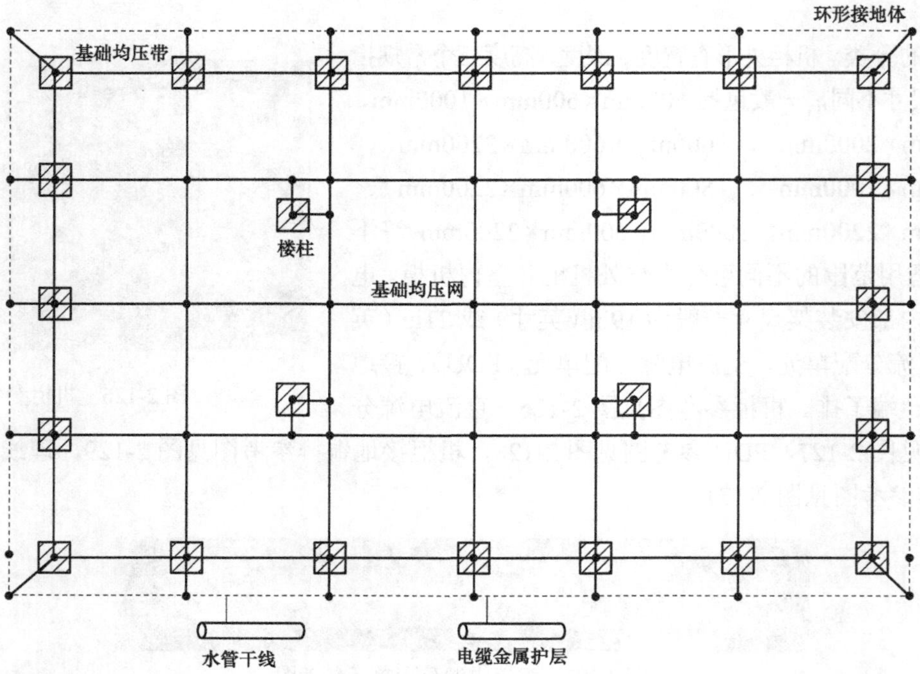

图 2-132　通信站地网参考图

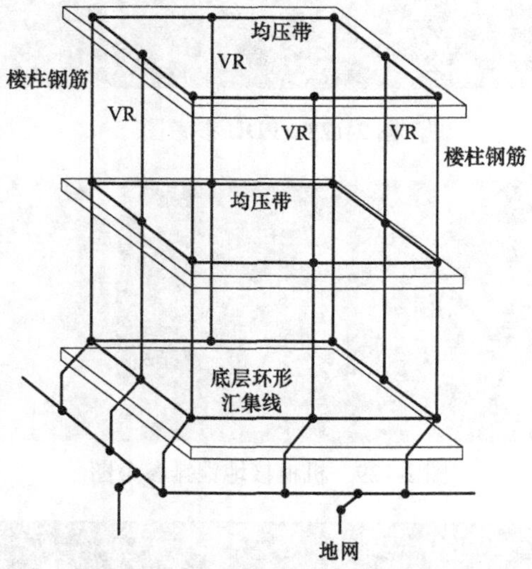

图 2-133　垂直接地主干线参考图

若通信站横梁与楼柱的钢筋结构电气连接不可靠，则应设置接地总汇集环，垂直接地主干线由接地总汇集环接地。接地汇集环与通信站均压带的连接方式参考图见图 2-134。

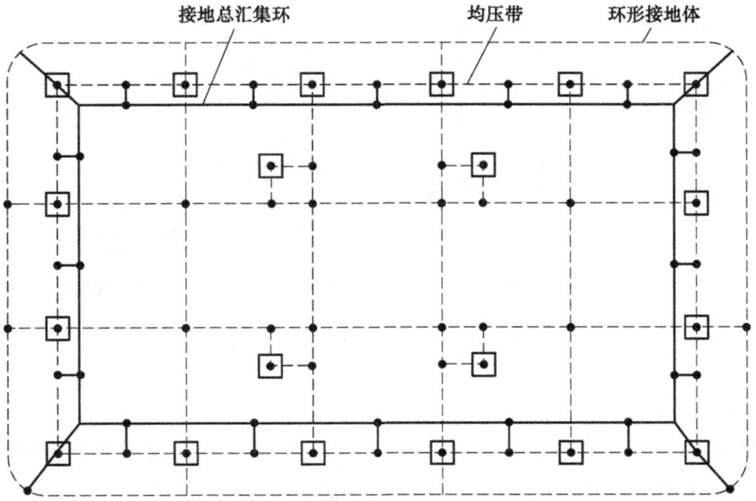

图 2-134　接地汇集环与通信站均压带的连接方式参考图

通信站机房内设备通过接地汇集线就近接地，电缆屏蔽层及外部屏蔽体应两端可靠接地。

通信站综合防雷措施包括直击雷防护、联合接地、等电位连接、电磁屏蔽、雷电分流和雷电过压保护。通信站外围主钢筋的上端与楼顶避雷装置、下端与地网、中间与各楼层均压网焊接连通，形成法拉第笼式结构，通信站防雷装置中的雷电流通过主钢筋引下至地网，实现防雷功能。通信设备一般通过浪涌保护器实现设备防雷。

五、监控设备

（一）视频监控系统

视频监控系统是通过光纤、同轴电缆或无线传输视频信号，并能实现图像显示、存储的完整系统。视频监控系统能实时、形象、真实地反映被监控对象，可以在各种环境下代替人工进行长时间监视，让人能够看到被监视现场实际发生的情况，并通过存储设备记录下来。同时报警设备能对非法入侵进行报警，产生的报警信号通过报警主机触发监控系统进行录像并存储。

目前，监控设备主要由前端设备和后端设备这两大部分组成。前端设备通常由摄像机、手动或电动镜头、云台、防护罩、监听器、报警探测器和前端视频管理机等组成，并通过传输媒介与中心控制系统的设备连接，实时传输数据。后端设备由中心控制设备和分控制设备组成，主要实现对数据的监控、处理。

视频监控系统可分为模拟模式、半数字模式及全数字模式。目前，电力系统常用全数字模式。

全数字模式可在前端、传输和显示的任何环节实现对数字视频的处理、控制和记录措施。全数字模式示意见图 2-135。

1. 视频监控系统功能

（1）实现对区域内场景情况的远程监视、监听。

（2）监视重要运行设备的外观状态。

（3）监视主要机房环境（通信机房、自动化机房、继保机房等）的情况。

（4）对关键部位进行防火、防盗自动监控，可进行周界、室内、门禁的告警及安全布控。

（5）具备电源、空调及环境集中监控管理系统或门禁系统的互联功能，获取联动告警信息。在条件成熟和管理规范的前提下，宜和站点消防系统实现告警联动。

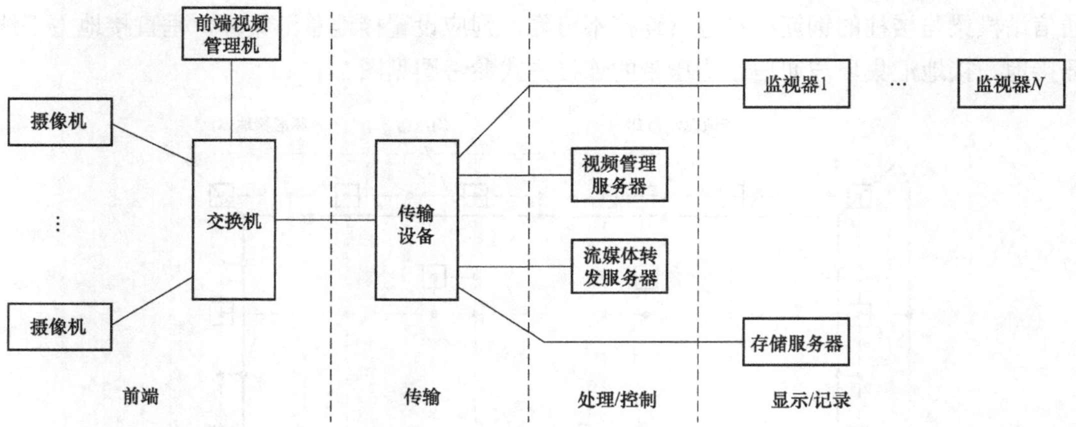

图 2-135　全数字模式示意图

2. 视频监控系统组成

视频监控系统可按多级组网的方式，形成大规模的监控网络，上级的监控中心能管理和监控下级监控中心，区域监控中心负责所辖范围内所有监控单元的数据采集、设备控制工作，监控单元负责调整、传输具体机房内图像采集设备（如摄像机、云台等）的工作状态。根据监控区域数量，一般可组成两级或三级网络结构，系统组织示意见图 2-136。

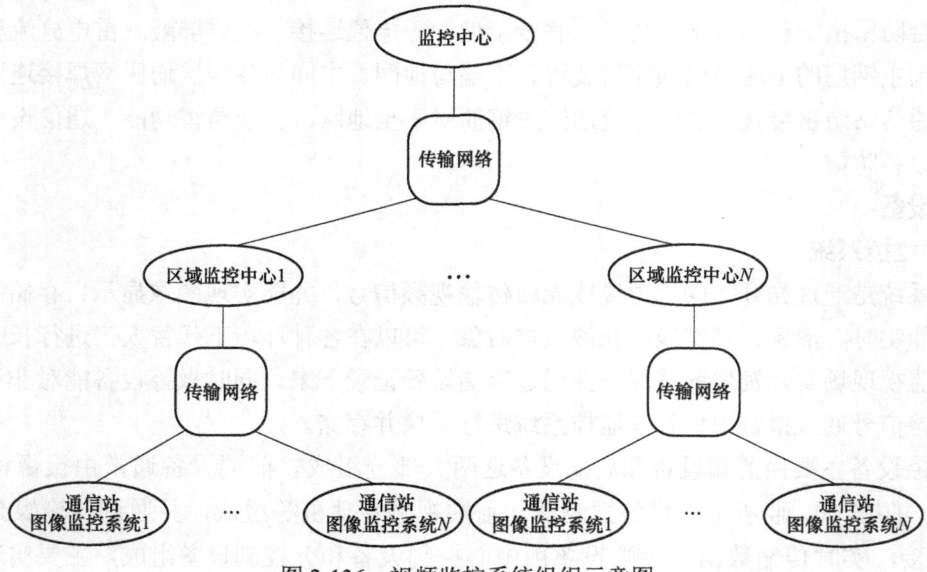

图 2-136　视频监控系统组织示意图

视频监控系统一般主要由前端、传输、控制及显示存储四个部分组成。前端部分包括一台或多台摄像机以及与之配套的镜头、云台、防护罩、编码驱动器等；传输部分包括电缆或光缆，以及有线或无线信号调制解调设备等；控制部分主要包括视频切换器、云台镜头控制器、操作键盘、各类控制通信接口、控制台等；显示存储部分主要包括监视器、存储服务器等。

（1）前端部分。前端部分实现对现场环境的监视，采集图像数据并存储，主要包括前端视频管理机、摄像机、云台。

前端视频管理机实现对多台摄像机图像数据的汇集及记录，主要包括数字硬盘录像机、视频编码器。

摄像机实现对现场环境的监视，根据现场环境的不同，对摄像机的功能要求也不同：

1）现场监视目标距离不同，要求摄像机具有不同焦距的镜头。

2）现场环境照明不足，要求摄像机具有红外功能。

3）现场微尘较多、温/湿度较高，要求摄像机具有防爆、防尘护罩。

云台是安装、固定摄像机的支撑设备，可实现对摄像机水平及俯仰角度的调整，使摄像机能进行大范围监视。

摄像机主要有模拟摄像机及数字摄像机，实现对现场环境的监视。摄像机按使用环境可分为室内型和室外型；按安装方式可分为壁装型和吊装型；按外形可分为枪形摄像机、半球形摄像机、球形摄像机。前端部分设备参考图片见表 2-1。

表 2-1　　　前端部分设备参考图

序号	设备名称	设备参考图片
1	数字硬盘录像机	
2	视频编解码器	
3	枪形摄像机	
4	半球形摄像机	
5	球形摄像机	
6	枪形摄像机防护罩	
7	半球形摄像机防护罩	
8	球形摄像机防护罩	
9	摄像机云台	

（2）传输部分。视频监控系统摄像机主要有模拟摄像机及数字摄像机。模拟摄像机采集的视频信号通过同轴电缆上传至前端视频管理机处理，并由前端视频管理机通过控制线对模拟摄像机进行控制；数字摄像机采集的视频信号通过以太网线或光缆上传至前端视频管理机进行处理、控制。前端视频管理机将摄像机汇集处理后的数据通过光传输设备、数据网设备等传输设备上传至监控中心显示、存储。

（3）控制部分。控制部分实现对前端多路视频图像的控制管理及转发，主要具备以下功能：

1）能通过手动或自动操作，实现对摄像机、云台进行遥控。

2）能通过手动或自动编程切换，在指定的监视器上实现对所有视频信号的固定或时序显示。

3）具备配置信息存储功能，在供电中断或关机后，对所有编程设置、摄像机号、地址、时间等均可记忆，在开机或电源恢复供电后，系统能恢复正常工作。

4）具备对所有摄像机视频图像的转发功能，可在不同显示设备显示所需视频图像。

控制部分设备主要包括视频管理服务器、流媒体转发服务器等。控制部分设备参考图见表 2-2。

表 2-2　　控制部分设备参考图

序号	设备名称	设备参考图片
1	视频管理服务器	
2	流媒体转发服务器	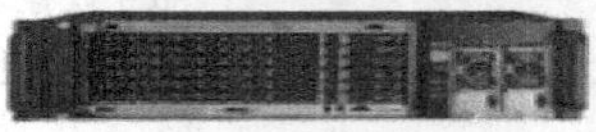

（4）显示记录部分。显示记录部分实现对前端视频图像的存储及显示，主要包括存储服务器、监视器等。显示记录部分设备参考图见表 2-3。

表 2-3　　显示记录部分设备参考图

序号	设备名称	设备参考图片
1	存储服务器	
2	监视器	
3	大屏幕	

（二）通信动力环境监控

通信动力环境监控系统是为了实时监测机房环境的各项指标，遇到机房停电、电源故障、环境温度过高、非法闯入、火灾和漏水等紧急意外情况，能够及时记录、查询和自动快速报警。环境监控设备包括环境监控平台服务器、多串口服务器、泄漏监测设备、烟感监测设备、温/湿度监测设备。

环境监控平台服务器是整个环境监控系统的监控和管理中心，主要实现对监控信息的统计、分析、保存和转发；多串口服务器主要实现对不同监控信息的汇集及处理；泄漏监测传感器主要实现对漏水数据采集；烟感监测传感器主要实现对烟雾数据采集；温/湿度监测传感器主要实现对温/湿度数据采集。环境监控系统设备参考图见表 2-4。

表 2-4　　环境监控系统设备参考图

序号	设备名称	设备参考图片
1	环境监控平台服务器	
2	多串口服务器	

续表

序号	设备名称	设备参考图片
3	泄漏监测传感器	
4	烟感监测传感器	
5	温/湿度监测传感器	

（三）电子围栏

1. 电子围栏的作用

电子围栏是一种主动入侵防越围栏，能对入侵企图做出反击，击退入侵者，延迟入侵时间，并把入侵信号发送到安全部门监控设备上，以保证管理人员能及时了解报警区域的情况，快速做出处理。电子围栏的阻挡作用一方面体现在威慑功能上，金属线上悬挂的警示牌，一看到便产生心理压力，且触碰围栏时会有触电的感觉；另一方面电子围栏本身是有形的屏障，很难攀越；如果强行突破，主机会发出报警信号。

2. 电子围栏系统的组成

电子围栏主要由脉冲电子围栏主机和脉冲电子围栏前端组成。脉冲电子围栏主机产生和接收高压脉冲信号，并在脉冲电子围栏前端处于触网、短路、断路状态时能产生报警信号，并把入侵信号发送到安全报警中心。脉冲电子围栏前端是由终端杆绝缘子、承力杆、承力杆绝缘子、固定夹、挂线杆、挂线杆绝缘子、合金丝、高压线、万向底座、线连接器、紧线器、警示牌、避雷器、接地线等构件组成的有形周界。电子围栏系统组织图见图 2-137，电子围栏设备参考图见表 2-5。

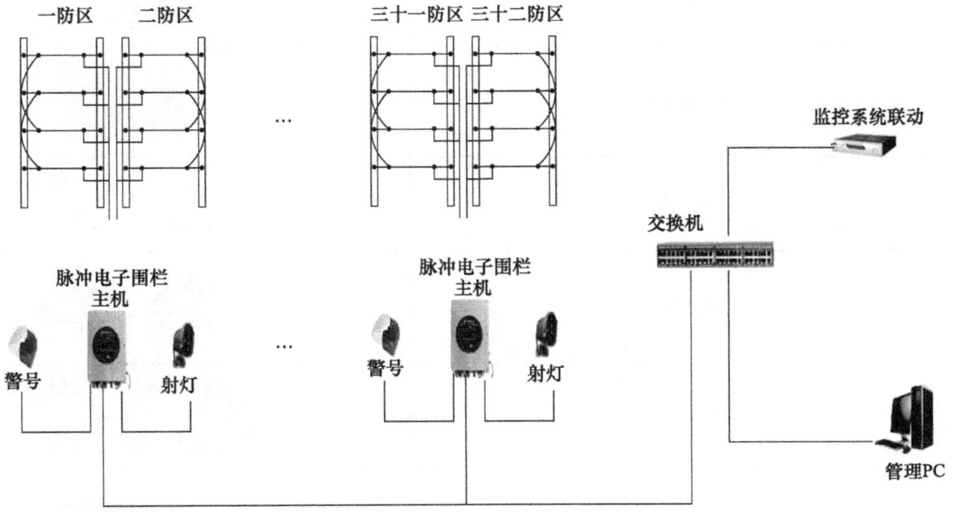

图 2-137　电子围栏系统组织图

表 2-5　　电子围栏设备参考图

序号	设备名称	设备参考图片
1	脉冲电子围栏主机	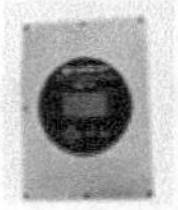
2	终端杆	
3	终端杆绝缘子	
4	承力杆	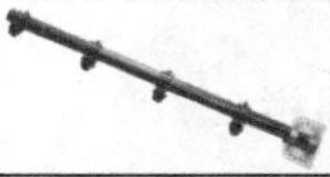
5	承力杆绝缘子	
6	固定夹	
7	挂线杆	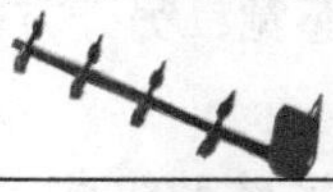
8	挂线杆绝缘子	
9	合金丝	
10	高压线	
11	万向底座	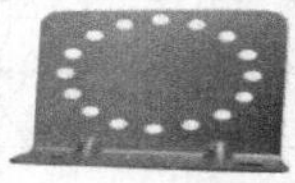
12	线连接器	
13	紧线器	
14	警示牌	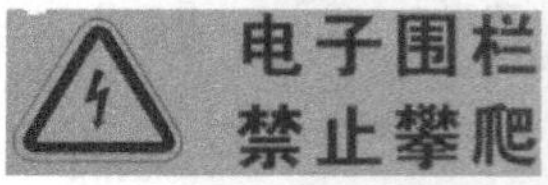
15	避雷器	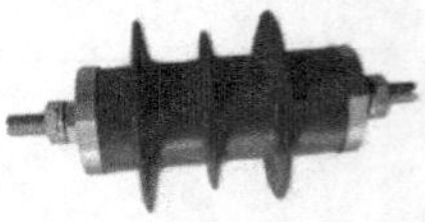

（四）门禁系统

门禁系统用于实时监控大门的状态，并通过权限设置功能，防止外来无关人员进入机房、控制室等重要场所，主要包括门禁控制器、门锁、门禁读卡器、门禁开关等。电子门禁设备参考图见表 2-6。

表 2-6　　电子门禁设备参考图

序号	设备名称	设备参考图片
1	门禁控制器	  
2	门锁	
3	门禁读卡器	
4	门禁开关	

第二节　通信常用材料

通信线路是把信号从一个地方传递到另一个地方的传输媒质，是保证信息传递的通路。通信传输主要通过光缆、通信电缆和电力线三种方式传播。电力通信线路是电力通信网的重要组成部分，是电力通信的基础。线路传输大体上经历了架空明线、对称电缆、同轴电缆、光缆等主要发展阶段，而光缆具有传输频带宽、传输容量大、传输距离长、传输质量高、信号串扰小等特点，已成为电力通信线路传输的主要手段。

一、光纤

光纤是光导纤维的简称，是一根像头发梢粗细的透明玻璃丝，是一种新的光波导，由两种不同折射率的玻璃材料组成。

（一）光纤结构

光纤内层为纤芯，作用是传输光信号，外层为包层，作用是使光信号封闭在纤芯中传播。光纤基本结构见图 2-138。

纤芯的折射率比包层的折射率稍大，是光纤结构的关键。通信用光纤的外径为 125μm，多模光纤的纤芯为 50μm，单模光纤的纤芯为（9～10）±1μm。

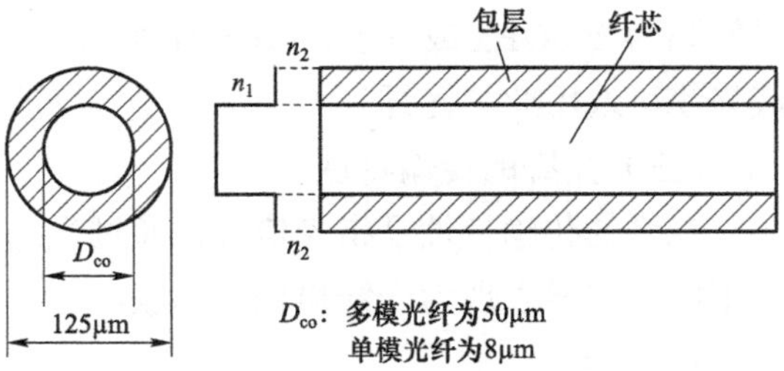

图 2-138　光纤基本结构图

（二）光纤分类

（1）按传输模数量分，可分为多模光纤和单模光纤。多模光纤可分为阶跃型光纤和梯度型光纤，单模光纤则为阶跃型光纤。多模光纤可传多种模式的光，但其模间色散较大，传输距离较近；单模光纤只传输一种模式的光，其模间色散较小，适用于远程通信，电力系统通信普遍采用单模光纤。

（2）按传输波长分类，可分为短波长光纤和长波长光纤。短波长光纤的波长为 0.85μm（0.8～0.9μm），波长为 0.85μm 的多模光纤，主要用于短距离市话中继线路或专用通信网等线路。长波长光纤的波长为 1.3～1.6μm，具体波长有 1310nm 和 1550nm 两个窗口。

（3）按塑套结构分类，可分为紧套光纤和松套光纤。由于裸纤的强度较差，尤其是柔软性很差，为了达到实际使用的要求，在光纤制造过程中，需在裸纤从高温炉拉出后 2s 内进行涂覆。经过涂覆后的光纤才能用来制造光缆，才能满足通信传输的要求。通常所说的光纤，就是指这种涂覆光纤。紧套是指光纤在二次套管内不能自由转动，而松套光纤则有一定的活动范围。紧套的优点是性能稳定，外径较小。但机械性能不如松套，因为紧套无缓冲空间，易受外力影响。松套光纤温度性能优于紧套，制作比较容易，但外径较大，为避免水分，需要填充半流质的油膏来提高光缆的纵向封闭性能。现通常采用松套光纤为主。紧套光纤结构见图 2-139，松套光纤结构见图 2-140。

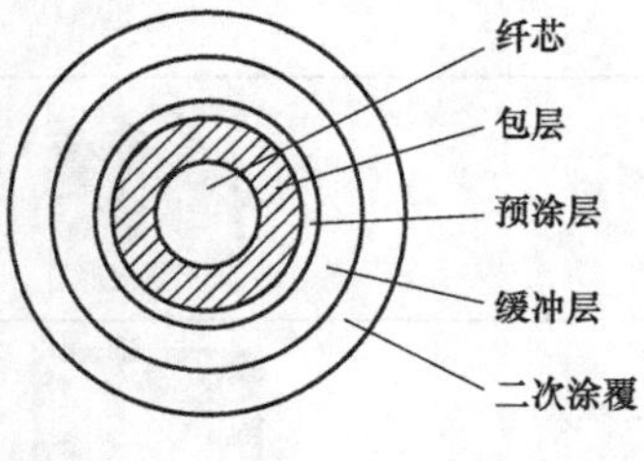

图 2-139　紧套光纤结构图

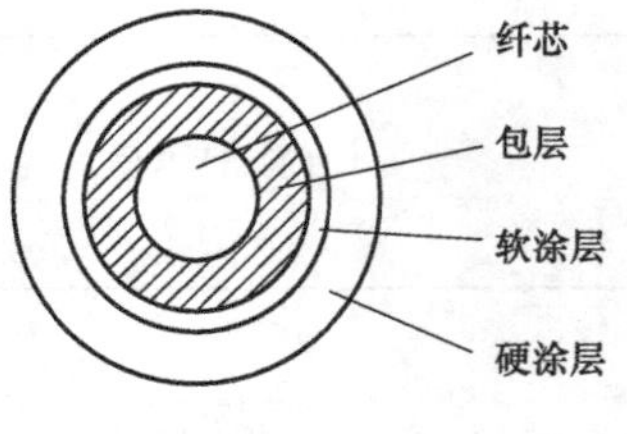

图 2-140　松套光纤结构图

（4）按国际电信联盟（ITU）规定，可分为 G.652、G.653、G.654 和 G.655 光纤。电力通信系统中常用的光纤为 G.652 和 G.655 类光纤。

1） G.652 非色散位移光纤。IEC 和 GB/T 把 G.652 类光纤分类命名为 B1 类光纤。

ITU G.652 光纤在 1310nm 和 1550nm 有两个低损耗波长窗口。单模光纤在 1310nm 波长上的最低损耗为 0.33dB/km，在 1550nm 波长上的最低损耗为 0.19dB/km。

G.652A 类光纤主要用于 2.5Gbit/s 及以下速率，具有光放大器的单信道 SDH 传输系统。

G.652B 类光纤主要用于 10Gbit/s 及以下速率，具有光放大器的单信道和多信道 SDH 传输系统。

G.652C 类光纤使用范围与 G.652B 类光纤相同，所不同的是 G.652C 类光纤具有全波光纤特性。其使用波长可扩展到 1360～1530nm。

G.652D 与 G.652B 有相似的属性和应用范围，但衰减要求与 G.652C 相同，并允许使用在 1360～1530nm 波段。

因为 G.652B 类光纤具有弯曲损耗小、传输损失小、曲率小、几何尺寸稳定等优点，所以电力系统中普遍采用此类光纤。

2） G.655 非零色散位移光纤。IEC 和 GB/T 把 G.655 类光纤分类命名为 B4 类光纤。G.655 类光纤又可分为 A、B、C 三个子类。G.655A 类光纤适用于 G.691 和 G.692 的 STM-64 及以下 SDH 传输系统、信道间隔为 200GHz 或以上，G.655B 类光纤使用于信道间隔为 100GHz 或以下的 G.692 传输系统，许多海底光缆可选用此类光纤。

（三）光纤的传输特性

光纤的传输特性是指光信号在通过光纤传输过程后会产生损耗和失真，而产生的输入信号和输出信号不同，主要表现为光纤损耗和色散。

1. 损耗

光纤的损耗又称衰减。光信号在光纤中传输，随着距离延长，光的强度随之不断减弱，这正是由于损耗特性的原因。

按工程习惯，将光纤的损耗、损耗常数统称损耗，用符号 *a* 表示。采用单位可用长度损耗分贝和单位长度损耗分贝/千米两种表示方式。

光纤产生损耗的原因很多，从材料、熔炼、拉丝、套塑到施工、运行的每一个环节都将产生损耗。其类型有固有损耗、外部损耗和应用损耗等。

2. 色散

色散：光脉冲沿光纤传输，脉冲宽度将随着距离增长而展宽，使传输距离和传输速率受到限制。

单模光纤色散主要是由材料色散引起的，它是随芯纤内的掺杂浓度不同而变化，同时与波长有十分密切的关系，在波长 1310nm 附近，色散接近于零，表明在传输波长为 1310nm 时，可以近似不产生波形展宽。因此，单模光纤被广泛应用于长距离传输线路。单模光纤的损耗在 1550nm 波段最低，但色散不如 1310nm 波段。

3. 光纤的寿命

光纤的寿命，称之为使用寿命。在光纤、光缆制造和工程建设中，一般都是按 20 年的使用寿命设计。但光纤寿命因受使用环境（如温度、潮气以及静态、动态疲劳）的影响，不完全一致。

（四）光纤的温度特性

光纤的温度特性，是指在高、低温条件下对光纤损耗的影响，一般是损耗增大。由于光纤涂覆层、塑套层同石英的膨胀系数不同，因而在低温下光纤受到轴向压缩力产生微弯，导致损耗增大。光纤的低温特性，是随着温度的不断降低，损耗不断增大。

光纤的低温性能非常重要，对于架空光缆及北方地区线路，如低温特性不良，将会严重影响通信质量。因而在工程中务必选用良好特性的光纤。施工中如遇到几种温度指标的光缆，应根据敷设方式、使用地段进行配盘。光缆施工的接续，一般应在不低于－5℃条件下进行。

二、光缆

光缆由单根光纤、多根光纤或光纤束加上外护套制成，是满足光学特性、机械特性和环境性能指标要求的缆结构实体。

（一）光缆定义及优点

光缆是光纤通信系统的重要组成部分，是光信号传输的媒质，也是光纤通信网络传输性能稳定、可靠的基本保证。它的优点主要有以下几个方面：

（1）频带较宽。频带的宽窄代表传输容量的大小。

（2）电磁绝缘性能好。光纤中传输的是光束，由于光束不受外界电磁干扰与影响，而且本身也不向外辐射信号，因此它适用于长距离的信息传输以及要求高度安全的场合。

（3）衰减较小。可以说在较长距离和范围内信号是一个常数。

（4）中继器的间隔较大。可以减少整个通道中继器的数目，可降低成本。

（5）线径细，质量轻。尤其是光纤的直径很小，所以制成光缆后，直径比电缆要细，而且质量也轻。

（二）光缆的型式代号

Ⅰ	Ⅱ	Ⅲ	Ⅳ	Ⅴ

Ⅰ：分类代号

GY——通信室外光缆；

GS——通信设备光缆；

GJ——通信室（局）内光缆。

GH——通信用海底光缆；

GT——通信用特殊光缆。

Ⅱ：加强构件

（无符号）金属加强件；

F——非金属加强件。

Ⅲ：结构特征代号

D——光纤带结构；

S——光纤松套被覆结构；

J——光纤紧套被覆结构；

G——骨架槽结构；

（无）——层绞结构；

X——缆中心管被覆结构；

T——填充式结构；

R——充气式结构；

C——自承式结构；

B——扁平形状；

E——椭圆形状；

Z——阻燃结构。

Ⅳ：护层

Y——聚乙烯护层；

V——聚氯乙烯护层；

U——聚氨酯护套；

A——铝—聚氯乙烯黏结护层；

S——钢—聚乙烯黏结护套；

W——夹带平行钢丝的钢—聚乙烯黏胶纤维结护套；

L——铝护套；

G——钢护套；

Q——铅护套。

Ⅴ：外护层代号

外护层代号及其含义见表 2-7。当有外护层时，它可包括垫层、铠装层和外被层的某些部分和全部，其代号用两组数字表示（垫层不需表示），第一层表示铠装层，它可以是一位或二位数字；第二层表示外被套或外套，它应是一位数字。

表 2-7　　外护层代号及其含义

代号	铠装层	代号	外被层或外套
0	无铠层	1	纤维外被
2	绕包双刚带	2	聚氯乙烯套
3	单细圆钢丝	3	聚乙烯
5	皱纹钢带	4	聚乙烯+复尼龙层

（三）光缆分类

光缆按用途可分为中继光缆和用户光缆。

（1）中继光缆。用于传输设备间的中继连接，传输速率不小于 155Mbit/s，对传输性能指标、传输距离、安装工艺、工程验收、运行维护等要求较高。如变电站之间、变电站与主站之间连接的 OPGW、ADSS、OPPC 及普通架空和管道光缆等。

（2）用户光缆。用于用户与用户之间或用户与传输设备之间的业务连接，对传输性能指标、传输距离、安装工艺、工程验收、运行维护等要求相对较低。如保护继电器与通信光传输设备之间的普通光缆及智能电网中用于信息传送的光缆和办公大楼内用于信息传送的光缆等。

光缆按种类分可分为普通光缆和电力特种光缆。

（1）普通光缆。

1）按敷设方式分。普通光缆按敷设方式不同可分为架空光缆、管道光缆、直埋光缆、水底光缆和海底光缆。

a. 架空光缆是指架设在电力杆路资源上的光缆。主要是通过吊线形式在电力杆路上架设，即先将吊线紧固在电杆上，然后用挂钩将光缆悬挂在吊线上，光缆的负荷由吊线承载。这种方式可以利用原有的电力杆路，节省建设费用、缩短建设周期。架空光缆架设在电杆上，要求能适应各种自然环境。架空光缆易受台风、冰凌、洪水等自然灾害的威胁，也容易受到外力影响和本身机械强度较弱等影响，因此架空光缆的故障率较高。电力系统中常用的主要有铠装光缆、普通非金属光缆等。

b. 管道光缆是指敷设在电力或通信管道中的光缆。主要是利用人力或机器牵引的方式在电力或通信管道中敷设光缆。因为敷设在管道中，光缆不易受外力的影响，安全性较高，但需揭盖盖板和牵引光缆，施工不便。

c. 直埋光缆是指直接埋在地下的光缆。这种光缆外部一般有钢带或钢丝的铠装，直接埋设在地下，要求有抵抗外界机械损伤的性能和防止土壤腐蚀的性能。要根据不同的使用环境和条件选用不同的护层结构。

d. 水底光缆是敷设于水底穿越河流、湖泊和滩岸等处的光缆。这种光缆的敷设环境比管道敷设、直埋敷设的条件差得多。光缆必须采用钢丝或钢带铠装的结构，护层的结构要根据河流的水文地质情况综合考虑。如在石质土壤、冲刷性强的季节性河床，光缆遭受到的磨损和拉力较大，不仅需要粗钢丝做铠装，甚至需要双层的铠装。

e. 海底光缆是指敷设在海底的光缆，一般敷设于深海或者浅海。要求使用寿命长，不易受损。

2）按是否含有金属材料分。光缆按是否含有金属材料分可分为无金属光缆和有金属光缆。

a. 无金属光缆：整根（包括缆心和护层）都是由非金属材料制成的光缆。无金属光缆主要用于有强电磁影响和雷电多发等地区。无金属光缆的加强芯也必须用非金属材料制成，一般是用不饱和聚酯树脂为基体，以 E 玻璃纤维为增强材料经过拉挤工艺而成型。在电力系统中常用的为普通非金属光缆，主要为进出机房时使用。

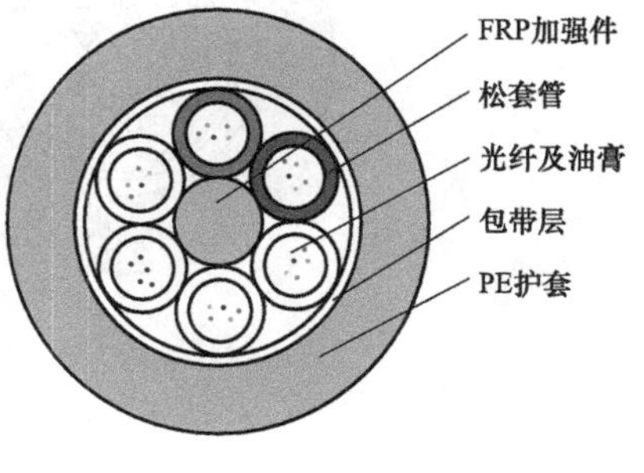

图 2-141　GYFTY 光缆结构图

普通非金属（GYFTY）光缆。普通非金属光缆的缆芯中心是一根非金属加强芯（FRP），有时在非金属加强芯外还需挤上一层聚乙烯，松套管（和填充绳）围绕中心加强芯绞合成紧凑和圆形的缆芯，缆芯内的缝隙充以阻水填充物，最后挤制聚乙烯护套成缆。GYFTY 光缆结构图见图 2-141。其主要特点：精确控制光纤的余长保证了光缆具有很好的抗拉性能和温度特性；松套管材料本身具有良好的耐水解性能和较高的强度，管内充以特种油膏，对光纤进行了关键性保护；PE 护套具有很好的抗紫外辐射性能及耐环境应力开裂性能；GYFTY 光缆适用于管道、架空和强电磁区。

b. 有金属光缆：是指中心加强件为金属的光缆，主要用于架空、直埋、管道等环境较差的地方。电力系统中常用的为 GYTY53 和 GYTA 光缆。① GYTY53 光缆的缆芯中心是一根金属加强芯，松套管外用一层双面涂塑钢带（PSP）环绕纵包，钢带和松套管之间置有阻水材料以保证光缆的紧密性和纵向阻

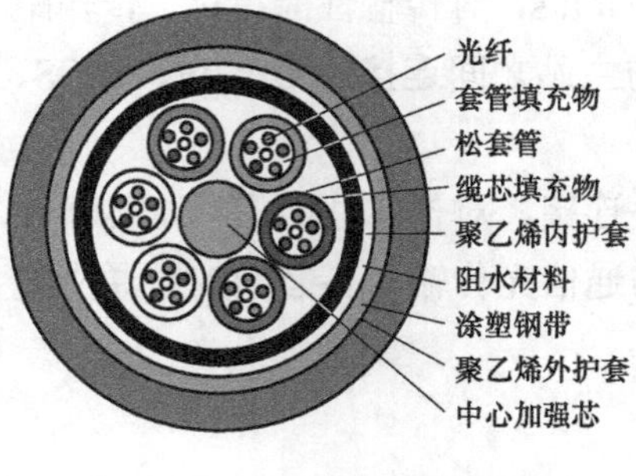

图 2-142　GYTY53 光缆结构图

水，两侧放置两根平行碳化钢丝后挤压聚乙烯护套成缆。GYTY53 光缆结构图见图 2-142。其主要特点：抗拉伸、耐磨损、抗压扁、抗冲击、可反复弯曲、扭转、曲绕、弯折（弯曲角度不超 90°）等，具有很好的机械性能；具有良好的耐水解性能和较高的强度；对光纤具有关键性的密封保护；具有良好的抗压性和柔软性。GYTY53 光缆适用于架空和直埋。② GYTA 光缆的缆芯中心是一根金属加强芯，有时金属加强芯外还需挤上一层聚乙烯（PE）。松套管（和填充绳）围绕中心加强芯绞合成紧凑和圆形的缆芯，缆芯内的缝隙充以阻水填充物，涂塑铝带（APL）纵包后挤制聚乙烯护套成缆。其主要特点：精确控制光纤的余长，保证了光缆具有很好的抗拉性能和温度特性；松套管材料本身具有良好的耐水性能和较高的强度，管内充以特种油膏，对光纤进行关键性保护并提供良好的抗压力性及柔软性；PE 护套具有很好的抗紫外辐射性能及耐环境应力开裂性能。GYTA 光缆适用于管道敷设。

3）按结构方式分。光缆按结构方式基本上可分为层绞式光缆和中心管式（大束管式）光缆。

a. 层绞式光缆：将已着色光纤与油膏同时加入到高模量塑料制成的松套管中，光纤在套管内可以移动。不同的松套管沿中心加强芯绞合制成缆芯。缆芯外加防护材料制成松套层绞式光缆，为电力系统中最常用的一种结构。它的主要特点：松套管材料本身具有耐水解特性和较高的强度，管内充以特种油膏，对光纤进行关键性保护；加强芯处于缆芯中央位置，松套管以适当绞合节距围绕加强芯层绞，通过控制光纤余长和调整绞合节距，可使光缆具有很好的抗拉性能和温度特性；松套管和加强芯间用缆膏填充绞合在一起，保证了松套管和加强芯间的防水性能；光缆的径向和纵向防水由多种措施保证；根据不同的要求，有多种抗侧压措施。

b. 大束管式（中心管式）光缆：将光纤套入由高模量的塑料做成的螺旋空间松套管中，套管内填充防水化合物，套管外施加一层阻水材料和铠装材料，两侧放置两根平行钢丝，并挤制聚乙烯护套成缆。它的主要特点：特有的螺旋槽松套管设计，有利于精确控制光纤的余长，保证了光缆具有很好的机械性能和温度特性；松套管材料本身具有良好的耐水解性能和较高的强度，管内充以特种油膏，对光纤进行了关键性保护；两根平行钢丝保证光缆的抗拉强度；直径小、质量轻、容易敷设。普通光缆两种基本结构见图 2-143。

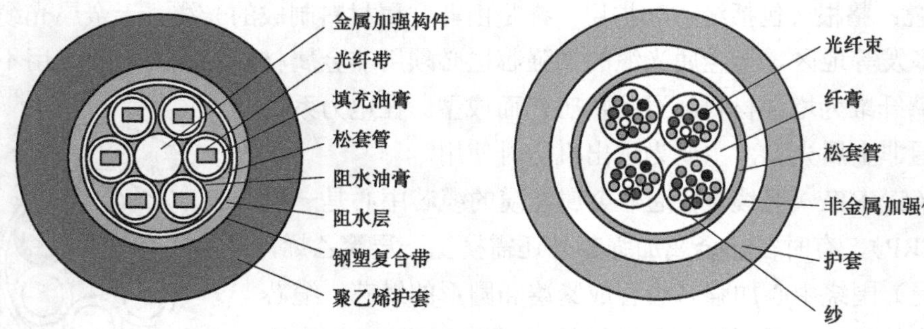

图 2-143　普通光缆两种基本结构

（a）层绞式光缆；（b）大束管式光缆

（2）电力特种光缆。由于电力系统的特殊性，除采用普通光缆外，更多采用的是电力特种光缆。这种光缆架设在电力线路杆塔上，充分利用了电力系统线路资源，成为电力系统通信中较经济的架设方法。因为它承挂在现有线路杆塔上，利用高压线路走廊，从而降低了通信线路的成本，并具有较高的可靠性。

电力特种光缆主要为全介质自承式光缆（all-dielectric self-supporting optical cable，ADSS）、架空地

线复合光缆（optical fiber composite overhead ground wires，OPGW）、相线复合光缆（opticalphase conductor，OPPC）、光纤复合低压电缆（optical fiber composite low-voltage cable，OPLC）。

1）全介质自承式光缆（ADSS）所用的是全介质材料，自承式是指光缆靠自身加强构件承受自重及外界负荷的能力。ADSS 光缆是一种利用电力系统的输电杆塔，可自承悬挂于输电线路上的光缆，适合于 220kV 及以下输电线路中。其安全性和可靠性较高，施工周期短，可不停电施工，工程造价也较低。

a. 结构。ADSS 光缆可分为层绞式和中心管式两种，其结构见图 2-144。电力系统中常用的为层绞式。

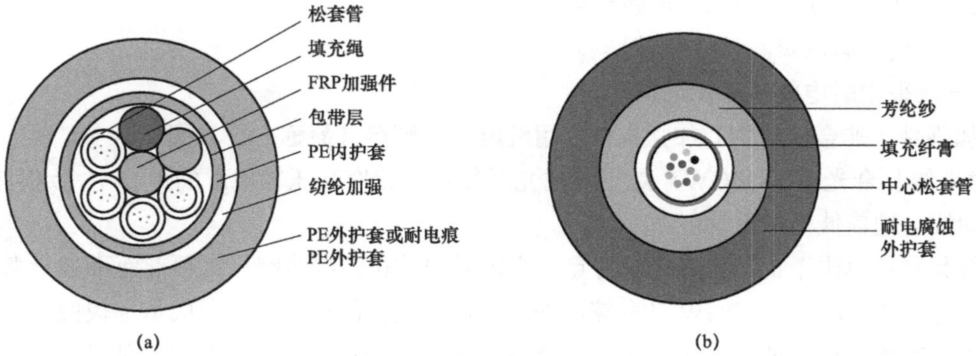

图 2-144　ADSS 光缆结构

（a）层绞式；（b）中心束管式

b. 特性。ADSS 除具有一般光缆的优点外，还有其独特的优点：① 具有良好的经济性：可与各种电压等级的输电线路同塔（杆）架设，不需新立杆塔，不需新占地，施工速度快，工期短，大大节省了建设费用；② 具有建设的灵活性：可带电架设光缆，不影响输电线路的正常运行；③ 具有维护的方便性：与电力线路互相独立，不影响输电线路和光缆的正常维修；④ 具有较强的抗冲击性：由于光缆内部结构中有芳纶加强件，使其具有较好的防弹功能；⑤ 全部采用非金属材料，直径小，重量轻，抗拉力强度大，绝缘性能好。

c. 型式代号。

Ⅰ	—	Ⅱ	—	Ⅲ

Ⅰ：分类

ADSS——全介质自承式光缆。

Ⅱ：结构特征

D——光纤带结构；

（无）——松套层绞式结构；

X——中心管式结构。

Ⅲ：护套

PE——普通聚乙烯护套；

AT——抗电痕护套；

ZY——阻燃聚乙烯护套。

d. 规格。光缆的规格代号由光缆中光纤的数量、类别和最大允许使用张力（MAT）组成。

光纤数量：用光缆中同类别光纤的实际有效数目的数字表示。

光纤类别：

B1.1（B1）——非色散位移单模光纤；

B4——非零色散位移单模光纤；

A_{1a}——50/125μm 渐变型多模光纤；

A_{1b}——62.5/125μm 渐变型多模光纤。

最大允许使用张力（MAT）：光缆的最大允许使用张力以“kN”为单位，可保留小数点后一位。

e. 外护套。根据光缆能够使用的电场范围，外护套可分为 PE、AT 两种：

PE：适应空间电位为 12kV 及以下电磁环境；

AT：适应空间电位为 12～25kV 电磁环境；

PE 外护套宜采用黑色聚乙烯护套料；

AT 外护套应采用耐电痕黑色聚烯护套料。

f. 中心加强件。非金属的中心加强构件宜用纤维增强塑料（简称 FRP）圆杆。

2）架空地线复合光缆（OPGW）是一种把光纤复合在架空高压输电线的地线中，这种结构形式兼具传统架空地线与通信能力双重功能。

由于光纤具有抗电磁干扰、自重轻等特点，它可以安装在输电线路杆塔顶部而不必考虑最佳架挂位置和电磁腐蚀等问题。因而，OPGW 具有较高的可靠性、优越的机械性能、成本也较低等显著特点。这种技术在新建设或更换现有地线时尤其合适和经济。OPGW 光缆适合于新建带地线的送电线路。

若使用在已经运行的线路上，则必须对承挂的杆塔结构进行复核验算，必要时还需对已有的线路杆塔结构进行加强或改造，同时还需要更换原有线路地线。不仅工程量大，而且实施起来难度比较大，施工要求也比较高，运行的线路要停电。当原有线路跨越电力线路时，被跨越的线路也要停电，而且还要采取安全措施方能开始施工。因此，OPGW 光缆在已运行线路上使用时具有工程造价高、投资大、施工周期和故障恢复周期较长等缺点。

a. 结构。光单元是能容纳光纤且能保护光纤的单元。OPGW 由一个或多个光单元和一层或多层绞合单线组成。OPGW 光缆几种常见结构如图 2-145 所示。

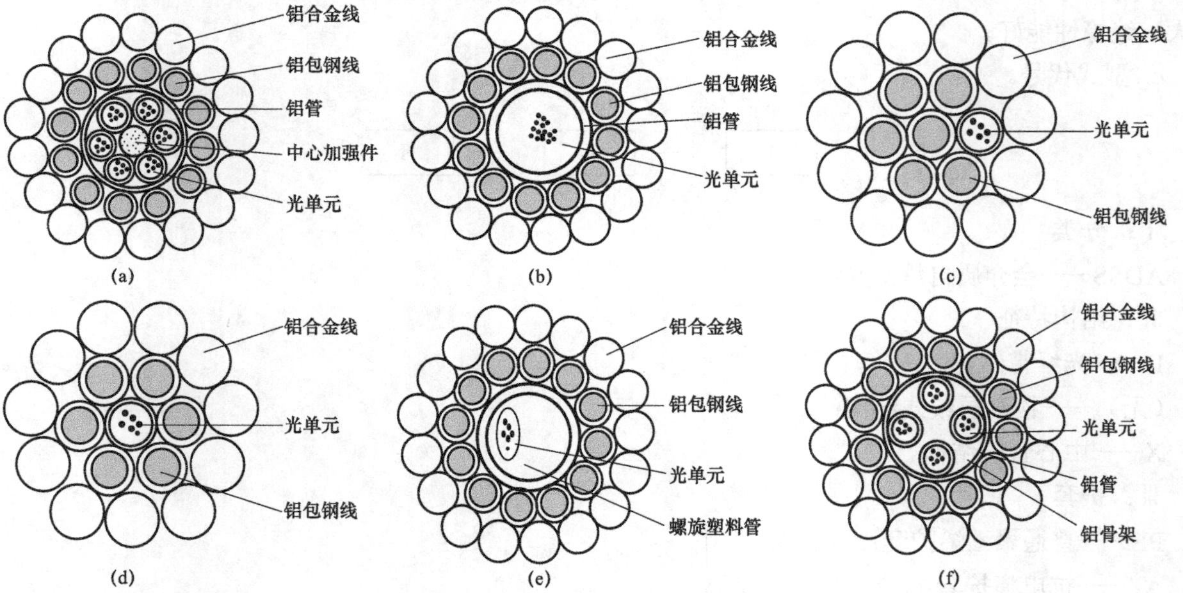

图 2-145　OPGW 光缆常见结构

（a）铝管+层绞塑管式；（b）铝管式；（c）层绞不锈钢管式；（d）中心不锈钢管式；（e）内螺旋塑料管式；（f）骨架槽式

b. 特点。① OPGW 既可避雷，又可用于通信，不需要另外加挂光缆；② 光缆位于 OPGW 中，外层有铝包钢绞或铝合金线包裹，光缆受到保护，可靠性较高；③ OPGW 是随着电力线架设的，节省了施工费；由于 OPGW 与输电线路同时架设，使得通信建设和电力建设能同步进行、完成；④ OPGW 是架设在输电线路铁塔上，较普通光缆、ADSS 光缆更为安全、可靠。

c. 型式及规格。① 型式：光纤复合架空地线的型式由其英文缩写“OPGW”表示。② 规格：OPGW 的规格由四部分构成，各部分用代号或数字表示。

Ⅰ	—	Ⅱ	—	Ⅲ；Ⅳ

Ⅰ：光纤数量和类别

光纤数量代号用光缆中同类别光纤的实际有效数目的数字表示，当光缆中具有不同类别的光纤时，应当分别表示，中间用“+”相连。光纤类别代号表示如下：

B1.1（B1）——非色散位移单模光纤；

B4——非零色散位移单模光纤；

A1a——50/125μm 渐变型多模光纤；

A1b——62.5/125μm 渐变型多模光纤。

Ⅱ：金属导线承载截面积

以“mm^2”为单位，截面积的值应修约到以修约间隔为 5 的整数。

Ⅲ：额定拉断力

以“kN”表示，额定拉断力的值应修约到以修约间隔为 1 的整数。

Ⅳ：短路电流容量

20℃至 200℃时的短路电流容量，单位以“$kA^2 \cdot s$”表示，并修约到小数点后 1 位。

d. 保护管或其他保护材料。OPGW 光缆的保护管可以是铝、铝合金、不锈钢管或其他金属，也可以是耐热非金属的；还可以根据需要的光纤数设计出不同槽数的螺旋槽型骨架，用以嵌放光纤或光纤带，此骨架应与铝管或其他保护物紧密接触形成一体。

e. 加强件。OPGW 光缆中心加强件用来承担光单元内所受的应力。其材料可以是金属材料，也可以是非金属材料。

3） 相线复合光缆（OPPC）。20 世纪 80 年代，在欧美国家首先出现 OPPC 的设计理念，并尝试将 OPPC 用于 150kV 以下的输电线路中。21 世纪初，硅橡胶复合绝缘子接头盒成功开发，从而大大促进了 OPPC 光缆在欧美等国的推广应用。

光纤复合架空相线是将光纤单元复合在相线中、具有电力架空相线和通信能力双重功能的电力特种光缆。将传统输电导线中的一根或多根钢丝替换为不锈钢管光单元，使钢管光单元与（铝包）钢线、铝（合金）线共同绞合形成 OPPC，用 OPPC 替代三相导线中的某一相导线，形成由两根导线和一根 OPPC 组合而成的三相电力系统，实现通电和通信双重功能融合。

a. 结构。OPPC 光缆有中心管式和层绞式两种。OPPC 光缆基本结构见图 2-146。

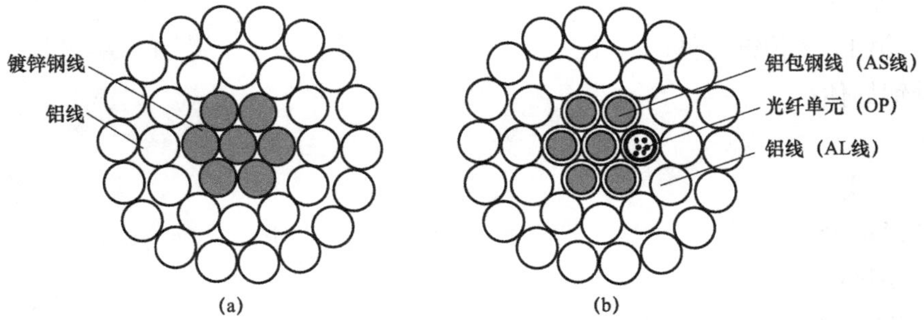

图 2-146 OPPC 光缆基本结构

（a）中心管式；（b）层绞式

b. 特点。① 实现传输电能与光纤通信的完美融合。OPPC 既是一条符合常规输电线路设计的架空导线，同时还是一条提供信号传输的光缆。② 充分利用输电线路走廊资源实现光通信。若输电线路无设计地线，就无法采用 OPGW 光缆；而输电线路对地安全距离受限、对导线安全间距不足，也难以采用 ADSS 光缆；若采用另外敷设杆路架设普通光缆，存在偷盗和维护不便的缺陷。因此，采用 OPPC 技术可充分利用现有输电走廊资源。③ 没有给原有线路附加额外负荷带来的隐患。OPPC 在性能设计和实际运行中，是与相邻另两相导线相匹配，属于复合型产品，不是杆塔附加型产品，其对杆塔的水平荷载及垂直荷载均无增加或明显变化，不会损伤原有输电线路的运行条件。④ 具有良好的热稳定性，保证光通信不受影响。⑤ 不存在雷击断股、短路电流过热的事故隐患。OPPC 作为输电导线，中低电压等级线路遭受雷击和短路电流可能性较小，超高压线路有地线保护，因此，OPPC 不会出现 OPGW 容易出现的断股等事故隐患。⑥ 因 OPPC“光电分离”技术尚不成熟，限制了 OPPC 技术的使用。

4）光纤复合低压电缆是继 OPGW、OPPC 之后又一个光纤复合缆。它集光纤、输电铜线、铜信号线于一体，可以解决宽带接入、设备用电、应急信号传输等问题；通过 PON 技术，可以实现数据、语音、视频业务的传送和电能表数据的透明传输，实现基于物联网技术的电力远程抄表、通知及缴费。客户可以通过用户端拨打 IP 电话、上网、点播视频节目、观看高清电视，建立与电网互动的智能用电家庭。光纤复合电力电缆在未来家庭智能化、办公自动化、数字化变电站、工控网络化的数据传输中具有重要的地位。光纤复合低压电缆（OPLC）结构示意图如图 2-147 所示。

图 2-147 光纤复合低压电缆（OPLC）结构示意图

光纤复合低压电缆是一种由光单元和绝缘线芯复合而成具有电能输送和光通信能力的线缆产品，适用于额定电压 1kV 及以下的电力工程。

a. 型式。OPLC 的型式由五部分组成，各部分均用代号表示。

Ⅰ — Ⅱ — Ⅲ — Ⅳ — Ⅴ

Ⅰ：分类代号及其意义

OPLC——光纤复合低压电缆。

Ⅱ：功能特性代号及其意义（如有特殊要求时）

燃烧特性代号应按 GB/T 19666—2005《阻燃和耐火电线电缆通则》命名。

FB——防白蚁；

FS——防鼠。

Ⅲ：结构特征代号及其意义

导体代号及其意义：

（T）省略——第 1、2 种铜导体；

R——第 5 种铜导体；

L——铝导体。

绝缘代号及其意义：

V——聚氯乙烯绝缘；

Y——聚乙烯绝缘；

YJ——交联聚乙烯绝缘。

护套代号及其意义：

V——聚氯乙烯护套；
Y——聚乙烯或无卤低烟阻燃聚烯烃护套；
S——钢塑纵包综合护套；
A——铝塑纵包综合护套。
铠装代号及其意义：
2——双钢带铠装；
3——细圆钢丝铠装；
4——粗圆钢丝铠装。
外护套代号及其意义：
2——聚氯乙烯护套；
3——聚乙烯或无卤低烟阻燃聚烯烃护套。
Ⅳ：额定电压
OPLC 的额定电压 U_0/U（U_m）为 0.6/1（1.2）kV。
Ⅴ：光单元结构型式代号及其意义（见表 2-8）。

表 2-8　光单元结构型式代号及其意义

结构型式	代号名称	结构型式	代号名称
CG	层绞全干式光单元	XTG	中心管填充式光单元
CTG	层绞填充式光单元	BG	蝶形光单元
XG	中心管全干式光单元	QG	其他类型

注　CTG、XTG 不推荐应用在垂直敷设或高差较大的场合。
G—光单元；T—油膏填充；（省略）—全干式填充；X—松套中心管式结构；C—松套层绞式结构；B—蝶形结构；Q—其他结构。

b. 特点。

OPLC 的优势：① 集光纤和电力输配电缆于一身，避免二次布线，可有效降低施工、网络建设等费用。相比传统的 FTTH 而言，使用 OPLC 作为智能电网用户端接入方案，节约大量的金属、管道、塑料等资源，可有效降低进入小区和用户的各项成本。② 适用于多种业务类型，适应性强，扩展性强，产品适应面广。使用 OPLC，配合相应的设备和器件，由此构建主流的 XPON（EPON 和 GPON）技术，可在一根传输线上实现多种业务，如 IPTV、互联网接入、多媒体电话、语音通信、家庭智能电能表等业务。③ 具备较强的机械性能，如抗冲击性能和良好的耐测压性能，环境适应能力强。④ 绿色和安全性能优越。要考虑到 OPLC 用于用户接入，OPLC 产品设计中融入无卤阻燃、耐火等特性思路，使用了绿色环保的材料，基于安全的考虑，使用阻燃、耐火材料。⑤ 光单元与电力电缆长期工作温度相兼容。

（四）光缆配盘

光缆配盘是为了合理使用光缆，减少光缆接头和降低接头损耗，达到节省光缆和提高光缆通信质量的目的。一般地形普通光缆配盘按 3km/盘，电力特种光缆配盘按 3～5km/盘；特殊地形或施工难度较大地段，光缆单盘配盘长度可酌减。

三、通信电缆

通信工程常用电缆包括通信电缆及电源电缆，通信电缆的作用主要是传输数据、音视频等信号，电源电缆则是为通信设备提供交直流电源。

（一）通信电缆的种类

常用通信电缆一般分为音频电缆、同轴电缆、以太网线等。

图 2-148 音频电缆结构示意图

1. 音频电缆

音频电缆是指电缆的芯线绝缘层、缆芯包带层和护套均采用高分子聚合物—塑料制成的电缆。音频电缆结构示意图如图 2-148 所示

(1) 组成。绝缘层由高密度聚乙烯、聚丙烯或乙烯—丙烯共聚物等高分子聚合物塑料等材料制成。

音频电缆的芯线绝缘形式可为实心绝缘、泡沫绝缘、泡沫/实心皮绝缘，效果最好的为泡沫/实心皮绝缘。

音频电缆缆芯（单元式）的组合：缆芯是电缆护层以内部分的总称。线元及其组群是构成缆芯的主体。线元之间的介质为空气的缆芯成为空气心缆芯，介质为防水填充物的缆芯为填充缆芯。音频电缆芯线采用标称线径有 0.32、0.4、0.5、0.6、0.8、0.9mm 等种类的铜线。音频电缆可以做成任何大小对数，我国电缆标称对数为 10、20、30、50、100、200、300、600、800、900、1000、1200、1600、1800、2400、2700、3000、3300、3600。

(2) 绞制方式。

1) 芯线的扭绞。绝缘以后的芯线大都采用对绞形式进行扭绞（也称线元绞制）。作用有使构成一个或两个回路的几根导线结合成为在群体中可合可分的单体；通过绞制不断改变线元间的相对关系，以及与屏蔽的相对位置，可减少相互间串音及外来影响带来的杂音。

2) 缆芯的绞制。缆芯的绞制方式可分为同心层绞、束绞和单位绞等几种方式。

a. 同心层绞：线元按同心圆分层排列，同层相邻线对扭矩不同，相邻层绞向相反。

b. 束绞：对缆芯或单位中的所有线元采用同一绞向的绞制方式，也是同层排列，但不隔层换向。

c. 单位绞：每 10、25、50、100 个线对采用编组方法分成单位束，然后再将若干个单位束分层绞合而成单位式缆芯。

(3) 特点。

1) 比铅套电缆质量轻，敷设、安装、运输和维护方便，工程造价较低。

2) 耐腐蚀，可以在有腐蚀的土壤及气体环境中布放。

3) 绝缘和耐压性能好、传输质量高、抗外界强电干扰能力强。

(4) 分类。音频电缆类型可分为普通型和特殊型两种。普通型音频电缆是使用最广泛的一种，被广泛用于架空、管道、墙壁及暗管等施工，其典型型号为 HYA、HYFA 和 HYPA 三大类。特殊型音频电缆又分为填充型、自承式和室内电缆等。填充型主要用于无需进行充气维护或对防水性能要求较高的场合。自承式音频电缆是一种比较受欢迎的用于架空场合的音频电缆，多用于墙壁架设。室内电缆其芯线的绝缘及护套均由聚氯乙烯材料制成，具有非延燃性。

2. 同轴电缆

同轴电缆是指有两个同心导体，而导体和屏蔽层又共用一轴心的电缆。同轴电缆按用途可分为基带同轴电缆和宽带同轴电缆；按直径大小可分为粗同轴电缆和细同轴电缆。

常用的基带同轴电缆的屏蔽线是用铜做成的网状，特征阻抗为 50Ω；常用的宽带同轴电缆的屏蔽层是用铝冲压成，特征阻抗为 75Ω。电力系统中常用的同轴电缆型号有：

(1) SYV：聚乙烯绝缘实心同轴电缆，SYV75-3、SYV75-5、SYV75-7、SYV75-9。

(2) SYWV：物理发泡聚乙烯绝缘同轴电缆，SYWV75-3、SYWV75-5、SYWV75-7、SYWV75-9。

同轴电缆结构示意图如图 2-149 所示。

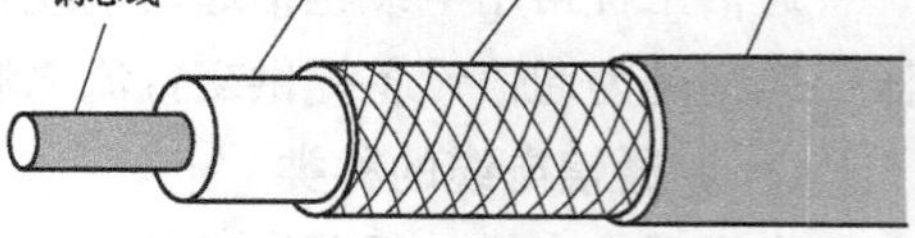

图 2-149 同轴电缆结构示意图

3. 以太网线

以太网线是用于连接一个网络设备到另一个网络设备的传输介质，主要分为屏蔽双绞线、非屏蔽双绞线。电力系统中常用的网络线有五类网络线、超五类网络线、六类网络线等。

（二）电缆编号实例

1. 实例

例 1：SYV 75-5-1

S：射频；Y：聚乙烯绝缘；V：聚氯乙烯护套；75：75Ω；5：线径为 5mm；1：代表单芯。

例 2：SYWV 75-5-1

S：射频；Y：聚乙烯绝缘；W：物理发泡；V：聚氯乙烯护套；75：75Ω；5：线缆外径为 5mm；1：代表单芯。

例 3：RVVP2×32/0.2RVV2×1.0BVR

R：软线；VV：双层护套线；P：屏蔽；2：2 芯多股线；32：每芯有 32 根铜丝；0.2：每根铜丝直径为 0.2mm。

例 4：ZR-RVS2×24/0.12

ZR：阻燃；R：软线；S：双绞线；2：2 芯多股线；24：每芯有 24 根铜丝；0.12：每根铜丝直径为 0.12mm。

2. 规格表示法的含义

规格采用芯数、标称截面和电压等级表示：

（1）单芯分支电缆规格表示法：同一回路电缆根数×（1×标称截面），0.6/1kV，如 4×（1×185）+1×95 0.6/1kV。

（2）多芯绞合型分支电缆规格表示法：同一回路电缆根数×标称截面，0.6/1kV，如 4×185+1×95 0.6/1kV。

（3）多芯同护套型分支电缆规格表示法：电缆芯数×标称截面-T，如 4×25-T。

四、光跳线

（一）光跳纤的用途

光纤跳纤是一种两头配置连接器的跳纤。它在光纤通信（传输）链路中，主要用于不同光接口的设备和仪器之间的光路连接，使用它可以灵活方便地实现所有光节点之间低损耗高效率的连接。

（二）光跳纤的种类

光跳纤按传输点模数的不同可分为单模光纤和多模光纤。按接头类型不同，可分为 FC 光跳线、ST 光跳线、LC 光跳线、SC 光跳线。FC、ST、LC、SC 等形式光跳线图见图 2-150。

（1）FC 光跳线，圆形带螺纹，一般用于配线架。

（2）ST 光跳线，卡接式圆形。

（3）LC、SC 光跳线，卡接式方形，一般用于路由器、交换机。

五、镀锌钢绞线

（1）镀锌钢绞线：用配制好的钢丝在机器上按规定一次多根捻制成绞线。镀锌钢绞线主要用于吊架、拉线以及固定物件等。按国际标准组织生产，抗拉强度高、不松散、排线整齐、产品表面镀层采用垂直热镀厚锌层，与铁基结合牢固，特别适应于恶劣条件使用。镀锌钢绞线可分为 7 股镀锌钢绞线和 19 股镀锌钢绞线，电力系统中常用的为 7 股，直径 2.2、2.6、3.0mm。镀锌钢绞线参考图见图 2-151。

（2）拉线：用来连接杆塔与地锚并承受张力的钢绞线。主要由拉线抱箍、楔形线夹、U 形卡子、接线衬环和拉线盘组成。常用可分为普通拉线、人字拉线、高桩拉线和四方拉线四种。拉线参考图见图 2-152。

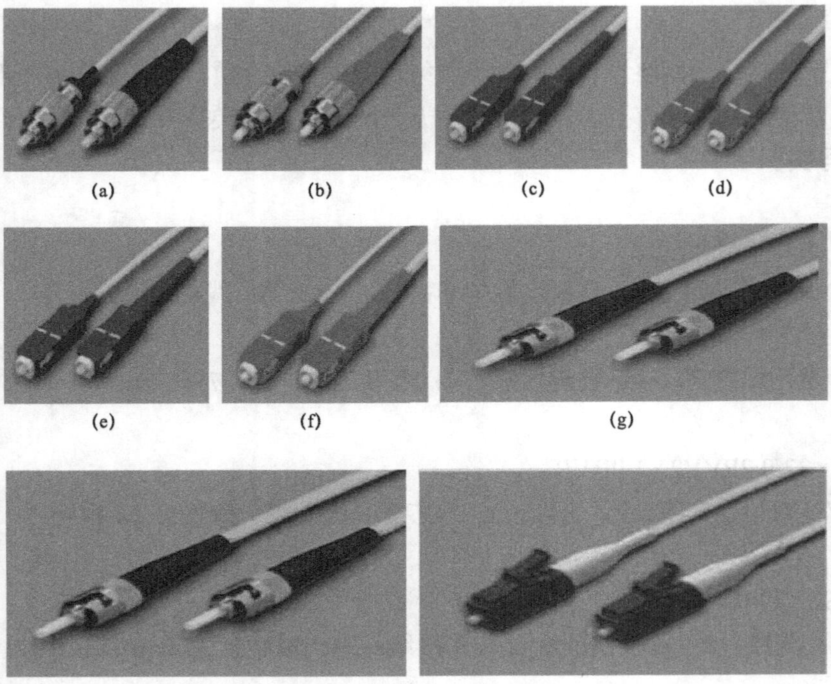

图 2-150　FC、ST、LC、SC 等形式光跳线图

（a）FC/PC 连接器；（b）FC/APC 连接器；（c）SC/PC 连接器；（d）SC/APC 连接器；（e）SC/PC 连接器；（f）SC/APC 连接器；（g）ST 连接器；（h）ST 连接器；（i）LC 连接器

图 2-151　镀锌钢绞线参考图

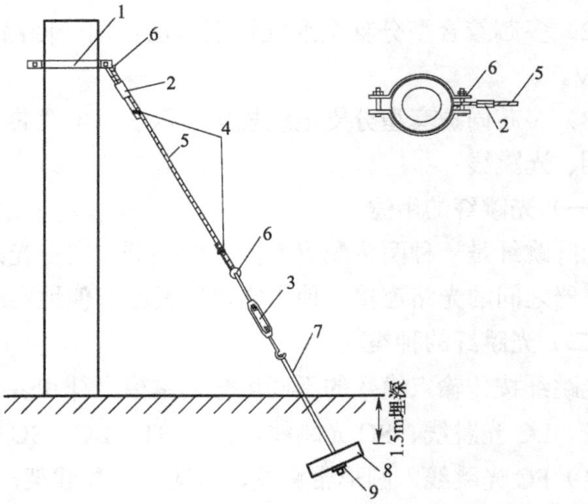

图 2-152　拉线参考图

1—拉线抱箍；2—楔形线夹；3—拉线双螺旋；4—U 形卡子；5—镀锌钢绞线；6—接线衬环；7—地锚铁柄；8—拉线盘；9—拉线垫片

六、金具

金具是指铁制或铝制金属附件，主要用于连接和组合电力系统中各类装置，以传递机械、电气负荷或起某种防护作用的金属附件。电力系统通信常用光缆金具，可分为普通光缆金具和电力特种光缆金具。

（一）普通光缆金具

（1）抱箍：抱箍是用一种材料抱住或箍住另外一种材料的构件，它属于紧固件。电力系统通信常用抱箍有吊线抱箍、拉线抱箍、ADSS 光缆抱箍。抱箍参考图见图 2-153。

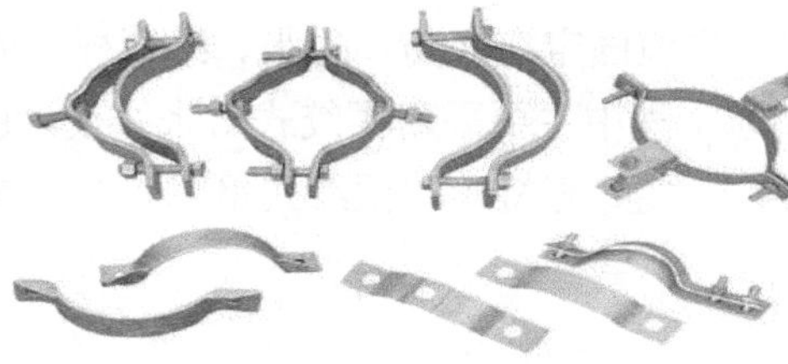

图 2-153　抱箍参考图

（2）夹板：夹板用于夹紧钢绞线或接续钢绞线，一般分为三眼单槽夹板和三眼双槽夹板，三眼单（双）槽夹板参考图见图 2-154。

（3）挂钩：主要是用于将光缆架挂在钢绞线上。电力系统中常用规格有 25、35、45、55、65mm²。挂钩参考图见图 2-155。

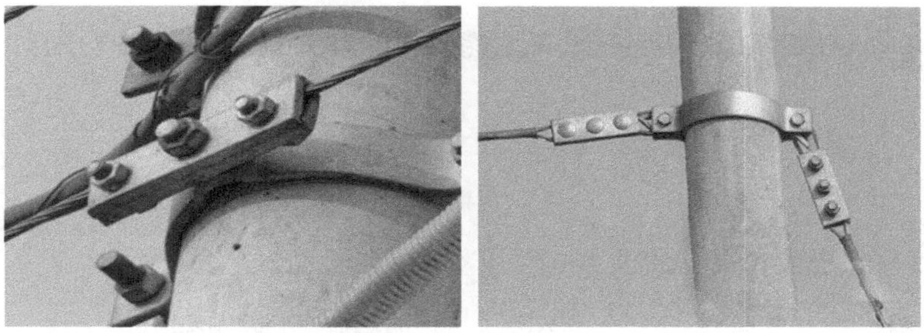

图 2-154　三眼单（双）槽夹板参考图

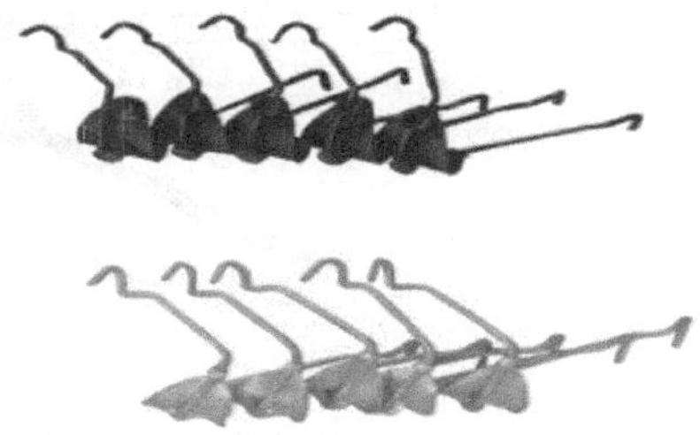

图 2-155　挂钩参考图

（二）电力特种光缆金具

（1）悬垂线夹：是将 ADSS 光缆承挂在直线杆塔及角度较小的转角杆塔上，或将 OPGW 光缆悬挂在直线杆塔的地线支架上。光缆线路工程中主要采用预绞丝悬垂线夹。标准的预绞丝式悬垂线夹由内绞丝、外绞丝、橡胶夹块、铸铝壳体、螺栓、螺母和垫圈等组成。一般使用在档距大于 100m，线路转角小于 25° 的杆塔上。对跨越江河、峡谷、深沟等大高差、大档距处，可采用预绞丝式双悬垂线夹。对于 ADSS 光缆线路，当档距在 60m 以下时，可采用短档距悬垂线夹。预绞丝单悬垂线夹参考图见图 2-156，预绞丝双悬垂线夹参考图见图 2-157。

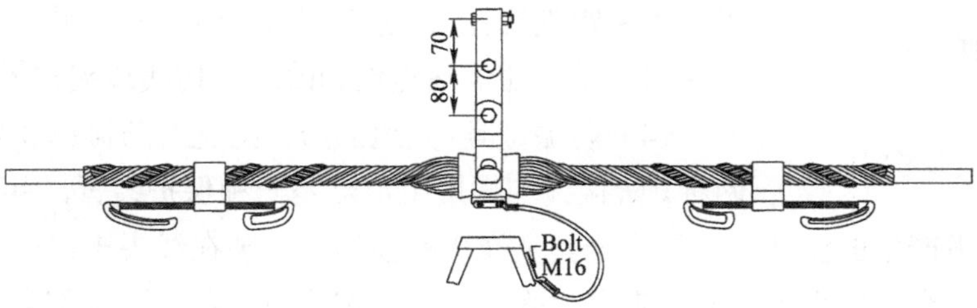

图 2-156　预绞式单悬垂线夹参考图

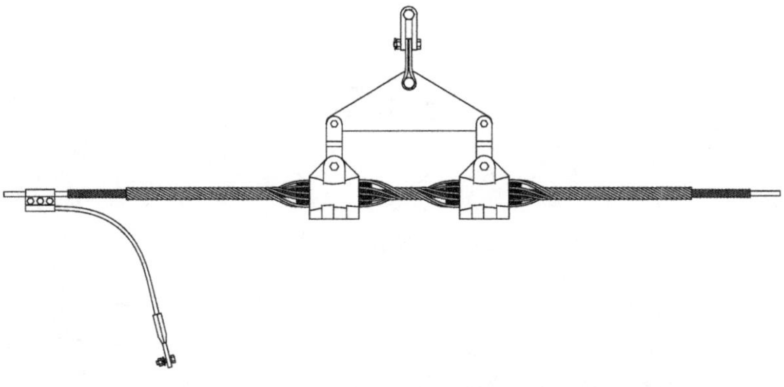

图 2-157　预绞式双悬垂线夹参考图

（2）耐张线夹：耐张线夹（又称静端线夹）的作用是将 ADSS 光缆固定在转角、耐张、终端杆塔的挂点上，或将 OPGW 光缆固定在上述承力杆塔的地线支架上。光缆工程中主要采用预绞式耐张线夹，它具有应力分布均匀、无应力集中点、有较好的动态承受能力及防腐性能好等特点。预绞式单耐张线夹参考图见图 2-158，预绞式双耐张线夹参考图见图 2-159。

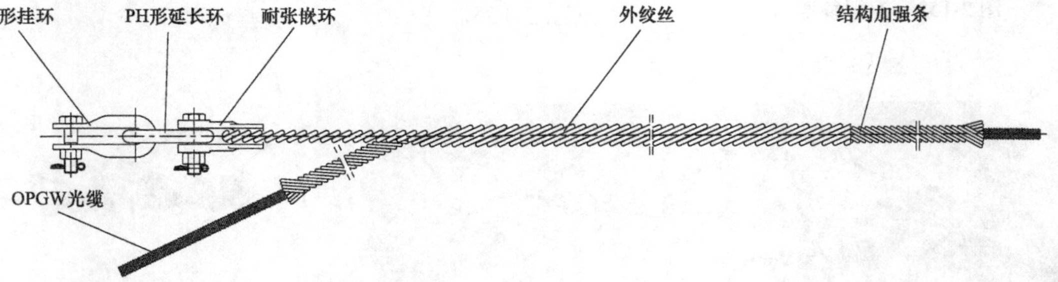

图 2-158　预绞式单耐张线夹参考图

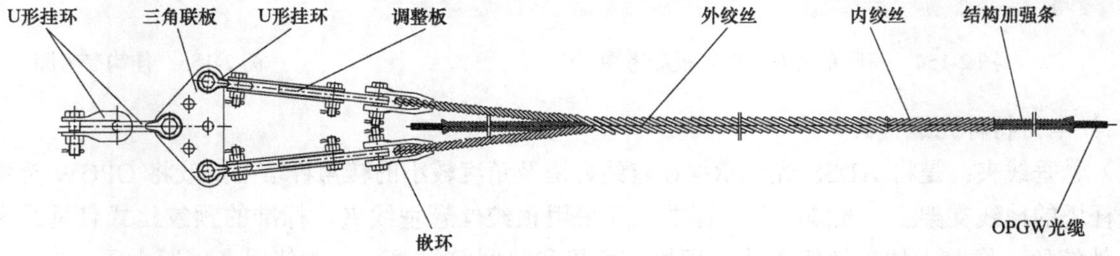

图 2-159　预绞式双耐张线夹参考图

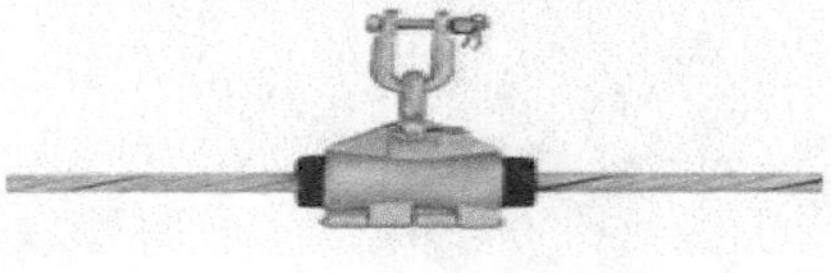

图 2-160　切线线夹参考图

（3）切线线夹：切线线夹是直线悬垂线夹的一种，主要为小跨距的架空光缆提供轻便、简捷、低费用的保护安装线夹，一般用于 100m 以下短跨距直线杆塔，或转角小于 15° 的杆塔上的光缆安装。特别适合应用于城区通信网建设和改造。切线线夹参考图见图 2-160。

（4）防振金具：光缆的防振措施有防振锤和螺旋阻尼器（防振鞭）两种。防振锤和螺旋阻尼器是一种保护装置，为了消除或降低光缆运行时在层流风的作用下产生的振动，以防止金具及光缆的损坏。安装在线夹出口处，悬垂夹具将夹紧部分固定在线夹内，耐张金具将夹紧部分固定在耐张夹层内，螺旋阻尼器的防振部分伸出至光缆外侧。防振锤参考图见图 2-161，防振鞭参考图见图 2-162。

图 2-161　防振锤参考图

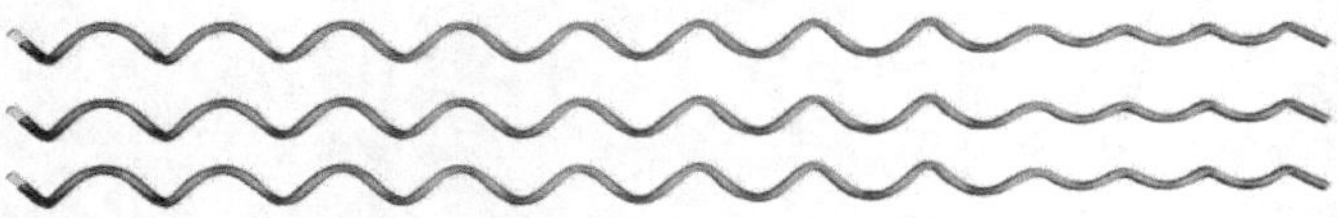

图 2-162　防振鞭参考图

（5）防电晕圈：主要用在与 220kV 及以上输电线路同杆塔架设的 ADSS 光缆上。由于光缆和预绞丝金具都位于较高的电场空间，预绞丝金具末端易受电晕放电影响，会对光缆的安全运行产生威胁。防电晕圈可极大地改善预绞丝末端电场状态，减少因电晕对光缆产生的电腐蚀，延长光缆的使用寿命。防电晕圈参考图见图 2-163。

（6）耐张线夹紧固件：用于耐张线夹与铁塔的连接。耐张线夹紧固件参考图见图 2-164。

（7）悬垂线夹紧固件：用于悬垂线夹与铁塔的连接。悬垂线夹紧固件参考图见图 2-165。

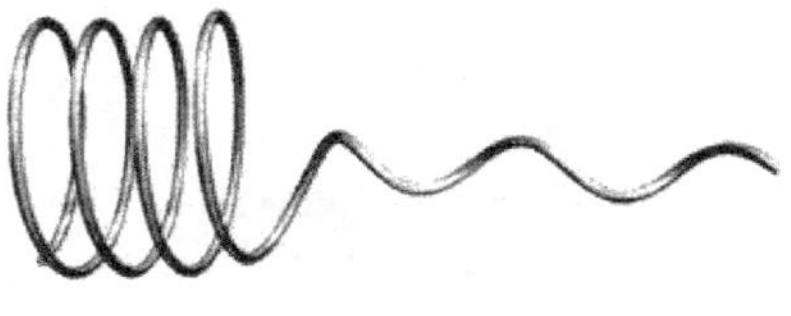

图 2-163　防电晕圈参考图

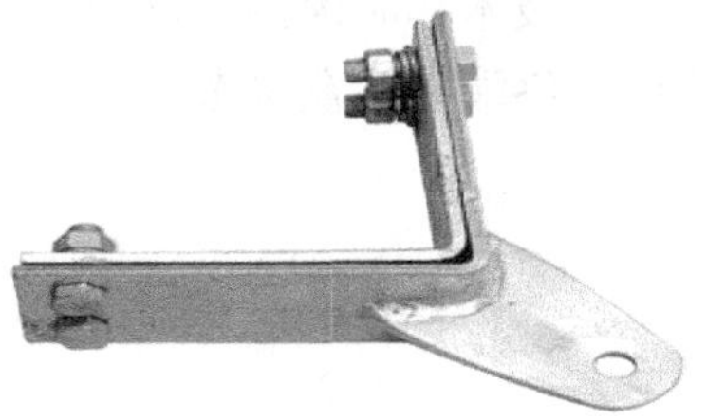

图 2-164　耐张线夹紧固件参考图

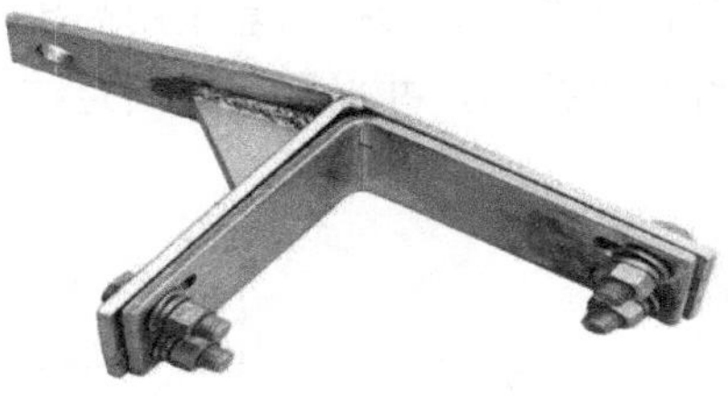

图 2-165　悬垂线夹紧固件参考图

（8）余缆架：用来盘放铁塔上富余的光缆。余缆架参考图见图 2-166。

（9）引下线夹：将从杆塔上引下或引上的光缆紧固在杆塔上，不让其晃动，避免光缆护套磨损。一般在光缆线路的首/末端塔、光缆接续塔及进入机房等处使用，由底座和夹块两部分组成，分为杆用、塔用两种。杆用引下线夹参考图见图 2-167，塔用引下线夹参考图见图 2-168。

图 2-166　余缆架参考图

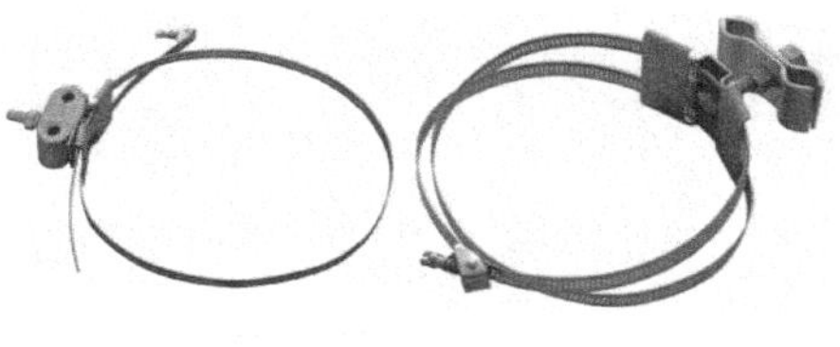

图 2-167　杆用引下线夹参考图

图 2-168　塔用引下线夹参考图

（三）光缆接头盒

（1）光缆接头盒：又称光缆接续盒，主要应用于各种结构光缆的架空、管道、直埋等敷设方式之直通和分支连接。盒体采用进口增强塑料，强度高、耐腐蚀。光缆接头盒参考图见图 2-169。

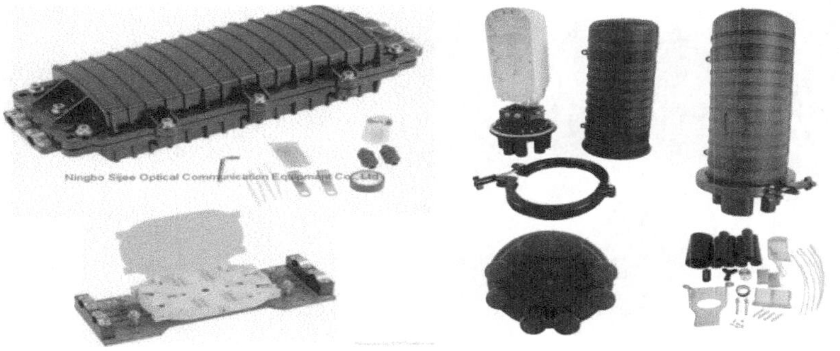

图 2-169　光缆接头盒参考图

（2）OPGW 光缆专用接地线：在系统接地时为短路电流提供通路，它由铝线绞合而成一定长度，与金具、铁塔的连接应接触良好，通常与耐张、悬垂金具配套。OPGW 光缆专用接地线参考图见图 2-170。

（3）OPPC 接头盒。

1）OPPC 中间接头盒。在线路耐张杆塔上选取适当位置，设计一个固定台架，安装 OPPC 中间接头盒，做好接头并密闭接头盒，再用带有并沟线夹的电力跳线跨接接头盒两端的 OPPC，保证导线的连通。中间接头盒参考图见图 2-171。

2）OPPC 终端接头盒。OPPC 终端接头盒在线路起始两端的变电站构架安装，连接 OPPC 和导引光缆，OPPC 终端接头盒采用高压隔离绝缘技术和海缆接头盒的密封及光缆固定技术，在杆塔上一次性光纤熔接接续，并采用座式固定结构安装。终端接头盒参考图见图 2-172。

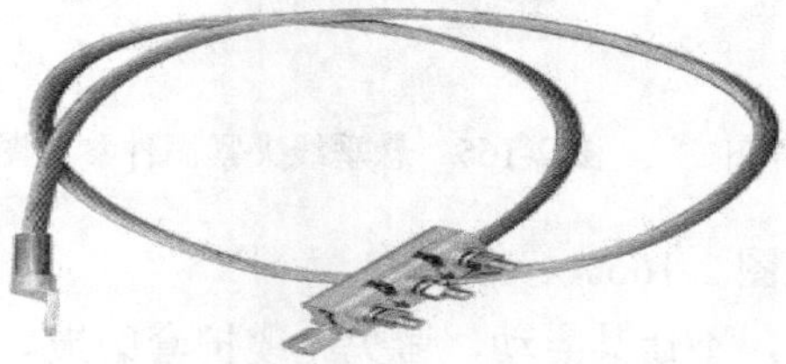

图 2-170　OPGW 光缆专用接地线参考图

图 2-171　中间接头盒参考图

图 2-172　终端接头盒参考图

第三章

通信工程设计

工程图纸作为工程界的技术语言，是表达工程设计和指导工程施工必不可少的重要依据，也是确定工程造价、进行工程款结算的基础性依据。通信工程设计是通信工程建设的基础与先导，是提高通信工程建设质量、提高通信网络全网技术含量的关键环节，是决定项目建成投产后能否发挥经济效益的重要保证，设计文件是电力通信工程建设立项、施工和生产的主要依据。

第一节 设 计 概 述

工程设计是指对工程项目的建设提供有技术依据的设计文件和图纸的整个活动过程，是建设项目生命期中的重要环节，是建设项目进行整体规划、体现具体实施意图的重要过程，是科学技术转化为生产力的纽带，是处理技术与经济关系的关键性环节，是确定与控制工程造价的重点阶段。工程设计是否经济合理，对工程建设项目造价的确定与控制具有十分重要的意义。

通信设计是在遵守法律、法规的前提下，贯彻执行国家经济建设的方针、政策，并要符合国民经济和社会发展规划，在严格执行通信设计标准、规范和规程的基础上，积极采用先进科学技术和设计方法，保证工程项目的先进性。通信设计重视工程的经济性，要做到技术和经济的统一，使得工程项目在建设、营运和发展过程中均有较高的投资效益；要实行资源的综合利用，节约能源、节约用地，并符合国家颁布的环保标准。在通信工程建设中，科技要素首先是通过规划设计注入通信工程的，通信设计要考虑通信网络的全网性、建设的连续性以及通信网络的高可靠性要求。通信工程建设流程如图 3-1 所示。

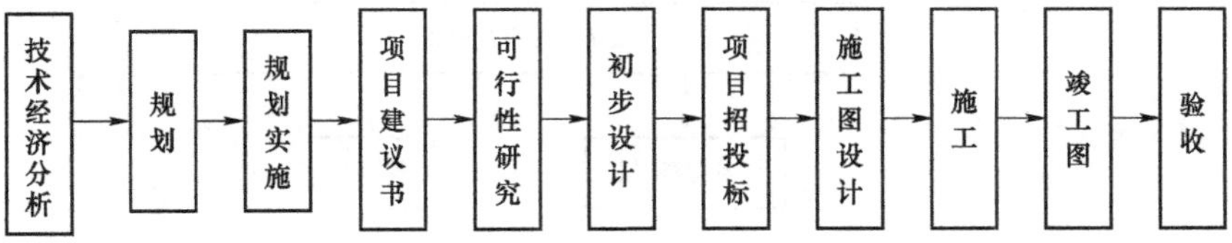

图 3-1　通信工程建设流程图

通信工程设计可划分为可行性研究、初步设计、施工图设计三个阶段。

一、可行性研究

电力通信工程必须贯彻国家的技术政策和产业政策，执行各专业的有关设计规程和规定，可行性研究主要对项目在技术上是否可行和经济上是否合理进行科学的分析和论证。

可行性研究阶段主要需要拟定以下方案：

（1）线路传输系统的光缆及光纤的规格型号。

（2）工程线路大致路由走向和重点地段的线路路由及保护方案。

（3）拟定不同通信站，如终端站、转接站、光交点等工程相关站的设备设置方案。

根据系统要求，原则上宜提出两个或两个以上可行的技术方案，同时应对技术方案进行技术经济比较，提出推荐方案，并对推荐理由进行说明。应充分收集网络现状：现有通信网络的结构、规模容量、线路路由、局站分布及维护系统等情况，了解过去和现在长途业务量增长情况，预测未来发展的可能性，以及现有管线资源的分布及使用情况。同时应结合网络发展规划，包括交换网规划、中继传送网规划、数据通信网及宽带网发展规划、移动通信网规划等综合考虑可研方案。

二、初步设计

初步设计是根据可行性研究批复，通过深入的现场查勘和资料调查，从而更加详尽地确定工程建设方案，并对方案的技术原则性和经济指标进行论证，编制工程概算，提出该工程所需投资额，为组织工程所需的设备生产、器材供应、工程建设进度计划提供依据，以及对新设备、新技术的采用，提出具体的方案。

在初步设计阶段若发现建设条件变化，应重新修改设计任务书，并将修改部分的内容向原批准单位报批，经批准后方能做相应的改变。

电力通信工程初步设计的设计深度需满足相关工程初步设计内容深度规定。

通信工程初步设计流程见图 3-2 所示。

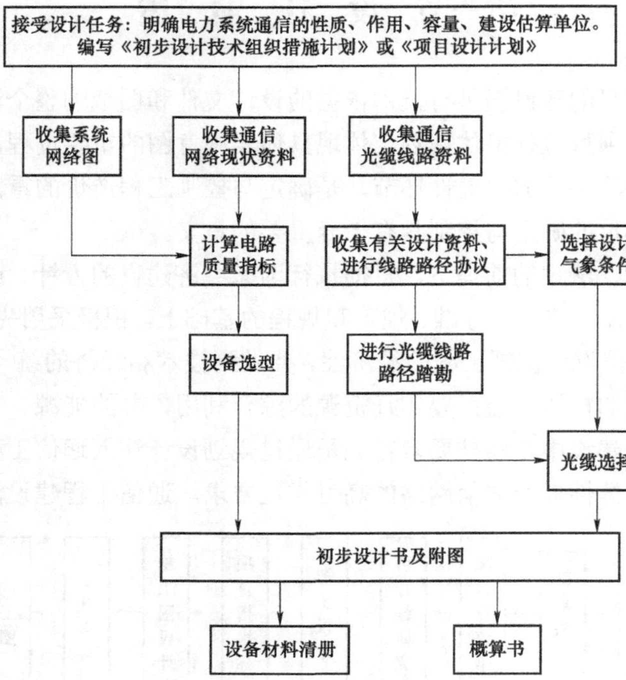

图 3-2 通信工程初步设计流程图

初步设计内容相当广泛，因此初步设计可视工程的内容，按单项工程分册编订。分册时可将概述、总体方案和建设规模列入综合册。其他可按单项工程分册，如系统通信单项工程初步设计、站内通信单项工程初步设计、光缆线路单项工程初步设计、微波通信单项工程初步设计等。如单项工程的项目甚多，还可按单位工程分为若干分册。分册时既要注意综合册与各分册之间的有机联系，又要注意使各分册自成系统。具有必要的完整性，各分册内有必要将设计依据、建设规模、设计结论、主要工程量等在分册中加以说明。初步设计文件一般包括初步设计说明和初步设计概算与图纸等内容。通信工程初步设计内容如下：

（1）初步设计说明包括工程概况、设计依据、设计范围、工程现状、业务需求分析测算、设计方案的详细描述。设计方案的详细描述包括设备的具体选择配置、线路的路径确定、相关设备技术参数和线缆选型、项目建设外围环境要求、工程建设规模、传输系统的性能、本期工程通路组织及提供的电路数量、重要参数的计算、传输系统今后扩容的考虑、设备的配置、选型原则、各种不同设备间的衔接，以及需要涉及政策处理的内容。

（2）初步设计概算投资宜控制在已核准的可行性研究估算投资范围内，概算工程量应与初步设计图纸、说明书及设备、材料清单保持一致，概算投资必须准确、合理，取费符合规定，计算正确。

初步设计概算包括总概算表、安装工程汇总概算表、安装工程概算表、其他费用概算表。

（3）图纸。图纸包括通信系统组织图、通信线路路径图、机房平面布置图等。

1）系统通信册图纸。

a. 通信系统组织图；

b. ××站通信机房平面布置图；

c. ××站通信机房电源线、接地线图；

d. 设备材料汇总表。

2）通信线路册图纸。

a. 通信线路路径图；

b. 线路材料汇总表。

三、施工图设计

施工图设计文件是施工单位组织施工的依据，应充分考虑工期目标、质量目标、项目管理机构设置与劳动力组织、施工进度计划控制、机械设备及周转材料配备、主要技术方案及措施、安全保证措施、文明施工及降低成本等因素，提高工作效率，降低成本，以确保工程的顺利进行。

施工图设计是初步设计的完善和补充，是施工的依据。施工图设计的深度应满足材料的订货、施工图设计预算的编制、设备安装工艺及其他施工技术要求等。

通信工程施工图设计流程见图 3-3。

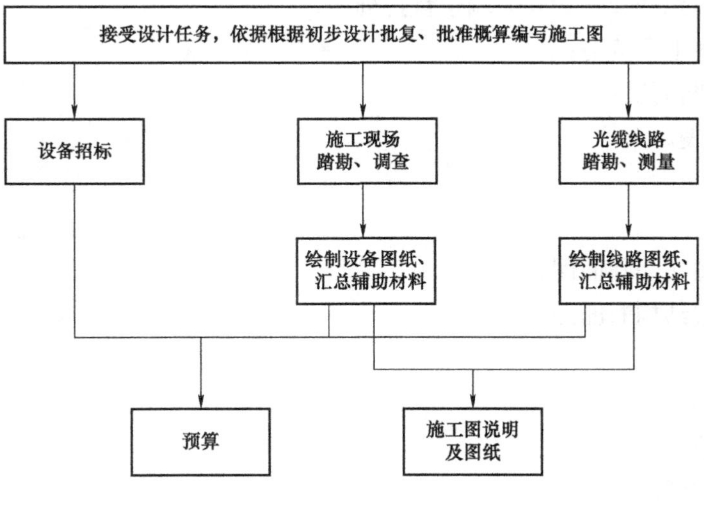

图 3-3　通信工程施工图设计流程图

施工图设计文件应根据批准的初步设计文件和施工图设计勘察、测量资料，以及主要材料和设备的订货情况进行编制。电力通信工程施工图的设计需满足相关输变电工程施工图设计内容深度规定要求。

通信施工图设计一般由施工图说明、预算和图纸三部分组成。

1. 施工图说明

施工图说明包括设计依据、设计内容和范围、建设规模、施工图组织计划、因政策处理等原因引起的设计内容变更。

设备安装说明包括系统配置、通路组织、设备安装、设备调测方案、系统联调方案。

通信线路说明包括通信线路路由、纤芯选型、线缆选型、沿线自然与交通情况、穿越障碍情况、线缆敷设注意事项。

2. 预算

施工图预算是工程实施过程中的重要文件，是施工图设计文件的重要组成部分。施工图预算是项目法人控制投资、拨付阶段性工程款和单项工程结算的重要依据。施工图预算宜控制在批准的初步设计概算投资范围内。

施工图预算包括总预算表、安装工程汇总预算表、安装工程预算表、其他费用预算表。

3. 图纸

设备图纸包括通信系统组织图、光缆线路路径图、设备线缆连接图、走线架结构图、走线架/机架加固图、走线架连接图、槽钢布放图、槽钢安装图、设备电源（接地）线缆连接图、设备电缆清册、设备材料汇总表。

线路图纸包括通信线路路由图、线路主材清单等。

（1）电气册图纸。

1）系统组织图；

2）××站通信机房平面布置图；

3）××站设备柜屏面布置及设备电源（接地）线缆连接图；

4）××站设备面板图；

5）××站通信设备线缆连接图；

6）××站光分配架（ODF）端子连接表；

7）××站数字分配架（DDF）端子盘排列图；

8）××站音频电缆配线架（VDF）端子盘排列图；

9）××站通信设备电缆清册；

10）机柜槽钢支架断面图；

11）设备材料汇总表。

（2）线路册图纸。

1）线路路径图；

2）光缆线路施工图（平断面图）；

3）光缆缆芯及护层结构断面图；

4）金具组装图；

5）引上光缆安装图；

6）光缆接头盒安装；

7）光缆引上及保护图；

8）安全距离表；

9）杆洞、拉线洞洞深表；

10）电杆与建筑物最小净距表；

11）光缆线路与电力线、建筑物的安全距离表；

12）拉线制作表；

13）吊线垂度表；

14）设备材料表。

第二节 通信工程识图

通信工程图纸是通过前述的各种图形符号、文字符号、文字说明及标注表达的。工程造价人员通过图纸了解工程规模、工程内容、统计出工程量、编制出工程概预算文件。阅读图纸的过程就称为识图。

工程造价人员要高质量地编制好工程概预算，有一个非常重要的前提——准确识图。所谓准确识图就是根据图例和相关专业知识认识设计图纸上的每个符号，理解其工程意义，进而很好地掌握设计者的设计意图，明确在实际施工过程中要完成哪些具体项目或任务，这是能否准确套用定额的必要前提。

一、常用图例

通信工程图例主要包括通信线路、通信设备两大部分。但需说明的是，实际上任何图例都不可能是完整的，因为技术、工艺在不断地创新和进步，新产品、新工艺、新流程层出不穷，设计人员还会不断地创造出各种各样的图例来表达其设计意图和设计理念。

1. 通信线路常用图例（见表 3-1）

表 3-1　　通信线路常用图例

序号	名称	图形符号	说明
1	新建架空光缆	————	
2	新建管道光缆	— — — — —	
3	已敷设电缆的管孔	●	
4	空管孔	○	
5	光缆敷设管孔	◎	
6	光缆敷设管孔（已有管孔）	⊙	
7	通信管道	▭	
8	电力管道	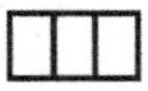	
9	10kV 杆		
10	35kV 及以上直线塔		
11	35kV 及以上转角塔		
12	水泥杆		
13	自立杆		
14	高桩拉线		

续表

序号	名称	图形符号	说明
15	转角拉线	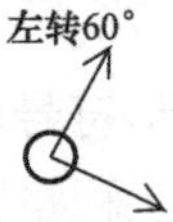	
16	接地		
17	铁塔		
18	跨/穿越通信线		
19	跨/穿越电力线	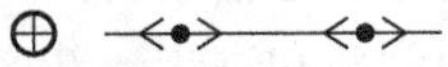	

2. 通信设备常用图例（见表 3-2）

表 3-2　　通信设备常用图例

序号	名称	图例	说明
1	光传输设备		图例中心的*表示节点传输设备的类型，可以为P、S、M、A、W、O、F等； 其中P—PDH设备；S—SDH设备；M—MSTP设备；A—ASON设备；W—WDM设备；O—OTN设备；F—分组传送设备； 在图例不混淆情况下，可省略*标识
2	双向光纤链路		
3	单向光纤链路		
4	设备内部时钟		
5	大楼综合定时系统	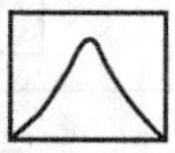	
6	时间同步设备	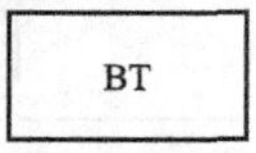	B表示BITS设备，T表示时间同步
7	时钟同步设备	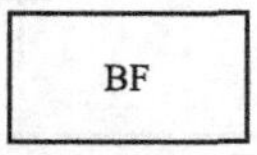	B表示BITS设备，F表示频率同步
8	网管设备		
9	ODF/DDF设备	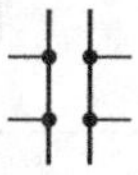	
10	WDM终端型波分复用设备	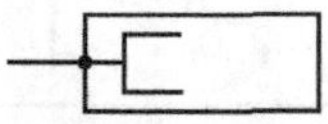	16/32/40/80波等
11	WDM光线路放大器		

续表

序号	名称	图例	说明
12	WDM 光分插复用器	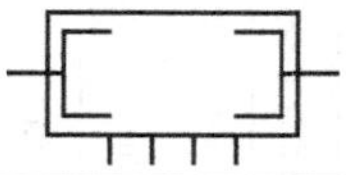	16/32/40/80 波等
13	SDH 终端复用器	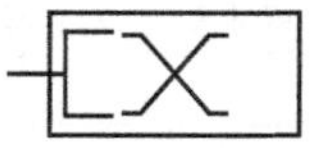	
14	SDH 分插复用器	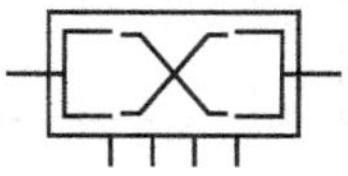	
15	SDH/PDH 中继器		可变形为单向中继器
16	DXC 数字交叉连接设备		
17	OTN 设备		
18	分组传送设备	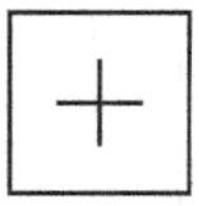	
19	PDH 终端设备	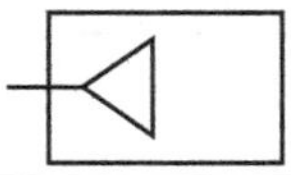	

二、工程识图实例

1. 光缆线路工程

光缆线路工程施工图设计阶段的主要图纸除了初步设计提供的光缆路径图外，还需光缆平断面图、光缆配盘表、通信光缆清册、光缆金具安装图和加工图、安全距离表等，现以案例来详细识读。

案例：在 A 站点与 B 站点之间架/敷设一条 24 芯普通光缆，光缆路径为 A 站点通信机房——××线 1 号——××线 37 号——××路电力管道——B 站点通信机房。

通过表 3-3、表 3-4 可知 A 站点至 B 站点之间光缆走线路过的杆塔编号、杆塔高，光缆挂高、线路在 001 与光 37 之间线路转角或仰角的位置、各杆塔之间档距、光缆总长、光缆金具使用情况（本光缆为普通光缆因此不需光缆夹具，若 ADSS 光缆则需额外统计光缆夹具）、光缆接头盒数量及位置、ODF 子架数量及位置、光缆尾纤数量及位置等信息。

通过光缆走线路径示意图（见图 3-4），可知 A 站点与 B 站点之间光缆实际走线路径。

通过图 3-5～图 3-9，可知光缆杆塔之间的档距、跨越情况及光缆挂点及光缆长度等，图 3-6、图 3-7 中光缆 017～018、025～026、034～035 之间分别跨越道路；图 3-7 中光缆于 037 引下走管道，图 3-7～图 3-9 光穿管孔位置等信息。

通过 A 站点机房平面布置图（见图 3-10），可知 A 站点新配置的 ODF 子架安装机柜位置。

通过 B 站点机房平面布置图（见图 3-11），可知 B 站点新配置的 ODF 子架安装机柜位置。

通过设备材料汇总表（见表 3-5），可以获知工程涉及新上及使用的各类设备、材料的型号规格、数量等。

表 3-3 光缆线路统计表（一）

杆塔号	光缆编号	杆塔高（m）	光缆挂高（m）	线路转角或仰角	档距（m）	防振器（个）	缆长与型号（m）	光缆夹具（个）				光缆接头盒（个）	ODF（个）	光缆尾纤（根）	备注
								静端夹具	悬端夹具	切线夹具	引下夹具				
A 站点通信机房					500								1	24	站内光缆，预留 500m
××线 1 号	光 001	12	7	右转 45°	27										水泥杆抱箍 ϕ=245m
××线 2 号	光 002	12	7		76										水泥杆抱箍 ϕ=245m
××线 3 号	光 003	12	7		43										水泥杆抱箍 ϕ=245m
××线 4 号	光 004	12	7		37										水泥杆抱箍 ϕ=245m
××线 5 号	光 005	12	7		43										水泥杆抱箍 ϕ=245m
××线 6 号	光 006	12	7		59										水泥杆抱箍 ϕ=245m
××线 7 号	光 007	12	7		65										水泥杆抱箍 ϕ=245m
××线 8 号	光 008	12	7		48										水泥杆抱箍 ϕ=245m
××线 9 号	光 009	12	7		47										水泥杆抱箍 ϕ=245m
××线 10 号	光 010	12	7		41										水泥杆抱箍 ϕ=245m
××线 11 号	光 011	12	7		57		24 芯普通光缆 GYFTY 1515×1.06+10=1616m								水泥杆抱箍 ϕ=245m
××线 12 号	光 012	12	7		49										水泥杆抱箍 ϕ=245m
××线 13 号	光 013	12	7		25										水泥杆抱箍 ϕ=245m
××线 14 号	光 014	12	7		31										水泥杆抱箍 ϕ=245m
××线 15 号	光 015	12	7		40										水泥杆抱箍 ϕ=245m
××线 16 号	光 016	12	7		24										水泥杆抱箍 ϕ=245m
××线 17 号	光 017	12	7	右转 45°	44										水泥杆抱箍 ϕ=245m
××线 18 号	光 018	12	7		40										水泥杆抱箍 ϕ=245m
××线 19 号	光 019	12	7		41										水泥杆抱箍 ϕ=245m
××线 20 号	光 020	12	7		31										水泥杆抱箍 ϕ=245m
××线 21 号	光 021	12	7	左转 45°	41										水泥杆抱箍 ϕ=245m
××线 22 号	光 022	12	7		53										水泥杆抱箍 ϕ=245m
××线 23 号	光 023	12	7		53										水泥杆抱箍 ϕ=245m
××线 24 号	光 024	12	7												水泥杆抱箍 ϕ=245m
小计					1515	0	1616	0	0	0	0	0	1	24	
合计															

表 3-4　　光缆线路统计表（二）

杆塔号	光缆编号	杆塔高（m）	光缆挂高（m）	线路转角或仰角	档距（m）	防振器（个）	缆长与型号（m）	光缆夹具（个）静端夹具	光缆夹具（个）悬端夹具	光缆夹具（个）切线夹具	光缆夹具（个）引下夹具	光缆接头盒（个）	ODF（个）	光缆尾纤（根）	备注
××线 24 号	光 024	12	7		43		24 芯普通光缆 GYFTY 574×1.06+10=618m								水泥杆抱箍 ϕ=245m
××线 25 号	光 025	12	7		50										水泥杆抱箍 ϕ=245m
××线 26 号	光 026	12	7		54										水泥杆抱箍 ϕ=245m
××线 27 号	光 027	12	7		25										水泥杆抱箍 ϕ=245m
××线 28 号	光 028	12	7		28										水泥杆抱箍 ϕ=245m
××线 29 号	光 029	12	7		35										水泥杆抱箍 ϕ=245m
××线 30 号	光 030	12	7		35										水泥杆抱箍 ϕ=245m
××线 31 号	光 031	12	7		18										水泥杆抱箍 ϕ=245m
××线 32 号	光 032	12	7		48										水泥杆抱箍 ϕ=245m
××线 33 号	光 033	12	7		49										水泥杆抱箍 ϕ=245m
××线 34 号	光 034	12	7		65										水泥杆抱箍 ϕ=245m
××线 35 号	光 035	12	7		67										水泥杆抱箍 ϕ=245m
××线 36 号	光 036	12	7		57										水泥杆抱箍 ϕ=245m
××线 37 号	光 037	12	7												水泥杆抱箍 ϕ=245m
A 路电力管道 38～44 号	光 038						24 芯普通光缆 GYFTY 1844×1.03+20=1920m								
B 路电力管道 45～49 号															
C 路电力管道 50～53 号															
D 路电力管道 54～61 号	光 061														
B 站点通信机房													1	24	站内光缆，预留 500m
小计					574	0	2538	0	0	0	0	0	1	24	
合计							4154				0	1	2	48	

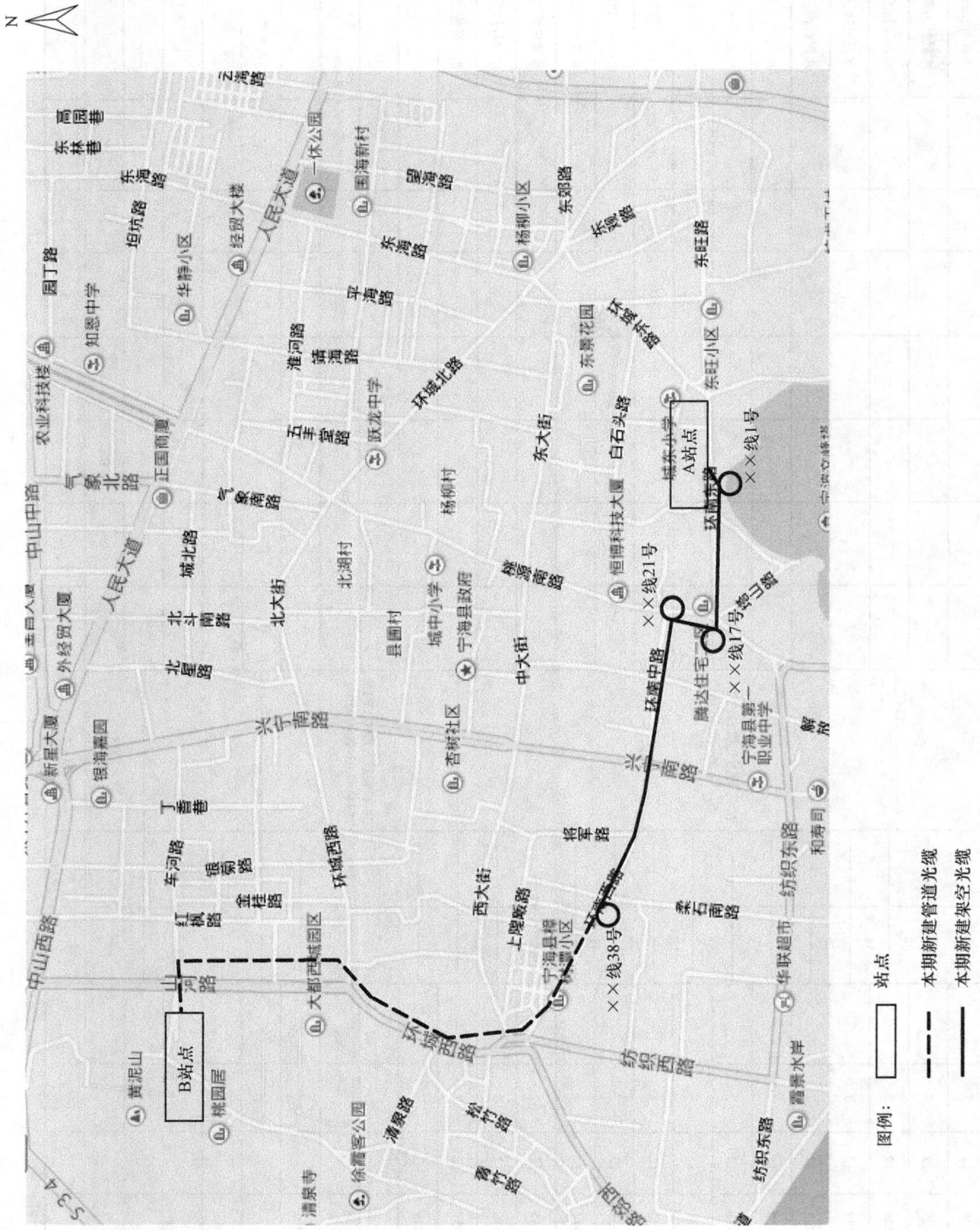

图 3-4　光缆走线路径示意图

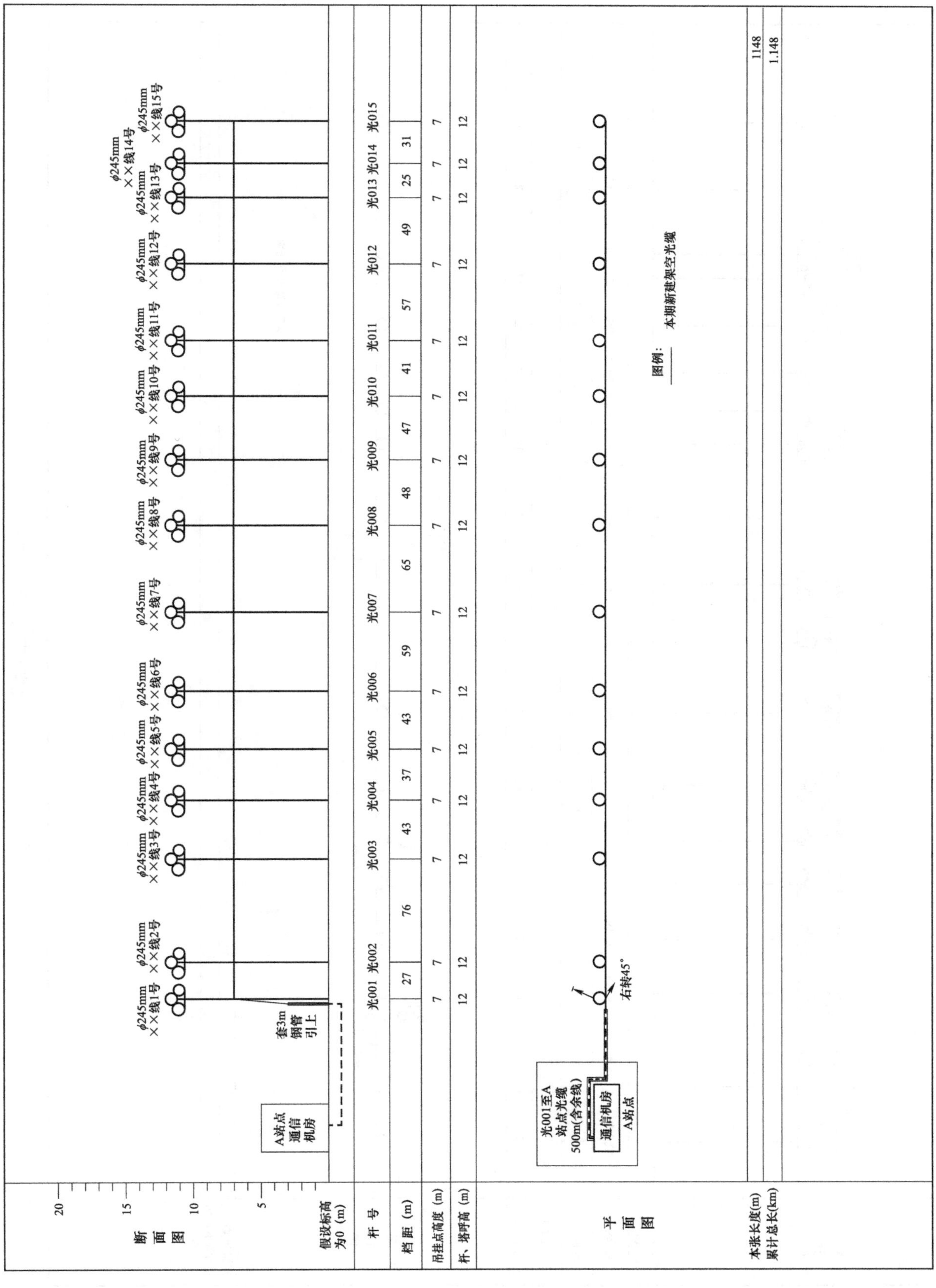

图 3-5 光缆线路平面图（一）

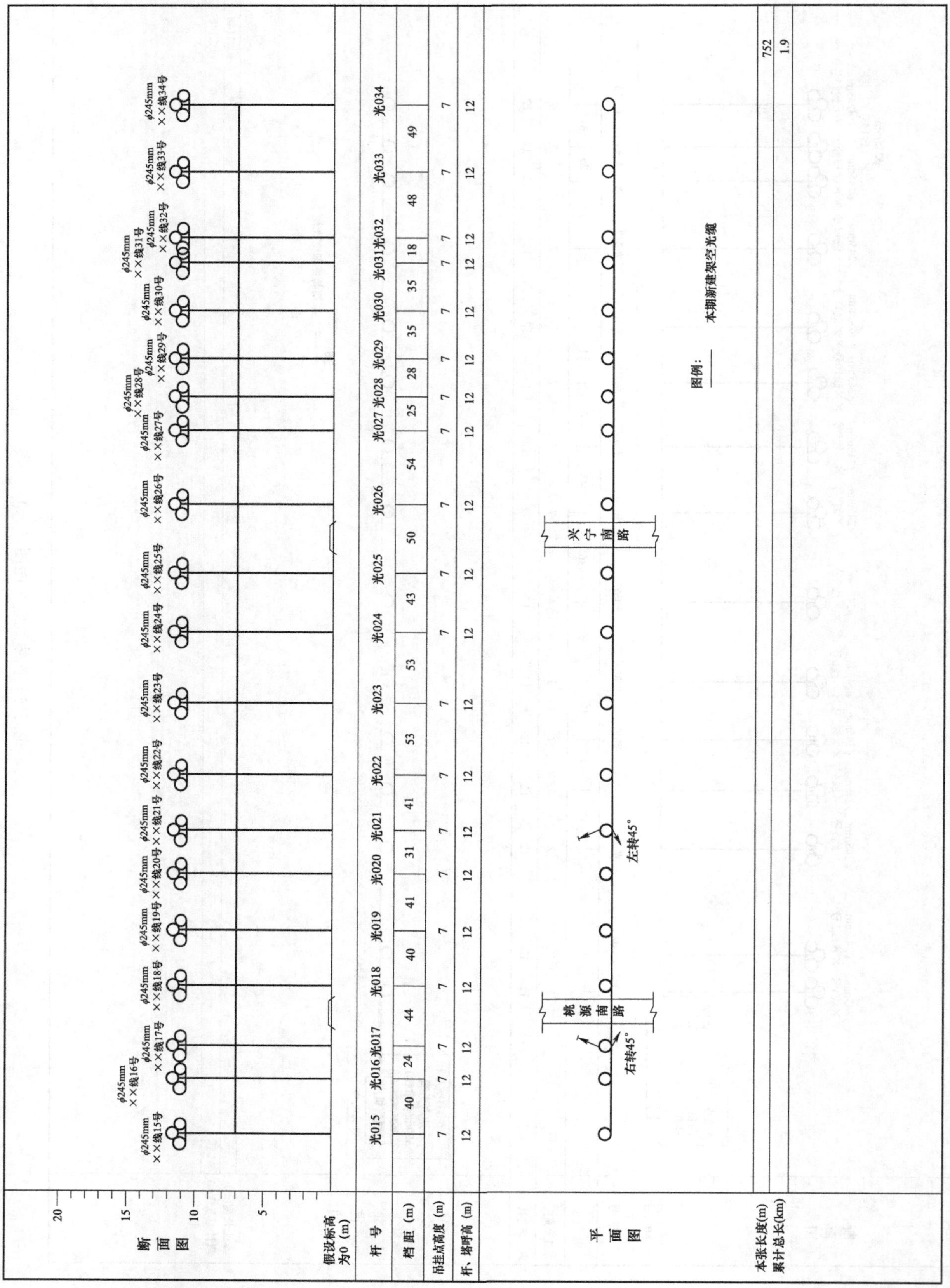

图 3-6　光缆线路平面图（二）

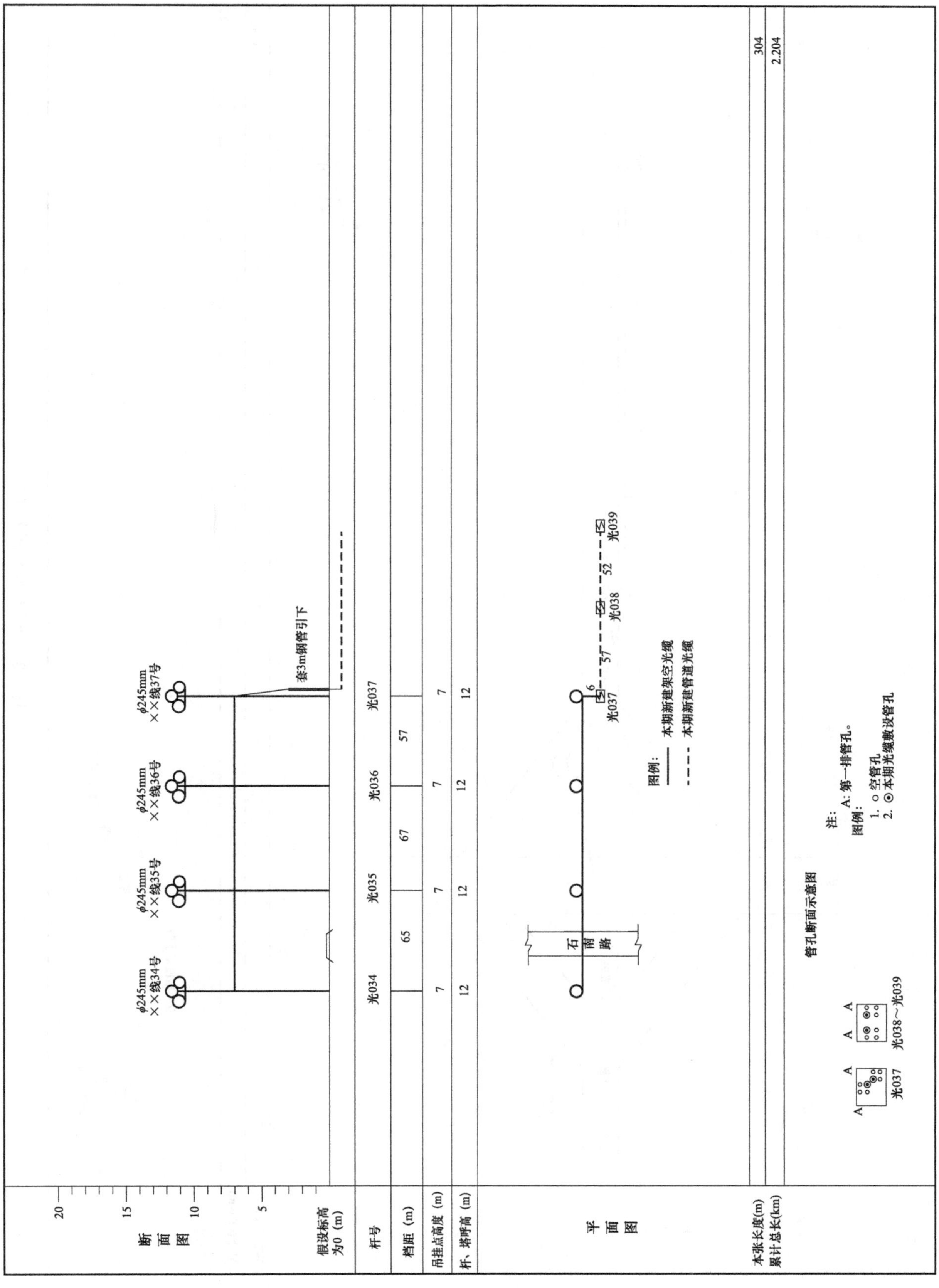

图 3-7　光缆线路平面图（三）

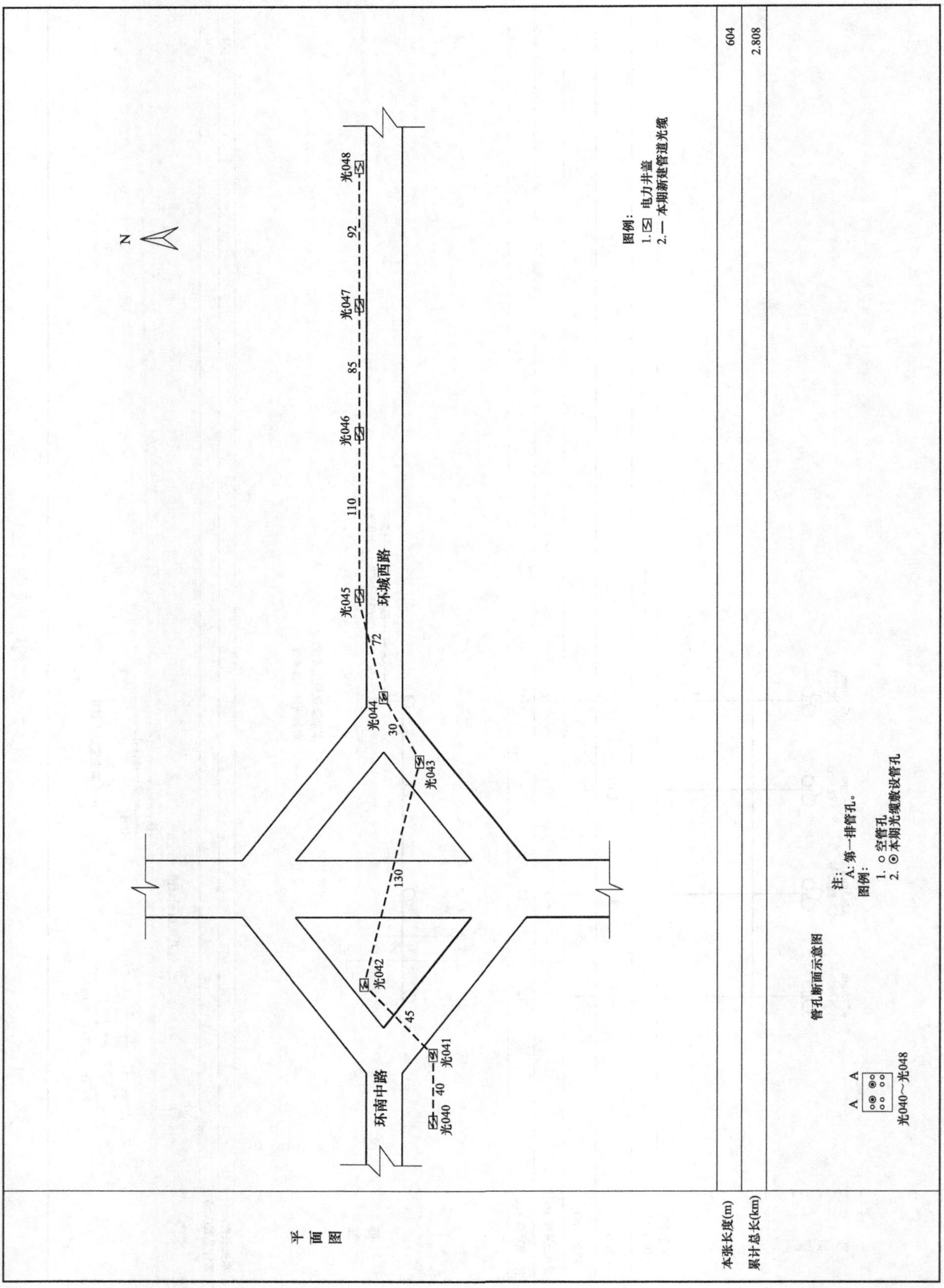

图 3-8　光缆线路平面图（四）

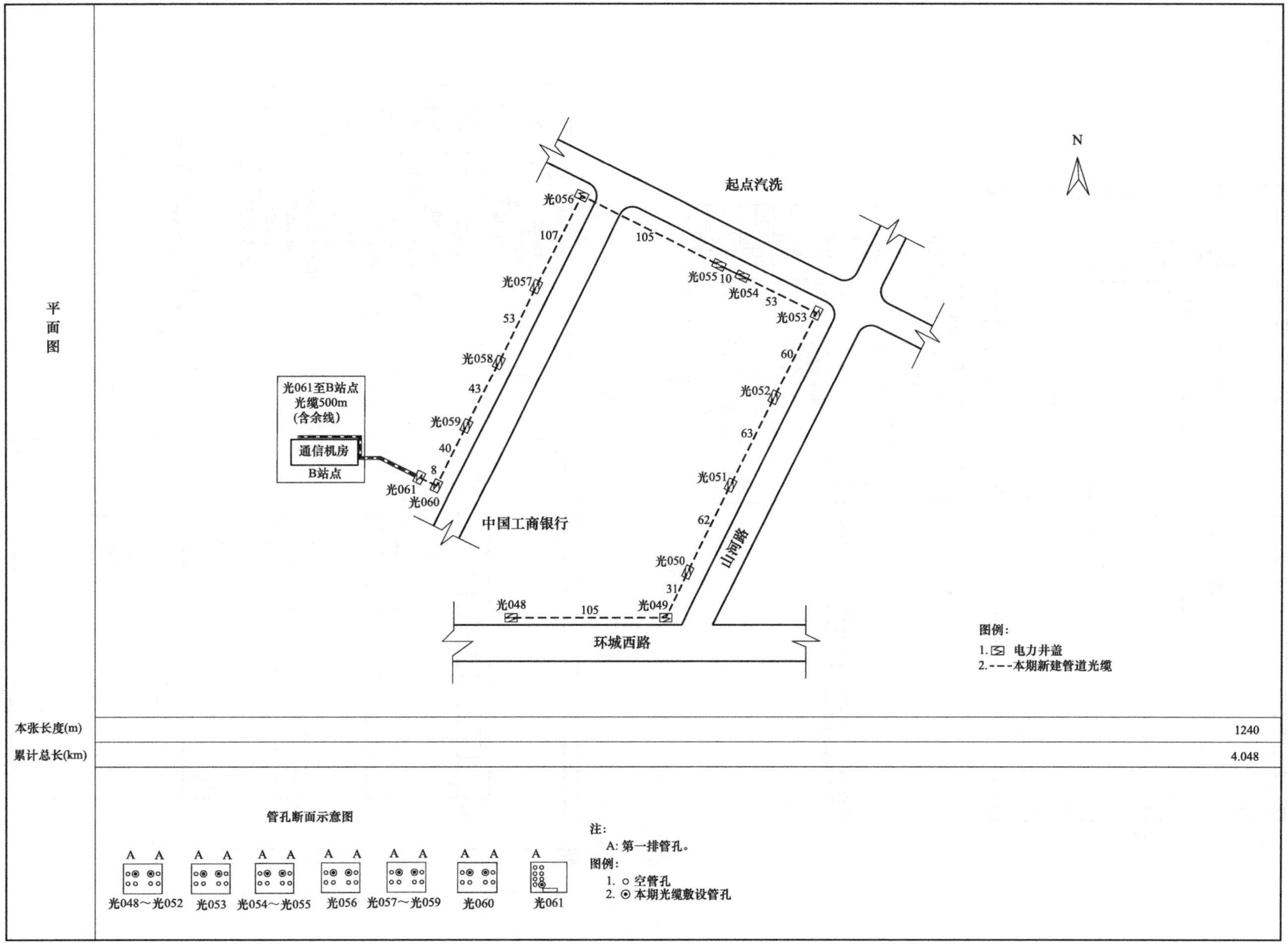

图 3-9　光缆线路平面图（五）

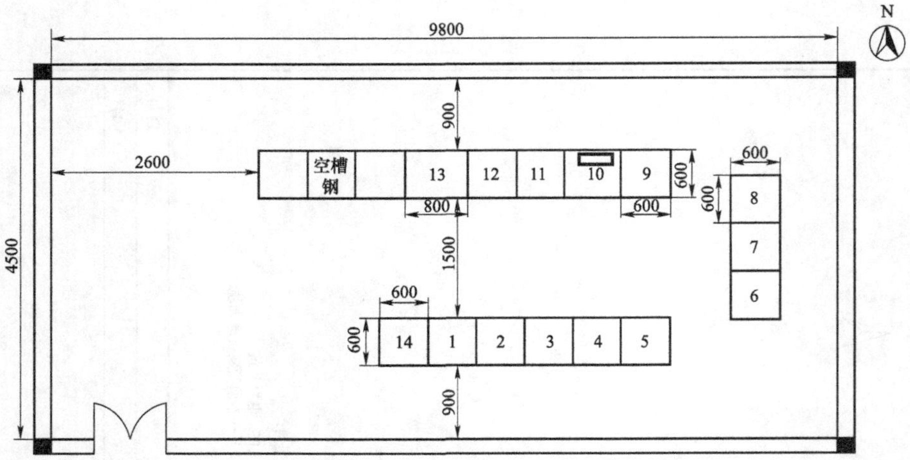

一楼通信机房		
编号	设备名称	备注
1	ODF	原有
2	DDF	原有
3	SDH屏Ⅱ	原有
4	监控屏	原有
5	数通设备屏	原有
6	交流分配屏	原有
7	电源分配屏	原有
8	直流分配屏	原有
9	SDH屏Ⅰ	原有
10	ODF	本期ODF
11	通信接入设备屏Ⅰ	原有
12	通信传输设备屏	原有
13	西门子总机屏	原有
14	光传输设备屏	原有

注：粗实线框为本工程新上一架24芯ODF架，安装机柜为原有，线缆通过防静电地板下走线。

图 3-10　A 站点机房平面布置图

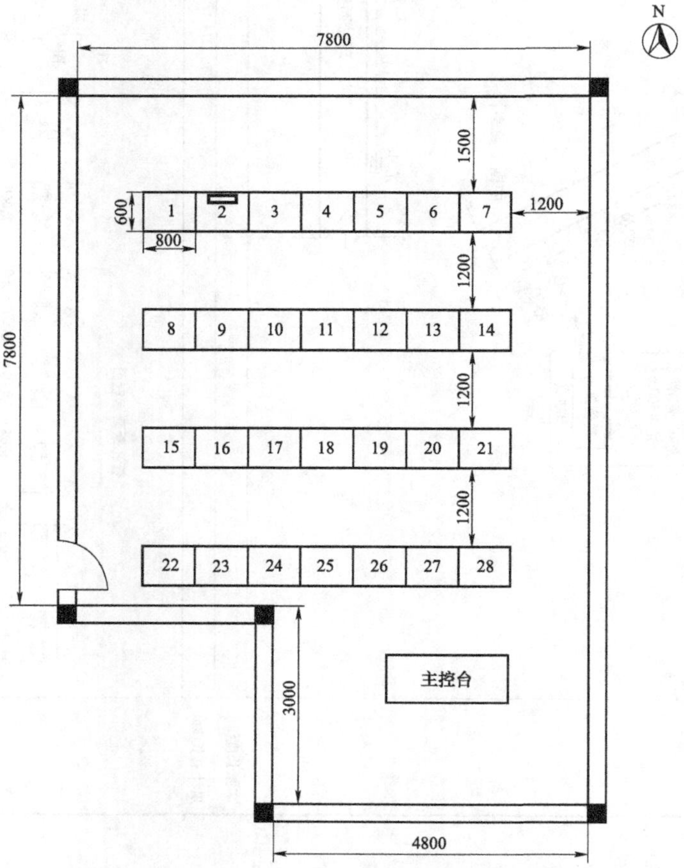

设备列表		
序号	机柜名称	备注
1	其他设备屏	原有
2	通信屏	本期ODF
3	所用电屏	原有
4	所用电屏	原有
5	所用电屏	原有
6	变电站设备状态监测屏	原有
7	其他设备屏	原有
8	其他设备屏	原有
9	电表屏	原有
10	电表屏	原有
11	10kV消弧线圈屏	原有
12	直流充电屏	原有
13	直流馈线屏	原有
14～28	其他设备屏	原有

注：粗实线框为本工程新上一架24芯ODF架，安装机柜为原有，线缆通过防静电地板下走线。

图 3-11　B 站点机房平面布置图

表 3-5　　设备材料汇总表

序号	名称	型号规格	单位	数量	备注
一	光缆				
1	光缆	24 芯普通光缆 GYFTY	km	2.234	架空
2	光缆	24 芯普通光缆 GYFTY	km	1.92	管道
二	金具				
1	水泥杆抱箍	ϕ245mm	套	38	
2	三眼单槽夹板		套	38	
3	拉线		套	6	
4	钢绞线	7/2.6（GJ-35）	t	0.6702	0.3t/km
5	挂钩		个	6702	3 个/m
6	接地		套	3	
三	其他				
1	ODF 架	24 芯	架	2	
2	接续盒	24 芯	个	1	
3	子管	ϕ40mm	m	1000	进站
4	标识牌		套	61+10	10 为余量

2. 光通信设备工程

光通信设备工程施工图设计阶段的主要图纸除了初步设计提供的通信系统组织图、通信机房平面布置图、设备材料汇总表外，还需设备柜屏面布置及设备电源（接地）线缆连接图、设备面板图、通信设备线缆连接图、光分配架（ODF）端子连接表、数字分配架（DDF）端子盘排列图、音频电缆配线架（VDF）端子盘排列图、通信设备电缆清册等。

通过系统组织图（见图 3-12），可以获知各站点的主要设备配置：在 E 站点配置 10G SDH 设备一套。

通过 OSN3500 设备面板图（见图 3-13），可以获知新上设备面板情况，各槽位安装对应板卡名称。

通过 E 站点机房平面布置图（见图 3-14），可以获知 E 站点需新增机柜 1 架、对应槽钢 1 副，并能明确机柜间线缆连接。

通过 E 站点设备线缆连接图（见图 3-15），可以获知 E 站点新上机柜设备布置，以及新上设备涉及的连接线缆数量、连接子架（DDF、ODF、UTP）使用的端口等。

通过 E 站点电缆清册（见表 3-6），可以获知 E 站点设备间所需线缆具体规格及型号、线缆所需长度、在预算中所需计列的线缆类型等。

通过 E 站点机柜槽钢安装示意图（见图 3-16），可以获知 E 站点新上槽钢、角钢、镀锌扁钢的型号规格、安装方式及部分注意事项。

通过设备材料汇总表（见表 3-7），可以获知工程涉及新上及使用的各类设备、材料的型号规格、数量等。

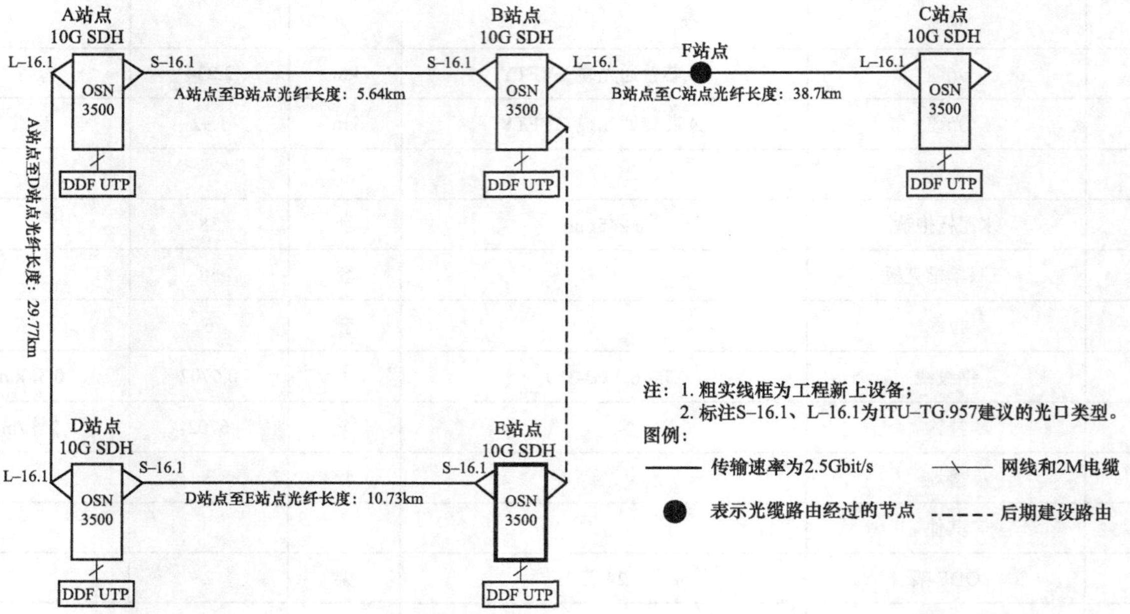

图 3-12　系统组织图

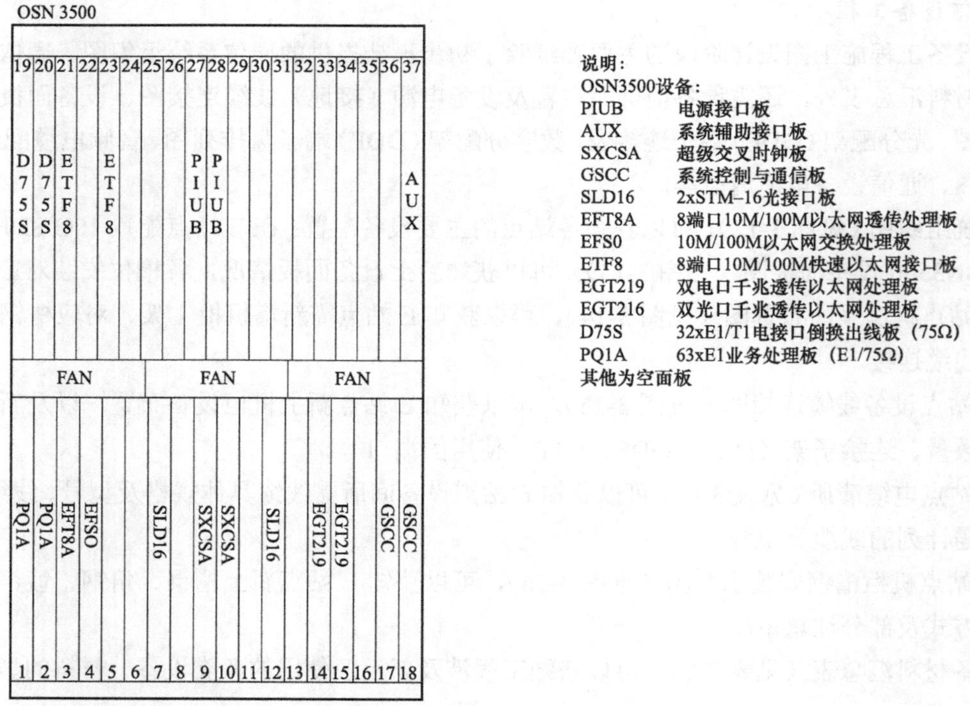

图 3-13　OSN3500 设备面板图

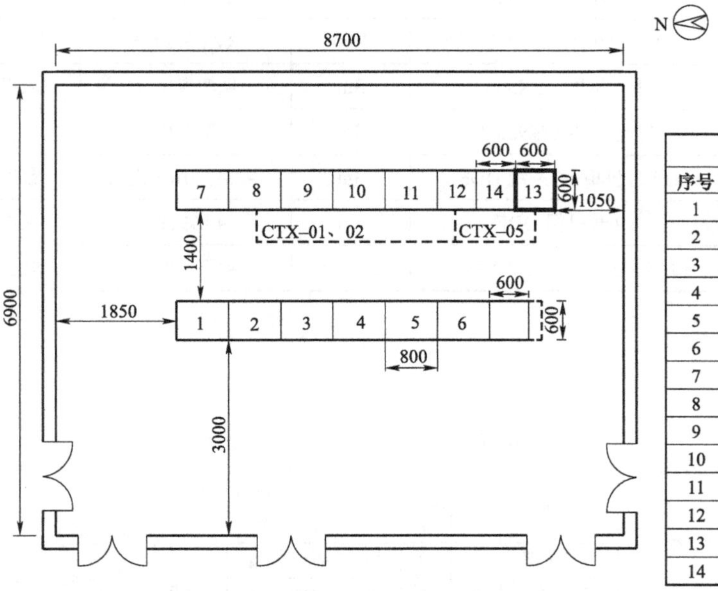

设备列表		
序号	设备名称	备注
1	小电流选线屏	原有设备
2	10kV线路保护测控屏2	原有设备
3	10kV线路保护测控屏1	原有设备
4	35kV线路保护测控屏	原有设备
5	综合测控屏	原有设备
6	1号主变压器保护测控屏	原有设备
7	GQH智能站用电源系统	原有设备
8	直流馈电屏	原有设备
9	直流充电屏	原有设备
10	电能表屏	原有设备
11	NTKP远程数字图像监控系统屏	原有设备
12	通信屏（ODF）	原有设备
13	新上机柜	本工程
14	数据网屏	原有设备

注：1. 粗实线框表示工程新增机柜（600mm×600mm×2200mm，含电源分配单元、接地铜排），工程配置的 1 台 OSN3500 光传输设备、1 套 16 系统的 DDF 子架、1 套 24 口网络配线子架安装在新增机柜内；工程新上机柜电源分配单元从 8 号机柜引电；

2. 新增机柜安装在新增槽钢上，槽钢尺寸为 600mm×600mm×320mm；

3. 电缆通过防静电地板下走线。

图 3-14　E 站点机房平面布置图

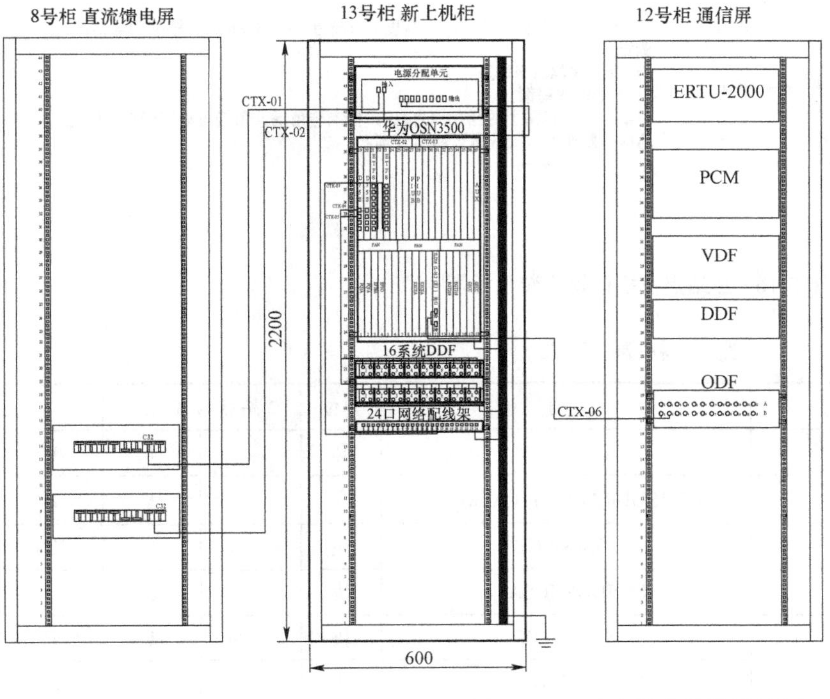

ODF部分端子连接表（12号屏）

序号		1	2	3	4	5	6	7	8	9	10	11	12
A	方向												
	用途												
B	方向	至D站点	至D站点										
	用途	用于E站点到D站点跳纤	用于E站点到D站点跳纤										

图 3-15　E 站点设备线缆连接图

表 3-6　　E 站点电缆清册

序号	电缆编号	始点	终点	长度	型号及规格	备注
1	CTX-01	8 号机柜空开	13 号机柜电源分配单元	15m	RVV Z 2×6	本工程
2	CTX-02	8 号机柜空开	13 号机柜电源分配单元	15m	RVV Z 2×6	本工程
3	CTX-03	13 号机柜电源分配单元	13 号机柜 OSN3500	3m	电源专用缆	厂家提供
4	CTX-04	13 号机柜电源分配单元	13 号机柜 OSN3500	3m	电源专用缆	厂家提供
5	CTX-05	13 号机柜 OSN3500	13 号机柜 16 系统 DDF	3m	8×2M 专用电缆×2	厂家提供
6	CTX-06	13 号机柜 OSN3500	12 号机柜 ODF	5m	4 芯跳纤	厂家提供
7	CTX-07	13 号机柜 OSN3500	13 号机柜 24 口网络配线架	16×3m	超五类网线	本工程

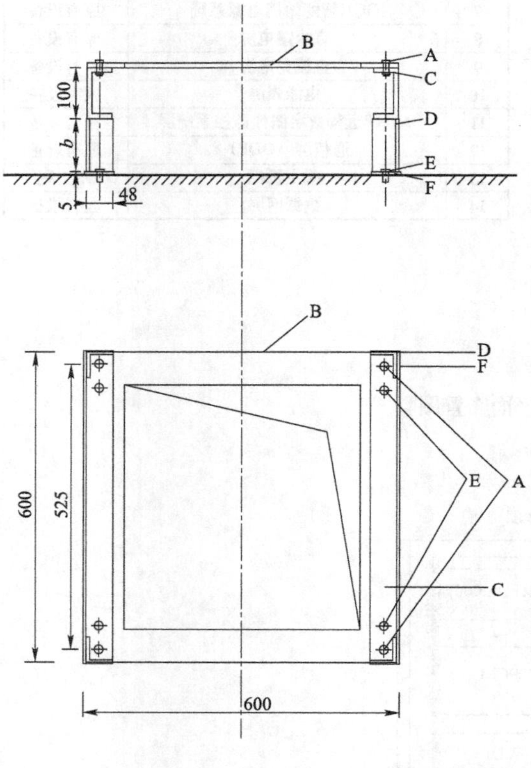

槽钢、角钢、扁钢规格表

类别	尺寸（mm）				数量（块）
	h	d	b	s	
10号槽钢	5.3	48	100	600	2
5号角钢	4	50	50	50～250	6
5号镀锌扁钢	5	50		600	2

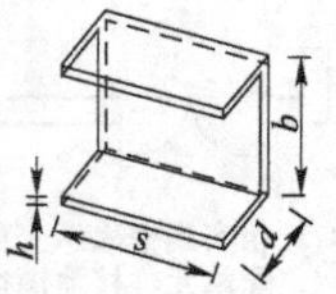

注：A：M10 螺栓，槽钢对应的开孔为$\phi 12$；
B：机架底部方管边；
C：10 号槽钢；
D：5 号支撑角钢，共 4 块（高度 s 一般为 50～250mm，根据现场情况确定）；
E：膨胀螺丝（M10）；
F：5 号镀锌扁钢；
槽钢、镀锌扁钢上的开孔均为$\phi 12$，槽钢与角钢，角钢与扁钢间焊接固定；
地面打膨胀螺丝处应做好防水处理。

图 3-16　E 站点机柜槽钢安装示意图

表 3-7　　设备材料汇总

序号	设备名称	型号	单位	D 站点	E 站点	合计
一	SDH 设备（华为 OSN3500）		套		1	1
1	Ⅲ型子架（21in）	SSN1SUBRACK 01（含风扇）	套		1	1
2	系统控制与通信板	SSN4GSCC	块		2	2
3	超级交叉时钟板	SSNDOSXCSA11	块		2	2
4	系统辅助接口板	SSN1AUX	块		1	1
5	电源接口板	SSN1PIUB	块		2	2
6	STM-16 光接口板（S-16.1，LC）	SSN1SL16A（S-16.1，LC）	块	1	1	2
7	63×E1 业务处理板（E1/75Ω）	SSN2PQ1A	块		2	2

续表

序号	设备名称	型号	单位	D 站点	E 站点	合计
8	32×E1 出线板卡 D75S	SSN1D75S	块		2	2
9	8 路 10M/100M 以太网透传处理板	SSN2EFT 8	块		1	1
10	8 路 10M/100M 快速以太网接口板	SSN1ETF8	块		2	2
11	10M/100M 以太网交换处理板	EFS 0	块		1	1
12	双电口千兆透传以太网处理板	EGT 219	块		1	1
13	双光口千兆透传以太网处理板	EGT 216	块		1	1
14	机柜（600mm×600mm×2200mm）	21in	架		1	1
15	4 芯跳纤	4 芯（10m/根）	m	2	2	4
16	电源专用缆	3m/根	根		2	2
17	8×2M 专用电缆	3m/根	根		2	2
二	其他设备					
1	网络配线架	24 口，21in	套		1	1
2	DDF 子架	16 系统，21in	套		1	1
3	电源线（电源至电源分配单元）	RVVZ2×6	m		15	15
4	超五类网线		m		48	48
5	槽钢支架	600mm×600mm×320mm	副		1	1

第四章

通信工程施工

第一节 施工机具

一、常用专业工具

1. 玻璃钢穿管器

玻璃钢穿管器又称玻璃钢穿线器、玻璃钢穿孔器，用于管道中牵引引导绳。穿管器具有光滑、富有弹性的特性，可轻松通过狭窄的通道。穿管器由铜芯、玻璃纤维加强层、高压低密度聚乙烯防护层（平滑、坚固、可抵抗恶劣环境）三部分构成，玻璃钢穿管器参考图见图 4-1。

玻璃钢穿管器具有耐腐蚀、弹性好、使用寿命长等特点，主要用于敷设光缆、通信电缆、管道疏通。使用时首先将玻璃钢覆杆由引轮引出，然后与相应的金属头连接，穿入管路内。用于清理时，引导头带动清理工具，可以清理管道；用于布放电缆时，可先将钢丝或铁线带入，后用钢丝或铁线牵引电缆入管。

2. 棘轮扳手

棘轮扳手是一种手动螺丝松紧工具，是由不同规格尺寸的主梅花套和从梅花套通过铰接键的阴键和阳键咬合的方式连接的，参考图见图 4-2。活动扳柄可以方便地调整扳手使用角度。这种扳手用于螺丝的松紧操作，具有适用性强、使用方便和造价低的特点。

图 4-1 玻璃钢穿管器参考图

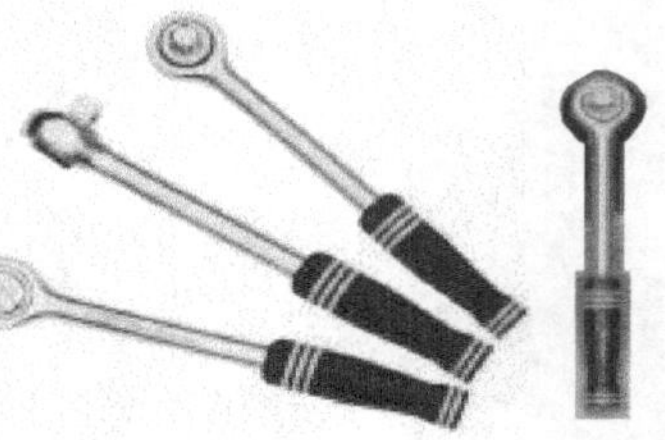

图 4-2 棘轮扳手参考图

棘轮扳手具有抗刮痕、抗溶解、防锈能力强、牢固结实、拖拽轻松等特点，适用于在组塔时紧固螺母、棘轮防倒，且每把有两个套筒，使用方便。

3. 光纤切割刀

光纤切割刀用于切割光纤，切口平整，切后两根光纤可以放电对接。光纤切割刀所切材质的要求如下：① 适应光纤为单芯或多芯石英裸光纤；② 适应光纤包层直径为 100～150μm。光纤切割刀的刀片一般有 16 个点，每个点可以使用 1000～2000 次。

4. 光纤熔接机

光纤熔接机主要用于光缆施工和维护中的光缆接续，光纤熔接机参考图见图 4-3。它主要是靠放出电弧将两头光纤熔化，同时运用准直原理平缓推进，以实现光纤模场的耦合。它适用于光纤熔接。

5. 牵引网套

牵引网套柔软度适中，容易开口装入光（电）缆，具有质量轻、拉力负荷大、不损线缆、使用方便等优点。一般适用牵拉光（电）缆。

6. 压线钳

压线钳材料为钢制，手柄为工程塑料，适用于加工同轴电缆组件时压接尾部金属护套，压线钳参考图见图 4-4。

7. 打线刀

打线刀用于将用户线或中继线安装到配线架上。适用于线缆、模块及配线架的连接作业，打线刀参考图见图 4-5。

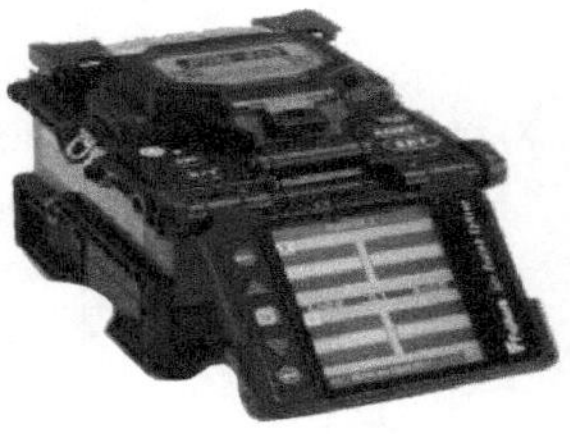

图 4-3　光纤熔接机参考图

图 4-4　压线钳参考图

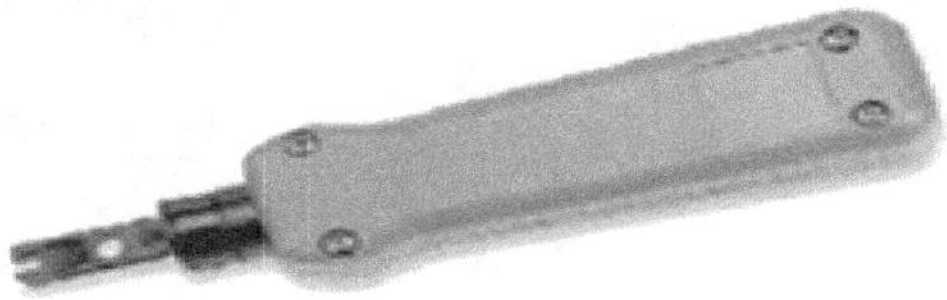

图 4-5　打线刀参考图

8. 剥线钳

剥线钳由刀口、压线口和钳柄组成，适用于塑料、橡胶绝缘电线、电缆芯线的剥皮，剥线钳参考图见图 4-6。

9. 恒温电烙铁

恒温电烙铁内部采用高居里温度条状的 PTC 恒温发热元件，配设紧固导热结构，恒温电烙铁参考图见图 4-7。它优于传统的电热丝烙铁芯，具有升温迅速、节能、工作可靠、寿命长、成本低廉等特点。

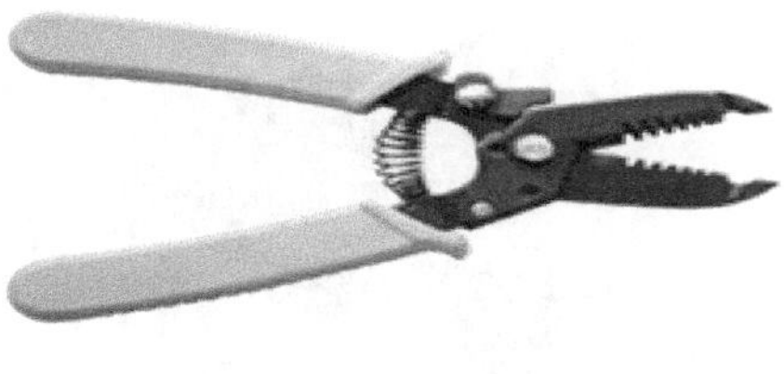

图 4-6　剥线钳参考图

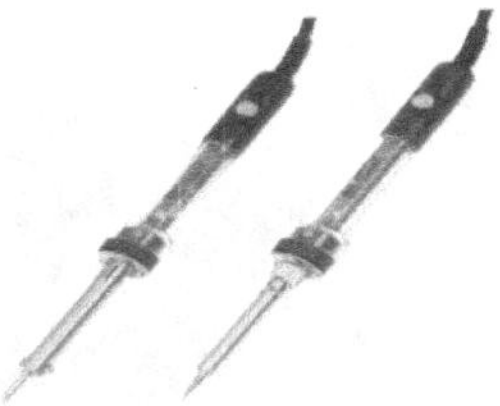

图 4-7　恒温电烙铁参考图

10. 标签打印机

标签打印机无需与电脑连接，自身携带输入键盘，内置一定的字体、字库和相当数量的标签模板格式，通过机身液晶屏幕可以直接根据需要进行标签内容的输入、编辑、排版，然后直接打印输入的打印机，参考图见图 4-8。

11. 微波馈线扩管器

用于微波馈线的扩管，参考图见图 4-9。

12. 电动绞磨

电动绞磨是架设空中高压输电线路及敷设地下电缆的施工机具，参考图见图 4-10。电动绞磨能在各种复杂条件下顺利、方便地进行组立铁塔，以及架设导（地）线等的起重、牵引。电动绞磨广泛用于线路施工中组立杆塔或机动放线，适用于野外无电场所，使用灵便。

图 4-8 标签打印机参考图

图 4-9 微波馈线扩管器参考图

图 4-10 电动绞磨参考图

13. 牵引机

牵引机用于 ADSS 光缆的安装，在选用牵引时，应该考虑实际情况及以前的施工经验等因素，在放线过程中，牵引和制动系统应平滑地运作，以防止对光缆造成任何突然的拉拽或撞击，这些系统应能随时调整并能稳定地维持固定的张力和放线速度，牵引机参考图见图 4-11。

14. 张力机

张力机应与牵引机配套使用，张力机上应有张力指示和限制装置，张力机应根据张力放线的具体要求及所安装光缆的质量和跨距来决定，张力机的拖轮上应有制动装置，可使光缆在各种牵引速度下都能维持特定的张力值，张力机参考图见图 4-12。

图 4-11 牵引机参考图

图 4-12 张力机参考图

二、常用测试仪表

1. SDH 综合测试仪

SDH 综合测试仪是便携式现场测试仪，可提供多速率 SDH/SONET 测试，参考图见图 4-13。适用于 SDH/SONET 传输网络和设备的安装、维护、开通、系统验收和生产。

2. 光衰减器

光衰减器是用于对光功率进行衰减的器件，它主要用于光纤系统的指标测量、短距离通信系统的信号衰减以及系统试验等场合，参考图见图 4-14。光衰减器具有质量轻、体积小、精度高、稳定性好、使用方便等特点。它可以分为固定式、分级可变式、连续可调式几种。

可调式光衰减器一般用于光学测量。在测量光接收机的灵敏度时，通常把它置于光接收机的输入端，用来调整接收光功率的大小。使用光衰减器时，要保持环境清洁干燥，不用时要盖好保护帽。移动时要轻拿轻放，严禁碰撞。

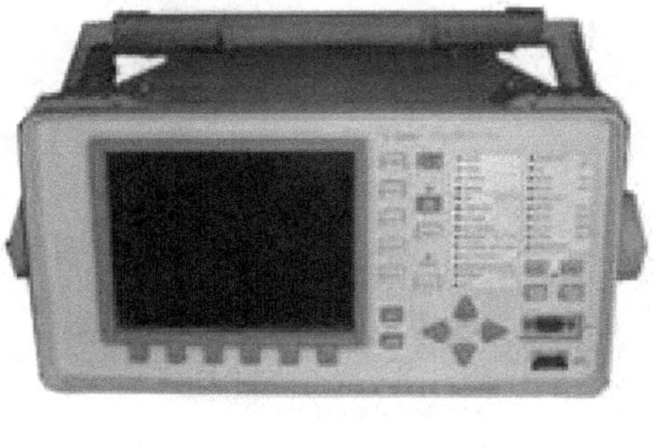

图 4-13　SDH 综合测试仪参考图

图 4-14　光衰减器参考图

3. PCM 测试仪

PCM 测试仪是适用于 PCM 一次群传输系统的智能测试仪，参考图见图 4-15。它用于 PCM 端机和以光纤、微波、卫星、同轴电缆、对称电缆等为传输方式的通信系统的测试，可用于系统的端对端测试、环路测试和在线测试，可对被测系统或端机的传输质量进行综合精确的评价。

4. 网络分析仪

网络分析仪是测量网络参数的仪器，参考图见图 4-16。它可以测量有源或无源、可逆或不可逆的双口和单口网络的复数散射参数，并以扫频方式给出各散射参数的幅度、相位频率特性。

图 4-15　PCM 测试仪参考图

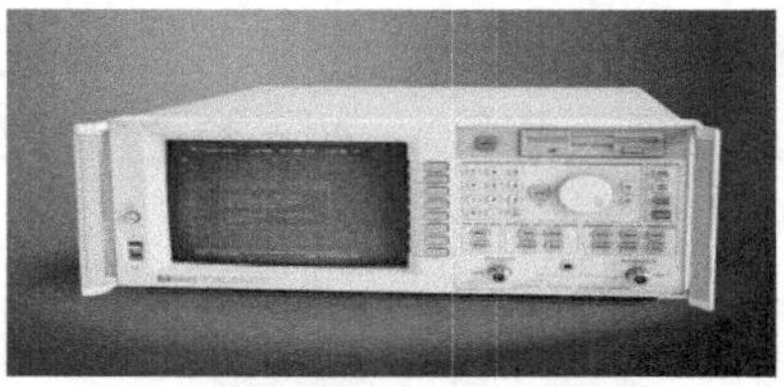

图 4-16　网络分析仪参考图

5. 网络数字测试仪

网络数字测试仪是一种可以检测 OSI 模型定义的物理层、数据链路层、网络层运行状况的便携、可视的智能检测设备，参考图见图 4-17。它主要适用于局域网的故障检测、维护和综合布线施工，网络测试仪的功能涵盖物理层、数据链路层和网络层。网络测试仪的使用可以极大地降低网络管理员排查网络故障的时间，可以提高综合布线施工人员的工作效率，加快工程进度。

6. 光功率计

光功率计用于测量绝对光功率或通过一段光纤的光功率相对损耗的仪器，参考图见图 4-18。在光纤测量中，光功率计是重负荷常用表。通过测量发射端机或光网络的绝对功率，一台光功率计就能够评价光端设备的性能。用光功率计与稳定光源组合使用，则能够测量连接损耗，检验连续性，并帮助评估光纤链路传输质量。

图 4-17　网络数字测试仪参考图

7. 误码测试仪

误码测试仪主要用于数字设备调测和性能测试，误码仪发出信号，然后经过被测设备处理，再回到误码仪，由误码仪分析信号发射前和接受后的信号误差，误码测试仪参考图见图 4-19。

图 4-18　光功率计参考图

图 4-19　误码测试仪参考图

8. 光时域反射仪

光时域反射仪（optical time domain reflectometer，OTDR），是利用光线在光纤中传输时的瑞利散射和菲涅尔反射所产生的背向散射而制成的精密光电一体化仪表，参考图见图 4-20。光时域反射仪可以用来测量光纤的长度、衰减，包括光纤的熔接处及转接处皆可测量，也可以用来量测光纤断点。通过对测量曲线的分析，了解光纤的均匀性、缺陷、断裂、接头耦合等若干性能，它被广泛应用于光缆线路的维护、施工，可进行光纤长度、光纤的传输衰减、接头衰减和故障定位等的测量。

9. 频谱分析仪

频谱分析仪是以模拟或数字方式显示信号频谱，研究电信号频谱结构的仪器，参考图见图 4-21。它能够从频域来观察电信号的特性，分析的频率范围最低可到 1Hz 以下，最高可达亚毫米波段。它主要用于信号失真度、调制度、谱纯度、频率稳定度和交调失真等信号参数的测量，可用以测量放大器和滤波器等电路系统的某些参数。

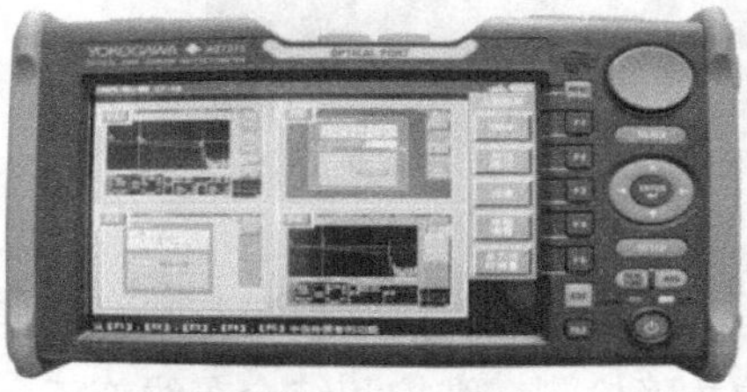

图 4-20　光时域反射仪参考图

图 4-21　频谱分析仪参考图

10. 天馈线测试仪

天馈线测试仪是测试天线与馈线的驻波比和匹配性的一种专用仪表，也称驻波比测试仪，参考图见图 4-22。其主要功能为驻波比测试、故障定位、电缆损耗测试、射频功率测试。

11. 精密时间精度测量仪

精密时间精度测量仪是一种高精度的时间测量仪表，可以对 NTP、PTP、各种脉冲信号、各种 IRIG-B 信号等时间信号的精度等指标进行精密测量，适用于数字化变电站、智能电网时间同步系统测试，参考图见图 4-23。精密时间精度测量仪通过内置原子钟（铷钟）同步 GPS 卫星信号，从而获得极其精准的 UTC 时间。它可利用特殊的对比技术，对比被测信号和 UTC 时间的偏差。考虑到基准信号的可靠性，精密时间精度测量仪还应可以采用北斗或铯钟信号作为参考源。

图 4-22　天馈线测试仪参考图

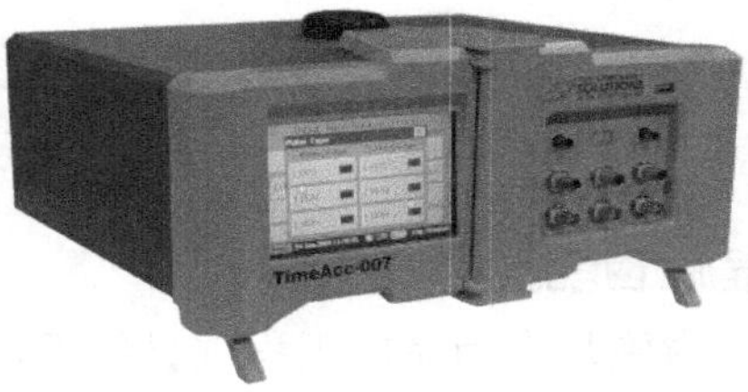

图 4-23　精密时间精度测量仪参考图

12. 选频电平表

选频电平表具有自动量程、自动电平校正、AFC、快速自动搜索、同步测量、自动对测、数据存储等功能，测量数据可上传 PC 机，参考图见图 4-24。配套使用可完成继电保护高频通道自动测试。它适用于电力线载波和电力线保护设备的各种测试。

13. 电平振荡器

电平振荡器与选频电平表配套使用，可完成继电保护高频通道自动测试，参考图见图 4-25。它适用于电力线载波和电力线保护设备的各种测试。输出端口设有自动保护电路的提示功能，保证用户正常测量。

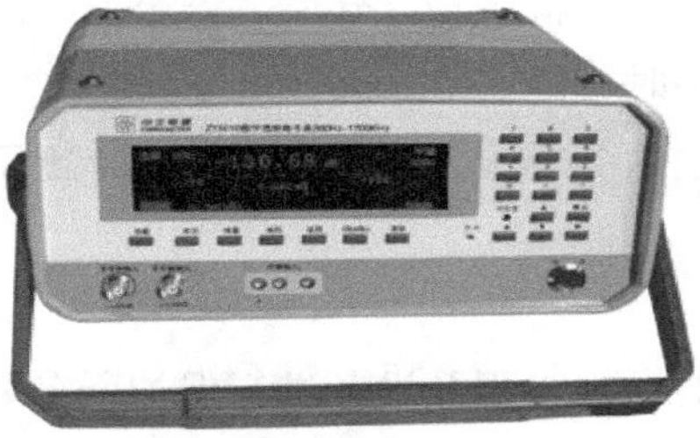

图 4-24　选频电平表参考图

图 4-25　电平振荡器参考图

14. 绝缘电阻表

绝缘电阻表（megger）俗称摇表，大多采用手摇发电机供电，是电工常用的一种测量仪表，参考图见图 4-26。它的刻度以兆欧（MΩ）为单位，主要用来检查电气设备、家用电器或电气线路对地及相间的绝缘电阻，以保证这些设备、电器和线路工作在正常状态，避免发生触电伤亡及设备损坏等事故。

15. 万用表

万用表又称多用表，参考图见图 4-27。万用表分为指针式万用表和数字万用表，是一种多功能、多量程的测量仪表，一般可测量直流电流、直流电压、交流电流、交流电压、电阻和音频电平等，有的还可以测交流电流、电容量、电感量及半导体的一些参数。

图 4-26　绝缘电阻表参考图

图 4-27　万用表参考图

第二节 施工安装及调测

一、通信工程施工措施

通信工程施工措施是指为完成工程项目施工，发生于该工程施工前和施工过程中所采取的各项措施，由施工组织措施和施工技术措施组成。

（一）通信工程施工组织措施

通信工程施工组织措施包括以下方面：

（1）环境保护措施：是指施工现场为达到环保部门所要求的各项措施。

（2）文明施工措施：是指施工现场做到文明施工所做的各项措施。一般包括施工现场标识牌的设置、施工现场地面硬化、现场周围设立围护设施、现场安全保卫及保持场貌和场容整洁等。

（3）安全施工措施：是指施工现场为达到人身、设备安全施工所采取的各项措施。一般包括安全防护用具和服装、施工现场的安全警示、消防设施和灭火器材、安全教育培训、安全检查及编制安全措施方案等。

（4）临时设施：是指施工企业为了满足本工程施工所必须搭设的生活和生产用的临时建筑物、构筑物和其他临时设施，包括临时宿舍、文化福利及公用事业房屋与构筑物，仓库、办公室、加工厂（场）以及在规定范围内道路、水、电、管线等临时设施和小型临时设施。

（5）冬雨季施工措施：是指按照施工及验收规范所规定的冬季施工要求，以及雨季施工期间为保证工程质量和安全生产所需要采取的措施。

（6）夜间施工措施：是指因夜间施工所采取的措施。

（7）已完成工程及设备保护措施：是指竣工验收前，对已完工程及设备进行保护所采取的措施。

（8）二次搬运措施：是指因施工场地狭小等特殊情况，材料、设备等一次到不了施工现场而进行的二次搬运、就位采取的措施。

（二）通信工程施工技术措施

1. 通信设备安装施工技术措施

（1）通信设备及辅助配套设备存放应按照包装箱上的标记存放。搬运设备时必须根据设备质量安排足够的人力，做好应急防护措施，避免设备滑落造成人员伤害和设备损坏。设备开箱应使用专用开箱工具，注意保护设备安全。

（2）通信设备及辅助设备机柜（架）应与机房地面固定，当底部固定不能满足要求时，应采用其他方式进行支撑加固，达到设计提出的防振要求。地板下布放尾纤必须穿保护管，防止鼠咬和外力破坏。室内布放电力电缆和信号电缆时应注意分开敷设，交直流电缆宜分开敷设，禁止将交直流电缆捆绑在一起。

（3）新安装的通信设备、高频开关电源设备在加电前，必须确认电压在正常工作范围内并已正确接地。应注意所使用工具的绝缘防护。需要拔插机盘时，应佩戴防静电手环，防止发生设备损坏、人员伤亡事故。

（4）太阳能电源系统安装过程中，太阳能板表面必须覆盖不透明的物品，以终止其发电。当太阳能板暴露在阳光下时，施工人员不要接触各种端子。

（5）蓄电池组装应注意工具绝缘，施工过程中应注意不能将正负极柱短接，防止造成工具损伤和人身伤害。

（6）机房内施工禁止超负荷使用大功率电动机具，在需要用电锤、切割机等进行施工时，应使用防尘罩降低灰尘排放量，对施工现场的新旧设备应采取防尘措施，施工完毕后应立即清理现场灰尘。

（7）进入已运行的通信机房施工，施工单位需向运行单位办理相关手续，运行单位应安排人员负责施工现场的安全监护工作。施工单位须指定现场负责人，对施工安全负责。未经运行单位安全监护人员同意，严禁接触机房内任何在线运行设备。运行单位安全监护人员有权要求影响通信机房及设备运行安全的施工人员停止工作。

2. 通信线路安装施工技术措施

（1）光缆线路工程开工前，工程项目部应编制作业指导书和安全施工技术措施，并向施工人员进行交底签字。

（2）光缆开盘测试前，应检查外观，如有损坏应拍摄照片并记录，由相关单位签字确认。

（3）OPGW 光缆展放及紧线过程中，应严格按照作业指导书和安全施工技术措施的要求进行施工。在已运行输电线路上更换地线架设 OPGW 光缆时，禁止使用原有地线牵引 OPGW 光缆。

（4）高处作业人员必须持证上岗，必须使用安全带，施工现场人员应正确佩戴安全帽、工作服、工作鞋等个人防护用具。高处作业所用工具和材料应放在工具袋内或用绳索绑牢，传递物品应用滑车、绳索或其他安全可靠的方法，严禁抛掷。塔上禁止存放未固定物体，防止高处坠落事故的发生。冬、雨季施工应做好防滑措施。遇雷雨天气、当地气温高于人体体温、遇有 5 级以上大风、能见度低等情况时，禁止高处作业。

（5）户外光缆接续宜在帐篷内进行熔接，在有风天气时，支好帐篷后要立即打好拉线。夏季在封闭工程车或帐篷内施工要注意预防中暑。切断的光纤要放入废物盒中，防止扎伤。

（6）进站光缆敷设穿放套管时应保证套管内部及连接处光滑，防止割伤光缆护套。通信中继站进站光缆敷设，宜采用穿管地埋的方式进站。必须采用 ADSS 光缆架空进站时，应严格按照施工图确定的挂点进行施工。

（7）跨越不停电电力线路和停电作业施工，应严格执行 DL 5009.2—2004《电力建设安全工作规程 第 2 部分：架空电力线路》中不停电与停电作业的规定，施工前，电业生产运行单位应与建设单位、施工单位应共同制定应急预案。光缆跨越带电线路、铁路、公路、河流时，施工现场应做好相应的安全防护措施，增设安全监护人员。对跨越重大带电线路（110kV 以上）时，工程项目部总工程师应在现场指挥，并监督有关人员做好重大跨越的安全施工措施。

（8）在已投入运行光缆线路上施工时，熔接和测试工作开始前，必须确认全部光通信设备已经与光缆线路断开，保证光通信设备及仪表安全。

3. 已运行设备改造施工技术措施

（1）在已运行通信设备（含辅助配套设备）上进行改造施工时，施工单位应提前向运行管理单位办理通信设备停复役手续，并提交施工方案及安全施工技术措施，经运行管理单位批准后进行施工。

（2）施工开始前，运行人员应全面检查通信设备、辅助设备及网管的运行状态，消除故障或故障隐患，做好网管及相关网元的数据备份工作，核对运行资料并对施工人员进行交底，防止误操作，同时做好通信设备及业务的事故应急预案。

（3）施工期间，施工人员必须服从运行单位安全监护人员的指挥，严禁自行操作设备。进行改造施工的设备及相关线缆应按规定做好标识。施工完毕后，施工单位须及时清理工作现场。施工单位现场负责人须与运行单位安全监护人员办理完结手续，经确认后方可组织人员撤离现场。

（4）光缆、设备割接应以运行单位为主、建设单位配合编制割接方案，并由运行单位按照割接方案组织实施，建设单位全力配合。

二、通信设备施工安装

（一）通信设备安装施工流程

通信设备安装施工流程一般分为准备阶段、施工阶段和验收阶段三个阶段。

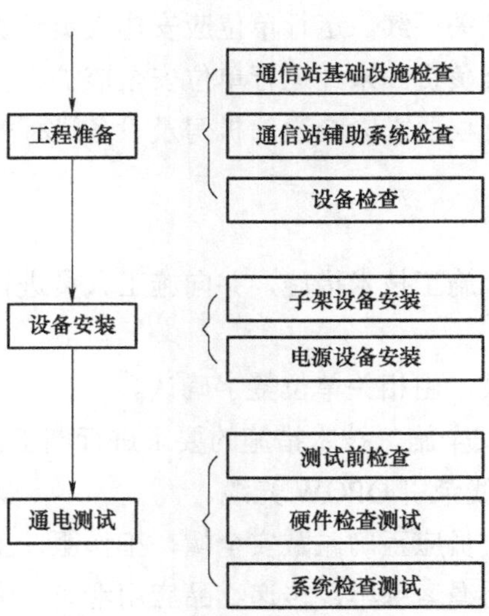

图 4-28　通信设备安装流程示意图

通信设备安装施工流程示意图见图 4-28。

（二）工程准备

工程准备包括通信站基础设施检查、辅助系统检查和设备检查。

（1）屏体安装到位，符合施工工艺要求。

（2）子架框、加固件及影响布线、接线的机盘必须全部到齐，规格型号符合施工图设计要求，外观无破损现象。

（3）电缆槽道或电缆走道等铁件全部到齐，规格程式符合施工图设计要求。上梁、连固铁、走道扁铁、列间撑铁等铁件应平直。

（4）铜排或铝排规格程式、数量应符合施工图设计要求，无明显的扭曲现象。

（5）射频同轴电缆、音频配线电缆、电源线、保护地线电缆、数据线等主要电缆规格程式、数量应符合施工图设计要求。各种电缆、线料外皮完整无损，满足出厂绝缘指标要求。

（三）设备安装工艺

安装在通信站内为电力系统服务的各种通信设备（光纤、微波、载波、交换及网络等）称为通信站设备。根据安装工艺，通信站设备分为子架设备和电源设备、通信辅助系统安装。

1. 子架设备安装

（1）配电单元安装。先连接电源分配单元的电缆线（告警输出线、电源线），插座要插紧，用螺钉固定。电源分配单元安装于机架顶部，安装时由前往后推，根据安装位置在机架安装条适当位置上卡上螺母，用螺栓（带垫片和弹簧垫圈）将电源分配单元固定在机架上。

（2）子架安装。子架在屏体内宜按自上而下的顺序安装，安装前先考虑各种连线的走线方式。子架安装应牢固、排列整齐、插接件接触良好。

（3）机盘安装。再次确认各站点设备配置需求和安插槽位。

安插机盘前先戴上防静电手镯，以免静电损坏机盘。

机盘安插到相应槽位前，仔细检查每块机盘是否有明显的损坏。如发现有损坏的机盘应及时与工厂联系。

在设备电源 −48V 连接未经检查前，不要把机盘安插到位，以免 −48V DC 电源极性接反损坏机盘。

确认 −48V 电源连接正确后，在不加电的状态下，把机盘安插到位。

2. 电源设备安装

通信电源设备的安装步骤：开箱检查、屏体安装、电池上架、安装充电模块、屏间连线、交流电源接入。

（1）电池上屏体前，应用万用表检测各节电池端电压是否正常，按照电池屏内布置把电池上架就位。按照图纸用厂家所配电缆连接各电池及电池巡检仪（分管），紧固各连接螺栓，贴上各蓄电池的标号标签。

（2）按图纸进行屏间连线。连接电池母线前，应先把电池回路熔断器拔出。

（3）安装充电模块时，将模块缓缓推入，位置对准，模块插头和屏体上的插座接触良好。将模块放置端正，不倾斜，并固定模块。模块之间没有大的空隙或相互重叠。

（4）检查屏内及屏间连线是否正确。把屏体上的各断路器全部断开，把双路或单路交流输入侧的刀闸或断路器切断，用电缆线把交流引入屏内对应接线端子，用黄绿线连接各层的接地螺栓到接地排上。

3. 通信站辅助系统安装

（1）屏体安装。屏体的安装位置应符合施工图的设计要求，机柜按设计统一编号。同一机房的屏体尺寸、颜色宜统一。屏体安装工艺要求如下：

屏体的安装应端正牢固，用吊垂测量，垂直偏差不应大于 3mm。

列内屏体应相互靠拢，屏体间隙不得大于 3mm，列内机面平齐，无明显差异。

屏体底座前后横梁两侧（距边 100mm）设四个ϕ12mm×40mm 的椭腰形孔，或配置四个活动式紧固装置，用于将设备固定在基础上。所有紧固件必须拧紧，同一类螺丝露出螺帽的长度应一致。

屏体应选用优质钢材，钢板厚度不小于 2mm，采用整体焊接、内部镀锌等合适的工艺制作，以保证屏体有足够强度和良好的电磁屏蔽特性。电磁场屏蔽性能：频率为 14kHz 以上的电磁场屏蔽性能不小于 70dB，频率为 150kHz 以上的电磁场屏蔽性能不小于 95dB，频率为 200kHz 以上的电场屏蔽性能不小于 100dB。

屏体应适合 19in 或 21in 两种规格的设备安装。19in 结构的安装孔的中心距 465mm，安装架内净宽约 450mm，21in 结构的安装孔的中心距 515mm，架内净宽约 500mm。安装架前、后部固定设备的安装平面距前、后门内侧的间距为 50～80mm。

屏体内两侧应均匀配置固定垂直线缆的横档（间隔≤300mm），底部两侧设置电缆固定夹，便于线缆纵向绑扎固定，后部两侧各配置 10 个穿线环。

屏体内底部防小动物盖板（网）采用磁吸或其他扣件固定，不得采用永久固定方式，也不宜采用活动螺栓（安装后难以拆卸）。用于变电站控制室安装的屏体，两侧预装高出底部钢板约 200mm、ϕ30～40mm 的穿线管孔各 12 个，便于防火泥封堵后再次穿放线缆，每个孔均配橡胶保护圈。

屏体内侧面设置 30mm×4mm 及以上规格的镀锡扁铜排作为屏内接地母排。母排应每隔约 50mm、预设ϕ6～10mm（中心孔宜选ϕ12mm）的孔，并配置铜螺栓。应预装门、侧板、框、屏内设备的接地线（设备侧预留）以及屏内接地母排至机房地母的主接地线（接母排中间），所有接地线应采用专用双色地线。所有配置的连接线接线端子应采用铜鼻子（端子）压接工艺，热缩套管封口。

屏体抗震加固应符合通信设备安装抗震加固的要求，加固方式应符合施工图的设计要求。

采用上走线方式时，屏体顶部应预留上走线穿孔；屏体应避免安装在空调出风口正下方。

屏体内部前后及配件布置参考图见图 4-29。

（2）通信管线。

1）引入线缆。光、电缆在进入通信站时，应采用沟（管）道方式，经 2 条及以上不同路由引入。架空线路进通信站的终端杆应立（选）在距通信楼外墙 10m 以外，并避开厂站大门正面。

通信站的引入光缆的余缆应放入余缆箱（架），变电站的余缆箱一般设在电缆层，其他通信站的余缆宜放在井道或机房入口的专用余缆架内。不设余缆箱（架）时应将余缆移至站外终端杆上，机房侧余缆盘留在防静电地板下。

进入通信站的通信线缆应和通信站内原有线缆走向、排列和施工工艺一致，保持整齐。

线缆穿过楼板孔或墙洞应加装子口保护，在电缆沟内部穿阻燃子管保护，并分段固定在支架上，保护管外径应不小于 35mm，做好封堵和防小动物措施。

2）屏内走线。屏内所有安装设备（装置），宜在设备下配置一组走线/余线框，设备上下排列没有明显空隙。光配、电源只需配置组合式后走线框（半组），走线/余线框安装位置与所配套设备平齐。

屏内所有连接走线均采用向下（上），经走线框向后，再向两侧走线，余线排（盘）放在余线框中。所有连线应从设备下部的走线/余线框向后走，不应从设备的侧面、顶部、正面走线。前出线设备的接线先向下（上）走到底部，经专设的走线框引到设备背后出线。对于机框较高的设备，在后背板上部的出线可直接引到屏体上的走线槽，所有线缆应与设备背板保持垂直，并在屏体上装设的走线槽上固定。其

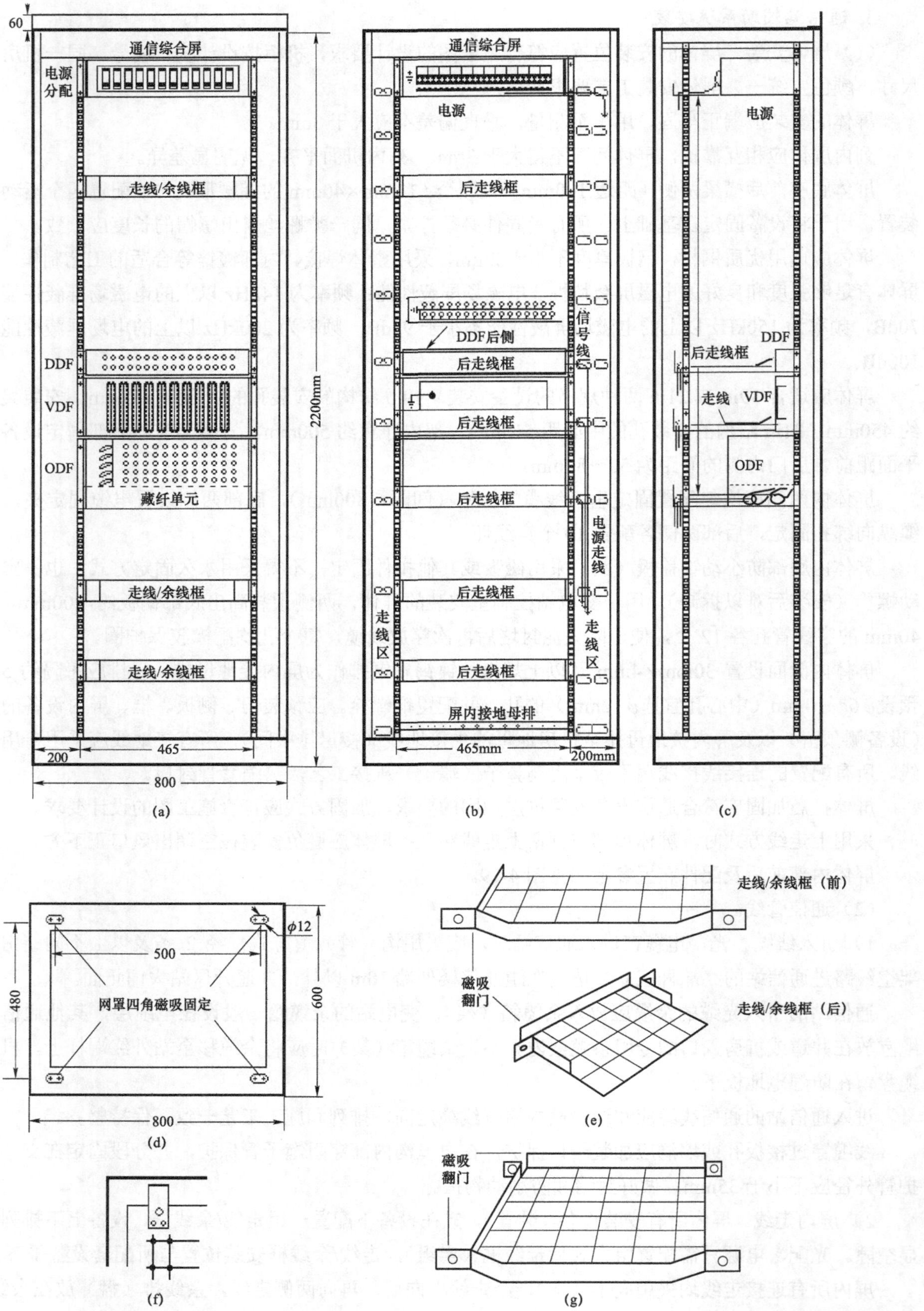

图 4-29　屏体内部前后及配件布置参考图

（a）屏内正视图；（b）屏内后视图；（c）屏内侧视图；（d）底座图安装图；（e）组合式走线框；（f）底座安装方式二图；（g）整体式走线框

他高低不一的设备后出线应先向下（上）走到设备后背下（上）部再水平向后走线，进对应的走线槽。屏不能后开门时，设备接线可经走线框向两侧走线。

屏内除光缆尾纤外，各种连线应按类别扎成圆形、方形或扁形的线把。每台设备连接线经走线框后部两侧开口走线进入垂直走线区，信号小线走靠屏左和右内两列走线区（环）上下走线，电源线经右外走线区（环）上下走线，并按照线色分开扎把。

进入屏内电缆的外层护套宜在进屏后150～300mm的高度统一剥去，所有缆线应从屏两侧走，所有细线缆应捆扎成普通电缆粗细的小把，然后与其他电缆排列成纵向（从前后看）的直线队列。

所有缆线在水平、垂直走线过程中，均应与周围的线缆排列整齐、成排，每排缆线在同一平面或纵面，线与线或电缆之间应平行靠紧，没有交叉缠绕。线缆较多，一排不能排下时，可分多层排列。排列成排的线缆的固定扎线应有均匀间隔：垂直方向间隔200～300mm，屏内线缆水平方向间隔100mm，终端线把间隔50mm。每处扎结用的材料，扎结的位置、方向和式样应一致。

a. 所有连接线均应采用规范的线缆，不得使用护套线、裸露线。

b. 所有缆线均应挂好标志牌、加标记套管，屏体内缆线的标记套管或标记牌应设置在电缆头紧靠热缩套管末端，机房其他布线的挂标牌应在机房进出口处挂设。

3）室内走线。

a. 强、弱电电缆必须分开布放，弱电电缆宜分类布放。

b. 机房内尾纤应穿保护子管。

c. 所有线缆在室内走线必须绑扎。线缆水平方向间隔500mm，终端线把间隔50mm。每处扎结用的材料，扎结的位置、方向和式样应一致。绑扎后的线缆应互相紧密靠拢，外观平直整齐。线扣间距均匀，松紧适度。用麻线扎线时必须侵蜡。

d. 在活动地板下布放的线缆，应注意顺直不凌乱，尽量避免交叉，并且不得堵住送风通道。

e. 馈线安装参照YD/T 5141《SDH数字微波设备安装工程验收规范》。

（3）配线系统。

1）光缆配线宜采用1缆1配（模块），光配宜采用24芯、48芯、72芯等规格。小型机房的光配与光通信屏间宜紧邻，并预装可穿放尾纤的管孔，大中型机房的光配与光通信设备间宜装设走线桥架。通信站内光配主要采用12芯单元熔接盘，并附带藏纤单元。

2）一条60芯及以上干线光缆接续分支光缆、OPGW进变电站末端接引入光缆宜采用交接箱（OPGW宜采用专用交接箱，除具有光纤接续等性能外可盘储OPGW等余线），其单元熔接盘采用12芯，保护分支光缆按照1条分支缆使用1个熔接盘安排。

3）数字配线宜采用19in（或21in）结构的模块化条形单元，每单元配置10对同轴接续组件。主备接入设备应通过不同的数配单元接在不同的2M接口板上。

4）网络配线宜采用19in（或21in）结构的模块化RJ45插座条形单元，每个单元配置12～24对RJ45插座模块，按照纵列、横排布置。

5）音频配线宜采用19in（或21in）结构的10回线模块单元。音频电缆采用标准色谱线缆。

单只光配、数配、音配结构和安装参考图见图4-30，大中型音配、光配、数配屏结构参考图见图4-31。

（4）线缆成端。

1）电缆成端工艺要求如下：

a. 电缆成端线头的绝缘护套剥离长度应使露出的金属刚好与端子可靠连接，没有多余裸露。

b. 电缆所有接线均采用压接、焊接、接插件或端子接线（卡接）方式，其外护套、连接线绝缘护套剥离处、压接头子的压接处均应加匹配的热缩套管，热缩套长度宜统一适中，热缩均匀。

c. 电缆焊接时，芯线焊接端正、牢固，焊锡适量，焊点光滑、不带尖、不成瘤形。

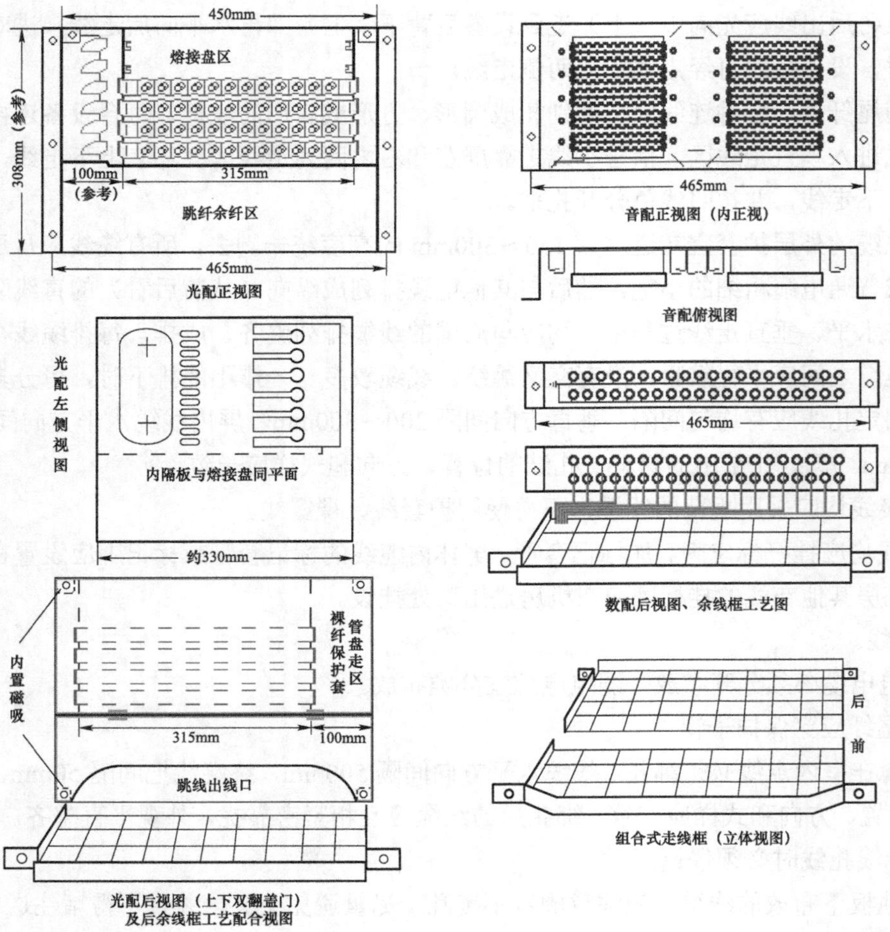

图 4-30　单只光配、数配、音配结构和安装参考图

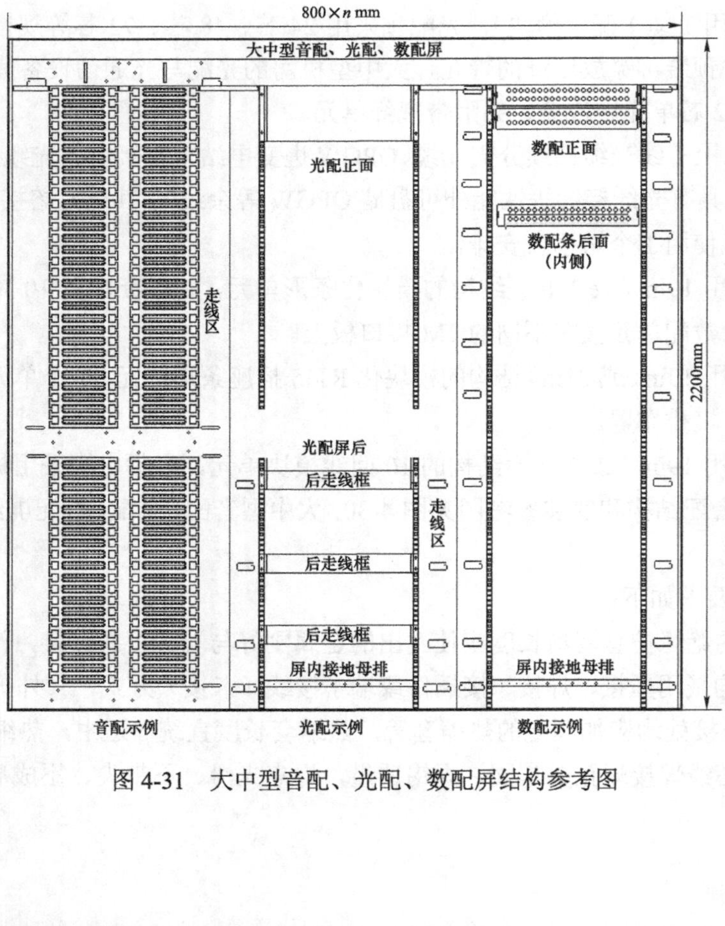

图 4-31　大中型音配、光配、数配屏结构参考图

2）光缆成端工艺要求如下：

a. 正确区分两侧光缆中光纤排列顺序，确定光纤熔接顺序，并符合设计规定。

b. 在光纤上加套带有钢丝的热缩套管。

c. 除去光纤涂覆层，用被覆钳垂直钳住光纤快速剥除 20～30mm 长的一次涂覆和二次涂覆层，用酒精棉球或镜头纸将纤芯擦拭干净。剥除涂覆层时应避免损伤光纤。

d. 光纤切割时应长度准、动作快、用力巧，光纤应是被崩断的。制备后的端面应平整，无毛刺、无缺损，与轴线垂直，呈现一个光滑平整的镜面区，并保持清洁。

e. 取光纤时，光纤端面不得碰触任何物体。端面制作好的光纤应及时放入熔接机 V 型槽内，并及时盖好熔接机防尘盖，放入熔接机 V 型槽时光纤端面不得触及 V 型槽底和电极，避免损伤光纤端面。

f. 光纤熔接时，根据自动熔接机上显示的熔接损耗值判断光纤熔接质量，不合格应进行重新熔接。

g. 用 OTDR 对接续性能进行复测及评定，符合接续指标后立即热融热缩套管，热缩套管收缩应均匀、管中无气泡。宜在全部纤芯接续完毕后，用 OTDR 进行复测，不合格应进行重新接续。

（5）接地。接地要求满足 DL 548—2012《电力系统通信站防雷运行管理规程》，接地装置的位置、接地体的埋设深度及接地体和接地线的尺寸应符合设计规定。具体工艺要求如下：

1）所有电气设备（含数配、音配、屏体），均应装设接地线接至地母。通信屏内接地母排至机房地母的接地线规格应不小于 25～95mm^2，屏内设备至接地母排的接地线应不小于 2.5～6mm^2，其他屏体的接地线可选用 1.5～2.5mm^2 规格，过压保护地线应选用不小于 4～6mm^2 规格的地线。

2）接地线连接宜采用螺栓方式固定连接，其工作接触面应涂导电膏。扁钢接头搭接长度应大于宽度的 2 倍。扁钢与扁钢或扁钢与地体连接处至少有三面满焊，焊接牢固，焊缝处涂沥青。

3）引入扁钢涂沥青，并用麻布条缠扎，然后在麻布条外面涂沥青保护。

通信电源的正极应在直流电源屏处单点接地。

（6）过电压保护。过电压保护要求满足 DL 548—2012《电力系统通信站防雷运行管理规程》，具体工艺要求如下：

1）安装过程中，交流电源系统的各级过电压保护器件间连线距离小于 15m 时应设置能对过压起阻隔作用的装置。

2）引入机房的各种电气线路（包括电源馈线）应在进入机房处将其屏蔽层接地，必要时加装过压保护器件，其他经地埋、管道引入机房的各类电气线路应将其屏蔽层接地并宜设置过电压保护器件。

3）户外架空交流供电线路接入通信站除采用多级避雷器外，还应采用至少 10m 以上电缆直埋或穿钢管管道方式引入。

4）音频配线的防过电压除常规的电缆屏蔽层接地、户外引入电缆穿钢管外，主要采用音频保安器、空线对接地方式。

5）其他数字线缆的防过电压除常规的屏蔽层接地、户外引入线缆穿 10m 以上钢管外，还可外加同轴保安器。

三、通信设备施工调测

1. 光通信设备调测

（1）单机调测。

1）电源及设备告警功能检查。

a. 检查直流电源供电电压。

b. 依据设备出厂检验报告，检查设备告警功能。

c. 检查冗余机盘保护倒换功能，机盘倒换时设备应能正常工作。

d. 根据检查结果填写电源及 SDH 设备告警检验记录表，检验记供电电源、SDH 设备告警及保护倒换检验记录。

2）光接口检查与测试。

a. 根据设备出厂检验报告，检查光接口各项指标测试记录。

b. SDH 光接口测试。

c. 根据检查测试结果填写 SDH 设备光接口检验记录表，SDH 设备光接口测试记录 SDH 设备光接口厂验记录检验表。

3）电接口检查与测试。

a. 根据设备出厂检验报告，检查各项电接口指标测试记录。

b. 输入口允许频偏指标测试，每块 2M 支路板只需测试两个 2M 口；每个 STM－1e 接口均须检查测试。

c. 根据检查测试结果填写 SDH 设备电接口检验记录表，SDH 设备电接口测试记录 SDH 设备电接口厂验记录检验表。

4）以太网接口检查与测试。

a. SDH 设备以太网接口分为：10M 电接口、10～100M 自适应电/光接口、1000M 光接口。SDH 单机以太网接口验收项目包括物理指标测试、部分透传功能测试。

b. 以太网光接口物理指标测试项目包括最大传送距离、平均发送光功率、收信灵敏度、过载光功率。

c. SDH 以太网接口透传功能测试项目包括最小帧长度、最大帧长度、异常帧检测、VLAN 支持的 ID 范围、统计计数、自协商、流量控制、用户安全隔离功能、传输链路带宽配置功能、LCAS 功能（选测）、吞吐量、背靠背（选测）等，功能满足设计要求。

d. 以太网二层交换功能测试主要有自动协商功能、流量控制功能、统计计数功能、用户安全隔离功能、传输链路带宽配置功能、LCAS 功能（选测）、吞吐量、背靠背（选测）、单/多/广播功能、VLAN 优先级（选测）等，功能满足设计要求。

e. 以太网汇聚功能测试主要有多端口到单端口的以太网业务汇聚、多分支网元到中心网元的以太网业务汇聚、多端口到单端口的以太网业务共享功能等，功能满足设计要求。

f. 根据检查测试结果填写 SDH 设备以太网功能检验记录表。

（2）系统调测。

1）系统调测包括系统性能测试和系统功能检查。

a. 系统性能测试包括系统误码性能测试、系统抖动性能测试及光通道储备电平复核。

b. 系统功能检查包括时钟选择倒换功能、公务电话功能、系统保护倒换功能、信号环回功能、以太网传输功能检查。

2）系统误码性能测试。

a. 系统误码性能测试采用短期系统误码指标，测试时间分为 24h 和 15min 两种。

b. 系统误码指标测试位置：155M 或 2M 支路口；凡两端均不连接 155M 复用设备和一端连接 155M 另一端不连接 155M 的复用设备，均只在 155M 支路口测试。

c. 系测试通道数量：每个 2.5G 系统中宜对 2 个 155M 支路口进行 24h 误码指标测试，其余 155M 支路口全部进行 15min 误码测试；每个 155M 系统中宜对 1 个 2M 支路口进行 24h 误码指标测试，其余 2M 支路口按照 10%的比例进行 15min 误码测试。凡进行 2M 误码测试的 155M 支路可不再进行 155M 误码测试。

d. 系测试方法：系统误码指标可用远端环回方式进行测试，误码指标应采用单向指标。如果测试结果不满足要求，则应按两个方向分别进行单向测试。

e. 系统工作正常与否的判断方法：用 15min 作为一个测试周期对系统进行误码检查。如果第一个测试周期未观测到误码块和不可用事件，则判定为系统工作正常；若在此周期内观测到误码块和不可用事件，则应重复测试一个周期，最多重复两次。如果第三个周期仍然观测到误码块和不可用事件，则判定为系统工作不正常，需查明原因后再进行测试。系统工作判定为正常后，方可进入 24h 测试。

3）系统抖动性能测试。

a. 系统 STM–N 和 2M 输出抖动测试。

b. STM–N 和 2M 输入口抖动测试。

c. 系统抖动测试时间 60s，对每种不同速率的接口只需抽测一个。

4）时钟选择倒换功能检查。设备在外部时钟信号丢失或接收信号出现 AIS 后，应在 10s 内启动倒换，倒换过程中系统不应出现误码。

5）公务电话系统检查。

a. 公务电话功能检查项目包括呼叫方式检查、话音质量评定、话机延伸功能检查。

b. 呼叫方式检查：各站预置的电话号码应正确；应具备选呼、全呼、分组呼功能；拨号应无错号；应能正确被叫。

c. 话音质量评定：话音清晰、无杂音、无啸叫，音量适中。

d. 话机延伸功能检查：将话机延伸 200m，按上述功能要求进行检查。

6）保护倒换功能检查。

a. 根据网络结构不同 SDH 网络保护倒换可以分为线路保护倒换、环网保护倒换；子网保护倒换；1+1 通道保护倒换、1:N 通道保护倒换；单向保护倒换、双向保护倒换；对等保护倒换（亦称不返回方式）、不对等保护倒换（亦称返回方式）；自动保护倒换、人工保护倒换等。本节内容规范了 SDH 网络自动保护倒换功能检查。

b. 自动倒换功能检查项目包括保护倒换准则检查和保护倒换时间测试。

7）环回功能检查。环回功能检查时，需对不同速率信号分别按设备内部环回和外部环回方式，检查近端环回和远端环回情况。设备外部环回可在设备的相应接口或 ODF、DDF 配线架上进行。

8）光通道储备电平复核。依据设备单机测试记录，考核光通道传输储备电平值是否符合设计要求。

9）以太网传输功能检查。

a. 基于 SDH 的以太网传输功能检查项目包括网络透传功能检查、汇聚功能检查、二层交换功能检查。本节仅规范了网络透传功能检查。

b. 基于 SDH 的以太网透传功能检查项目包括测试吞吐量、映射颗粒、带宽可配、极限带宽、过载丢包率、长期丢包率、时延。

（3）网管调测。

1）网管配置检查。根据采购合同软件、硬件配置清单，核对网管软、硬件配置情况。

2）网管功能检查。

a. 告警管理功能检查。

b. 故障管理功能检查。

c. 安全管理功能检查。

d. 配置管理功能检查。

e. 性能管理功能检查。

2. 光波分复用调测

（1）光波分复用（WDM）系统分为集成式 WDM 系统和开放式 WDM 系统。

（2）集成式 WDM 系统的 SDH 终端具有满足 G.692 的光接口系统（标准光波长、满足长距离传输的光源）；开放式 WDM 系统是在波分复用器前加入了波长转换器（OTU），将 SDH 非规范的波长转换为标准波长。OTU 对输入端的信号波长没有特殊要求，可以兼容任意厂家的 SDH 信号，OTU 输出具有满足 G.692 的光接口（标准的光波长、满足长距离传输的光源）。

（3）集成式 WDM 系统收/发信机 Sn、Rn 参考点技术指标检查与测试。

1）根据设备出厂检验报告检查收/发信机在 Sn、Rn 参考点的技术指标。检查项目包括消光比、传输脉冲形状（眼图模板）、边模抑制比、−20dB 谱宽、接收机反射系数、每通路光信噪比、S−R 点间光通道代价。

2）集成式 WDM 系统收/发信机在 Sn、Rn 参考点技术指标测试项目包括系统中每条通路平均发送光功率、发送信号中心频率、收信灵敏度、收信过载光功率。

（4）主光通道测试。波分复用设备主光通道测试项目包括在 MPI−S 参考点测试发信机每条光通路发送信号波长、发送功率、主光通道总发送功率、最大发送通路功率差；在 MPI−R 参考点测试收信机每条光通路接收信号波长、接收功率、主光通道总接收功率、最大接收通路功率差。

（5）光监控通路测试。波分复用设备光监控通路（OSC）测试项目包括测试发送信号波长、发送光功率。光监控通路相关技术指标测试并记录。

（6）波长转换器测试。波长转换器（OTU）测试项目包括输入/输出信号波长、输出光功率，收信灵敏度、收信过载光功率，波长转换器相关技术指标测试及记录。

（7）WDM 系统传输性能测试。

1）WDM 系统传输性能测试项目包括系统误码测试、系统输入/输出抖动性能测试。

2）集成式 WDM 系统性能指标测试位置在设备的 STM−N 信号输入/输出口。

3）开放式 WDM 系统性能指标测试位置在波长转换器（OTU）STM−N 信号输入/输出口。

（8）WDM 网管系统功能检查。

1）WDM 网元级网管系统功能检查项目包括故障管理、性能管理、配置管理、安全管理、光监控通路备用路由的 DCN 保护功能。

2）故障管理、性能管理、配置管理、安全管理功能检查及记录。

3. 脉冲编码调制（PCM）设备调测

（1）PCM 单机调测。

1）2M 接口测试（选测）。2M 接口主要测试项目包括输出口比特率测试、输入口抖动容限测试。

2）铃流电压测试。铃流发生器输出电压的测试结果应符合设备维护手册技术要求。

（2）系统调测。

系统调测项目主要包括音频通道技术指标测试及功能检查、数据通道功能检查。

1）音频通道发/收电平测试及信令功能检查。

a. 音频通道发、收信电平的测试结果应符合设备维护手册技术要求。

b. 连接交换机和电话机，检查 FXO 和 FXS 接口的信令功能。

c. 模拟发送 M 线信令，检查 E 线信令接收功能。

d. 每对 PCM 设备音频通道发/收信电平测试数量应占音频通道配置总量的 10%～20%，音频通道的信令功能（FXO/FXS E/M）应进行 100%检查。

2）64K 数字通道误码率测试结果应满足设计要求。

（3）智能化 PCM 设备特殊功能检查。

1）2M 通道保护倒换功能检查。在具有 2M 通道保护倒换的系统中，开断主用 2M 通道后，PCM 设备应能自动倒换至备用 2M 通道，2M 通道倒换时，数字通道误码指标应满足设备维护手册技术要求，音频通道中已开通的业务应不受影响。

2）话路时隙交叉连接功能检查。在具有三个以上方向的分支站进行话路时隙交叉连接功能检查时，用网管设备变更话路时隙交叉连接路径，检查各方向间通信路径是否发生了相应的改变。

3）PCM 设备技术指标测试及功能检查并记录。

（4）网管系统检查。根据 PCM 设备合同技术协议书规定的网管系统检查项目和指标，检查 PCM 设备网管系统的安装调测质量。

4. 通信电源系统设备调测

（1）配电设备调测。

1）具有两路交流输入切换功能，当一路交流失电时能自动切换到另一路。

2）交、直流配电出现输出电压过高、过低、熔断器熔断时，应送出遥信信号。

3）监控及表计显示单元的供电应取自直流系统。

4）电缆穿墙、电缆竖井及电缆沟道盖板应符合设计要求。

5）交流配电设备检测记录，直流配电设备检测记录。

（2）高频开关整流设备调测。

1）整流模块按 N+1 原则配置。

2）每台设备由独立的分路开关或熔断器供电。

3）在设计要求的交流电压波动范围内能够稳定运行。

4）浮充电压和均充电压的设定值应与所用蓄电池的相应参数相匹配。

5）检查电源监控模块各项功能。

6）高频开关整流设备检验记录。

（3）蓄电池组调测。

1）阀控式全密封铅酸蓄电池安装后应进行充放电试验，并复查蓄电池电缆连接处紧固情况。

2）蓄电池组检查记录。

（4）通信电源集中监控系统调测。

1）遥信、遥测信号能够准确、可靠地传送到监控中心。

2）检查交流配电监控功能，遥信信号包括交流停电告警、过压告警、欠压告警、缺相告警，遥测信号包括输入电压、电流、频率。

3）检查直流配电监控功能，遥信信号包括过压告警、过流告警、熔丝告警、负载电压低告警，遥测信号包括蓄电池组电压、各蓄电池组电流、负载电压和电流。

4）检查高频开关整流设备监控功能，遥信信号包括整流器故障告警、整流模块故障告警、直流输出过压及欠压告警、设备温度告警，遥测信号包括各模块输入电压和电流、各模块输出电压和电流以及总输出电流。

5. 同步时钟系统调测

（1）硬件检查测试。

1）设备通电前，应对下列内容进行检查测试：

a. 天馈线系统安装规范、符合技术要求。

b. 各种电路板数量、规格、接线及机架的安装位置与施工设计文件相符。

c. 设备标识清晰规整，能正确反映 BITS 输入输出信号的分布情况。输出为（1+1）配置的端口应特别标明。

d. 各机架所有的熔丝规格符合要求，各功能单元电源开关应处于指定位置。

e. 设备的各种选择开关应置于指定位置。

f. 设备内部的电源布线接线处牢固、正确，无接地现象。

g. 设备的供电电源线、地线规格符合设计要求，接线端应牢固、正确。机房电源应符合设备正常工作要求。

2）维护终端等附属设备应齐全，接线及自测正常。

3）检查设备的各级可闻、可见告警信号装置应工作正常、告警准确。

4）备接口符合设计要求。

5）中监控系统连接正确。

6）按照测试程序，通过人机命令，对设备进行测试检查，确保硬件系统无故障。

7）系统检查测试应包括下列内容：

a. 系统重启动功能，包括系统初始化。

b. 系统冗余配置单元的人工/自动倒换功能。

c. 系统的维护管理功能核实，包括人机命令、告警系统、故障诊断。

d. 数据的核实，包括时钟参数、告警设置、输入/监测口的配置。

8）设备联网测试。

a. BITS 设备应正常工作于符合设计条件的联网环境，正确反映各路输入信号的状态和性能。

b. BITS 设备应正确跟踪时钟级别最高的、正常的输入信号，并由此发生自动选择输入信号的倒换/倒回。

c. 当 BITS 设备发生倒换/倒回操作时，输出信号的相位瞬变性能应满足指标要求。

9）系统检查测试结果应满足设备手册、设计要求以及运行维护要求。

（2）卫星天馈线环境检验项目和内容。

1）检查 GPS 天馈线环境。

2）调看 GPS 接收机数据。

（3）系统功能和性能检查测试主要项目和内容。

1）设备工作状态检查。

2）倒换功能检验。

3）告警功能检验。

4）监测功能检验。

5）同步状态信息（SSM）功能检验。

6）通信功能检验。

7）同步与否检验。

8）定时链路检查。

9）输出信号检查。

（4）监控系统设备功能检验。

1）输出信号检查。

2）配置功能检验。

3）性能数据检验。

4）终端仿真检验。

5）统计功能检验。

6）系统维护功能检验。

7）安全性检验。

8）通信功能检验。

四、通信设备施工验收

验收工作包含工厂验收、随工验收、阶段性（预）验收、竣工验收四部分。

（1）工厂验收由建设单位组织工程相关单位在通信设备出厂前到生产厂家进行。工厂验收内容应包括元器件检查、设备单机、单板技术指标测试及搭建工程模拟环境进行系统性能测试、系统功能检查等。对于外购元器件，宜检查元器件的来料记录及批次检查情况。厂验收根据出厂验收报告和合同确定的验收内容，按抽样检验规则进行，抽样检验规则满足项目合同及有关技术规范约定。工厂验收结束，验收测试组提交工厂验收报告，确保验收不合格的产品不得出厂。

（2）随工验收由监理单位或建设单位组织相关单位在施工现场进行。随工验收应按工程实施顺序对设备和材料、工程施工进度、施工质量、施工文件进行检查和验收。隐蔽工程和特殊工程项目随工验收时，应留有影像资料。

随工验收包括设备开箱检验，到站设备的规格、型式、数量应符合设计及合同要求；设备安装工艺检查；单机技术指标测试；中继段及复用段光传输性能测试；施工过程文件检查。验收应逐站、逐项进行。

（3）阶段性（预）验收由建设单位或监理单位组织实施。阶段性（预）验收应在光缆线路和设备安装调试基本完成、配套设施正常投入使用、工程文件基本整理完毕时进行。阶段性（预）验收合格后，电路投入试运行。验收内容应符合下列要求：检查工程完成情况、测试系统指标；检查工程文件；审议、通过阶段性（预）验收报告。

（4）竣工验收由建设、运行、设计、监理和施工单位组成的工程验收机构负责组织实施。竣工验收应在试运行阶段结束、遗留问题已有协商一致的处理意见、工程文件整理齐全、技术培训完成时进行。竣工验收合格后，电路投入正式运行。验收内容应符合下列要求：检查复核系统性能技术指标；进行工程建设总结；向生产运行单位办理正式移交手续。

五、光缆线路施工安装

（一）光缆线路施工流程

光缆施工一般分为准备阶段、施工阶段和验收阶段。其中准备阶段包括路由复核、开箱检验、单盘测试；施工阶段包括光缆敷设安装、光缆接续、全程测试、标识标牌。

光缆安装施工流程示意图见图4-32。

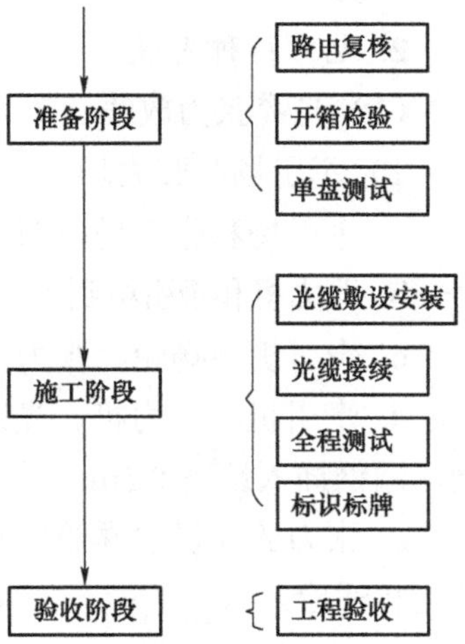

图4-32 光缆安装施工流程示意图

（二）光缆敷设准备

1. 路由复核

（1）光缆敷设前应进行路由复核，路由复核以批准的设计施工图为依据。

（2）按设计要求核定光缆路由走向、敷设方式以及环境条件。

（3）核定穿越铁路、公路、河流以及其他障碍物的地段、措施及实施可行性。

（4）核定光缆线路与其他建筑物、线路交叉跨越间距。

（5）初步确定光缆施工分屯点的设置和位置。

（6）初步确定牵引场、张力场位置，牵引场、张力场应交通便利，场地地形及面积满足设备、线缆布置及施工操作的要求。

2. 开箱检验

（1）检查缆盘、光缆外观是否完好无损，光缆端头是否封装良好，所附标志、标签内容是否清晰、齐全。

（2）检查光缆、金具及附件的型号、规格、数量是否符合设计规定和订货合同要求。

（3）检查光缆、金具及附件的出厂质量检验合格证和性能检测报告是否齐全。

（4）收集出厂检测报告、合格证等资料，根据开箱检验结果填写开箱检验记录（参照DL/T 5344《电力光纤通信工程验收规范》相关规定），对损坏的光缆应做详细记录并取证（拍照或摄像）存档。

3. 单盘测试

（1）光缆在现场应进行单盘测试。

（2）单盘测试包括光缆盘长、光纤衰减指标等测试，测试结果应符合设计规定和订货合同要求。

（3）每盘光缆的光纤应全部测试，供货方代表应到现场确认测试结果。

（4）根据单盘测试结果填写光缆单盘测试记录（参照 DL/T 5344《电力光纤通信工程验收规范》相关规定），对单盘测试结果不符合要求的光缆应做详细记录并取证（拍照或摄像）存档。

（5）单盘测试合格后应及时恢复包装，包括光缆端头密封处理及固定、缆盘护板重新钉好等。

（三）光缆敷设安装

1. 一般工艺要求

（1）施工单位应根据工程概况、光缆路由情况、光缆盘长、光缆接续位置等编制可行的光缆敷设施工方案。

（2）光缆敷设前应对光缆路由进行通道处理、障碍物清除，做好交叉跨越等防护措施。

（3）光缆盘应直立装卸、运输及存放，不得平放。短距离滚动时应按缆盘标明的旋转箭头方向滚动。

（4）敷设光缆时，光缆应由缆盘上方放出并保持松弛弧形，牵引端头与牵引绳之间应加退扭器。

（5）机械牵引敷设时，牵引速度一般在 5～40m/min 之间，调节方式应为无级调速；人工牵引敷设时，牵引速度一般控制在 10m/min 左右为宜。

（6）机械牵引敷设时，牵引张力应可调节，并应具有自动停机性能，当牵引力超过规定值时，能自动发出告警并停止牵引。

（7）光缆敷设过程中，应无扭转、打小圈、浪涌、急弯等现象发生，保证光缆的完整性，不得损伤光缆，发现护层损伤应及时更换或修复。

（8）光缆敷设后，发现可疑情况应及时测量，确认光纤是否良好，光缆端头应进行密封防潮处理。

（9）光缆敷设过程中应全线保持施工人员联络畅通。

（10）大跨越等特殊地段的光缆敷设，应按设计要求进行敷设。

2. 电力特种光缆

（1）光缆张力放线。

1）牵引场和张力场。

a. 牵引场和张力场应布置在架设段两端耐张塔外侧，且应在线路方向上，水平偏角应小于 7°。

b. 张力机和牵引机到第一基铁塔的距离应大于 4 倍塔高，张力机与放线架线轴之间的距离应不小于 5m。

c. 牵引机卷扬轮、张力机导向轮、光缆放线架及牵引绳卷筒与牵引绳的受力方向应与其轴线垂直。

d. 牵引机、张力机、光缆放线架应进行锚固，并可靠接地。接地线采用 25mm^2 软铜线连接$\phi 30$ 圆钢，圆钢插入地下 0.5m 以上。

e. 张力放线机主卷筒槽底直径应大于 70 倍光缆直径，且不得小于 1m。光缆放线区段长度应与光缆长度相适应。

2）悬挂放线滑轮。

a. 在架设光缆前，各基铁塔应先挂好放线滑轮。放线滑轮槽底直径应大于 40 倍光缆直径，且不得小于 500mm，磨阻系数应不大于 1.015。

b. 临近牵引场和张力场的第一基铁塔、转角塔和滑轮包络角大于 60° 的铁塔，应悬挂槽底直径不小于 800mm 的滑轮（或使用 600mm 的组合滑轮）。

c. 转角塔直通放线时，为防止可能出现的光缆跳槽卡线现象，可将滑轮向内侧进行预倾斜处理。

3）牵引绳布放与升空。

a. 牵引绳采用人工展放，按牵引绳盘长分段布线、展放，然后用抗弯连接器连接，连接应有专人负责；展放完毕后，应对牵引绳顺线检查连接是否良好。

b. 使用牵引绳连接器前检查有无断裂、变形，不合格不得使用。

c. 牵引绳展放完毕后，应将其升高至每一基杆塔的放线滑轮槽里。

4）牵引端头连接。

a. 光缆端头从光缆线盘上拉出后，不得直接往张力机上缠绕，应先采用软绳缠绕在张力机上再牵引通过。

b. 光缆出张力机后与牵引绳的连接方式宜采用：光缆—牵引网套—抗弯连接器—防扭鞭（可选）—退扭器—牵引绳。

c. 牵引网套与光缆外径应匹配，牵引网套与光缆连接应紧固，在牵引网套末端宜用铁丝进行绑扎（不少于 30 匝）并裹上黑胶布。

5）光缆牵引。

a. 按制造厂家给定的参数调整控制光缆张力，施加的张力应控制在 10%RTS 以内，在施工过程中施加在光缆上的任一张力，均不得超过 20%RTS。

b. 起始放线速度应为 5m/min，待光缆通过第一基铁塔后，可均匀加速至 30m/min 左右，最大放线速度应不超过 40m/min。牵引时应匀速前进，不得突然加速或减速。

c. 转角杆塔、交叉跨越点和其他重要位置应配置信号人员，发生夹线或其他情况时及时报告处理。光缆牵引端头应在信号人员监视下慢速通过滑轮。

d. 张力机操作人员应随时注意张力控制情况，在牵引过程中，牵引力突然大幅度增加时，应及时停车，待查明原因，排除故障后再牵引。

e. 光缆端头及防扭鞭临近放线滑轮时，应均匀放慢牵引速度，光缆端头通过滑轮后均匀加速至原来的牵引速度。

f. 光缆在展放过程中不得落地，光缆与跨越物应保持 3～5m 的安全距离。各信号人员应随时观察光缆的展放情况，及时通知调整张力，避免光缆与已架设导线、跨越架或其他障碍物碰撞磨损。

g. 临时中断放线时，应及时通过手闸阻止缆盘上的光缆继续绕出，同时应避免在光缆上产生扭矩。

h. 光缆展放完毕后，尾缆应保留，且预留长度应符合设计规定。尾缆不应着地，光缆弯曲半径应大于 0.5m，不得出现硬弯等现象。

i. 光缆在任何情况下不得与杆塔任何部件发生摩擦碰撞。

j. 光缆不得两盘连放，如确需两盘连放时应经过相关方面的确认，并制订详细的方案。

6）光缆临时固定。

a. 光缆如未能在当日展放完毕，应在牵引端、张力端对牵引绳、光缆进行临时锚固。

b. 光缆展放完毕后如不能立即紧、挂线，应将光缆临时锚固。此时应在光缆尾端锚线，专用卡线工具宜卡在光缆尾端 3～4m 处。

c. 锚固时应有相应的防扭措施。

7）光缆紧线。

a. 紧线时应向一个方向紧光缆，紧线张力不得超过 20%RTS。

b. 紧线时牵引速度要平稳，其方向应沿线路方向进行。短档距紧线时，牵引速度要保持缓慢，不得过牵引。高落差和转角较大时，宜采用平行挂线法紧线。

c. 紧线时应使用紧线预绞丝作为紧线工具，并应通过心形环受力，不得直接拉外层预绞丝。

d. 当弧垂接近设计要求时，停止预紧，用手扳葫芦将光缆弧垂紧至设计值。

e. 紧线时同一盘光缆两头引下线长度应对称一致。紧线完成后，按照设计要求及时制作引下线。光缆弧垂允许偏差应符合 GB 50233《110～500kV 架空送电线路施工及验收规范》的要求。

8）附件安装。

a. 每个耐张段光缆紧线完毕后，应及时进行附件安装（宜在 48h 之内），附件安装前光缆应接地，附件安装方法按照厂家使用说明。

b. 在塔上缠绕操作过程中，应严格限制预绞丝端头的舞动范围。

c. 在缠绕内层预绞丝时，不得损伤光缆表面，接近尾端时应用非金属锲子拨动预绞丝，防止伤害光缆表面。绕好预绞丝后应用木柄轻轻敲实，使其与光缆有更好的接触，在缠绕金具时要按金具上标志确定安装位置。

d. 每个耐张段两端的耐张金具装好后，再安装中间的悬垂金具。首先在滑轮与光缆的切点做一标记为金具中心，先绕好内层预绞丝，再将两个橡胶件合上，绕上外层预绞丝，装上套壳和卡子，通过 U 形环将金具与过渡金具联结。金具安装完毕后随即装好防振器。

e. 预绞丝缠绕间隙应均匀，绞丝末端应与光缆相吻合，预绞丝不得受损，不得交叉。悬垂线夹金具串应垂直地面，顺线路方向偏移角度不得大于 5°，且偏移量不得超过 100mm。

f. 防振器安装距离偏差应不大于 30mm，安装位置、数量、方向和锤头朝向和螺栓紧固力矩符合设计要求。

g. 螺栓、销钉、弹簧销子穿入方向：顺线路方向宜向受电侧，横线路方向由内向外，垂直方向宜由上向下。

9）光缆张力放线的操作除遵循以上规定外，应符合 GB 50233《110～500kV 架空送电线路施工及验收规范》有关规定。

（2）OPGW 光缆。

1）OPGW 光缆敷设安装采用张力放线法，应符合相关规定。

2）光缆敷设最小弯曲半径应大于 40 倍光缆直径。

3）直通型耐张杆塔跳线从地线支架下方通过时，弧垂应为 300～500mm；从地线支架上方通过时，弧垂应为 150～200mm。

4）接地线采用并沟线夹或插片与光缆连接，另一端安装在铁塔主材接地孔上。接地线安装应平滑美观，长短适宜，不得有硬弯或扭曲，连接部位应接触良好，保持全线统一。

5）光缆引下安装。

a. 光缆引下应顺直美观，每隔 1.5～2m 安装一个固定卡具，防止光缆与杆塔发生摩擦。引下光缆与站内构架间应采用固定卡具加绝缘橡胶进行绝缘，与构架构件间距不得小于 20mm，通过专用接地线与站内接地网可靠连接。

b. 采用落地余缆箱安装时，光缆由构架引下至电缆沟地埋部分穿热镀锌钢管保护，并穿绝缘套管进行绝缘，两端做防水封堵。余缆箱、钢管与站内接地网可靠连接，钢管直径应不小于 50mm，绝缘套管直径应不小于 35mm，钢管弯曲半径应不小于 20 倍钢管直径。接续盒、光缆线盘、箱体之间可靠绝缘（见图 4-33）。

6）导引光缆安装。

a. 由接续盒引下的导引光缆至电缆沟地埋部分穿热镀锌钢管保护，钢管两端做防水封堵。钢管与站内接地网可靠连接。钢管直径应不小于 50mm。钢管弯曲半径应不小于 15 倍钢管直径，且使用弯管机制作。

b. 光缆在电缆沟内穿延燃子管保护并分段固定在支架上，保护管直径应不小于 35mm。继电保护用子管宜采用不同颜色加以区别。

c. 光缆在两端和沟道转弯处设置醒目标识。

d. 光缆敷设弯曲半径应不小于 25 倍光缆直径。

（3）ADSS 光缆。

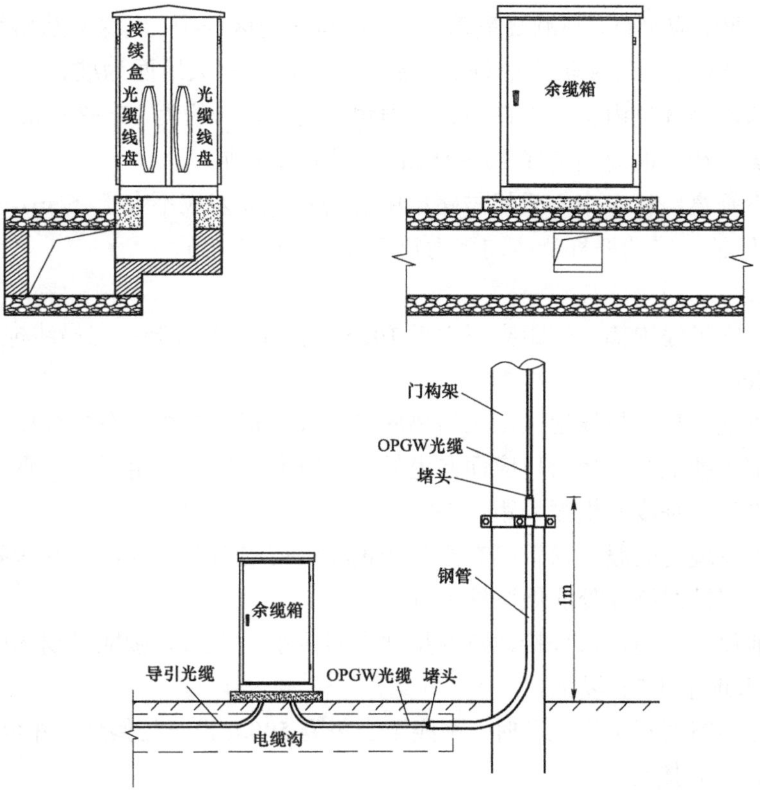

图 4-33　采用落地余缆箱安装示意图

1）ADSS 光缆敷设安装采用张力放线法，应符合光缆开剥及固定相关规定。

2）光缆敷设最小弯曲半径应大于 25 倍光缆直径。

3）杆塔上光缆跳线应自然大弧度过渡，并应安装 2～3 个固定线夹，防止光缆与杆塔发生摩擦。

4）光缆线路与其他建筑物间距应符合 DL/T 5040—2006《输电线路对无线电台影响防护设计规程》相关规定。

5）光缆引下安装。

a. 光缆引下应顺直美观，每隔 1.5～2m 安装一个固定卡具，防止光缆与杆塔发生摩擦。

b. 光缆引下至电缆沟地埋部分穿热镀锌钢管保护，两端做防水封堵，钢管与站内接地网可靠连接。钢管直径应不小于 50mm。钢管弯曲半径应不小于 15 倍钢管直径，且使用弯管机制作。

c. 光缆在电缆沟内穿延燃子管保护并分段固定在支架上，保护管直径应不小于 35mm。

d. 光缆在两端和沟道转弯处设置醒目标识。

（4）OPPC 光缆。

1）OPPC 光缆敷设安装采用张力放线法，应符合光缆开剥及固定相关规定。

2）光缆敷设最小弯曲半径应大于 40 倍光缆直径。

3）直通型耐张杆塔跳线弧垂应符合设计要求，一般预留长度为 2～3m，根据杆塔转角的角度大小或转向调整。

4）金具附件安装应同时符合 GB 50223—2008《建筑工程抗震设防分类标准》相关规定。

5）光缆展放完毕后，接续塔上光缆预留长度应符合设计要求。

6）导引光缆安装应符合光纤熔接相关规定。

3. 普通架空光缆

（1）杆路架设。

1）杆洞应平整，四壁应平直，与洞底呈垂直状。在斜坡地区挖洞，洞深应从斜坡下侧洞口往下 15～20cm 处计算洞深。地表有临时堆积泥土的杆洞洞深计量，应以永久地面为准。

2）角杆挖洞应从原测杆位内移，内移距离根据角深而定，一般为 25～30cm。

3）回填土应夯实，在杆根周围培成 10～15cm 的圆锥形土堆。

4）直线杆应上下垂直，杆身中心垂线与路由中心线左右偏差应不大于 5cm。角杆杆梢应在线路转角点向外倾斜约一个杆梢。终端杆杆身应向张力反侧倾斜 10～20cm。

（2）拉线、吊线。

1）拉线抱箍应紧靠吊线抱箍，间距应不大于 10cm，拉线抱箍宜装设在吊线抱箍之上。拉线抱箍至杆顶距离应不小于 50cm。

2）拉线盘应与拉线垂直，拉线地锚出土斜槽应与拉线上把成直线，不得有扛、顶现象。

3）吊线夹板线槽应朝上，夹板唇口应面向电杆，在有向杆拉力的角杆上，唇口应背向电杆。

4）吊线架设应平直，垂度应根据档距、当时气温进行适当控制。

5）架设吊线时若发现有断股、松散等有损吊线机械强度的伤残部分，应剪除后再进行接续。

6）吊线及拉线等用铁线绕扎处应做防锈处理。

7）吊线应设接地保护措施，每处接地点的接地电阻应小于 20Ω。接地引线选用 $25mm^2$ 钢绞线连接 $\phi16$ 的圆钢，圆钢插入地下 1.5m 以上。

8）与中低压电力线路同杆架设光缆时，吊线至少每隔 500m 设一处接地，并全线电气连通。一般杆路吊线应每隔 800m 设一处接地。

（3）交叉跨越、经过配电变压器。

1）光缆线路与 10kV 及以上电力线平行或交叉的安全距离应符合 DL 409《安全工作规程（电力线路部分）》的相关规定。

2）光缆线路与架空电力线路交越时，应在交越处做绝缘处理。

3）光缆线路经过变压器杆时，应采用横担支架或加立专用电杆等措施，线路与配电变压器及其引下线的距离大于 0.5m，并应根据情况增加绝缘保护措施。

4）吊线应与配电变压器、分支线的跌落式熔断器相对安装在电力杆的两侧，不得从高压引下线中间穿过。

（4）架空光缆架设。

1）光缆架设应采用滑轮牵引方式。在光缆盘侧和牵引侧安装导向索和导向滑轮，吊线上每隔 10～15m 安装一个导向滑轮，安装滑轮时穿入牵引绳，采用人工或牵引机在端头处牵引。

2）牵引力应不超过光缆允许张力的 80%，瞬间最大牵引力不得超过光缆允许张力的 100%，主要牵引力应加在光缆加强件上。

3）光缆牵引完毕，由一端开始用光缆挂钩将光缆吊挂在吊线上。光缆挂钩应符合设计规定。一般挂钩间距为 50cm，偏差应不大于±3cm，电杆两侧第一个挂钩距吊线夹板间距为 25cm，偏差应不大于±2cm。

4）挂钩规格应符合设计规定，挂钩在吊线上搭扣方向应一致、托板应齐全。

5）光缆敷设应自然、平直，不应承受纵向张力和横向侧压力。

6）光缆应每隔 1～3 根杆作伸缩预留，靠杆中心部位应加套保护管。

7）光缆应每 1000m 预留 50m 左右的余缆，在杆路或地形复杂的地区可每 500m 预留 50m 左右的余缆。光缆接续处宜对称预留 20m 左右的余缆。余缆应采用余缆架圈放。

8）光缆应架设在杆路背向道路的一侧。光缆与地面和其他建筑物的距离应符合 YD 5121《通信线路工程验收规范》相关规定。

9）由终端杆（塔）引下的光缆至电缆沟地埋部分穿热镀锌钢管保护，钢管两端做防水封堵，钢管与站内接地网可靠连接。钢管直径应不小于 50mm。钢管弯曲半径应不小于 15 倍钢管直径，且使用弯管机制作。

10）光缆在电缆沟内应穿延燃子管保护并分段固定，保护管直径应不小于 35mm。

4. 管道光缆

（1）管道路由和管孔位置应符合设计规定。

（2）电力沟体中敷设光缆，保护管敷设应平直，沿沟壁安装、固定，不得与电力电缆扭绞。

（3）电力管道中敷设光缆，管孔位置应全线一致，不得任意变换。光缆接头和余缆应在专用通信接头孔中存放。

（4）光缆敷设前应对敷设光缆的管孔进行通畅检查，必要时对管孔进行清洗。

（5）塑料子管在管道内布放应以一个或几个人孔间隔长度为布放单元，最大布放长度根据布放允许的最大张力确定，布放时应避免扭曲。

（6）同一管孔中布放 2 根及以上子管时，各子管宜采用不同颜色加以区别。子管在人孔内伸出长度约为 15～20cm，预留子管应进行封堵。

（7）光缆敷设可采用机械牵引或人工牵引，在牵引过程中，光缆纤芯应不受力。

（8）牵引端头的牵引张力应加在光缆加强件上，其余张力加在外护层上。牵引端头应采用防水胶带或树脂等材料进行防水处理。

（9）在人孔出入口和路由上出现拐弯、曲线以及管道人孔高度差等情况，应在有关位置安装相应的导引装置。

（10）光缆在管孔内不得有接头，不得在人孔内直接穿过。光缆在人孔内应采用波纹塑料软管保护，固定在托架上，并应排列整齐。预留光缆盘圈应符合弯曲半径要求，并可靠固定在人孔壁上。

（11）管道和其他地下管线及建筑物之间的最小净距应符合 YD/T 5121《通信线路工程验收规范》相关规定。

（12）管道建设应符合 YD 5103《通信管道工程施工及验收技术规范》相关规定。

（13）光缆采取塑料管道敷设时还应符合下列规定：

1）硅芯管铺设应符合 YD/T 5121—2010《通信线路工程验收规范》相关规定。

2）采用气流法敷设光缆应按气流敷设机操作指南或设计要求进行。

5. 直埋光缆

（1）挖沟。

1）光缆沟上宽度应以不塌方为宜，且要求底平、沟直，石质、半石质沟沟底应铺设 10cm 厚细土或沙土。

2）光缆沟底部宽度应为 30～40cm，每增加一条光缆，沟底宽度增加 10cm。

3）对于沟、渠段的光缆沟，深度应从沟、渠的最低点算起，在沟、渠两侧陡坡上应挖成类似起伏地形的缓坡，坡度应大于光缆最小弯曲半径。

4）直埋光缆与其他建筑设施间的最小净距应符合 YD/T 5121—2010《通信线路工程验收规范》相关规定。

5）接头坑深度同缆沟深度，宽度应不小于 1.2m。

6）接头坑应在光缆线路前进方向同一侧，靠路边时，应靠道路外侧。

（2）光缆敷设。

1）布放光缆时，不得直接在地上拖拉光缆，布放速度要均匀，避免光缆过紧或急剧弯曲。光缆弯曲半径不应小于 25 倍光缆直径。

2）同沟布放多条光缆时，应平行排列，不得重叠或交叉，缆间平行净距应不小于 10cm。

3）机械牵引方式敷设时，宜采用光缆端头牵引及辅助牵引机连合牵引，牵引力应加在光缆加强件上。一般在光缆沟旁牵引，由人工将光缆放入光缆沟中。

4）人工牵引方式敷设时，一次布放长度宜为 0.5km。分几次牵引时应采用平放“∞”或叠放“∞”形方式，并分段牵引。

5）光缆敷设后应及时进行回填。应先铺盖 10～30cm 的细土或沙土，上面盖砖后再回填原土，分层夯实，每回填土 30cm 夯实一次，回填土应稍高出地面。

6）排流线应在光缆上方 30cm 处敷设，双排流线应平行铺设，间距为 0.4～0.6m。

（四）光缆接续工艺

（1）一般工艺要求。

1）光纤单点双向平均熔接损耗应小于 0.05dB，最大不得超过 0.1dB，全程大于 0.05dB 接头比例应小于 10%。

2）光缆接续盒密封性能良好、体积小且易于放置和保护。

3）OPPC 光纤接续涉及光纤接续和光电分离技术，应由专业人员进行接续。

4）光缆接续作业应连续完成，不得任意中断。

5）接续前应检查熔接机性能，选择适合的接续模式及参数，必要时应对熔接机进行维护和清洁。

6）光缆接续应选择天气晴朗时进行，遇到恶劣天气应在车辆或接头帐篷内作业，当温度低于零度时，应采取升温措施。

（2）一般工艺要求。

1）光缆开剥及固定：① 去除光缆前端牵引时直接受力的部位。② 根据光缆在接续盒的固定位置及盘纤余量需要确定开剥的光缆外护层（或外层绞线）的长度并做好标记，采用滚刀等专业工具切除光缆外护层（或外层绞线）。③ 仔细辨认并切除内层光缆填充管（或绞线），保留光纤套管（或光单元管）并及时清理光纤套管（或光单元管）上的油膏。④ 根据光缆加强件固定位置预留加强件长度并切除多余的光缆加强件。⑤ 在熔接台上将光缆固定，避免光缆扭转。⑥ 用专业工具切除光纤套管（或光单元管）并及时清理光纤上的油膏，应避免去除光纤套管（或光单元管）过程中损伤光纤。

2）光纤熔接：① 正确区分两侧光缆中光纤排列顺序，确定光纤熔接顺序，并符合设计规定。② 在光纤上加套带有钢丝的热缩套管。③ 除去光纤涂覆层，用被覆钳垂直钳住光纤快速剥除 20～30mm 长的一次涂覆和二次涂覆层，用酒精棉球或镜头纸将纤芯擦拭干净。剥除涂覆层时应避免损伤光纤。④ 光纤切割时应长度准、动作快、用力巧，光纤应是被崩断的。制备后的端面应平整，无毛刺、无缺损，与轴线垂直，呈现一个光滑平整的镜面区，并保持清洁。⑤ 取光纤时，光纤端面不得碰触任何物体。端面制作好的光纤应及时放入熔接机 V 形槽内，并及时盖好熔接机防尘盖，放入熔接机 V 形槽时光纤端面不得触及 V 形槽底和电极，避免损伤光纤端面。⑥ 光纤熔接时，根据自动熔接机上显示的熔接损耗值判断光纤熔接质量，不合格应进行重新熔接。⑦ 用 OTDR 对接续性能进行复测及评定，符合接续指标后立即热融热缩套管，热缩套管收缩应均匀、管中无气泡。宜在全部纤芯接续完毕后，用 OTDR 进行复测，不合格应进行重新接续。

3）盘纤及接续盒封装：① 光缆进入接续盒应固定牢靠，加强件牢固固定，避免光缆扭转。光纤套管（或光单元管）进入余纤盘应固定牢靠。② 光纤接头应固定，排列整齐。接续盒内余纤盘绕应正确有序，且每圈大小基本一致，弯曲半径不应小于 40mm。余纤盘绕后应可靠固定，不得有扭绞受压现象。③ 接续盒应密封良好，做好防水、防潮措施，封装方法按照厂家使用说明。

4）接续盒安装及余缆整理：① 普通架空光缆接续盒应可靠固定在电杆上或挂在吊线上；管道光缆接续盒应牢固固定在人孔壁上；ADSS 光缆及 OPGW 光缆接续盒应用连接件直接固定在铁塔内侧，安装在铁塔的第一级平台上方；OPPC 光缆接续盒用绝缘子固定在接续盒平台或悬挂在铁塔上，中间接续盒封装好后，用带有并沟线夹的电力跳线跨接接续盒两端的 OPPC 光缆。接续盒安装应可靠固定、无松动，宜安装在余缆架上方。接续盒及余缆架安装示意见图 4-34～图 4-38。② 余缆盘绕应整齐有序，不得交叉扭曲受力，捆绑点应不少于 4 处。每条光缆盘留量应不小于光缆放至地面加 5m，并符合设计规定。③ 光缆接续盒安装固定完毕，应用 OTDR 进行光纤复测，不合格应进行重新接续。

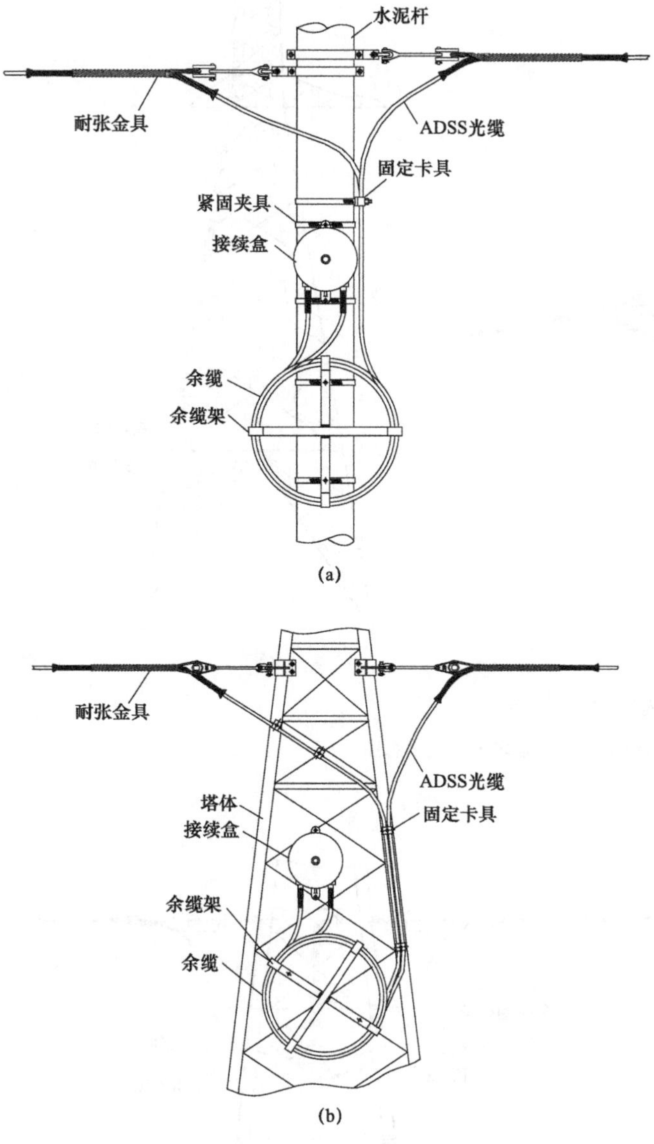

图 4-34　ADSS 光缆接续盒及余缆架安装示意图

（a）杆上安装示意图；（b）塔上安装示意图

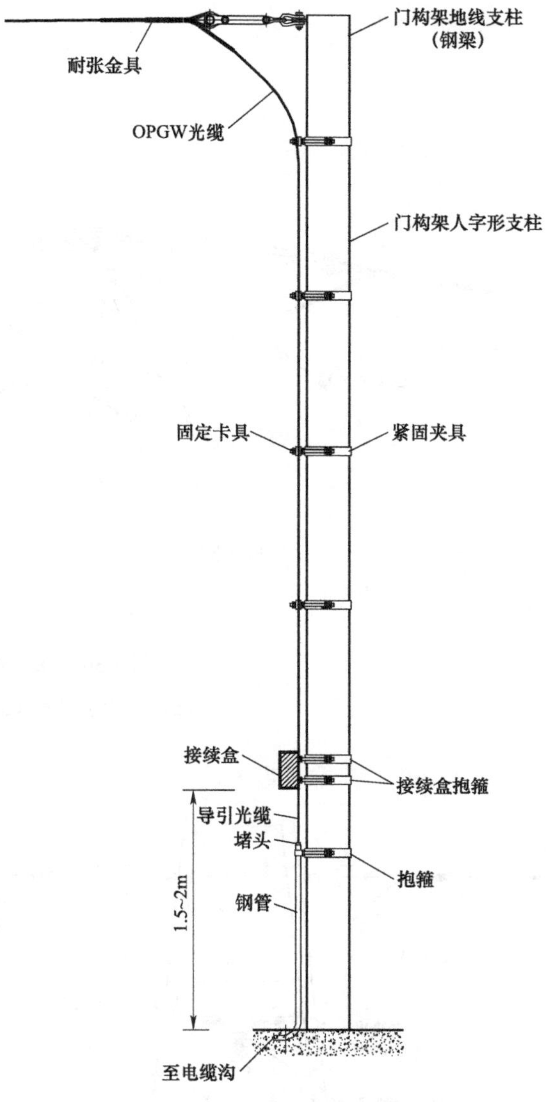

图 4-35　OPGW 光缆接续盒门构架安装示意图

六、光缆线路调测

1. 单盘测试

单盘测试包括对光缆盘长、光纤衰减和后向散射曲线指标进行测试，测试结果应符合合同要求。做好光缆单盘测试记录。

2. 全程测试

（1）光缆施工完毕应进行双向全程测试，测试项目包括单向光纤损耗及计算双向平均损耗等，测试结果应满足合同要求。

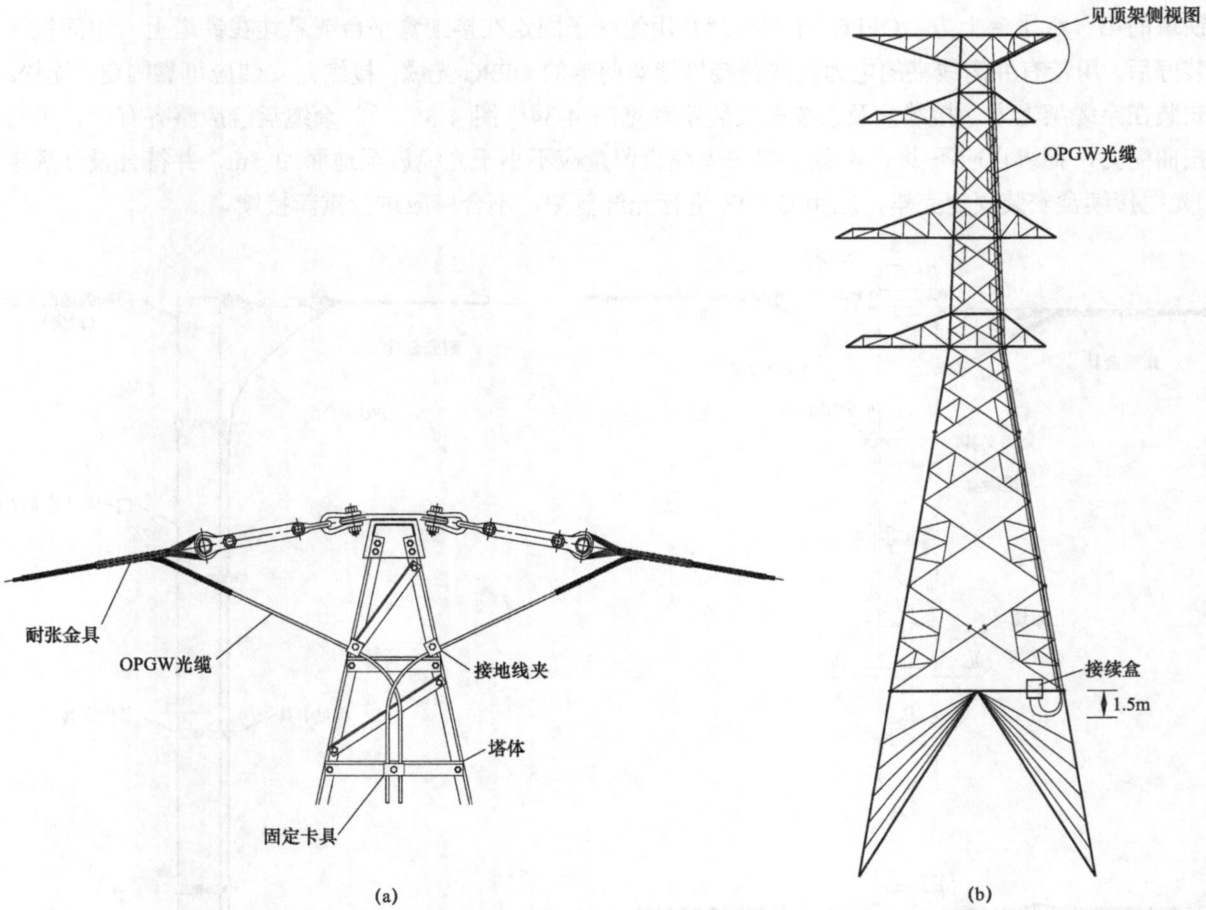

图 4-36　OPGW 光缆接续盒塔上安装示意图

（a）顶架侧视图；（b）OPGW 光缆接续盒塔上安装示意图

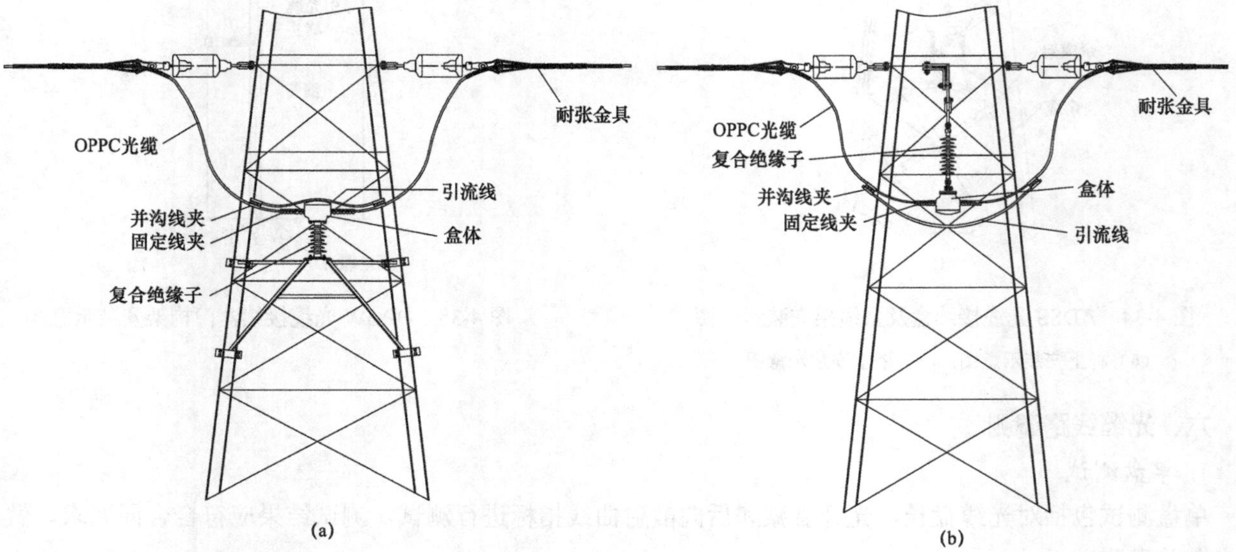

图 4-37　OPPC 光缆中间接续盒安装示意图

（a）座式接续盒安装示意图；（b）悬挂式接续盒安装示意图

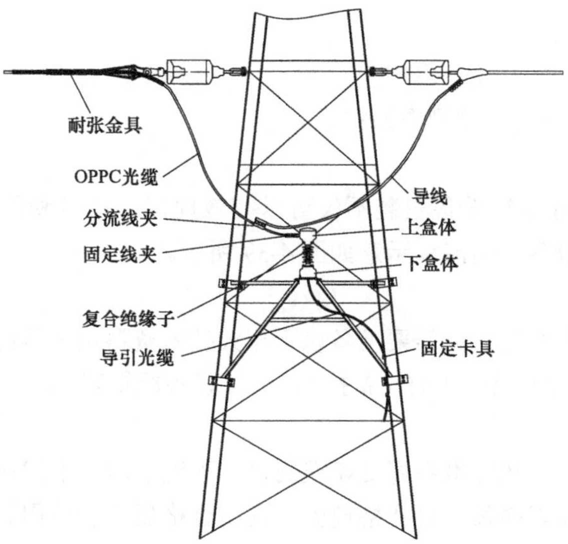

图 4-38　OPPC 光缆终端接续盒安装示意图

1）光缆全程单向损耗采用光时域反射仪进行测试，应同时提供后向散射信号曲线及事件表，并根据测试结果计算出双向全程平均损耗。

2）必要时，采用光源、光功率计进行光缆全程总损耗的复测。

（2）光缆线路配盘图。检查由 A 端 ODF 到 B 端 ODF 的光缆线路配盘图，图中应标有导引光缆长度、每盘光缆架设长度、接续盒所在位置及挂高等参数。

七、光缆线路验收

（1）工厂验收和到货送检内容应符合下列要求：

1）工厂验收和到货送检可视光缆工程项目情况进行工厂验收和到货送检。

2）工厂验收和到货送检方法及技术指标应符合现行电力行业标准 DL/T 788— 2016《全介质自承式光缆》、DL/T 832—2016《光纤复合架空地线》和 DL/T 1613—2016《光纤复合架空相线及相关附件》的相关规定。

（2）随工验收内容应符合下列要求：

1）现场开箱检验光缆及金具。

2）单盘测试光缆。

3）检查光缆、金具、接续盒及余缆架安装质量。

4）检查分流线安装质量。

5）检查导引光缆敷设安装质量。

6）检查机房内光纤配线设备安装质量。

（3）阶段性（预）验收内容应符合下列要求：

1）检查随工验收的各项质量记录及有关问题的处理情况。

2）根据施工图设计，复核光缆走向、敷设方式、接头盒和余缆设置及环境条件（如 ADSS 跨越建、构筑物的安全距离）等。

3）检测中继段光路指标。

4）检查光缆线路配盘图、配纤表。

5）检查工程文件的完整、准确性。

（4）竣工验收内容应符合下列要求：

1）检查中继段光路指标测试记录。

2）进行工程移交。

八、通信工程安装实例

现以 SDH 光通信设备的安装、调测作为实例。

1. 设备安装流程

按照一个完善的安装流程进行设备安装不仅可以有效地保证设备硬件的可靠性而且对后期的操作维护等活动都会带来方便。设备安装流程示意如图 4-39 所示。

2. 安装准备

为保证整个设备安装的顺利进行，需要准备以下相关技术资料及工具：

（1）施工技术资料包括：① 经确认的设备技术文件、设备配置表；② 机房设计书、施工详图；③ 安装手册等。

（2）除常用工具和仪表外，还需准备好 2M 误码仪、光连接器、卡线钳、防静电手腕、光功率计、光衰耗器、专用拔纤器等。仪表必须经过严格校验，证明合格后方能使用。

3. 施工条件的检查

（1）机房建筑条件检查。

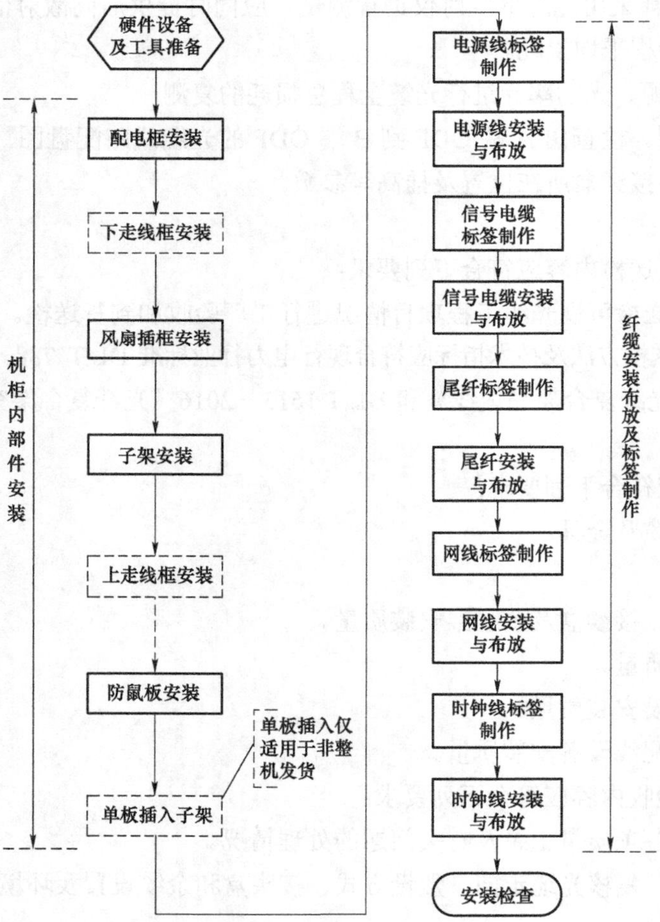

图 4-39　设备安装流程示意图

1）按照传输机房建筑要求，对机房面积、高度、承重、门窗、墙面、沟槽布置等相关项目进行检查。如果有不符合要求的地方，建议用户进行工程改造，以免给工程安装和日后的运行维护工作留下隐患。机房面积的确定原则见表 4-1。

表 4-1　　机房面积的确定原则

项目	主要内容
确定机房面积的原则	应满足工程设计任务书所确定远期通路组织及实现该通路组织安装设备的需要；应考虑通信设备的发展及新技术的采用；应考虑设备的机架结构、容量，机房的设备排列及维护方式；应能满足工程投产后 15～20 年发展的需要

2）机房净高：机房高度指梁下和风管下的净高度，建议上走线时不低于 3000mm，下走线时不低于 2700mm，走线架高度应以 2200mm 设备高度设计，上走线架的净空高度不小于 2300m。

3）机房门高一般大于 2100mm、宽大于 900mm。要求门、窗必须加防尘橡胶条密封，窗户建议装双层玻璃并严格密封。

4）机房顶棚、墙、门、窗、地面应不脱落，不易起尘，不易积灰，并能防尘砂侵入。屋顶严格要求不漏水、不掉灰，装饰材料应用非燃烧材料或难燃烧材料，机房灰尘浓度要求见表 4-2。

表 4-2　　机 房 灰 尘 浓 度 要 求

最大直径（μm）	0.05	1	3	5
最大浓度（每立方米所含颗粒）	14×10^5	7×10^5	24×10^4	13×10^4

5）机房地板：一般要求机房内铺设防静电活动地板。单元活动地板系统电阻值应符合《防静电活动地板通用规范》。地板板块铺设严密坚固，每平方米水平误差应不大于 2mm。没有活动地板时，应铺设导静电地面（体积电阻率应为 1.0×10^7～$1.0\times10^{10}\Omega$）。导静电地面或活动地板必须进行静电接地，可以经限流电阻及连接线与接地装置相连，限流电阻的阻值为 1MΩ。

6）机房布局时的要求：机房布局时要求通信室内设备间的距离和通道宽度见表 4-3。

表 4-3　　通信室内设备间的距离和通道宽度　　m

机柜间名称	间距	机柜间名称	间距
机柜正面—机柜正面	1.3～2	机柜背面—墙	0.8～1.0
机柜正面—机柜背面	1.2～1.5	机柜正面—墙	1.5
机柜背面—机柜背面	0.9～1.2	机柜侧面—墙	0.8～1.0
主要走道	1.2～1.5		

（2）环境条件检查。

1）机房的照明条件包括日常照明、备用照明和事故照明，三套照明系统要达到满足设备维护的要求。

2）空调通风系统足以保证机房环境满足设备温、湿度要求。

a. 温度要求。长期工作条件为：+5～+40℃；短期工作条件：0～+45℃。

b. 湿度要求。长期工作条件：10%～90%；短期工作条件：5%～95%。

3）有效的防静电、防干扰、防雷措施和良好的接地系统。

4）机房应配备足够的消防设备。

5）机房的防振加固应符合下列规定：

a. 单独建设通信站时机房主楼应按当地基本设计烈度提高一度。

b. 设备的安装（尤其是采用活动地板的机房）应按当地基本设计烈度进行抗震加固。

（3）机房供电条件检查。

1）交流电供电设施齐全，满足通信电源的交流电压及其波动范围要求和传输设备功率要求。除了市电引入线外，应提供备用电源。

2）直流配电设备满足要求，供电电压满足设备直流电源电压指标。

3）有足够容量的蓄电池，保证在供电事故发生时，传输设备能继续运行。

（4）配套设备、其他设施检查。

1）检查与其对接的设备（如用户接入设备 PCM、数字配线架 DDF、光纤配线架 ODF 等）是否正常连接。

2）施工现场需配备必要的交流电源及引伸插座。

4. 机架安装

机架由骨架、门、侧板组成，如图 4-40 所示。骨架支撑、承载和容纳所有部件。机柜的两侧骨架桥上均匀分布间距为 25mm 的安装螺丝孔，各种子架依孔固定，并可在机柜内上下调节位置。机柜两侧有线缆支架，利于用户布线。滑道安装图如图 4-41 所示。

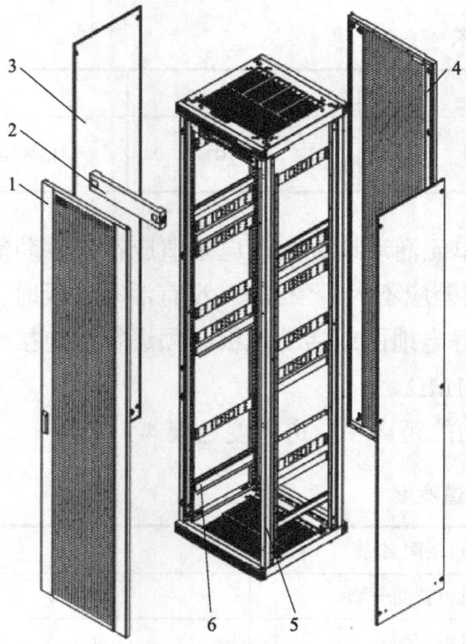

图 4-40　机架组成图

1—前门；2—电源盒保护盖；3—侧门；4—后门；5—骨架；6—滑道

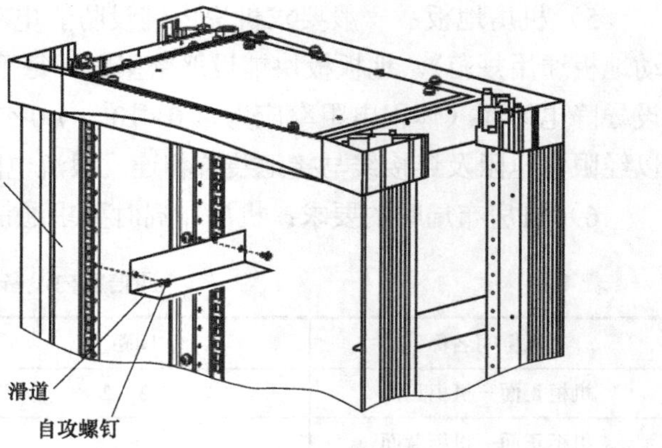

图 4-41　滑道安装图

（1）机架的安装应端正牢固，垂直偏差不应大于机架高度的 1%。

（2）列内机架应相互靠拢，机架间隙不得大于 3mm，列内机面平齐，无明显参差不齐现象。

（3）机架应采用膨胀螺栓（或木螺栓）对地加固，机架顶应采用夹板与列槽道（列走道）上梁加固。

（4）所有紧固件必须拧紧，同一类螺丝露出螺帽的长度宜一致。

（5）光纤分配架（ODF）、数字配线架（DDF）端子板的位置、安装排列及各种标志应符合设计要求。ODF 架上法兰盘的安装位置应正确、牢固，方向一致。

（6）设备的抗震加固应符合通信设备安装抗震加固要求，加固方式应符合施工图的设计要求。

5. 配电框安装

配电框安装在靠近机柜顶端安装步骤如下：

（1）对应于配电框的安装位置在机柜两侧立柱的孔上使用自攻螺钉分别转出两个右旋方向的螺丝孔。

（2）将配电框底部位置对应的滑道固定在机柜两侧立柱的螺丝孔上。

（3）对应于配电框挂耳安装孔位置在机柜前安装梁上安装浮动螺母。

（4）沿两侧滑道将配电框推入机柜使用皇冠螺钉将配电框挂耳固定在机柜前安装梁上。

配电框安装如图 4-42 所示。

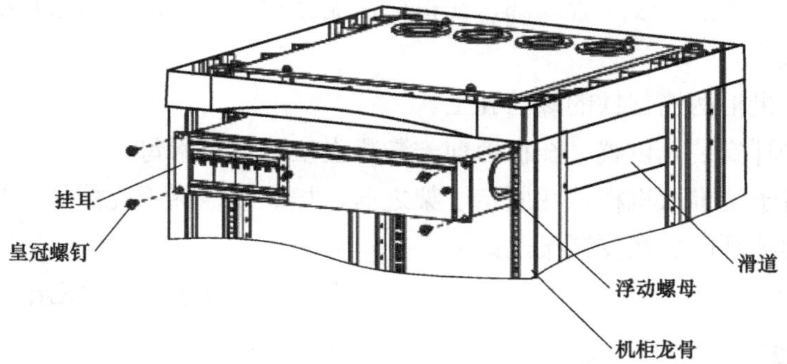

图 4-42　配电框安装图

6. 走线框安装

走线框安装步骤如下：

（1）对应于机柜内走线框的位置，在机柜正面安装梁上安装浮动螺母。

（2）按照走线框无挡板一面朝上方向，将挂耳上的安装孔与浮动螺母对准并用皇冠螺钉拧紧。

走线框安装如图 4-43 所示。

7. 风扇插框安装

风扇插框安装步骤如下：

（1）对应于机柜内风扇插框的安装位置在机柜两侧立柱的孔上使用自攻螺钉分别转出两个右旋方向的螺丝孔。

（2）将滑道固定在机柜两侧立柱的螺丝孔上。

（3）对应于风扇插框挂耳安装孔位置在机柜前安装梁上安装浮动螺母。

（4）沿两侧滑道将风扇插框推入机柜在固定子架之前首先从侧面将电源线接好并旋紧螺钉。

（5）用螺钉将风扇插框挂耳固定在安装梁上。

风扇插框安装如图 4-44 所示。

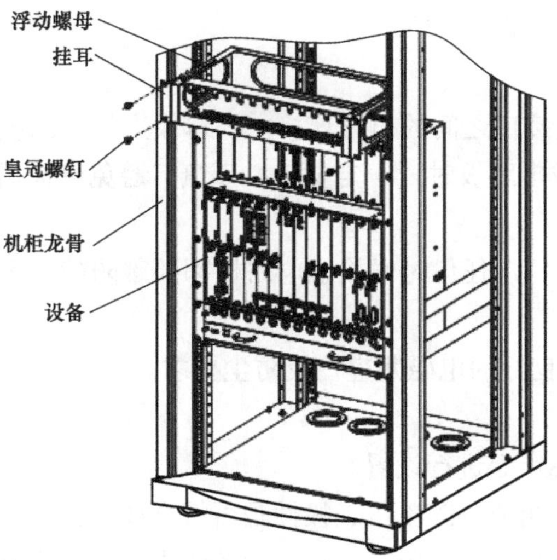

图 4-43　走线框安装图

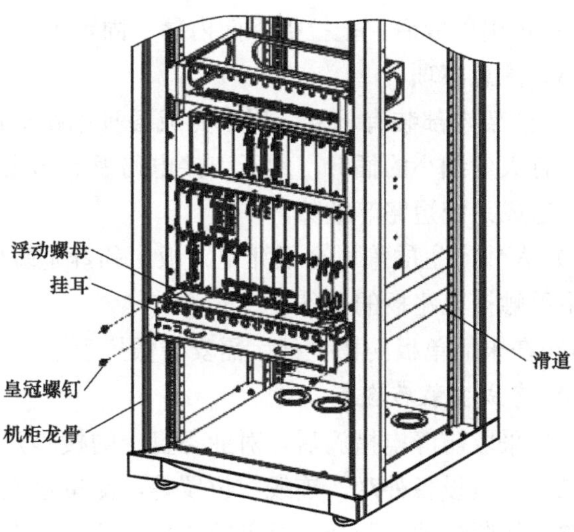

图 4-44　风扇插框安装图

8. 子架安装

子架安装步骤如下：

（1）对应于机柜内子架的安装位置底部，在机柜两侧立柱的孔上，使用自攻螺钉分别转出两个右旋方向的螺丝孔。

（2）将滑道固定在机柜两侧立柱的螺丝孔上。

（3）对应于子架挂耳安装孔位置，在机柜前安装梁上安装浮动螺母。

（4）沿两侧滑道将子架推入机柜，在固定子架之前，按照接地标识连接好子架和机柜之间的地线。

（5）用螺钉将子架挂耳固定在安装梁上。

子架安装如图 4-45 所示。

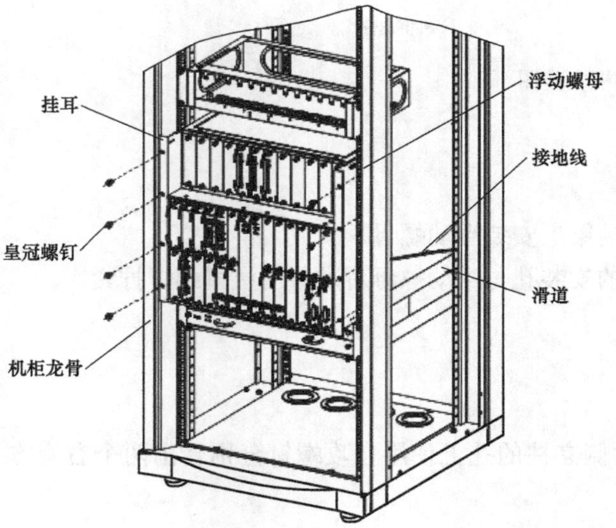

图 4-45　子架安装图

9. 单板安装

（1）单板插入。插入单板的步骤如下：

1）确认单板插入对应的槽位是否正确。

2）操作人员正对光设备正面，将单板沿上下导槽轻轻推至导槽底部并且使单板拉手条上下扳手的凹槽对准上下卡槽，此时单板处于浮插状态。

3）确保单板插头对准母板插座，两手拇指按住单板拉手条，把单板向设备子架内推进，至单板拉手条基本与设备表面平面基本在一个平面上时停止。

4）当单板插入到单板拉手条与设备机框平面基本在一个平面上时，停止推进单板，双手向内翻动单板拉手条上的扳手，靠扳手与子架定位孔的作用力，将单板插入子架，直到拉手条的扳手内侧贴住拉手条面板。

5）用螺丝刀拧紧，完成单板插入。

（2）拔出单板。拔出单板步骤如下：

1）首先要松开拉手条上的螺丝。

2）双手抓住拉手条上的扳手，是单板和背板上的接插件分离，缓慢拉出单板。

3）拔出单板后，把拉扳手向内翻，固定单板上的拉扳手。

（3）注意事项：

1）子架内部装有母板，用于完成各种电路板以及电接口之间的电气连接。在母板上的电路板插入位置，有大量细小的插针，用于连接电路板的插座。插拔电路板时，一定要小心谨慎，避免母板插针被弄倒，造成系统短路等故障。

2）人体产生的静电会损坏电路板上的静电敏感元器件，任何时候接触电路板都要戴防静电手腕，禁止用手触摸电路板的器件。

3）在未插单板的槽位处，需安装假拉手条，以保证良好的电磁兼容性及防尘要求。

10. 完成安装后检查

（1）采取防静电措施后，对业务盘上的拨码开关、跳针等进行设置。

（2）核查设备外观、连线、位置等，测量直流电源屏相应分路电压、极性是否符合要求。

（3）按照机架、子架、机盘的先后顺序，对设备逐级加电。通电后，检查设备的指示灯、告警灯、风扇装置等是否工作正常。

11. SDH 光设备单机调测

（1）电源及设备告警功能检查。

1）检查机房直流电源供电电压。

2）依据设备出厂检验报告，检查设备告警功能。重点检查以下告警项目：电源故障；机盘失效；机盘缺少；参考时钟失效；信号丢失（LOS）；帧丢失（LOF）；指针丢失（LOP）；信号误码门限；激光器自动关闭（ALS）。

3）检查冗余机盘保护倒换功能，倒换时设备应能正常工作。

（2）SDH 光接口检查与测试。

光接口分为Ⅰ类和Ⅱ类，技术指标测试点定义见图 4-46。

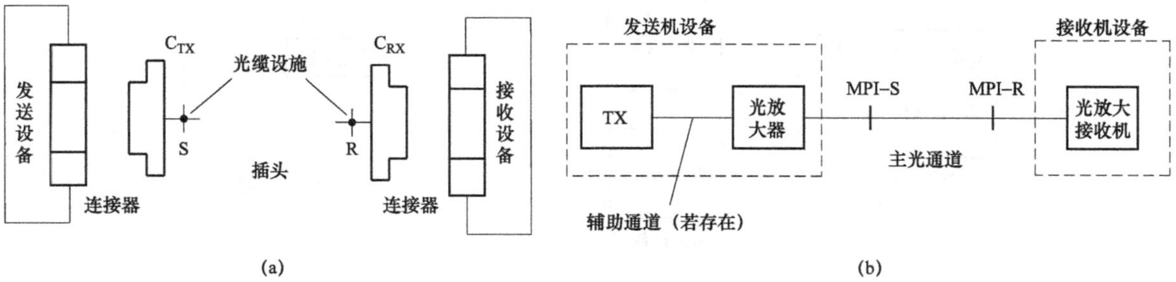

图 4-46　光接口测试参考点示意图

（a）Ⅰ类光接口测试点；（b）Ⅱ类光接口测试点

1）在光配线架上进行光接口技术指标测试时，允许引入不大于 0.5dB 的插入损耗。

2）根据设备出厂检验报告，检查光接口下列指标测试记录：① 消光比；② 激光器工作波长；③ 最大均方根谱宽（或最大−20dB 谱宽）；④ 最小边模抑制比；⑤ 光接口回波损耗；⑥ 发送信号眼图。

3）SDH 光接口测试。

a. 平均发送光功率测试。平均发送光功率是发信机耦合到光纤的伪随机数据序列（PRBS）平均功率在 S 参考点上的测试值。测试接线图见图 4-47。

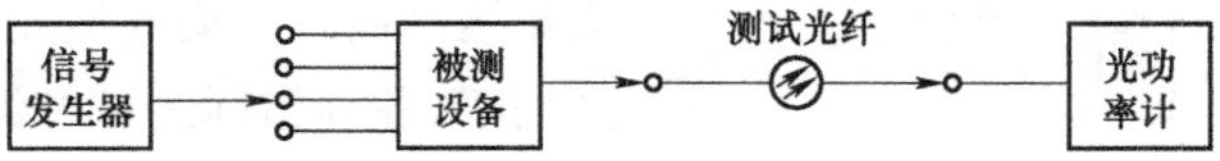

图 4-47　平均发送光功率测试接线图

b. 收信灵敏度测试。光接口收信灵敏度是指在 R 参考点上，在规定的 BER 条件下（一般光接口 BER=1×10^{-10} 采用光放大器的光接口 BER=1×10^{-12}），光接口所能接收到的最低平均光功率。测试接线图见图 4-48。

c. 过载光功率。光接口过载光功率是指在 R 参考点上，在规定的 BER 条件下（一般光接口 BER=1×10^{-10}，采用光放大器的光接口 BER=1×10^{-12}），光接口所能接收的最高平均光功率。测试接线图与收信灵敏度测试接线图相同。

（3）电接口检查与测试。

1）根据设备出厂检验报告，检查下列电接口指标测试记录：① 输入口允许衰减；② 输出口信号（包括 AIS）比特率；③ 2M 接口输出信号波形和参数；④ STM−1e 输出信号眼图；⑤ 接口回波损耗。

2）输入口允许频偏指标测试。当输入口接收到频偏符合技术指标要求的信号时，设备不应出现误码。输入口允许频偏指标与相应输出口比特率容差指标相同。测试接线图见图 4-49。测试时应使用内时钟精度优于 1×10^{-7} 的仪表进行测试。

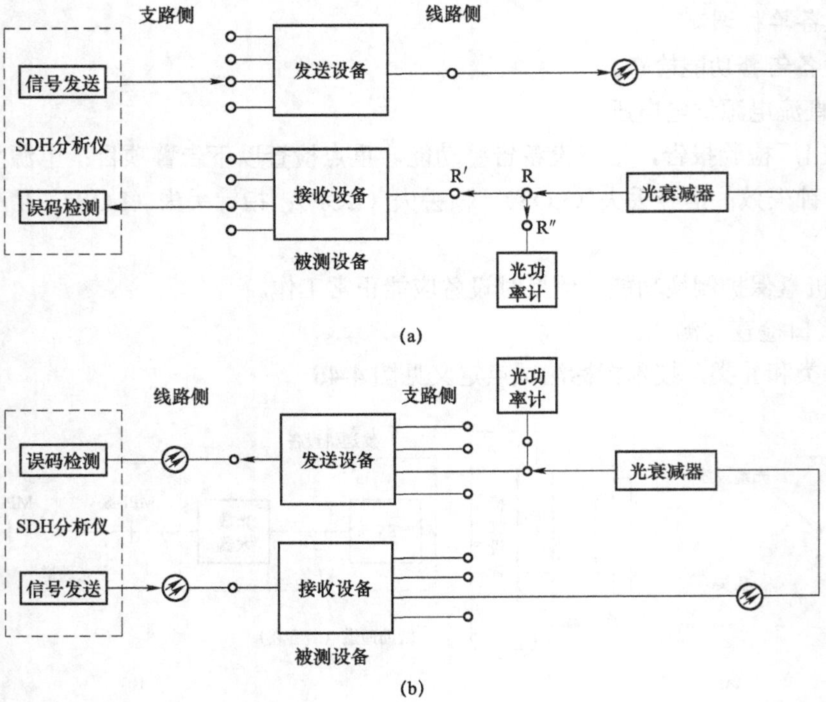

图 4-48　收信灵敏度测试接线图

（a）线路侧光接口收信灵敏度测试接线图；（b）支路侧光接口收信灵敏度测试接线图

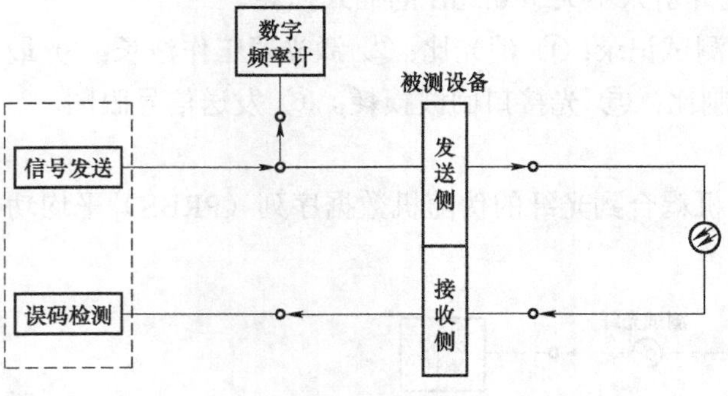

图 4-49　电接口允许输入频偏测试接线图

（4）以太网接口检查与测试。

1）SDH 设备以太网接口分为：10M 电接口、10M～100M 自适应电/光接口、1000M 光接口。SDH 单机以太网接口验收项目包括：物理指标测试、部分透传功能测试。

2）以太网光接口物理指标测试项目包括：最大传送距离、平均发送光功率、收信灵敏度、过载光功率。各项指标测试方法及测试注意事项见 YD/T 1276—2003《基于 SDH 的多业务传送节点测试方法》。测试接线图见图 4-50～图 4-52。

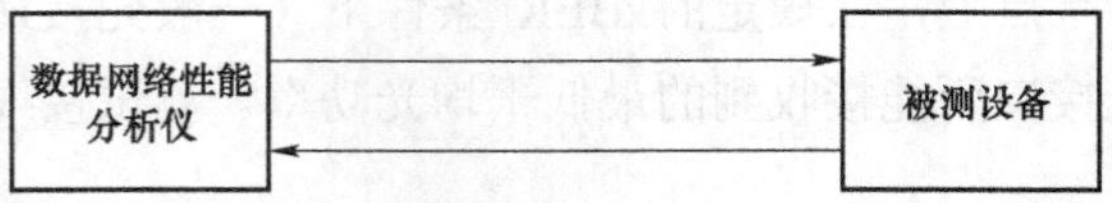

图 4-50　1000M 以太网光接口最大传送距离测试接线图

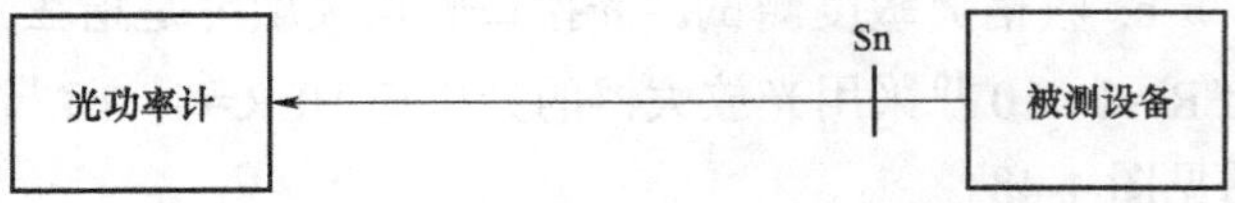

图 4-51　1000M 以太网光接口平均发送光功率测试接线图

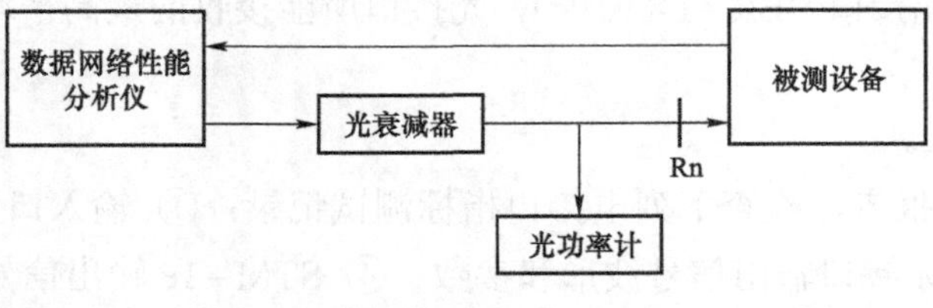

图 4-52　1000M 以太网光接口收信灵敏度、过载光功率测试接线图

3）SDH 单机以太网接口透传功能测试项目包括：最小帧长度、最大帧长度、异常帧检测、VLAN

支持的 ID 范围、统计计数、自协商、流量控制。各项指标测试方法及测试注意事项见 YD/T 1276—2003《基于 SDH 的多业务传送节点测试方法》。测试接线图见图 4-53。

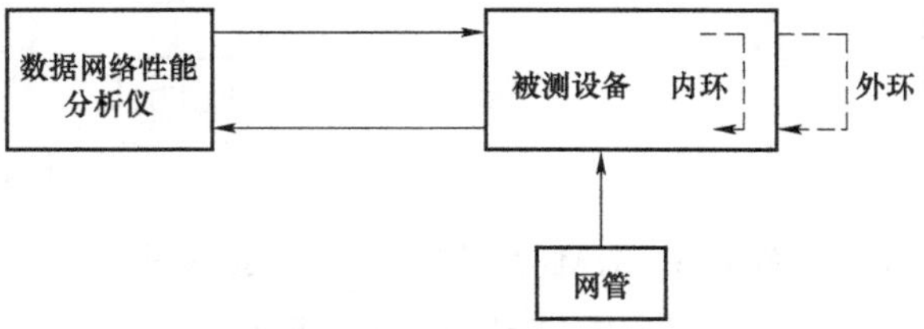

图 4-53　以太网接口最小帧长度、最大帧长度、异常帧、VLAN 支持的 ID 范围、统计计数、自协商、流量控制测试接线图

12. SDH 光设备系统调测

（1）SDH 系统调测包括：系统误码性能测试、系统抖动性能测试及光通道储备电平复核。

SDH 系统功能检查包括：时钟选择倒换功能、公务电话功能、系统保护倒换功能、信号环回功能、以太网传输功能检查。

（2）系统误码性能测试。

1）系统误码性能调测采用短期系统误码指标，测试时间分为 24h 和 15min 两种。

2）系统误码指标调测位置：155M 或 2M 支路口；凡两端均不连接 155M 复用设备和一端连接 155M 另一端不连接 155M 的复用设备，均只在 155M 支路口测试。

3）调测通道数量：每个 2.5G 系统中宜对 2 个 155M 支路口进行 24h 误码指标测试，其余 155M 支路口全部进行 15min 误码测试；每个 155M 系统中宜对 1 个 2M 支路口进行 24h 误码指标测试，其余 2M 支路口按照 10%的比例进行 15min 误码测试。凡进行 2M 误码测试的 155M 支路，可不再进行 155M 误码测试。

4）测试方法：系统误码指标可用远端环回方式进行测试，误码指标应采用单向指标。如果测试结果不满足要求，则应按两个方向分别进行单向测试。

5）系统工作正常与否的判断方法：用 15min 作为一个测试周期对系统进行误码检查。如果第一个测试周期未观测到误码块和不可用事件，则判定为系统工作正常；若在此周期内观测到误码块和不可用事件，则应重复测试一个周期，最多重复两次。如果第三个周期仍然观测到误码块和不可用事件，则判定为系统工作不正常，需查明原因后再进行测试。系统工作判定为正常后，方可进入 24h 测试。

6）设计单位根据工程链路长度和设备配置的实际情况，为工程验收提供系统在 155M 和 2M 测试点 24h 误码指标。

7）系统误码性能测试接线图见图 4-54。

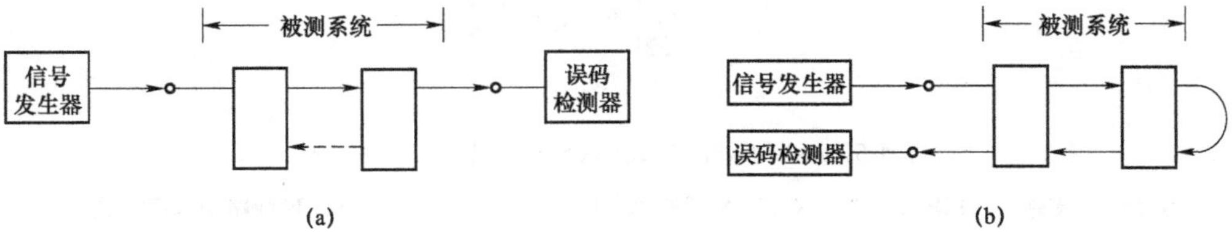

图 4-54　系统误码性能测试接线图

（a）单向误码测试；（b）环回误码测试

（3）系统抖动性能测试。

1）SDH 系统 STM−N 和 2M 输出抖动测试接线图见图 4-55、图 4-56。

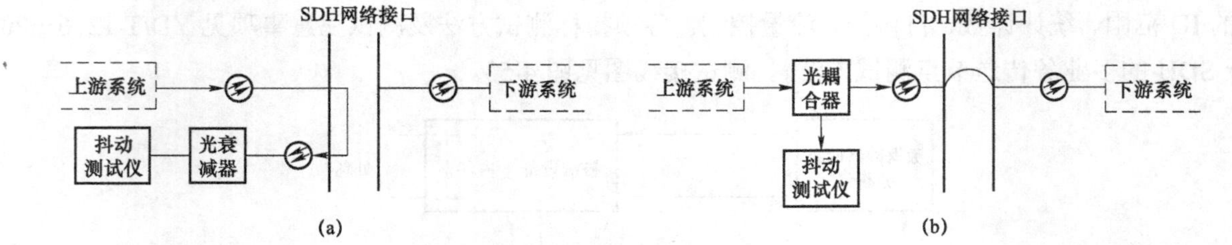

图 4-55　STM－N 输出抖动测试接线图

（a）终端测试；（b）在线测试

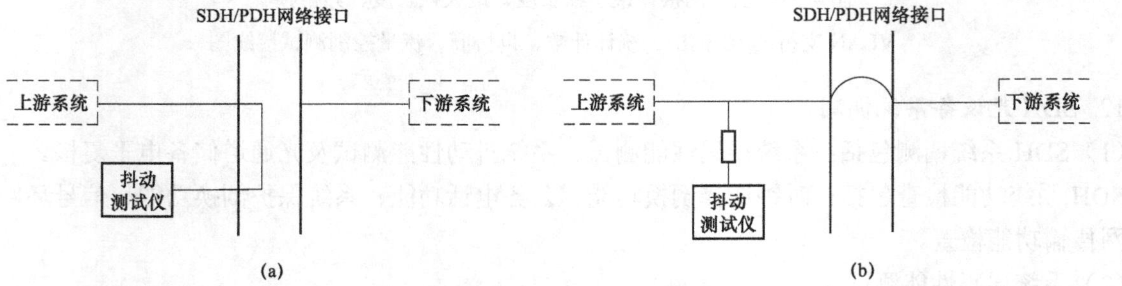

图 4-56　2M 输出抖动测试接线图

（a）终端测试；（b）在线测试

2）STM－N 和 2M 输入口抖动测试接线图见图 4-57、图 4-58。

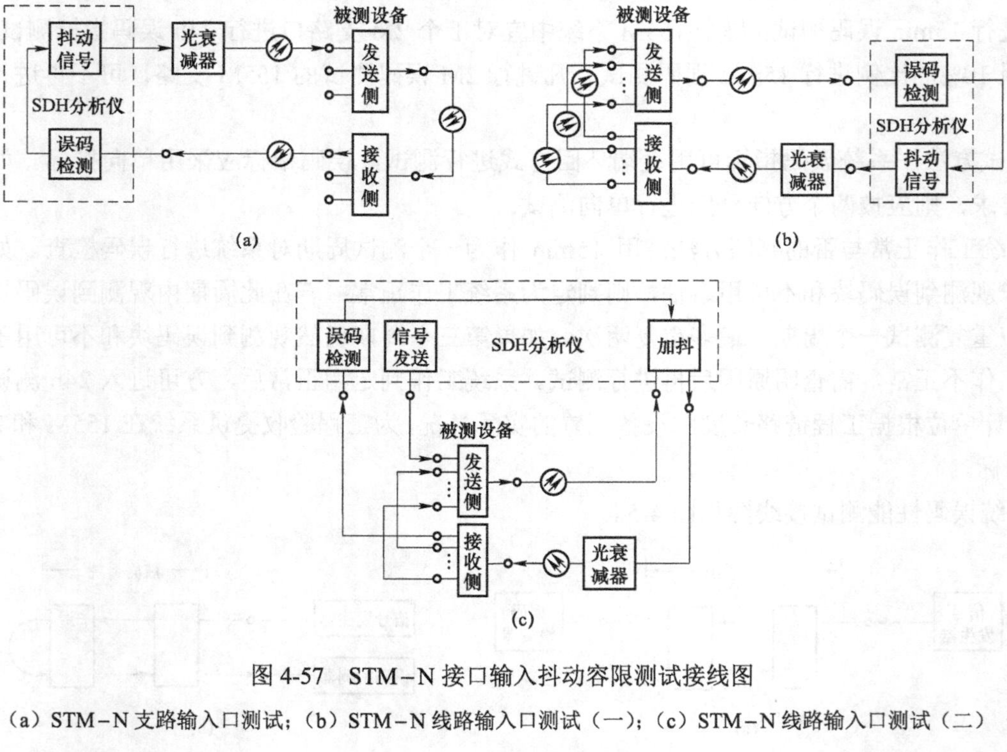

图 4-57　STM－N 接口输入抖动容限测试接线图

（a）STM－N 支路输入口测试；（b）STM－N 线路输入口测试（一）；（c）STM－N 线路输入口测试（二）

3）测试中应注意选择仪表抖动测量范围（一般有 20UI\2UI 和 10UI\1UI 可选），尽量选择用小范围测试。

4）系统抖动测试时间 60s。对每种不同速率的接口只需抽测一个。

（4）时钟选择倒换功能检查。设备在外部时钟信号丢失或接收信号出现 AIS 后，应在 10s 内启动倒换，倒换过程中系统不应出现误码。

（5）公务电话系统检查。

1）公务电话功能检查项目包括：呼叫方式检查、话音质量评定、话机延伸功能检查。

2）呼叫方式检查：各站预置的电话号码应正确；应具备选呼、全呼、分组呼功能；拨号应无错号；应能正确被叫。

3）话音质量评定：话音清晰、无杂声、无啸叫，音量适中。

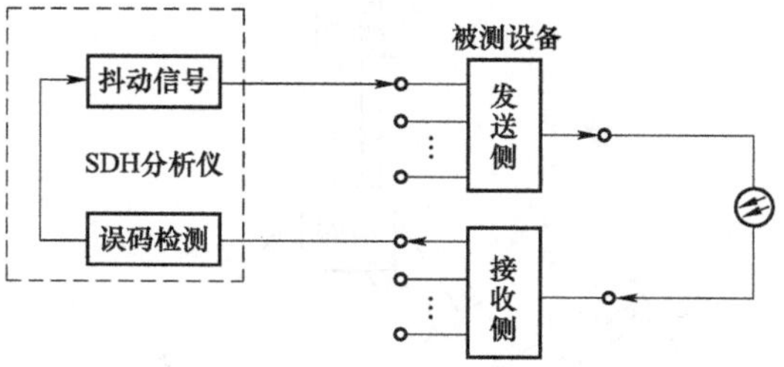

图 4-58　2M 接口输入抖动测试接线图

4）话机延伸功能检查：将话机延伸 200m，按上述功能要求进行检查。

（6）保护倒换功能检查。

1）根据网络结构不同 SDH 网络保护倒换可以分为线路保护倒换、环网保护倒换；子网保护倒换；1+1 通道保护倒换、1:N 通道保护倒换；单向保护倒换、双向保护倒换；对等保护倒换（亦称不返回方式）、不对等保护倒换（亦称返回方式）；自动保护倒换、人工保护倒换等。本节内容规范了 SDH 网络自动保护倒换功能检查。

2）自动倒换功能检查项目包括保护倒换准则检查和保护倒换时间测试。

a. 保护倒换准则检查是指当系统发生下列任一故障时系统应进行自动保护倒换：① 信号丢失（LOS）；② 帧丢失（LOF）；③ 告警指示信号（AIS）；④ 误码超过门限；⑤ 指针丢失（LOP）；

b. 保护倒换时间规定：① 系统自动保护倒换应在检测到信号失效（SF）或信号劣化（SD）条件后 50ms 内完成；② 环状网上如无额外业务，无预先桥接请求，且光纤长度小于 1200km，则倒换时间应小于 50ms。

3）保护倒换时间测试为选测项目，接线图见图 4-59～图 4-61。

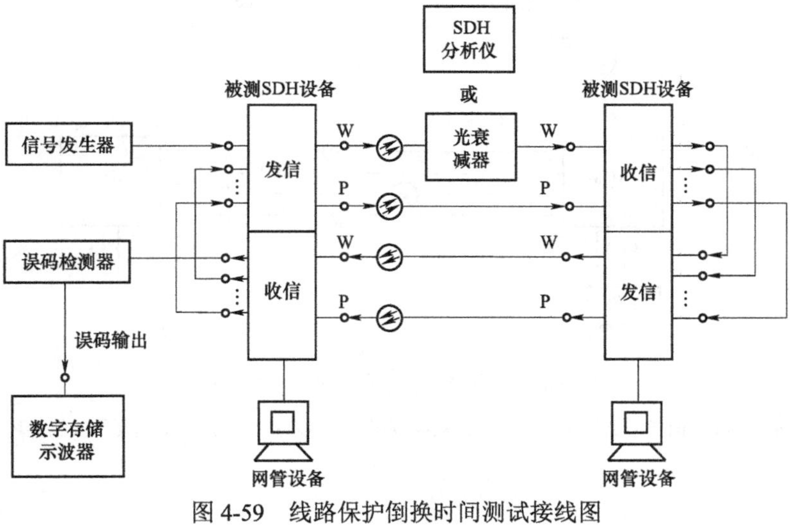

图 4-59　线路保护倒换时间测试接线图

W—工作；P—保护

（7）环回功能检查。

1）环回功能检查时，需对不同速率信号分别按设备内部环回和外部环回方式，检查近端环回和远端环回情况。设备外部环回可在设备的相应接口或 ODF、DDF 配线架上进行。

2）环回功能检查接线图见图 4-62。

（8）光通道储备电平复核。依据设备单机测试记录，考核光通道传输储备电平值是否符合设计要求。

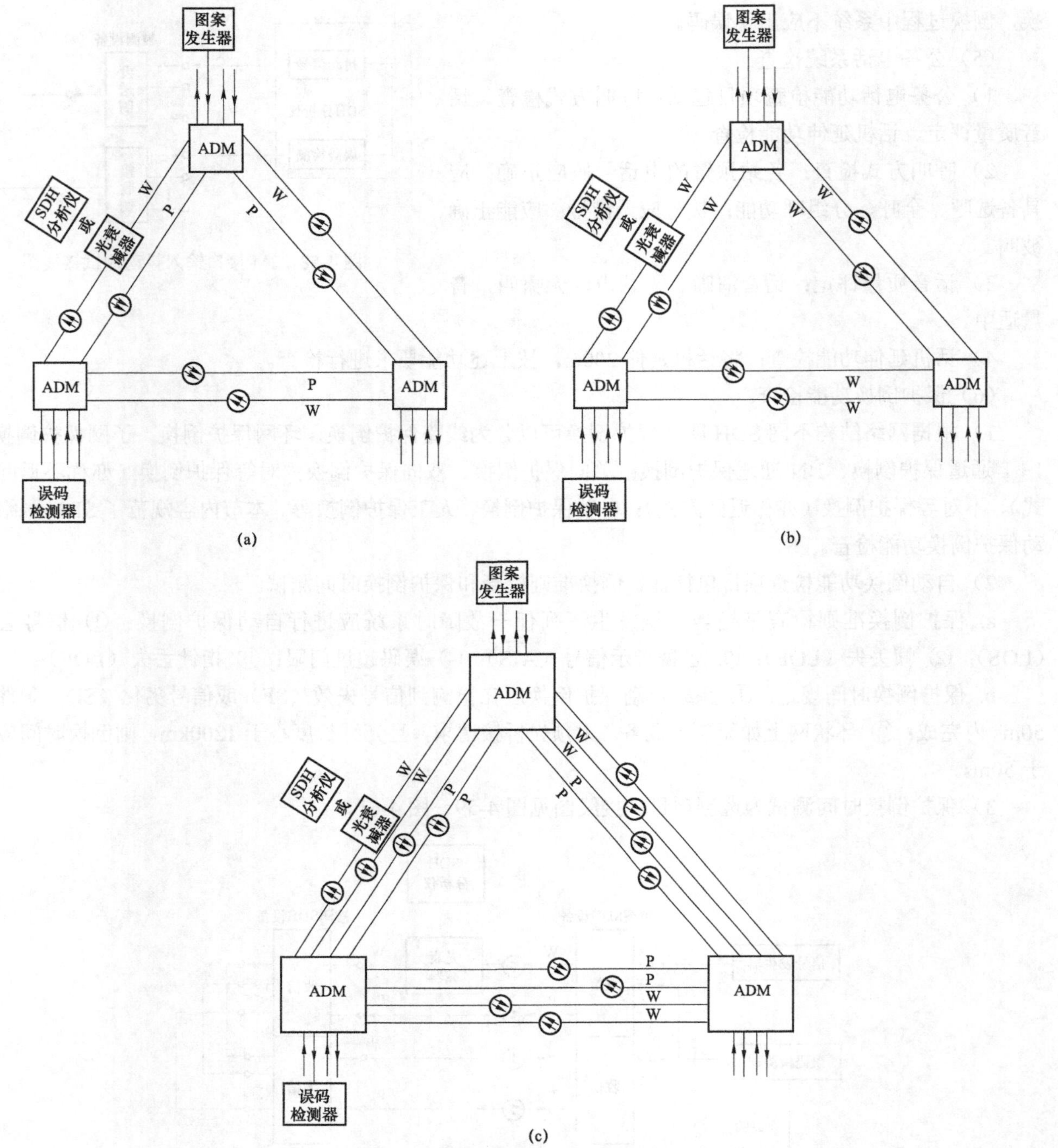

图 4-60　环形网保护倒换时间测试接线图

（a）二纤单向通道倒换环；（b）二纤双向复用段倒换环；（c）四纤双向复用段倒换环

P—保护；W—工作

（9）以太网传输功能检查。

1）基于 SDH 的以太网传输功能检查项目包括：网络透传功能检查、汇聚功能检查、二层交换功能检查。本节仅规范了网络透传功能检查。

2）基于 SDH 的以太网透传功能检查项目包括：测试吞吐量、映射颗粒、带宽可配、极限带宽、过载丢包率、长期丢包率、时延。各项指标测试方法及测试注意事项见 YD/T 1276—2003《基于 SDH 的多业务传送节点测试方法》。测试接线图见图 4-63。

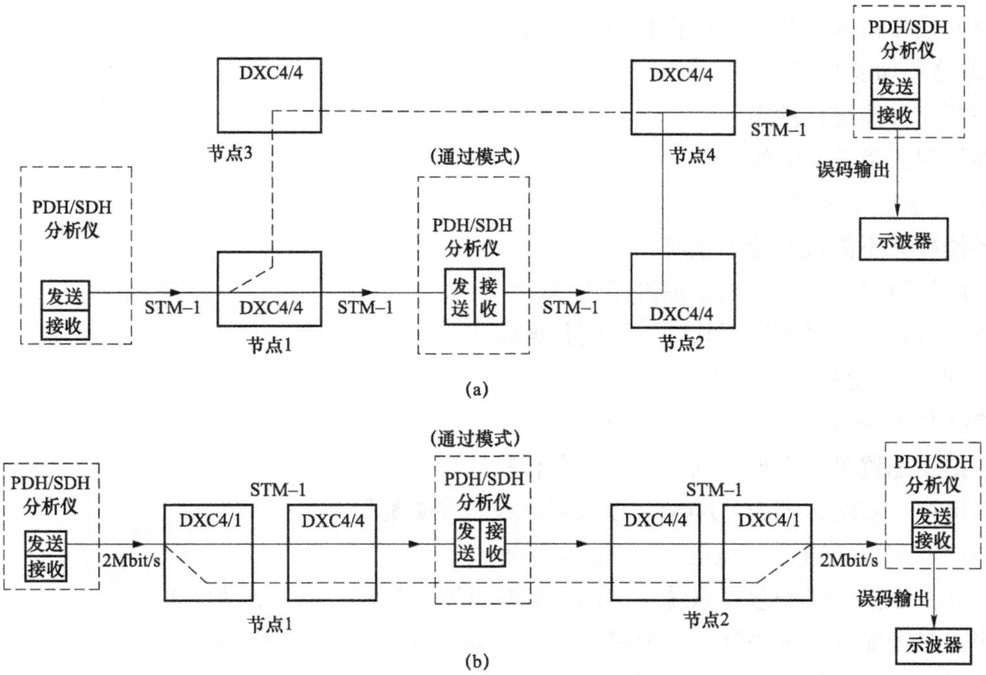

图 4-61　子网保护倒换时间测试接线图

（a）VC－4 子网保护倒换；（b）VC－12 子网保护倒换

注　实纤线为主通道，虚线为备用通道。

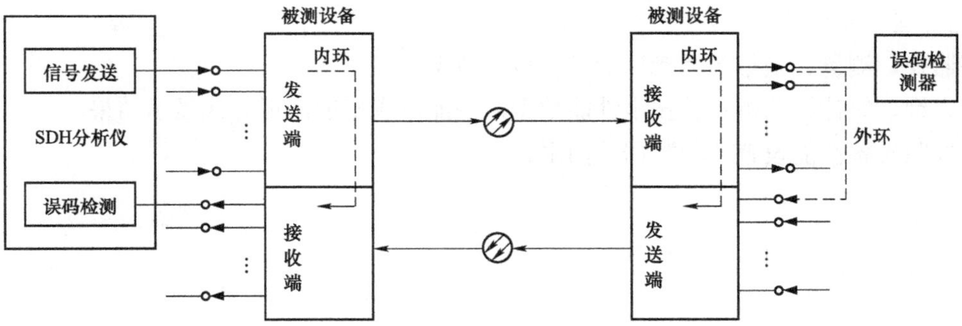

图 4-62　系统信号环回功能测试接线图

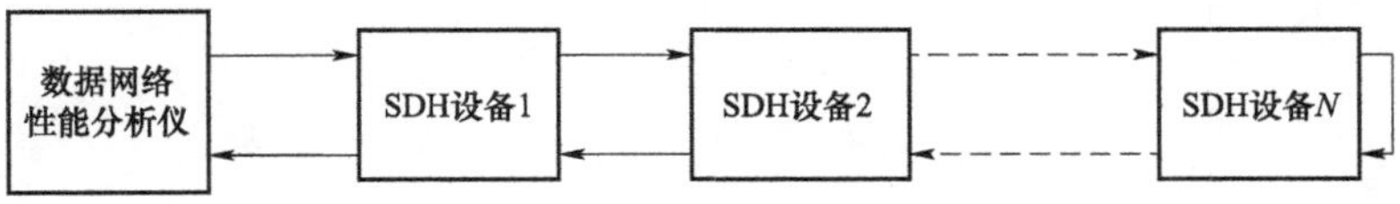

图 4-63　以太网吞吐量、映射颗粒、带宽可配、极限带宽、

过载丢包率、长期丢包率、时延测试接线图

13. SDH 网管系统测试

网管系统测试包括告警管理功能测试、故障管理功能测试、安全管理功能测试、配置管理功能测试、性能管理功能测试。

（1）告警管理功能测试。

1）核对、确认、锁定、清除各种告警信号的能力。

2）告警过滤和遮蔽功能。

3）查询、统计、分析各类告警信号并生成各类报表的能力。

4）对外围设备接入告警信号进行管理的能力。

（2）故障管理功能测试。

1）识别故障并能进行故障定位。

2）能够设置故障严重等级。

（3）安全管理功能测试。

1）未经授权者不能接入管理系统。

2）对不同等级授权人的授权范围进行管理。

3）操作系统软件、系统应用软件、系统数据库应有备份。

（4）配置管理功能测试。

1）网络拓扑图编辑、导航、定位管理。

2）系统结构配置可用图形或列表方式建立和修改。

3）各类接口（SDH、PDH、ATM、以太网）技术参数配置。

4）各类通道配置（通道的建立、取消、交叉连接等）。

5）系统保护倒换方式配置（系统保护倒换参数设置、存储、检索、更改）。

6）同步定时源配置（优先级、倒换模式、输入/输出类型、自动/手动等）。

7）公务系统配置（号码、选呼、群呼等）。

8）SDH 开销配置。

9）各种冗余配置（电源、交叉连接、时钟、主控器等）管理。

10）开启、关闭激光器。

（5）性能管理功能测试

1）能够监视、测量、采集各类接口的各种技术数据。

2）能够查询、统计、分析各种技术性能数据，并能以表格或图形方式显示结果。

3）能够按照设备性能设置各种数据的门限。

第二篇　计量与计价

第五章

通信工程建设预算编制

建设预算是指以具体的建设工程项目为对象，依据不同阶段设计，根据工程建设预算编制与计算标准规及相应的估算指标、概算定额、预算定额等计价依据，对工程各项费用的预测和计算。投资估算、初步设计概算和施工图预算统称为建设预算。

第一节　工程建设预算文件编制

一、建设预算文件编制程序

（一）编制流程

电力工程建设预算是项目管理的重要内容，也是各阶段设计文件的重要组成部分，它包括可行性研究阶段编制投资估算和财务评价，初步设计阶段编制初步设计概算，施工图设计阶段编制施工图预算。无论是概算还是预算，其编制的工程单元起点都是单位工程。继后由单位工程概预算表组成汇总为本体工程概预算，最终汇总为总概预算书。概预算文件编制流程如图 5-1 所示。

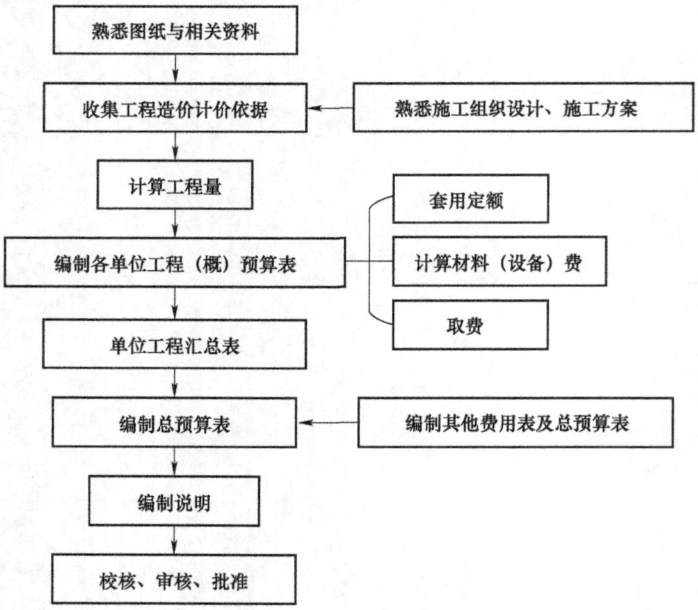

图 5-1　概预算文件编制流程图

1. 编制依据

为了加强通信工程造价管理，电力工程造价主管部门对通信概预算文件编制依据作了一系列的统一规定：

（1）设计图纸。设计图纸是确定分部分项工程数量的技术依据，包括设计说明书、通信系统组织图、通信线路路径图、机房平面布置图、设备柜屏面布置及设备线缆连接图等技术资料。

（2）概预算定额、人材机预算价格。定额消耗量是编制工程概预算时确定人工、材料、机械台班实物消耗量定量标准；预算定额是人材机消耗量和预算价格的综合反映，是编制预算确定分部分项工程费用的依据；概算定额是选取典型工程预算，经过加权计算，通过工料分析综合确定的，是编制概算确定分部分项工程费用的依据。

（3）电力工程建设预算编制与计算规定。电力工程建设预算编制与计算标准包括《电网工程建设预算编制与计算规定》和《火力发电工程建设预算编制与计算规定》（以下简称预规），具体规定了电力工程建设预算的编排次序和编制规则，是确定措施费、规费、企业管理费、利润、税金和其他费用的计算标准。

（4）其他。调价相关文件、施工组织设计或施工方案、工程合同等，编制预算时应参照其中有关的条款和规定。

2. 编制步骤

建设预算的编制、调整、校核、审核等流程应按照预算编制办法的规定。

（1）做好编制前准备。在建设预算正式编制之前，必须制订统一的编制原则和编制依据。主要内容包括编制范围、工程量计算依据，定额（指标）和预规选定、装置性材料价格选用、设备价格获取方式、编制基准期确定、编制基准期价差调整依据、编制基准期价格水平等。

同时，阅读熟悉拟建工程的设计图纸、工程量提资单、施工组织设计（方案），了解现场施工条件等。

（2）编制单位工程概预算表。包括整理和填写定额项目及工程量；按照定额单价套用、调整或换算，确定各分部分项工程费用并计算其直接工程费；编制基准期价差、计取措施费、规费、企业管理费、利润、税金并汇总形成单位工程费。

其中编制基准期价差是指工程所在地编制基准期人工费、材料费和施工机械费价格水平与概预算定额价格水平之间的时间差及地区差，需按照电力工程造价主管部门的文件规定进行调整，目前执行的是电力工程造价与定额管理总站的定额〔2020〕9号文《电力工程造价与定额管理总站关于发布2018年版电力建设工程概预算定额价格水平调整办法的通知》，该文件规定如下。

1）电力工程建设预算和结算编制基准期价格水平与定额编制期价格水平之间的价差计算方法为：电网工程的人工费均以系数的形式进行调整；电网安装工程的消耗性材料费和施工机械使用费以系数的形式进行调整，装置性材料按照对应材料种类和实际价格进行价差调整。

2）人工费每年调整一次，人工费调整不分工种（普通工和技术工）。电力工程造价与定额管理总站根据工程费用性质（建筑工程费和安装工程费）和省份或地区划分，综合测定调整系数。计算时，按照对应定额直接费中人工费总额乘以对应的调整系数。

省份或地区人工费调整系数是参照工程所在地定额与造价管理机构发布的本地区人工单价，将其组成内容与电力建设工程预规和定额所规定的组成内容进行对比分析、转化后，与定额编制期人工单价进行价差水平调整。

3）独立通信工程执行相应电压等级的变电工程调整系数，随变电站或输电线路工程同期建设的通信工程执行相应电压等级变电站工程或输电线路工程调整系数。

（3）进行费用汇总。根据预规的规定编制其他费用表、专业汇总预（概）算表；并利用总预（概）算表进行最终汇总形成工程造价。

（4）编写编制说明。包括拟建工程的工程概况、建设规模，预（概）算编制依据及其他需要说明的问题。

（5）校核、审核。电力工程建设预算必须履行编制、校核、审核和批准程序，即按照预算编制办法规定，核对工程量、定额套用、费用计取等。各级编制、校核和审核人员必须在正式的建设预算书上签字并加盖电力工程造价人员专用章。按照预算编制办法规定，核对工程量、定额套用等。

（二）编制要求

电力工程建设预算必须履行编制、校核、审核和批准程序，各级编制、校核、审核人员必须在正式的建设预算书上签字，并加盖电力工程造价人员专用章。

如果一个建设项目的建设预算由两个或两个以上单位编制时，主体编制单位应负责协调编制范围、价格水平，并负责编制汇总建设预算书，各编制单位应及时协调，避免漏项和重复编制。

电力工程建设预算的费用构成及计算规则执行《电网工程建设预算编制与计算规定（2018 年版）》中相关规定；建设预算项目的设置执行建设预算项目划分。

电力工程建设预算中建筑工程费、安装工程费的人工、材料及机械价格以电力行业定额管理机构颁布的定额（指标）及相关规定为基础，并结合电力行业定额管理机构颁布的价格调整规定计算人工、材料及机械价差。

编制建设预算时，工程量的计算应根据定额（指标）所规定的工程量计算规则，按照设计图纸标示数据计算。如果图纸的设备材料汇总统计表中的数据与图示数据不一致时，应以图示数据为准。

二、建设预算编制内容

建设预算由编制说明、总预（概、估）算表（表一）、专业汇总预（概、估）算表（表二）、工程预（概、估）算表（表三）、其他费用预（概、估）算表（表四）组成。

（一）编制说明

编制说明用来说明建设预算编制的情况，包括编制依据和有关需要说明的问题，为阅读和审核提供依据和方便条件。其内容一般应包括以下内容。

（1）工程概况：包括本期建设规模、主要建设内容、设备数量及规格、线路长度及规格、自然条件（如光缆跨越铁路、河流、高速公路等）和对投资有较大影响的情况。

改、扩建工程的建设范围、过渡措施方案及其费用，可利用或需拆除的设备、材料、建（构）筑物等工程情况。

（2）编制原则及依据：编制范围、工程计量依据、定额（指标）和预规选定、编制基准期价差调整依据及其他取费依据等。

（3）设备价格获取方式、装置性材料价格选用、编制基准期价格水平、设备运杂费取费方式、税金等。

（4）经济技术指标：静态投资、静态单位投资、动态投资、动态单位投资。

（5）其他有关重大问题的说明。

（二）编制原则及依据

1. 概算文件编制原则及依据

应说明采用的工程量、指标、定额、人材机费调整、取费标准、特殊项目、建设场地征用及清理费等各种费用的取用原则和调整方法、计算依据。

（1）可行性研究批复文件。

（2）工程量：依据初步设计说明、初步设计图纸及主要设备材料汇总表。

（3）概算定额：所采用的定额名称、版本、年份，采用补充定额、定额换算及调整应有说明。定额人工材机调整应说明所执行的文件。

（4）项目划分及费用计算规定：所依据的项目划分及费用计算规定名称、版本、年份。建筑安装工程费中各项取费的计算依据。上述规定中没有明确规定的费用的编制依据。

（5）特殊项目：应有技术方案和相关文件的支持，按概算要求编制。

（6）建设场地征用及清理：建设场地征用、租用及拆迁赔偿所执行的相关政策文件、规定和计算依据。

2. 预算文件编制原则及依据

（1）初步设计批复文件。

（2）工程量：依据施工图设计说明、施工图图纸及主要设备材料汇总表。

（3）预算定额：所采用的定额名称、版本、年份。采用补充定额、定额换算及调整时应有说明。定额人工材机调整应说明所执行的文件。

（4）项目划分及费用计算规定：所依据的项目划分及费用计算规定名称、版本、年份。建筑安装工程费中各项取费的计算依据。

（5）建设场地征用及清理：建设场地征用、租用及拆迁赔偿所执行的相关政策文件、规定和计算依据。

（6）特殊项目：应有技术方案和相关文件的支持，按预算要求编制。

三、工程预算定额

通信专业预算定额一般由总说明、章节说明、定额项目表组成。

（一）定额说明

1. 总说明

定额的总说明概述安装定额的编制目的、指导思想、编制原则、适用范围、编制基本条件、定额使用方法和有关问题的说明。

2. 章节说明

定额的章节说明主要是针对某章节内容编写的，主要是说明该章节中各主要分项定额的工作内容，工程量计算规则及注意事项，定额中未包括的工作内容，定额调整的方法，定额中未列项目设备安装定额的套用方法等。这些内容对工程量的计算、正确计价都是重要依据，在计价前首先应熟悉这部分内容。

（二）定额项目表

现行安装概预算定额的表现形式是量价合一的形式。定额中既有价目（基价）又有人工、材料、机械的消耗量。表 5-1 为光纤通信数字设备安装预算定额。

表 5-1　　光纤通信数字设备安装预算定额

定额编号				YZ1－5	YZ1－6	YZ1－7
项目				分插复用器（ADM）		
				10Gbit/s	2.5Gbit/s	622Mbit/s
定额单位				套	套	套
定额基价（元）				6873.83	6631.9	6354.24
人工费（元）				4882.69	4753.65	4610.27
材料费（元）				22.17	22.17	22.17
机械费（元）				1968.97	1856.08	1721.8
编号名称		单位	单价	数量		
人工	安装普通工	工日	70	1.340 0	1.340 0	1.340 0
	安装技术工	工日	107	44.756 0	43.550 0	42.210 0
计价材料	铜芯绝缘导线　$6mm^2$	m	24.8	2.400 0	2.400 0	2.400 0
	铜接线端子　$6mm^2$以下	个	1.73	4.000 0	4.000 0	4.000 0

续表

编号名称		单位	单价	数量		
计价材料	标签色带（12～36）mm×8m	卷	18	0.520 0	0.520 0	0.520 0
	乙醇	kg	5	0.140 0	0.140 0	0.140 0
	脱脂棉	卷	5.8	0.140 0	0.140 0	0.140 0
	其他材料费	元	1	0.430 0	0.430 0	0.430 0
机械	可变光衰耗器	台班	65	0.800 0	0.800 0	0.600 0
	光源	台班	38	0.800 0	0.800 0	0.600 0
	光功率计	台班	35	0.800 0	0.800 0	0.600 0
	网络测试仪	台班	105	4.800 0	4.600 0	4.400 0
	SDH 综合测试仪	台班	1743	0.760 0	0.710 0	0.660 0
	功能检测分析平台（电脑）	台班	35	6.500 0	6.000 0	5.700 0

（三）安装定额编制依据和适用范围

1. 编制依据

安装定额是以国家和有关部门颁发的现行技术规程、规范为依据，主要是各类设备、材料安装工程的施工及验收规范、试验标准、质量检验及评定规程，是确定定额消耗量的依据。

2. 适用范围

通信工程安装定额适用于电力专用通信网和通信线路等相关工程。

第二节　建设预算项目划分及费用性质划分

一、通信工程项目划分

一个建设项目是由各个不同专业，按生产特点系统综合起来的。为了便于统一管理，根据生产特点、专业分工、设计专业、分卷分册图纸的分类，对建设项目进行科学的分解，即为项目划分。

建设预算项目划分是对工程建设预算进行项目设置的依据，是对安装工程建设预算中安装工程、其他费用中工程项目编排次序和编排位置的规定。

建设预算项目划分层次，是在各专业系统（工程）下分为三级：第一级为单项工程，第二级为单位工程，第三级为分部工程。单项工程是具有独立的设计文件，建成后能够独立发挥生产能力或效益的工程项目。单位工程是具有独立的设计文件，能够独立组织施工，但不能独立发挥生产能力或效益的工程项目，是单项工程的组成部分。分部工程是根据工程部位和专业性质等的不同，将单位工程分解形成的工程项目单元，是单位工程的组成部分。

编制建设预算时，对各级项目的工程名称不得任意简化，均应按照本项目划分中规定的全名填写。

如在本项目划分之外确有必要增列的工程项目，可以按照设计专业划分，在单项工程或单位工程项目序列之下，在已有项目之后顺序排列。

（一）建筑工程项目划分

通信站建筑工程建设预算项目划分表见表 5-2。

表 5-2　　通信站建筑工程建设预算项目划分表

编号	项目名称	主要内容及范围说明	技术经济指标单位
一	主要生产工程		
1	机房建筑		元/m^2

续表

编号	项目名称	主要内容及范围说明	技术经济指标单位
1.1	一般土建	土石方、基础、结构、建筑	
1.2	上下水道	室内给排水、消防水管道、管件、卫生洁具及设备等	
1.3	采暖、通风机空调	采暖、通风、空调设备及材料	
1.4	照明	照明箱、导线、配管及灯具等	
2	微波塔（天线支架）及基础	微波塔、基础	元/座
3	卫星天线支架及基础	卫星通信专用	元/座
4	太阳能供电系统支架及基础	支架、基础	
5	供水系统建筑	管道、井、池及建筑物	
二	辅助生产工程		
1	辅助生产建筑		
1.1	警卫室		元/m^2
2	站区性建筑		元/m^2
2.1	场地平整	站区挖方、填方、外购土及外弃土石方	元/m^2
2.2	站区道路	路床开挖、铺筑基层、垫层、面层、安砌路缘石等	元/m^2
2.3	站区排水	土石方、垫层、基础、排水管道及管件、排水设备及安装	
2.4	消防系统	设备、管道及建筑物	
2.5	围墙及大门	土石方、基础、结构、建筑	元/m
3	特殊构筑物		
3.1	挡土墙	土石方、基础、挡土墙及装饰	元/m^3
3.2	防洪排水沟		元/m
3.3	护坡	垫层、护坡面层	元/m^2
4	站区绿化		元/m^2
三	与站址有关的单项工程		
1	地基处理	大规模挖、填、运方、换土、桩基、强夯等	
2	站外道路		
3	站外水源	供水管道及建筑物	

（二）安装工程项目划分

通信站安装工程建设预算项目划分表见表 5-3。

表 5-3　通信站安装工程建设预算项目划分表

编号	项目名称	主要内容及范围说明	技术经济指标单位
一	主要生产工程		
1	光纤通信系统		
1.1	光纤准同步数字（PDH）传输	PDH 设备、网管设备、PCM 设备、连接电缆、配线架	
1.2	光纤同步数字（SDH）传输	SDH 设备、MSTP 设备、PTN 设备、网管设备、PCM 设备、连接电缆、配线架	
1.3	密集波分复用（DWDM）传输	DWDM 设备、网管设备、OTN 设备、连接电缆、配线架	
2	同步网系统		
2.1	通信数字同步网	时钟系统、卫星接收机及天线	

续表

编号	项目名称	主要内容及范围说明	技术经济指标单位
2.2	变电站（电厂）数字同步	主站时钟屏、扩展单元屏、卫星接收机及天线	
3	电力载波系统	电力载波机、结合加工设备、连接电缆	
4	微波传输系统	天馈线系统、分路系统、微波收发信机、PCM 设备、连接电缆、配线架	
5	程控交换系统		
5.1	行政程控交换	交换设备、计费系统、连接电缆、配线架	
5.2	调度程控交换	交换设备、录音系统、调度台、连接电缆、配线架	
6	会议电话、电视系统		
6.1	会议电话	电话汇接机、扩音装置、连接电缆	
6.2	会议电视	采集装置、多点控制器、视频矩阵、扩音装置、录波装置、连接电缆	
7	数据网络系统	路由器、服务器、交换机、存储设备、网络安全装置	
8	接入网系统		
8.1	无源光网络	光分路器、光网络单元、光线路终端	
8.2	无线接入	无线接入设备	
8.3	中低压载波	中低压载波设备	
9	监控及安全防护系统		
9.1	监控系统	采集装置、视频管理机、监视器、监控设备、连接光（电）缆	
9.2	输电线路在线监测	采集装置、无源光网络、传输设备、电源设备	
9.3	电子围栏	主控设备、围栏装置、探测系统、报警系统	
9.4	门禁系统	控制设备、电磁锁、读卡器、门禁控制器	
10	卫星通信系统	天馈线、主站设备、子站设备	
11	通信电源系统		
11.1	蓄电池	蓄电池柜、蓄电池、监测设备	
11.2	高频开关电源	开关电源	
11.3	配电装置	直流配电屏、交流配电屏	
11.4	其他类型电源	整流设备、变换器、UPS 三相不停电电源、太阳能供电系统	
12	电缆及接地		
12.1	全站光（电）缆		
12.1.1	引入光缆	光缆、接续盒、接续、测试	
12.1.2	电缆	电力电缆、控制电缆	
12.1.3	电缆辅助设施	支架、桥架、保护管	
12.1.4	电缆防火	防火枕、堵料、涂料、防火隔板	
12.2	全站接地	防雷模块、浪涌保护器、接地铜排、环地母线	
二	辅助生产工程		
1	试验仪表及设备	测试仪表、熔接设备、专用工器具	

续表

编号	项目名称	主要内容及范围说明	技术经济指标单位
三	与站址有关的单项工程		
1	站外电源	电力线路、出线间隔、变压器	
2	站外通信	与市话联系的通信	

（三）线路工程项目划分

通信线路工程建设预算项目划分表见表 5-4。

表 5-4　　通信线路工程建设预算项目划分表

编号	项目名称	主要内容及范围说明	技术经济指标单位
一	通信线路安装工程		
1	复合光缆线路		元/km
1.1	材料运输	材料工地运输	
1.2	架线工程	地线复合或相线复合光缆架设、接续、测试、跨越	
2	架空光缆/音频电缆线路		元/km
2.1	材料运输	材料工地运输	
2.2	架线工程	组立电杆，吊线及光缆/音频电缆架设、接续、测试、跨越	
3	直埋光缆/音频电缆线路		元/km
3.1	材料运输	材料工地运输	
3.2	敷线工程	敷设光缆/音频电缆，盖保护板，敷设保护管、接续、测试	
4	管道光缆/音频电缆线路		元/km
4.1	材料运输	材料工地运输	
4.2	敷线工程	敷设光缆/音频电缆、子管，接续、测试，揭盖盖板	
二	通信线路建筑工程		
1	土石方工程		
1.1	材料运输	材料工地运输	
1.2	土石方开挖	一般沟、槽、井等土石方开挖、回填	
1.3	破路面	沥青、水泥、碎石等路面	
2	构筑物工程		
2.1	材料运输	材料工地运输	
2.2	电缆沟道（槽）、电缆埋管	砌体、现浇等各种沟体及盖板、混凝土排管，非开挖拉管、顶管等	
2.3	构筑物	栈桥、桥架、工作井和盖板等设施	

二、通信工程费用性质划分

独立建设通信站相关的机房建筑、微波塔及基础、卫星天线支架及基础、太阳能供电系统支架及基础、供水系统建筑及辅助生产建筑、站区性建筑、特殊构筑物、站区绿化等列入建筑工程费。

各类通信设备、通信光（电）缆及其辅助装置的组合、装配、安装、接地及本机性能测试、系统调测列入安装工程费。

电力无线专网工程建设的钢管杆、铁塔组立及其相关的工地运输、土石方工程、基础工程列入安装工程费。

凡通信工程建设预算定额中已明确规定列入安装工程的项目，按定额中的规定执行，如支撑杆安装、通信业务调测等列入安装工程费。

通信工程中的各类通信设备、监控设备、安全防护设备、网络管理设备、通信电源设备及附属板卡等属于设备，与设备配套使用的各类配线架属于设备；通信成套设备内部的电缆连线、跳线、跳纤等属于设备。

通信工程中用于支撑无线设备安装的杆、塔、支架等属于材料；通信线路的光缆、音频电缆、杆、金具、保护管、接续盒、余缆架等属于材料；连接设备之间的缆、线、软光纤等属于材料；光（电）缆的辅助设施槽盒、走线架属于材料。

第六章

通信工程预算

《电力建设工程预算定额　第七册　通信工程（2018 年版）》适用于电力专用通信网和通信线路等相关工程，是编制初步设计概算、施工图预算的依据。

本章根据《电力建设工程预算定额　第七册　通信工程（2018 年版）》，介绍对各主要安装项目的工作内容、工程量计算规则和相关定额的使用。

第一节　光纤通信数字设备

《电力建设工程预算定额　第七册　通信工程（2018 年版）》第一章适用于不同厂家生产的各种类型的光纤通信数字设备的安装工程。

一、定额设置与工程计量

（一）定额设置

《电力建设工程预算定额　第七册　通信工程（2018 年版）》第一章主要包括光纤准同步数字（PDH）传输设备安装调测、光纤同步数字（SDH）传输设备安装调测、光纤同步数字传输设备接口盘安装调测、切换装置安装调测、数字通信通道调测、光传送网（OTN）设备安装调测、光传送网（OTN）系统通道调测、光传送网网络保护、无源光网络设备安装调测、数字交叉连接设备安装调测。分为 10 个小节，共 73 个子目。

（二）工程计量

（1）安装调测光端机（PDH）、复用电端机、PCM 设备、2M 转换装置、光纤线路自动切换保护装置（OLP）、光网络单元（ONU）、光线路终端（OLT），以“台”为计量单位。

（2）安装调测 PCM 设备接口盘、安装调测、SDH 扩容接口单元盘、安装调测、扩容光波长转换器（OTU）、安装调测光谱分析模块，以“块”为计量单位。

（3）安装调测分插复用器（ADM）、终端复用器（TM）、跳级复用器、SDH 基本子架及公共单元盘、OTN 基本成套设备、OTN 光路系统、OTN 电交叉设备、增装调测合波器、分波器、光放站光线路放大器（OLA）、调测 OTN 基本子架及公共单元盘、扩容 OTN 光路系统、扩容 OTN 电交叉设备、无线设备、DDN 设备、155Mb/s 接口子架，以“套”为计量单位。

（4）光功率放大器内置，以“块”为计量单位，光功率放大器外置，以“套”为计量单位。

（5）光电转换器、协议转换器、光分路器（POS），以“个”为计量单位。

（6）SDH 数字线路段光端对测、OTN 线路段光端对测，以“方向 • 系统”为计量单位。

（7）光、电调测中间站配合，以“站”为计量单位。

（8）SDH 保护倒换测试、OTN 子网连接保护，以“环 • 系统”为计量单位。

（9）安装调测、扩容 OTN 光交叉设备，以“维度”为计量单位。

（10）光通道开通、调测、光通道保护，以“方向·波道”为计量单位。

（11）网络线路保护，以“方向·段”为计量单位。

（12）2Mbit/s 接口盘，以“盘”为计量单位。

（13）无源光网络系统联调，以“系统”为计量单位。

（三）计量单位说明

1. 方向·系统

方向：方向用于描述相邻站点之间的关系，指某一个站点和相邻站之间的传输段关系，有几个相邻的站就有几个方向。

系统：站点间形成的具体数量的物理通信链路，“一收一发”的两根光纤为 1 个“系统”。

示例：A～B 站点间分别开通 1 条 10Gbit/s 和 1 条 2.5Gbit/s 速率的链路，B～C 站点间开通 1 条 2.5Gbit/s 速率的链路（见图 6-1）。

A 至 B 为 1 个传输方向、2 个系统；B 至 A 也为 1 个传输方向、2 个系统；B 至 C 的方向上为 1 个系统；C 至 B 的方向上为 1 个系统。

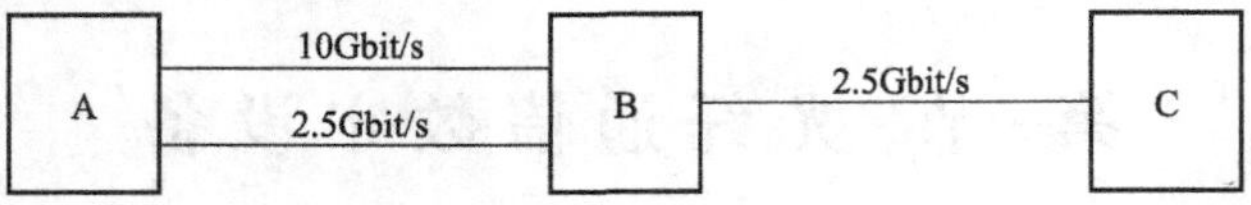

图 6-1 “方向·系统”示例

2. 环·系统

环：指物理层形成的通信保护环网。

系统：用于描述通信保护环网的保护机制，每个运行的保护环即为 1 个系统。

示例：A、B、C、D 站点形成 1 个“口”字形环网，并配置 PP 环网保护，即为 1 个环、1 个系统；若形成 1 个“日”或“田”字形环网，则需根据实际运行环和保护方式确定具体“环•系统”的数量。

3. 维度

维度指独立的时空坐标数目，本册主要用于描述光交叉的容量，一个光交叉的基本容量为 2 维度，一个光方向为 1 维度。

示例（见图 6-2）：某站有至 A、B、C、D 四个光方向的光路，若需要 A、B、C、D 四个光方向均可任意光交换，则需要配置 4 维度光交叉；当需增加至 E、F 光路时，则共需要配置 6 维度光交叉。

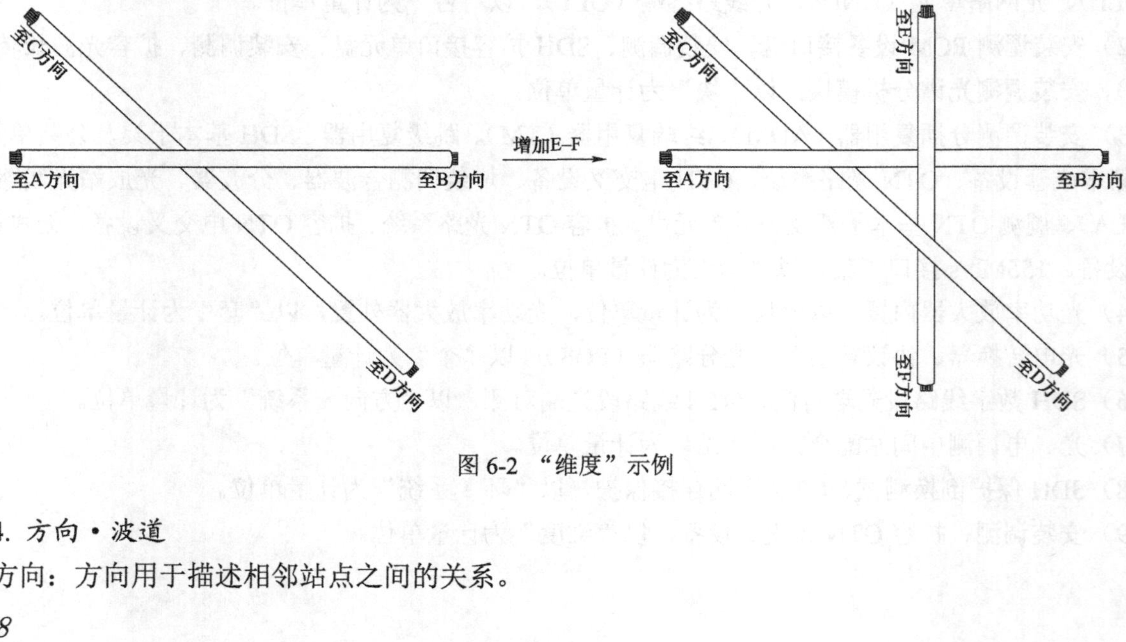

图 6-2 “维度”示例

4. 方向·波道

方向：方向用于描述相邻站点之间的关系。

波道：波道指通信设备工作时所占用的通频带，本册内主要特指光通信设备波分通道的每个光波道。

示例：A 站点—B 站点间建设了 1 条 40 波的链路，即 A、B 间在这个方向上可开通 40 个波道；本期开通了 1 条 10Gbit/s 业务和 1 条 2.5Gbit/s 业务的，即本期开通了 2 个波道。

5. 方向·段

方向：方向用于描述相邻站点之间的关系。

段：指通信线路段，本册内主要特指通信设备间线路段保护，多数指光传输段或光复用段的保护。

示例：A 站点～B 站点间建设了 1 条 40 波链路，采用光线路 1+1 方式保护，那么，A、B 间即在这个方向上开通了 1 个线路段保护。

二、定额使用与工程计量注意事项

（一）定额使用

（1）光纤通信数字设备安装调测定额子目是综合各种因素取定的，使用时不得因安装场地、生产厂家的不同而调整。

（2）光纤通信数字设备安装调测定额子目已综合考虑光传输设备全电路电口调测，不另行计列。

（3）光纤通信数字设备安装调测定额子目已包括网络管理系统（本地维护终端）、网络管理系统（网元级）及相对应的网络级接入的工作量，不得再重复计列《电力建设工程预算定额　第七册　通信工程（2018 年版）》第十一章网络管理系统安装调测的内容。

（4）PCM 设备定额子目安装调测脉冲编码调制，无论多少个 2M 方向只执行 1 次定额。

（5）色散补偿（DCM）执行外置光功率放大器子目，定额乘以系数 0.5。光传送网（OTN）设备增加光放大器执行光功率放大器定额子目。

（二）工程计量注意事项

1. 光纤同步数字（SDH）传输设备安装调测

（1）光纤同步数字（SDH）传输设备安装调测，以“套”为计量单位，新建每 1 套 SDH 计量单位所含主要内容按表 6-1 考虑。

表 6-1　　光纤同步数字传输设备安装调测

光传输设备	容量	复用侧
终端复用器（TM）	10Gbit/s	1 块 10Gbit/s 高阶光板，配套的 2M 板及数据板
	2.5Gbit/s	1 块 2.5Gbit/s 高阶光板，配套的 2M 板及数据板
	622Mbit/s	1 块 622Mbit/s 高阶光板，配套的 2M 板及数据板
	155Mbit/s	1 块 155Mbit/s 高阶光板，配套的 2M 板及数据板
分插复用器（ADM）	10Gbit/s	2 块 10Gbit/s 高阶光板，配套的 2M 板及数据板
	2.5Gbit/s	2 块 2.5Gbit/s 高阶光板，配套的 2M 板及数据板
	622Mbit/s	2 块 622Mbit/s 高阶光板，配套的 2M 板及数据板
	155Mbit/s	2 块 155Mbit/s 高阶光板，配套的 2M 板及数据板

光纤同步数字（SDH）传输设备的光板超过基本配置时，另执行相应数量、相应速率的传输设备接口单元盘安装调测定额子目。

新建光纤同步数字（SDH）传输设备配套的 2M 板及数据板为综合取定不做调整。

（2）定额已包含网管系统调测（包括网元级、接入网络级调测）、全电路电口调测的工作内容。

（3）光纤同步数字（SDH）传输设备的安装调测按 SDH 设备平台速率执行相应定额子目。

（4）光纤通信数字设备安装调测定额子目是综合各种因素取定的，使用时不得因安装场地、生产厂家的不同而调整。

（5）光纤通信数字设备安装调测定额子目已综合考虑光传输设备全电路电口调测，不另行计列。

（6）光纤通信数字设备安装调测定额子目已包括网络管理系统（本地维护终端）、网络管理系统（网元级）及相对应的网络级接入的工作量，不得再重复计列第十一章网络管理系统安装调测的内容。

（7）PCM 设备定额子目安装调测脉冲编码调制，无论多少个 2M 方向只执行 1 次定额。

（8）光功率放大器包括掺铒、拉曼、遥泵等类型放大器，分为内置、外置，无论功率大小定额均不做调整。前向纠错（FEC）、受激布里渊散射（SBS）等执行外置子目，色散补偿（DCM）执行外置光功率放大器子目，定额乘以系数 0.5。光传送网（OTN）设备增加光放大器执行光功率放大器定额子目。

（9）安装调测（SDH）传输设备速率为 40Gbit/s 时，执行速率为 10Gbit/s 相对应的传输设备及接口单元盘子目，定额人工、机械乘以系数 1.2。

2. 光纤同步数字（SDH）传输设备接口盘

（1）光纤同步数字（SDH）传输设备接口盘分为新建和扩容两种类型：

新建 SDH 传输设备基本配置以外的光板执行接口单元盘（SDH）定额子目。

对原有光端机进行扩容（包括扩容光板、2M 板、数据接口板等），执行扩容接口单元盘（SDH）定额子目。

（2）调测基本子架及公共单元盘（SDH），指在原有 SDH 光传输设备上扩容单元接口盘需对原有光端机基本子架及公共单元盘进行调测，但是同 1 台光端机上无论增加的接口单元盘的数量、种类多少，每次扩容时同 1 台光端机只计列 1 次。

3. 扩容接口单元盘（SDH）

扩容接口单元盘定额子目，包含本地维护终端安装调测和网管系统的调测。单站扩容接口单元盘（包括单站扩容光板、2M 板、数据接口板的合计数量）第 3 块及以上的扩容接口单元盘，执行相应的定额乘以系数 0.5。

4. 数字通信通道调测

（1）数字线路段光端对测，分为端站（有业务上下的站点）和中继站（无上下业务的站点），以“方向·系统”为计量单位。

定额子目的系统指“一收一发”的两根光纤为 1 个系统，定额计量“方向·系统”仅包括本端至对端的调测。对端至本端的调测另计为 1 个“方向·系统”。

新建站点的光传输设备按传输的方向及系统进行计量。对端站点上无论对应新建光传输设备、原有传输设备扩容光板、光板利旧等情形，对端站点都应计列相对应的“数字线路段光端对测”。

示例：A 站点～B 站点间分别开通了 1 条 10Gbit/s 和 1 条 2.5Gbit/s 速率的链路，A 站点的“数字线路段光端对测”计量为 2“方向·系统”，B 站点相对应的“数字线路段光端对测”也计量为 2“方向·系统”。

（2）光、电调测中间站配合，指一个中继段需要在中间站仅进行光、电跳线工作；无论跳纤数量多少均按站计列，跳纤为未计价材料。

（3）保护倒换测试，指光传输设备本身的保护倒换测试，1 个保护环内无论站点数量多少只计 1 次。在实际工程中，1 个环内取 1 个站计列，或将定额值分摊到环内各站。

示例：A 站点—B 站点—C 站点—D 站点形成 1 个环网，A—B—C—D—A 配置单向复用段保护环网，则保护倒换测试计列 1 次。后续工程中，将 B—C 间开断加入 E 站点，形成 A—B—E—C—D—A 单向复用段保护环网，同样仅计 1 次。

5. 光传送网（OTN）设备安装调测

（1）OTN 设备按建设的情形设置新建和扩容两类定额子目，与实际通信工程的应用情形对应使用。

（2）OTN 设备新建分为基本成套配置和增装配置。

OTN 基本成套设备（2 个光系统）以“套”为计量单位，包括电层子架 1 个、光层子架 2 个、40 波合分波器 2 套、光功率放大器 4 块、色散补偿（DCM）2 块。

OTN 光路系统（1 个光系统）以“套”为计量单位，每套包括光层子架 1 个、40 波合分波器 1 套、光功率放大器 2 块、色散补偿（DCM）1 块。

增装配置主要适用于对 OTN 基本成套配置外的设备进行规模调整；OTN 光路系统（1 个光系统）、OTN 电交叉设备、OTN 光交叉设备、光波长转换器（OTU）、光谱分析模块不包括在基本成套配置内的，按实际数量计列；增装调测合波器、分波器定额子目适用于新建 OTN 设备基本配置以外和已有的 OTN 设备上增装合波器、分波器。

（3）OTN 光交叉设备（1 个维度），指 1 个线路光方向。

（4）光放站光线路放大器（OLA），指无业务转换落地光放站点的光放大器（OLA），其安装与测试包含光放站本机和接入网络管理系统调测。每套包含光层子架 1 个、2 个方向的光放大器及相关的控制设备。

（5）OTN 设备增加光放大器应执行光功率放大器相应定额子目。

（6）OTN 设备扩容包括扩容 OTN 光路系统（1 个光系统）、扩容 OTN 电交叉设备、扩容 OTN 光交叉设备，已包括网络管理系统的调测，对每 1 种设备单站扩容第 2 套（块）及以上的，采用定额乘以系数 0.7。扩容光波长转换器适用于原有 OTN 设备扩容光波长转换器，已包括网络管理系统的调测，对每 1 种设备单站扩容第 2 套（块）及以上的，采用定额乘以系数 0.5。

（7）当密集波分复用设备为波分及同步数字传输一体化设备时，执行对应的 OTN 设备定额再加对应速率光端机定额之和乘以系数 0.6。

6. 光传送网系统通道调测

（1）线路段光端对测，分为端站/再生站和光放站，计量单位为“方向・系统”，定额子目仅包括本端至对端的调测。对端至本端的调测另计为 1 个“方向・系统”。

（2）光通道开通、调测，计量单位为“方向・波道”，适用于光通道起点至终点的波道开通及调测。两端站点每开通、调测 1 个波道计为 1“方向・波道”，根据工程本期需要开通波道的数量计列。定额子目仅包括本端至对端的调测。对端至本端的调测另计为 1 个“方向・波道”。

示例：A 站点—B 站点间建设了 1 条 40 波的链路，本期开通 1 条 10G 业务和 1 条 2.5G 业务，即本期开通 2 个波道。A 站点的光通道开通、调测 10Gbit/s 计 1“方向・波道”，2.5Gbit/s 计 1“方向・波道”；B 站点的光通道开通、调测 10Gbit/s 计 1“方向・波道”，2.5Gbit/s 计 1“方向・波道”。

（3）中间站点扩波仅跳纤时执行“光、电调测中间站配合”子目；扩波增加 OTU 板时，则执行“扩容光波长转换器”子目。

7. 光传送网（OTN）网络保护

（1）网络线路保护，计量单位为“方向・段”，适用于对线路段保护的开通和调测。每条保护线路段和被保护线路段共计 1 次。本端及对端站点分别计列。

示例：A 站点—B 站点间建设了 1 条 40 波链路，采用光线路 1+1 方式保护，则 A、B 间在 A 至 B 这个方向上开通了 1 个线路段保护。A 站点计 1“方向・段”，B 站点计 1“方向・段”。

（2）光通道保护，计量单位为“方向・波道”，适用于对光通道保护的开通和调测，每条保护光通道和被保护光通道共计 1 次。本端及对端站点分别计列。

示例：A 站点—B 站点间建设了 1 条 40 波链路，本期开通 10 条 10Gbit/s 业务，其中 3 条 10G 业务配置了波长或路由保护，A、B 间即在这个方向上开通 3 个通道保护。A 站点光通道保护计 3“方向・波道”，B 站点光通道保护也计 3“方向・波道”。

（3）子网连接保护，计量单位“环・系统”，适用于对业务通道子网连接保护的开通和调测，每个环内每个子网连接保护系统计 1 次；一个环内取一个站计列，或将定额值分摊到环内各站。

示例（见图 6-3）：在 A—F 共 6 个站点所组成的某新建网络中，A、B、C、D 形成的环网开通“实线”“虚线”两个保护系统，计 2“环 • 系统”；C、D、E、F 形成的环网开通“点划线”1 个保护，计 1“环 • 系统”。

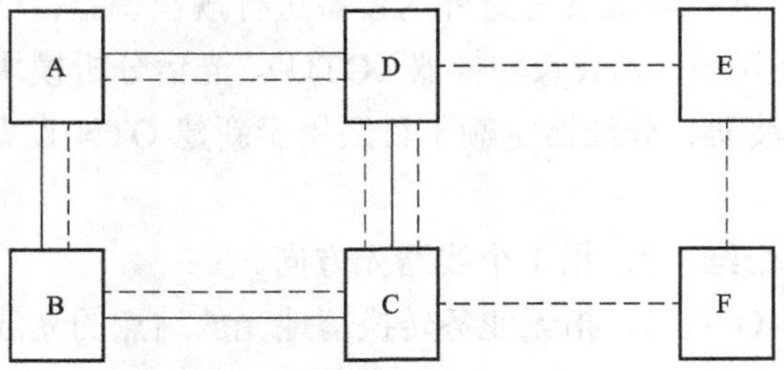

图 6-3 “环 • 系统”示例

（4）网络线路保护、光通道保护、子网连接保护根据工程实际配置的技术方案计量。

8. 无源光网络设备安装调测

无源光网络设备系统联调以“系统”为计量单位，以每台 OLT 的单方向光路计，如图 6-4 所示。

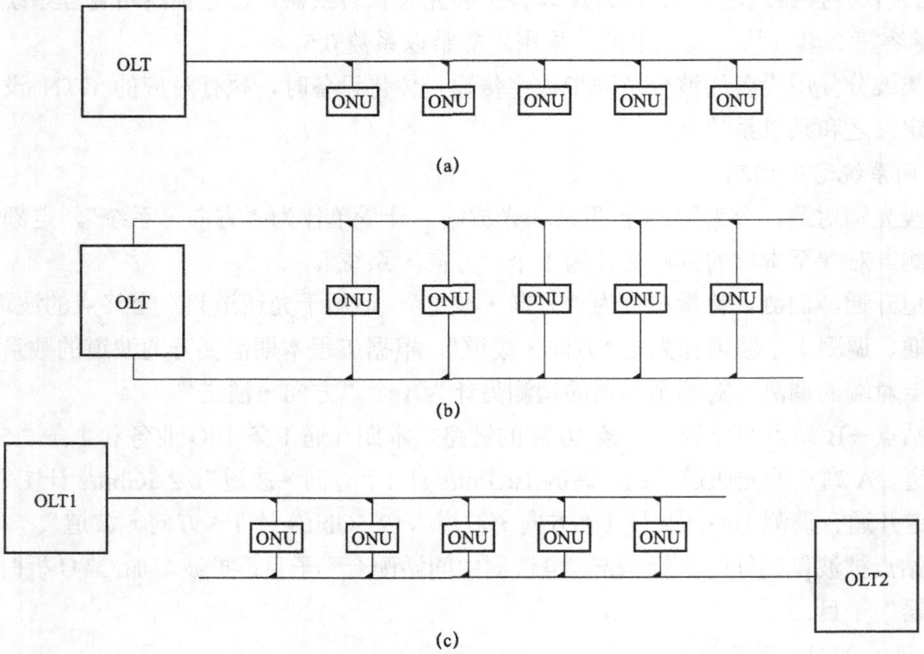

图 6-4 “系统”示例

（a）网络一；（b）网络二；（c）网络三

图 6-4 中，“网络一”为 1 个系统，“网络二”和“网络三”分别为 2 个系统。

三、光纤通信数字设备安装工程预算编制

以下案例中设备价格均为虚拟价，实际工程中应根据当期工程实际情况按规定计列。

【案例 6.1−1】某工程在 A 变电站安装 1 套 10Gbit/s 分插复用器（ADM）（本期开通 2.5Gbit/s），另增加 1 个 622Mbit/s 光方向，在 B 变电站安装 1 套 10Gbit/s 终端复用器（TM）（本期开通 2.5Gbit/s），在 C 变电站原有 SDH 设备上增加 1 块 2.5Gbit/s 接口盘，在 D 变电站原有 SDH 设备上增加 1 块 622Mbit/s 接口盘。A 站点与 B、C、D 站点之间均通过光缆直连，并分别进行系统联调。

设备材料表如表 6-2 所示。

表 6-2　　案例 6.1-1 光纤通信数字设备安装工程设备材料表

序号	设备、材料名称	型号规格	单位	数量	备注
1	SDH 光端机（ADM）	10Gbit/s	套	1	本期开通 2.5Gbit/s
2	SDH 光端机）（TM）	10Gbit/s	套	1	本期开通 2.5Gbit/s
3	光接口盘（含光模块）	2.5Gbit/s	块	1	
4	光接口盘（含光模块）	622Mbit/s	块	2	

【要求】套用定额计算直接工程费（《电力建设工程预算定额　第七册　通信工程（2018 年版）》第一章未包括内容应另套子目）。

步骤：

（1）分析光纤通信数字设备施工主要内容。

1）安装调测 SDH 设备，包括接地、检查核对架内架间电缆、通电检查、单机性能测试、自环测试等。

2）调测基本子架及公共单元盘、安装调测接口盘。

3）网络管理系统安装调测、运行试验，包括设备自检、修改数据、试通调测等。

4）数字线路段光端对测、复用设备系统调测，包括系统无码特性、抖动、光功率测试、告警、倒换功能、接口测试、数据记录等。

（2）编制说明。

1）预算编制说明。

a. 国家有关部门发布的设备、材料、工器具等价格及相关文件。

b.《电力建设工程预算定额　第七册　通信工程（2018 年版）》。

c.《电网工程建设预算编制与计算规定（2018 年版）》。

d. 工程量计算依据建设工程施工图设计说明书、施工图纸，设备材料表。

2）电力系统通信相关标准、规程、规范。

（3）识图及工程量计算。

1）设备安装：从设备材料总表及设备施工图纸得知，安装 2 台 SDH 光端机、3 块光接口盘。

2）设备调测：光端机调测、网络管理系统调测、数字线路段光端对测、复用设备系统调测。

（4）定额套用及工程预算表填写并计算费用。定额套项必须结合定额的总说明、册说明、章说明中的内容范围、未包括内容、工程量计算规则、定额使用及调整等，再根据案例施工内容及工程量计算内容进行套项。

案例定额套用如表 6-3 所示。

表 6-3　　案例 6.1-1 光纤通信数字设备安装工程预算表　　元

编制依据	项目名称及规格	单位	数量	单价				合价			
				设备费	装置性材料费	安装费	其中：人工费	设备费	装置性材料费	安装费	其中：人工费
	A 站点										
设备	SDH 光端机（10G 容量开通 2.5G）	套	1	350 000				350 000			
YZ1－5	光纤同步数字（SDH）传输设备安装调测　分插复用器（ADM）10Gbit/s	套	1			6873.83	4882.69			6874	4883

续表

编制依据	项目名称及规格	单位	数量	单价				合价			
				设备费	装置性材料费	安装费	其中：人工费	设备费	装置性材料费	安装费	其中：人工费
YZ1－35	数字通信通道调测 数字线路段光端对测 端站	方向·系统	3			885.69	200.73			2657	602
Z1－38	数字通信通道调测 保护倒换测试	环·系统	1			901.68	200.73			902	201
设备	622M 光板	块	1	15 000				15 000			
YZ1－16	光纤同步数字（SDH）传输设备接口盘安装调测 接口单元盘（SDH）622Mbit/s	块	1			244.76	114.70			245	115
	B 站点										
设备	SDH 光端机（10G 容量开通 2.5G）	套	1	350 000				350 000			
YZ1－9	光纤同步数字（SDH）传输设备安装调测 终端复用器（TM）10Gbit/s	套	1			6194.27	4610.27			6194	4610
YZ1－35	数字通信通道调测 数字线路段光端对测 端站	方向·系统	1			885.69	200.73			886	201
	C 站点										
设备	2.5G 光板	块	1	30 000				30 000			
YZ1－21	光纤同步数字（SDH）传输设备接口盘安装调测 基本子架及公共单元盘（SDH）622Mbit/s 以上	套	1			820.46	206.26			820	206
YZ1－23	光纤同步数字（SDH）传输设备接口盘安装调测 扩容接口单元盘（SDH）2.5Gbit/s	块	1			1472.27	1187.19			1472	1187
YZ1－35	数字通信通道调测 数字线路段光端对测 端站	方向·系统	1			885.69	200.73			886	201
	D 站点										
设备	622M 光板	块	1	15 000				15 000			
YZ1－20	光纤同步数字（SDH）传输设备接口盘安装调测 基本子架及公共单元盘（SDH）622Mbit/s 以下	套	1			584.59	170.41			585	170
YZ1－24	光纤同步数字（SDH）传输设备接口盘安装调测 扩容接口单元盘（SDH）622Mbit/s	块	1			1415.33	1177.87			1415	1178
YZ1－35	数字通信通道调测 数字线路段光端对测 端站	方向·系统	1			885.69	200.73			886	201
	设备运杂费										
	甲供设备费小计										
	小计									23 821	13 755

以下案例中设备价格均为虚拟价，实际工程中应根据当期工程实际情况按规定计列。

【案例 6.1-2】某工程需在 A 变电站安装具有 3 个光系统的 OTN 设备（具备电交叉功能），新建光路分别与现有 B、C、D 变电站 OTN 设备连接，并为 B 站 OTN 设备增加电交叉功能，最终开通 A—B—E—H、A—C—F—H、A—D—G—H，3 个 10G 波道（见图 6-5）。

B 变电站 OTN 设备扩容电交叉设备，B、C、D 变电站 3 套 OTN 设备进行相应的光路系统扩容，B、C、D、E、F、G、H 变电站 7 套 OTN 设备进行相应的扩波。此外，根据前期工程收资，H 变电站的 OTU 板已无剩余可用光口，该工程还将在 H 变电站扩容光波长转换器（OTU）。

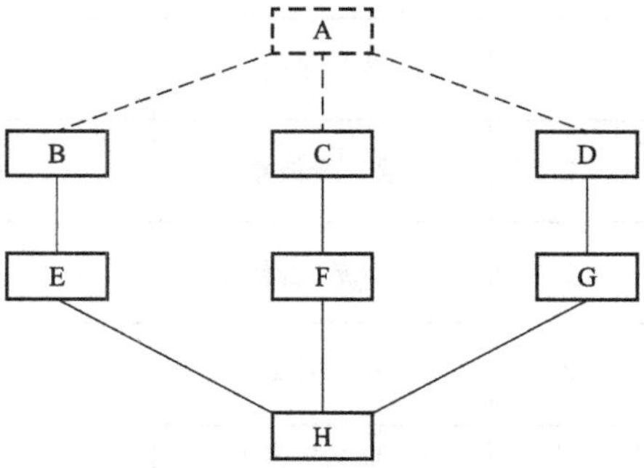

图 6-5　OTN 案例示意图

设备材料表如表 6-4 所示。

表 6-4　　案例 6.1-2 光纤通信数字设备材料表

序号	名称	型号及规范	单位	数量	备注
一	A 站新建				
（一）	OTN 成套设备				共 3 个光路系统，OTN 基本成套设备（2 个光路系统），另计 OTN 光路系统（1 个光系统）
1	OTN 光层子架	含公共单元	个	3	“OTN 基本成套设备”包含 2 套；另 1 套计入“OTN 光路系统（1 个光系统）”
2	合分波器	40 波合分波器	台	3	“OTN 基本成套设备”包含 2 套；另 1 套计入“OTN 光路系统（1 个光系统）”
3	光放大器		台	6	“OTN 基本成套设备”包括 4 台；另 2 套计入在“OTN 光路系统（1 个光系统）”
4	色散补偿		台	3	“OTN 基本成套设备”包含 2 台，另 1 套包计入“OTN 光路系统（1 个光系统）”内
5	波长转换器		块	3	不包括在基本成套内，另计
6	OTN 电层子架	含公共单元	个	1	“OTN 基本成套设备”已包括
7	电交叉设备	交叉容量 3.2Tbit/s	套	1	OTN 成套装置不包括“OTN 电交叉设备”，另计
8	机柜		面	1	执行《电力建设工程预算定额　第七册　通信工程（2018 年版）》第 14 章子目
二	B 站扩容				
（一）	OTN 设备扩容				
1	光层子架		个	1	包括在“扩容 OTN 光路系统（1 个光系统）”中
2	合分波器	40 波合分波器	台	1	包括在“扩容 OTN 光路系统（1 个光系统）”中
3	光放大器		台	2	包括在“扩容 OTN 光路系统（1 个光系统）”中
4	色散补偿		台	1	包括在“扩容 OTN 光路系统（1 个光系统）”中
5	电交叉设备	交叉容量 3.2Tbit/s	套	1	执行“扩容 OTN 电交叉设备”
三	C 站扩容				
（一）	OTN 设备扩容				

续表

序号	名称	型号及规范	单位	数量	备注
1	光层子架		个	1	包括在“扩容 OTN 光路系统（1 个光系统）”中
2	合、分波器	40 波合分波器	台	1	包括在“扩容 OTN 光路系统（1 个光系统）”中
3	光放大器		台	2	包括在“扩容 OTN 光路系统（1 个光系统）”中
4	色散补偿		台	1	包括在“扩容 OTN 光路系统（1 个光系统）”中
四	D 站扩容				
（一）	OTN 设备扩容				
1	光层子架		个	1	包括在“扩容 OTN 光路系统（1 个光系统）”中
2	合、分波器	40 波合分波器	台	1	包括在“扩容 OTN 光路系统（1 个光系统）”中
3	光放大器		台	2	包括在“扩容 OTN 光路系统（1 个光系统）”中
4	色散补偿		台	1	包括在“扩容 OTN 光路系统（1 个光系统）”中
五	E 站跳纤				
1	安装辅材	含跳纤 2 根等	套	1	执行“光、电调测中间站配合”。跳纤材料费另计
六	F 站跳纤				
1	安装辅材	含跳纤 2 根等	套	1	执行“光、电调测中间站配合”。跳纤材料费另计
七	G 站跳纤				
1	安装辅材	含跳纤 2 根等	套	1	执行“光、电调测中间站配合”。跳纤材料费另计
八	H 站扩容				
（一）	OTN 设备扩容				
1	波长转换器		块	3	扩容光波长转换器（OTU），第 2 块及以上调整系数 0.5
2	安装辅材	含跳纤 6 根等	套	1	跳纤材料费另计

【要求】套用定额计算直接工程费（《电力建设工程预算定额　第七册　通信工程（2018 年版）》第一章未包括内容应另套子目）。

步骤：

（1）分析 OTN 设备施工主要内容。

1）安装调测 OTN 设备，包括接地、检查核对架内架间电缆、通电检查、单机性能测试、自环测试等。

2）调测基本子架及公共单元盘、扩容 OTN 光路系统调测。

3）数字线路段光端对测，包括系统无码特性、抖动、光功率测试、告警、倒换功能、接口测试、数据记录等。

（2）编制说明。

1）预算编制说明。

a. 国家有关部门发布的设备、材料、工器具等价格及相关文件。

b.《电力建设工程预算定额　第七册　通信工程（2018 年版）》。

c.《电网工程建设预算编制与计算规定（2018 年版）》。

d. 工程量计算依据建设工程施工图设计说明书、施工图纸、设备材料表。

2）电力系统通信相关标准、规程、规范。

（3）识图及工程量计算。

1）设备安装：从设备材料总表及设备施工图纸得知，安装 1 台 OTN 设备（共 3 个光路系统）、波长转换器 6 块、电交叉设备 2 台、OTN 设备扩容 3 个站、机柜安装。

2）设备调测：OTN 基本成套设备调测，数字线路段光端对测，光通道开通、调测，OTN 基本子架及公共单元盘调测。

（4）定额套用及工程预算表填写并计算费用。定额套项必须结合定额的总说明、册说明、章说明中的内容范围、未包括内容、工程量计算规则、定额使用及调整等，再根据案例施工内容及工程量计算内容进行套项。

案例定额套用如表 6-5 所示。

表 6-5　　　　安装工程预算表　　　　元

编制依据	项目名称及规格	单位	数量	单价				合价			
				设备费	装置性材料费	安装费	其中：人工费	设备费	装置性材料费	安装费	其中：人工费
	A 站新建										
设备	OTN 光层子架	个	3	200 000				600 000			
设备	合、分波器	台	3	100 000				300 000			
设备	光放大器	台	6	100 000				600 000			
设备	色散补偿	台	3	50 000				150 000			
设备	OTN 电层子架	个	1	50 000				50 000			
YZ1－39	光传送网（OTN）设备安装调测　OTN 基本成套设备　2 个光系统	套	1			8986.92	5252.80			8987	5253
YZ1－40	光传送网（OTN）设备安装调测　OTN 光路系统　1 个光系统	套	1			2277.64	1361.44			2278	1361
设备	电交叉设备	套	1	50 000				50 000			
YZ1－41	光传送网（OTN）设备安装调测　OTN 电交叉设备　3.2Tbit/s 以下	套	1			1876.46	1003.66			1876	1004
设备	波长转换器	块	3	10 000				30 000			
YZ1－44	光传送网（OTN）设备安装调测　光波长转换器（OTU）	块	3			442.50	232.99			1328	699
YZ1－57	光传送网（OTN）系统通道调测　线路段光端对测　端站/再生站	方向·系统	3			1903.04	268.84			5709	807
YZ1－60	光传送网（OTN）系统通道调测　光通道开通、调测 10Gbit/s	方向·波道	3			1240.24	200.73			3721	602
设备	机柜	面	1	8000				8000			

续表

编制依据	项目名称及规格	单位	数量	单价				合价			
				设备费	装置性材料费	安装费	其中：人工费	设备费	装置性材料费	安装费	其中：人工费
YZ14-1	机柜安装	面	1			228.56	111.42			229	111
	B站点扩容										
设备	光层子架	个	1	20 000				20 000			
设备	合、分波器	台	1	100 000				100 000			
设备	光放大器	台	2	100 000				200 000			
设备	色散补偿	台	1	50 000				50 000			
YZ1-50	光传送网（OTN）设备安装调测 调测基本子架及公共单元盘（OTN）	套	1			798.07	175.94			798	176
YZ1-51	光传送网（OTN）设备安装调测 扩容OTN光路系统 1个光系统	套	1			2978.95	2030.77			2979	2031
设备	电交叉设备	套	1	50 000				50 000			
YZ1-52	光传送网（OTN）设备安装调测 扩容 OTN 电交叉设备 3.2Tbit/s 以下	套	1			2800.67	1684.72			2801	1685
YZ1-57	光传送网（OTN）系统通道调测 线路段光端对测 端站/再生站	方向·系统	1			1903.04	268.84			1903	269
	C站点扩容										
设备	光层子架	个	1	20 000				20 000			
设备	合、分波器	台	1	100 000				100 000			
设备	光放大器	台	2	100 000				200 000			
设备	色散补偿	台	1	50 000				50 000			
YZ1-50	光传送网（OTN）设备安装调测 调测基本子架及公共单元盘（OTN）	套	1			798.07	175.94			798	176
YZ1-51	光传送网（OTN）设备安装调测 扩容OTN光路系统 1个光系统	套	1			2978.95	2030.77			2979	2031
YZ1-57	光传送网（OTN）系统通道调测 线路段光端对测 端站/再生站	方向·系统	1			1903.04	268.84			1903	269
	D站点扩容										
设备	光层子架	个	1	20 000				20 000			
设备	合、分波器	台	1	100 000				100 000			
设备	光放大器	台	2	100 000				200 000			
设备	色散补偿	台	1	50 000				50 000			
YZ1-50	光传送网（OTN）设备安装调测 调测基本子架及公共单元盘（OTN）	套	1			798.07	175.94			798	176

续表

编制依据	项目名称及规格	单位	数量	单价				合价			
				设备费	装置性材料费	安装费	其中：人工费	设备费	装置性材料费	安装费	其中：人工费
YZ1－51	光传送网（OTN）设备安装调测 扩容 OTN 光路系统 1 个光系统	套	1			2978.95	2030.77			2979	2031
YZ1－57	光传送网（OTN）系统通道调测 线路段光端对测 端站/再生站	方向·系统	1			1903.04	268.84			1903	269
	E 站点										
YZ1－37	数字通信通道调测 光、电调测中间站配合	站	1			655.76	286.76			656	287
	安装辅材	套	1		1000				1000		
	F 站点										
YZ1－37	数字通信通道调测 光、电调测中间站配合	站	1			655.76	286.76			656	287
	安装辅材	套	1		1000				1000		
	G 站点										
YZ1－37	数字通信通道调测 光、电调测中间站配合	站	1			655.76	286.76			656	287
	安装辅材	套	1		1000				1000		
	H 站点										
YZ1－50	光传送网（OTN）设备安装调测 调测基本子架及公共单元盘（OTN）	套	1			798.07	175.94			798	176
设备	波长转换器	块	3	10 000				30 000			
YZ1－55	光传送网（OTN）设备安装调测 扩容光波长转换器（OTU）	块	1			1281.00	1039.51			1281	1040
调 YZ1－55×0.5	光传送网（OTN）设备安装调测 扩容光波长转换器（OTU）	块	2			640.50	519.76			1281	1040
YZ1－60	光传送网（OTN）系统通道调测 光通道开通、调测 10Gbit/s	方向·波道	3			1240.24	200.73			3721	602
	安装辅材	套	1		1000				1000		
YZ15－6	设备电缆 放绑软光纤	条	6			30.93	25.09			186	151
	设备运杂费										
	甲供设备费小计										
	主材费小计										
	小计									53 201	22 816

第二节 无线专网设备

《电力建设工程预算定额 第七册 通信工程(2018 年版)》第二章适用于电力无线专网设备安装工程。

一、定额设置与工程计量

（一）定额设置

《电力建设工程预算定额　第七册　通信工程（2018年版）》第二章包括通信抱杆安装，天线、馈线安装调测，无线专网设备安装调测，无线专网设备联网调测。分为4个小节，共25个子目。

（二）工程计量

（1）楼面抱杆、支撑杆安装，以“基”为计量单位。

（2）铁塔抱杆、天线安装，以“副”为计量单位。

（3）馈线安装，以“条”为计量单位。

（4）射频拉远设备（RRU）、一体化基站设备、基站主设备（BBU）、核心网设备、无线终端安装，以“套”为计量单位。

（5）中继放大器安装，以“台”为计量单位。

（6）基站系统调测，以“站”为计量单位。

（7）联网调测，以“扇区”为计量单位。

（8）核心系统调测，以“套”为计量单位。

二、定额使用与工程计量注意事项

（一）定额使用

（1）楼面抱杆适用于在楼面安装杆顶距底座8m以下独立或具有支撑的单杆。

（2）支撑杆适用于安装杆顶距底座8～25m具有支撑或拉线的单杆。支撑杆安装适用于楼面安装。

（3）核心网设备安装调测未包括机柜、防火墙、交换机，使用时执行本册相关子目。

（4）核心系统调测包括EPC、交换机、防火墙、网管系统等联调。

（5）操作维护中心设备（OMCR）安装调测执行《电力建设工程预算定额　第七册　通信工程（2018年版）》第十一章相关子目。

（二）工程计量注意事项

（1）楼面抱杆安装、支撑杆安装以“基”为计量单位，以安装的单杆高度进行划分。

（2）铁塔抱杆安装以“副”为计量单位，铁塔抱杆安装适用于在自立铁塔、钢管杆、支撑杆上安装抱杆，按安装高度执行定额子目，抱杆安装高度均指抱杆底部距塔或杆底座的高度。

（3）天线以“副”为计量单位，指一根或一个物理实体，综合定向天线和全向天线的安装。

（4）楼面抱杆上天线安装以“副”为计量单位，适用于在楼面抱杆（杆顶距底座8m以下独立或具有支撑的单杆）上直接安装天线。

（5）支撑杆上天线安装以“副”为计量单位，适用于支撑杆（杆顶距底座8～25m具有支撑或拉线的单杆）上的天线安装。

（6）铁塔上天线安装以“副”为计量单位，天线安装高度均指天线底部距塔或杆底座的高度。

（7）联网调测以“扇区”为计量单位，1副天线计为1个扇区。

（8）馈线（10m以下）安装调测以“条”为计量单位，馈线两接头之间为1条。安装调测1/2 in以上射频同轴电缆时定额不做调整；安装调测1/2 in及以下射频同轴电缆时，定额人工乘以系数0.4。

三、无线专网设备安装工程预算编制

以下案例中设备价格均为虚拟价，实际工程中应根据当期工程实际情况按规定计列。

【案例】某基站建设采用BBU+RRU方式，机房新增基站主设备（BBU）1台，安装在机柜上；室外地面已有铁塔45m处安装定向天线3副、需同时安装天线抱杆3副、室外射频拉远设备（RRU）3台；机房顶部安装GPS天线与室内设备连接。

设备材料表如表6-6所示。

表 6-6　　无线专网设备安装工程设备材料表

序号	设备、材料名称	型号规格	单位	数量	备注
1	基站主设备（BBU）		台	1	
2	机柜		面	1	
3	天线		副	3	定向，铁塔上安装高度 45m
4	天线抱杆		副	3	铁塔上安装高度 45m
5	射频拉远设备（RRU）		台	3	铁塔上安装高度 45m
6	GPS 天线		副	1	
7	GPS 馈线	1/2in 馈线	m	15	天线与室内设备连接
8	RRU 电源电缆	$RVZ-2\times6mm^2$	m	210	3×70m
9	射频同轴电缆	1/2in 馈线	m	60	3（台）×4（根）×5m；天线与射频拉远设备（RRU）连接，每条 5m
10	室外光缆	2 芯	m	210	3×70m；基站主设备（BBU）与射频拉远设备（RRU）连接

【要求】套用定额计算直接工程费［《电力建设工程预算定额　第七册　通信工程（2018 年版）》第二章未包括内容应另套子目］。

步骤：

（1）分析无线专网施工主要内容。

1）基站主设备（BBU）安装调测、机柜的安装、铁塔抱杆安装、天线安装、射频拉远设备（RRU）。

2）无线专网设备相关线缆安装。

（2）编制说明。

1）预算编制说明。

a. 国家有关部门发布的设备、材料、工器具等价格及相关文件。

b.《电力建设工程预算定额　第七册　通信工程（2018 年版）》。

c.《电网工程建设预算编制与计算规定（2018 年版）》。

d. 工程量计算依据建设工程施工图设计说明书、施工图纸、设备材料表。

2）电力系统通信相关标准、规程、规范。

（3）识图及工程量计算。

1）设备安装：从设备材料总表及设备施工图纸得知，安装基站主设备（BBU）1 台、定向天线 3 副、天线抱杆 3 副、室外射频拉远设备（RRU）3 台、机柜 1 面。

2）设备调测：天、馈线、基站主设备（BBU）、室外射频拉远设备（RRU）安装调测。

（4）定额套用及工程预算表填写并计算费用。定额套项必须结合定额的总说明、册说明、章说明中的内容范围、未包括内容、工程量计算规则、定额使用及调整等，再根据案例施工内容及工程量计算内容进行套项。

案例定额套用如表 6-7 所示。

表 6-7　　无线专网设备安装工程预算表　　元

编制依据	项目名称及规格	单位	数量	单价				合价			
				设备费	装置性材料费	安装费	其中：人工费	设备费	装置性材料费	安装费	其中：人工费
设备	基站主设备（BBU）	台	1	38 000				38 000			
YZ2－19	无线专网设备安装调测　基站主设备（BBU）	套	1			223.91	179.23			224	179

续表

编制依据	项目名称及规格	单位	数量	单价				合价			
				设备费	装置性材料费	安装费	其中：人工费	设备费	装置性材料费	安装费	其中：人工费
设备	机柜	面	1	8000				8000			
YZ14－1	机柜安装	面	1			228.56	111.42			229	111
设备	天线（45m）	副	3		500				1500		
换 YZ2－9	天、馈线安装调测　天线　铁塔上45m（YZ2－9＋5×YZ2－10）	副	3			775.05	722.25			2325	2167
设备	天线抱杆	副	3		500				1500		
换 YZ2－5	通信抱杆安装　铁塔抱杆安装　安装抱杆高度　45m（YZ2－5＋5×YZ2－6）	副	3			642.18	615.25			1927	1846
设备	射频拉远设备（RRU）	台	3	38 000				114 000			
换 YZ2－15	无线专网设备安装调测　射频拉远设备（RRU）铁塔上 45m（YZ2－15＋5×YZ2－16）	套	3			367.95	329.56			1104	989
设备	GPS 天线	副	1		1500				1500		
设备	GPS 馈线（1/2in 馈线）	m	15		200				3000		
YZ10－5	通信数字同步网设备安装调测　卫星接收天线、馈线安装调测　30m	条	1			168.48	114.44			168	114
	RRU 电源电缆（RVZ－2×6mm²）	m	210		200				42 000		
调 YZ15－10×1.3	设备电缆　电力电缆　单芯截面 10mm²	100m	2.1			290.11	173.20			609	364
	射频同轴电缆（1/2in 馈线）12×5m	m	60		200				12 000		
调 YZ2－11R×0.4	馈线安装调测　10m 以下	条	12			168.92	89.02			2027	1068
设备	室外光缆（2 芯）	km	0.21		3500				735		
调 YZ13－16R×1.3	管（沟）道内人工敷设光缆　12 芯以下	km	0.21			2828.19	2443.16			594	513
YZ13－67	厂（站）内光缆熔接　2 芯以下	头	6			204.80	71.69			1229	430
YZ13－80	厂（站）内光缆测试　2 芯以下	段	3			100.01	64.52			300	194
YZ2－23	无线专网设备联网调测　基站系统调测	站	1			2736.16	1935.63			2736	1936
YZ2－24	无线专网设备联网调测　联网调测	扇区	3			890.25	716.90			2671	2151
	设备运杂费										
	甲供设备费小计										
	主材费小计										
	小计									16 142	12 061

第三节 电力载波设备

《电力建设工程预算定额 第七册 通信工程（2018年版）》第三章电力载波设备是指利用35kV及以上电压等级输电线路作为传输媒介的载波设备，适用于模拟、数字载波机的安装工程。

一、定额设置与工程计量

（一）定额设置

《电力建设工程预算定额 第七册 通信工程（2018年版）》第三章包括电力载波设备安装调测、高频差接网络设备安装调测、电力载波设备联调、载波复用保护通道联调。共4个子目。

（二）工程计量

（1）安装调测电力载波设备、高频差接网络设备，以“台”为计量单位。

（2）电力载波设备联调、载波复用保护通道联调，以“系统”为计量单位。

二、定额使用与工程计量注意事项

（一）定额使用

（1）《电力建设工程预算定额 第七册 通信工程（2018年版）》第三章包括本站载波机、高频差接网络设备的安装，单机性能指标调测等工作，包括联调工作的本站配合工作。

（2）与电力载波设备配套的载波高频通道加工设备（阻波器、滤波器、耦合电容器等）安装执行《电力建设工程预算定额 第三册 电气设备安装工程（2018年版）》相关子目。

（3）电力载波同轴电缆敷设执行本册第15章相关子目。

（二）工程计量注意事项

电力载波设备联调、载波复用保护通道联调以“系统”为计量单位，已包括两端设备的联调，对端不另计。

三、电力载波设备安装工程预算编制

以下案例中设备价格均为虚拟价，实际工程中应根据当期工程实际情况按规定计列。

【案例6.3－1】某工程在A变电站、B变电站各安装电力载波机1台，A站与B站之间分别进行设备联调。

设备材料表如表6-8所示。

表6-8 **设备材料表**

序号	设备、材料名称	型号规格	单位	数量	备注
1	电力载波机	2路语音、2路数据	台	2	

【要求】套用定额计算直接工程费（《电力建设工程预算定额 第七册 通信工程（2018年版）》第三章未包括内容应另套子目）。

步骤：

（1）分析电力载波设备施工主要内容。

1）安装调测电力载波机，包括接地、通电检查、单机性能测试、通道测试等。

2）设备联调、保护通道联调。

（2）编制说明。

1）预算编制说明。

a. 国家有关部门发布的设备、材料、工器具等价格及相关文件。

b.《电力建设工程预算定额　第七册　通信工程（2018 年版）》。

c.《电网工程建设预算编制与计算规定（2018 年版）》。

d. 工程量计算依据建设工程施工图设计说明书、施工图纸，设备材料表。

2）电力系统通信相关标准、规程、规范。

（3）识图及工程量计算。

1）设备安装：从设备材料总表及设备施工图图纸得知，安装电力载波机 2 台。

2）设备调测：电力载波设备联调、载波复用保护通道联调。

（4）定额套用及工程预算表填写并费用计算。定额套项必须结合定额的总说明、册说明、章说明中的内容范围、未包括内容、工程量计算规则、定额使用及调整等，再根据案例施工内容及工程量计算内容进行套项。

案例定额套用如表 6-9 所示。

表 6-9　　安装工程预算表　　元

编制依据	项目名称及规格	单位	数量	单价				合价			
				设备费	装置性材料费	安装费	其中：人工费	设备费	装置性材料费	安装费	其中：人工费
	电力载波设备安装							81 320		5709	1251
设备	电力载波机	台	2	38 000				76 000			
YZ3－1	电力载波设备安装调测	台	2			717.74	292.29			1435	585
YZ3－3	电力载波设备联调	系统	1			1134.31	537.68			1134	538
YZ3－4	载波复用保护通道联调	系统	1			393.59	129.04			394	129
	设备运杂费										
	甲供设备费小计										
	小计									2963	1251

第四节　微　波　设　备

《电力建设工程预算定额　第七册　通信工程（2018 年版）》第四章适用于抛物面天线、馈线、分路系统、各频段模拟、数字微波设备的安装工程。

一、定额设置与工程计量

（一）定额设置

《电力建设工程预算定额　第七册　通信工程（2018 年版）》第四章包括ϕ2m 以下抛物面天线安装，ϕ4m 以下抛物面天线安装，微波馈线安装、分路系统安装调测，天、馈线系统调测，微波设备安装调测，微波数字段测试，全电路测试。分为 7 个小节，共 38 个子目。

（二）工程计量

（1）抛物面天线安装、天线调测，以“面”为计量单位。

（2）馈线，以“100m”为计量单位。

（3）馈线头制作，以“个”为计量单位。

（4）分路系统，以“系统”为计量单位。

（5）馈线调测，以“条”为计量单位。使用中不论馈线长度，均按本定额执行。

（6）收发信机、直接放大器、调制解调机、波道倒换机、监控设备、被控设备、波导充气机，以“套”为计量单位。

（7）分集接收机，以“部”为计量单位。

（8）数字公务，以“盘”为计量单位。

（9）微波中继段调测（1+1 系统）、数字段主通道调测（1+1 系统）、公务联络调测（1+1 系统）、监控调测两个上下话路站（1+1 系统）、配合数字终端调测/调制段（1+1 系统）、全电路主通道调测/两个终端站（1+1 系统）、全电路辅助通道调测/两个终端站（1+1 系统），以“段”为计量单位。

（10）全电路集中监控性能调测/主控站（1+1 系统）、全电路集中监控性能调测/次主控站（1+1 系统）、全电路稳定性能调测，以“站”为计量单位。

二、定额使用与工程计量注意事项

（一）定额使用

（1）抛物面天线楼顶上安装已包括天线搬运用工。

（2）铁塔上安装天线，不论有无操作平台均按本定额执行。

（3）馈线安装已包括馈线的固定卡及接地件安装，不包括铁塔接地部分。

（4）定额不包括铁塔的组立及铁塔基础的浇筑。

（5）微波天线安装（楼顶上）仅指楼顶平面，如在楼顶铁塔上安装应另增加对应的铁塔上安装定额，微波天线调测不管楼顶上是否有铁塔，调测定额只能使用一个子目。

（6）微波铁塔的组立及铁塔基础的浇筑，发生时套用《电力建设工程预算定额　第四册　输电线路工程（2018 年版）》相关子目。

（7）微波铁塔接地部分，实际发生时套用《电力建设工程预算定额　第三册　电气设备安装工程（2018 年版）》册相关子目。

（8）微波馈线安装所应用的机械台班含在抛物面天线的（吊装）机械台班定额中。

（二）工程计量注意事项

（1）抛物面天线安装，以“面”为计量单位，安装高度均指天线底部距地面的高度或设计高度。

（2）馈线调测，以“条”为计量单位。使用中不论馈线长度，均按本定额执行。

（3）微波设备安装调测各子目是按“1+1”系统考虑，同样适用于“1+0”或“2+0”系统，套用定额子目时不做调整。

三、微波设备安装工程预算编制

以下案例中设备价格均为虚拟价，实际工程中应根据当期工程实际情况按规定计列。

【案例 6.4－1】某工程在 A 微波站楼顶的铁塔上安装抛物面天线 1 套（楼高 20m，铁塔高 25m）、馈线 50m，并进行天馈线调测。

设备材料表如表 6-10 所示。

表 6-10　　设 备 材 料 表

序号	设备、材料名称	型号规格	单位	数量	备注
1	抛物面天线	ϕ 2m	套	1	
2	馈线	含馈线头 2 个	m	50	

【要求】套用定额计算直接工程费（《电力建设工程预算定额　第七册　通信工程（2018 年版）》第四章未包括内容应另套子目）。

步骤：

（1）分析微波设备施工主要内容。

1）安装抛物面天线、馈线，包括天线安装就位、调整天线方位和俯仰角、馈线调整固定、馈线接地等。

2）制作馈线头。

3）调测天线、馈线，包括调测天线接收场强电平及天线驻波比、极化去耦，测试馈线损耗等。

（2）编制说明。

1）预算编制说明。

a. 国家有关部门发布的设备、材料、工器具等价格及相关文件。

b.《电力建设工程预算定额　第七册　通信工程（2018 年版）》。

c.《电网工程建设预算编制与计算规定（2018 年版）》。

d. 工程量计算依据建设工程施工图设计说明书、施工图纸，设备材料表。

2）电力系统通信相关标准、规程、规范。

（3）识图及工程量计算。

1）设备安装：从设备材料总表及设备施工图得知，安装 1 套抛物面天线、50m 馈线。

2）设备调测：天线、馈线调测。

（4）定额套用及工程预算表填写并费用计算。

定额套项必须结合定额的总说明、册说明、章说明中的内容范围、为包括内容、工程量计算规则、定额使用及调整等，再根据案例施工内容及工程量计算内容进行套项。

案例定额套用如表 6-11 所示。

表 6-11　　安装工程预算表　　元

编制依据	项目名称及规格	单位	数量	单价				合价			
				设备费	装置性材料费	安装费	其中：人工费	设备费	装置性材料费	安装费	其中：人工费
设备	抛物面天线	套	1	50 000				50 000			
设备	馈线（含 2 个馈线头）	m	50	300				15 000			
YZ4－1	ϕ2m 以下抛物面天线安装　楼顶上 30m 以内	面	1			2196.79	1967.46			2197	1967
YZ4－4	ϕ2m 以下抛物面天线安装　铁塔上 30m 以内	面	1			3003.30	2773.97			3003	2774
YZ4－14	微波馈线安装调测　铁塔上	100m	0.5			3351.35	3340.62			1676	1670
YZ4－15	微波馈线安装调测　馈线头制作	个	2			64.39	35.85			129	72
YZ4－18	天线系统调测（ϕ4m 以下）铁塔上	面	1			723.32	501.83			723	502
YZ4－19	馈线系统调测	条	1			144.46	107.54			144	108
	设备运杂费										
	甲供设备费小计										
	小计									7872	7093

第五节　交换设备

《电力建设工程预算定额　第七册　通信工程（2018 年版）》第五章适用于行政程控电话交换机、电力调度程控电话交换机设备、IMS 设备的安装工程。

一、定额设置与工程计量

（一）定额设置

《电力建设工程预算定额　第七册　通信工程（2018 年版）》第五章包括程控电话交换设备安装调测、

程控电话交换设备系统联调、电力调度程控交换机安装调测、电力调度程控交换机系统联调、IMS 设备安装调测、IMS 设备系统联调。分为 6 个小节，共 30 个子目。

（二）工程计量

（1）安装调测电话交换设备，电力调度程控交换机，以“架”为计量单位。

（2）维护终端、话务台、告警设备，以“台”为计量单位。

（3）用户集线器（SLC）设备，以“500 线/架”为计量单位，定额单位“线”是指门数。

（4）扩装交换设备板卡、模块，扩装调度交换设备板卡，以“块”为计量单位。

（5）程控交换机计费系统，电力调度录音装置，以“套”为计量单位。

（6）用户线、中继线、增值服务调测，以“千线”为计量单位，定额单位“千线”是指交换门数。

（7）电力调度程控交换机系统联调，以“系统”为计量单位。

（8）电力调度台，以“台”为计量单位。

（9）IMS 核心设备、应用服务设备、网关设备、AG 接入网关、IAD 接入设备、IP 话务台设备，以“台”为计量单位。

（10）IMS 设备系统基础业务应用平台调测、增值业务应用平台调测，以“套”为计量单位。

二、定额使用与工程计量注意事项

（一）定额使用

IMS 设备安装调测应根据技术方案的安装调测内容选择执行对应的定额子目。

（二）工程计量注意事项

（1）电话交换设备以“架”为计量单位，每架含 500 线；对于大容量程控交换设备安装，超出部分执行用户集线器（SLC）设备子目，不足 500 线按 500 线计量，定额单位中的“线”是指交换门数。

（2）用户线调测以“千线”为计量单位，定额单位“千线”是指交换门数，不足千线按 1 千线计量。

（3）中继线调测以“千线”为计量单位，指新增成套程控电话交换设备包括 2Mbit/s 中继、7 信令、Q 信令的数量，每个 2Mbit/s 中继、7 信令、Q 信令按 32 线计算，合计不足千线按 1 千线计量。

（4）增值服务调测以“千线”为计量单位，定额单位“千线”是指交换门数，不足千线按 1 千线计量。

（5）IMS 核心设备以“台”为计量单位，包括 P-CSCF、S-CSCF、I-CSCF、BGCF、HSS、ENUM/DNS、AGCF、MRFC/MRFP、SBC、MMTEL 等网元设备。

（6）IMS 应用服务设备以“台”为计量单位，以短信、WEB 视频会议、彩铃、计费等服务器的数量计列。

三、交换设备安装工程预算编制

以下案例中设备价格均为虚拟价，实际工程中应根据当期工程实际情况按规定计列。

【案例 6.5-1】某工程在 A 局大楼建设程控交换系统、调度交换系统，其中程控交换系统设备配置为 1000 线容量的程控交换设备（其中长途 500 线）1 台、话务台 2 台、告警设备 1 台，调度交换系统设备配置为 500 线容量的调度交换机 1 台、调度台 10 台、录音设备 2 台，并进行系统联调。

设备材料表如表 6-12 所示。

表 6-12　设备材料表

程控交换系统					
序号	设备、材料名称	型号规格	单位	数量	备注
1	程控交换机	1000 线	套	1	其中长途 500 线
2	话务台		台	2	
3	告警设备		台	1	

续表

序号	设备、材料名称	型号规格	单位	数量	备注
		调度交换系统			
4	调度交换机	500线	台	1	
5	调度台	128键	台	10	
6	录音设备		台	2	

【要求】套用定额计算直接工程费（《电力建设工程预算定额　第七册　通信工程（2018年版）》第五章未包括内容应另套子目）。

步骤：

（1）分析程控交换、调度交换设备施工主要内容。

1）安装程控交换机、话务台、告警设备、调度交换机、调度台、录音设备，包括设备安装固定、接地、设备静态检查、通电、本机指标测试等。

2）程控交换系统软硬件测试。

3）调度程控交换机系统联调。

（2）编制说明。

1）预算编制说明。

a. 国家有关部门发布的设备、材料、工器具等价格及相关文件。

b.《电力建设工程预算定额　第七册　通信工程（2018年版）》。

c.《电网工程建设预算编制与计算规定（2018年版）》。

d. 工程量计算依据建设工程施工图设计说明书、施工图纸，设备材料表。

2）电力系统通信相关标准、规程、规范。

（3）识图及工程量计算。

1）设备安装：从设备材料总表及设备施工图纸得知，安装1套程控交换机、2台话务台、1台告警设备、1台调度交换机、10台调度台、2台录音设备。

2）设备调测：程控交换系统软硬件测试、调度程控交换机系统联调。

（4）定额套用及工程预算表填写并费用计算。定额套项必须结合定额的总说明、册说明、章说明中的内容范围、未包括内容、工程量计算规则、定额使用及调整等，再根据案例施工内容及工程量计算内容进行套项。

案例定额套用如表6-13所示。

表6-13　　安装工程预算表　　元

编制依据	项目名称及规格	单位	数量	单价				合价			
				设备费	装置性材料费	安装费	其中：人工费	设备费	装置性材料费	安装费	其中：人工费
	程控交换系统										
设备	程控交换机（1000线）	套	1	300 000				300 000			
YZ5－1	程控电话交换设备安装调测　电话交换设备	架	1			1552.57	1086.41			1553	1086
YZ5－2	程控电话交换设备安装调测　用户集线器（SLC）设备	500线/架	1			1290.03	1003.66			1290	1004
YZ5－8	程控电话交换设备系统联调　用户线调试	千线	1			3200.47	535.00			3200	535

续表

编制依据	项目名称及规格	单位	数量	单价				合价			
				设备费	装置性材料费	安装费	其中：人工费	设备费	装置性材料费	安装费	其中：人工费
设备	话务台	台	2	20 000				40 000			
设备	告警设备	台	1	20 000				20 000			
YZ5－7	程控电话交换设备安装调测 维护终端、话务台、告警设备	台	3			175.19	129.04			526	387
	调度交换系统										
设备	调度交换机（500线）	套	1	620 000				620 000			
YZ5－13	电力调度程控交换机安装调测 电力调度程控交换机 500线以下	架	1			1617.07	986.04			1617	986
设备	调度台（128键）	台	10	130 000				1 300 000			
YZ5－15	电力调度程控交换机安装调测 电力调度台 64 键以上	台	10			396.41	129.04			3964	1290
设备	录音设备	台	2	150 000				300 000			
YZ5－18	电力调度程控交换机安装调测 电力调度录音装置	套	2			355.38	236.58			711	473
YZ5－19	电力调度程控交换机系统联调	系统	1			1485.69	666.72			1486	667
	主要设备运杂费										
	甲供设备费小计										
	小计									14 346	6429

以下案例中设备价格均为虚拟价，实际工程中应根据当期工程实际情况按规定计列。

【案例 6.5－2】某工程在机房安装 IMS 设备 1 套，具有 WEB 视频会议、彩铃、计费等功能，配置 1 台网关设备与现有程控交换机互联，并配置 512 端口 AG 接入网关 1 台。

设备材料表如表 6-14 所示。

表 6-14　　设备材料表

序号	设备、材料名称	型号规格	单位	数量	备注
1	IMS 设备	具有 WEB 视频会议、彩铃、计费等功能	套	1	
1.1	核心设备		台	1	
1.2	应用服务设备		台	3	
2	网关设备	与现有程控交换机互联	台	1	
3	AG 接入网关	512 端口	台	1	

【要求】套用定额计算直接工程费（《电力建设工程预算定额　第七册　通信工程（2018 年版）》第五章未包括内容应另套子目）。

步骤：

（1）分析 IMS 设备施工主要内容。

1）安装 IMS 设备，包括设备开箱检验、清洁搬运、划线定位、安装固定、安装机板卡、接地、设备静态检查、通电、本机指标测试等。

2）IMS 设备软硬件测试。

3）IMS 设备系统联调。

（2）编制说明。

1）预算编制说明。

a. 国家有关部门发布的设备、材料、工器具等价格及相关文件。

b.《电力建设工程预算定额　第七册　通信工程（2018 年版）》。

c.《电网工程建设预算编制与计算规定（2018 年版）》。

d. 工程量计算依据建设工程施工图设计说明书、施工图纸，设备材料表。

2）电力系统通信相关标准、规程、规范。

（3）识图及工程量计算。

1）设备安装：从设备材料总表及设备施工图纸得知，安装 1 套 IMS 设备、1 台网关设备、1 台 AG 接入网关。

2）设备调测：IMS 设备系统软硬件测试、系统联调。

（4）定额套用及工程预算表填写并费用计算。定额套项必须结合定额的总说明、册说明、章说明中的内容范围、未包括内容、工程量计算规则、定额使用及调整等，再根据案例施工内容及工程量计算内容进行套项。案例定额套用如表 6-15 所示。

表 6-15　　安装工程预算表　　元

编制依据	项目名称及规格	单位	数量	单价				合价			
				设备费	装置性材料费	安装费	其中：人工费	设备费	装置性材料费	安装费	其中：人工费
	IMS 设备										
设备	IMS 设备（核心设备 1 台、应用服务设备 3 台、具有 WEB 视频会议、彩铃、计费等功能）	套	1	100 000				100 000			
YZ5－20	IMS 设备安装调测　核心设备	台	1			1129.99	896.73			1130	897
YZ5－21	IMS 设备安装调测　应用服务设备	台	3			570.32	417.75			1711	1253
设备	网关设备	台	1	50 000				50 000			
YZ5－22	IMS 设备安装调测　网关设备	台	1			499.37	346.06			499	346
设备	AG 接入网关（512 端口）	台	1	40 000				40 000			
YZ5－23	IMS 设备安装调测　AG 接入网关	台	1			587.05	417.75			587	418
YZ5－26	IMS 设备系统联调　基础业务应用平台调测	套	1			5403.34	2150.70			5403	2151
YZ5－28	IMS 设备系统联调　增值业务应用平台调测　WEB 视频会议平台	套	1			2702.19	1075.35			2702	1075
YZ5－29	IMS 设备系统联调　增值业务应用平台调测　彩铃系统	套	1			2565.98	939.14			2566	939
YZ5－30	IMS 设备系统联调　增值业务应用平台调测　计费系统	套	1			1940.32	939.14			1940	939
	设备运杂费										
	甲供设备费小计										
	小计									16 539	8018

第六节　会议电话、会议电视设备

《电力建设工程预算定额　第七册　通信工程（2018年版）》第六章适用于语音会议电话、视频会议电视设备的安装工程。

一、定额设置与工程计量

（一）定额设置

《电力建设工程预算定额　第七册　通信工程（2018年版）》第六章包括会议电话设备安装调测、会议电话汇接机系统联调、会议电视设备安装调测、会议电视视频终端联网试验、会议电视系统联网调测。分为5个小节，共19个子目。

（二）工程计量

（1）会议电话汇接机安装，以“架”为计量单位。

（2）会议电话终端机，以“套”为计量单位。

（3）会议电话扩音装置，以“部”为计量单位。

（4）会议电话汇接机系统联调、会议电视系统联网调测，以“系统”为计量单位。

（5）会议电视终端机、多点控制器、视频矩阵、音频矩阵、编解码器，以“台”为计量单位。

（6）会议电视视频终端联网试验，以“端”为计量单位。

（7）业务功能检查、指标检查、稳定性测试，以“站”为计量单位。

二、定额使用与工程计量注意事项

（一）定额使用

（1）会议电视系统联网调测分为“20个站以下”和“20个站以上”两类，按主会场、分会场的数量确定，或按MCU设备数量确定，一个MCU设备可理解为“20个站以下”。

（2）原有会议电视系统扩容、增加新会场时，在主站分别执行业务功能检查、指标检查、稳定性测试定额子目1次。

（二）工程计量注意事项

（1）主会场、分会场会议电视终端机以“台”为计量单位，按会场实际配置的数量计算。

（2）业务功能检查、指标检查、稳定性测试以“站”为计量单位，只在主站执行，新建1个会议电视系统分别执行业务功能检查、指标检查、稳定性测试定额子目1次。

三、会议电视设备安装工程预算编制

以下案例中设备价格均为虚拟价，实际工程中应根据当期工程实际情况按规定计列。

【案例6.6−1】某工程在A局大楼1楼通信机房配置高清MCU 1套，在A局大楼2楼主会场配置高清终端1套、视频矩阵1台，并进行系统联调。

设备材料表如表6-16所示。

表6-16　　设备材料表

序号	设备、材料名称	型号规格	单位	数量	备注
1	高清MCU	36路	套	1	
2	高清终端		台	1	
3	视频矩阵	RGB，16×16	台	1	

【要求】套用定额计算直接工程费（《电力建设工程预算定额　第七册　通信工程（2018年版）》第

六章未包括内容应另套子目）。

步骤：

（1）分析会议电话、会议电视设备施工主要内容。

1）安装高清 MCU、高清终端、视频矩阵，包括设备组装、接地、装配调测机盘及附件、通电检查、单机性能测试等。

2）会议电视视频终端联网试验、会议电视系统联网调测。

3）业务功能检查、指标检查、稳定性测试等。

（2）编制说明。

1）预算编制说明。

a. 国家有关部门发布的设备、材料、工器具等价格及相关文件。

b.《电力建设工程预算定额　第七册　通信工程（2018 年版）》。

c.《电网工程建设预算编制与计算规定（2018 年版）》。

d. 工程量计算依据建设工程施工图设计说明书、施工图纸，设备材料表。

2）电力系统通信相关标准、规程、规范。

（3）识图及工程量计算。

1）设备安装：从设备材料总表及设备施工图纸得知，安装 1 套高清 MCU，1 套高清终端，1 台视频矩阵。

2）设备调测：会议电视视频终端联网试验、会议电视系统联网调测、业务功能检查、指标检查、稳定性测试。

（4）定额套用及工程预算表填写并费用计算。定额套项必须结合定额的总说明、册说明、章说明中的内容范围、未包括内容、工程量计算规则、定额使用及调整等，再根据案例施工内容及工程量计算内容进行套项。

案例定额套用如表 6-17 所示。

表 6-17　　安装工程预算表　　元

编制依据	项目名称及规格	单位	数量	单价				合价			
				设备费	装置性材料费	安装费	其中：人工费	设备费	装置性材料费	安装费	其中：人工费
	会议电视设备										
设备	高清 MCU	套	1	500 000				500 000			
YZ6－10	会议电视设备安装调测　多点控制器（MCU）24　端口以上	台	1			594.45	465.99			594	466
设备	高清终端	套	1	120 000				120 000			
YZ6－3	会议电话终端机安装调测	套	1			36.01	35.85			36	36
设备	视频矩阵	台	1	80 000				80 000			
YZ6－11	会议电视设备安装调测　视频矩阵	台	1			487.56	394.30			488	394
YZ6－14	会议电视视频终端联网试验	端	1			351.23	250.92			351	251
YZ6－17	会议电视系统联网调试　业务功能检查	站	1			1412.02	1347.77			1412	1348
YZ6－18	会议电视系统联网调试　指标检查	站	1			408.36	344.11			408	344
YZ6－19	会议电视系统联网调试　稳定性测试	站	1			1671.00	1204.39			1671	1204
	主要设备运杂费										
	甲供设备费小计										
	小计									4961	4043

第七节　数 据 通 信 设 备

《电力建设工程预算定额　第七册　通信工程（2018 年版）》第七章适用于数据网、信息网的路由器、交换机、服务器等数据网设备的安装工程。

一、定额设置与工程计量

（一）定额设置

《电力建设工程预算定额　第七册　通信工程（2018 年版）》第七章包括路由器安装调测、交换机安装调测、宽带接入设备安装调测，服务器安装调测、网络安全设备安装调测、数据存储设备安装调测、网络系统调测。分为 7 个小节，共 38 个子目。

（二）工程计量

（1）安装调测路由器、网络交换机、光纤交换机、接入复用设备（DSLAM）、宽带接入服务器（BAS）、无线局域网接入点（AP）设备、服务器、防火墙设备、其他网络安全设备、硬盘驱动器、磁盘阵列、磁带机、磁带库、光盘机、光盘库，以“台”为计量单位。

（2）路由器接口板、网络交换机接口板、接入复用设备（DSLAM）板卡、宽带接入服务器（BAS）接口板，以“块”为计量单位。

（3）局域网系统调测、接入广域网系统调测、接入互联网系统调测、网络安全系统调测，以“系统”为计量单位。

二、定额使用与工程计量注意事项

（一）定额使用

（1）路由器按所处网络位置分为三类：

1）接入层路由器：位于网络的边缘，负责将流量馈入网络，执行网络访问控制，并且提供其他边缘服务；整机包转发率＜100Mpps；

2）汇聚层路由器：位于网络的中间，负责聚合网络路由，并且收敛数据流量；100Mpps≤整机包转发率＜400Mpps；

3）核心层路由器：位于网络的核心，具有完整的路由信息，负责高速地运送数据流量；整机包转发率≥400Mpps。

（2）交换机分为三类：

1）低端网络交换机：二层网络交换机；

2）中端网络交换机：用于网络数据汇聚的三层网络交换机；

3）高端网络交换机：用于核心层组网的插槽式（模块式）的三层网络交换机。

光纤交换机子目已综合各类型光纤交换机，使用时定额不得调整。

（3）服务器分为三类：

1）低端服务器：工作组级服务器；

2）中端服务器：部门级服务器；

3）高端服务器：企业级服务器。

（二）工程计量注意事项

（1）路由器、网络交换机以“台”为计量单位，已包括公共部分及光模块的安装调测。

（2）路由器与路由器之间采用光模块直连时，两端（本端及对端）光路调测分别执行《电力建设工程预算定额　第七册　通信工程（2018 年版）》第一章“数字线路段光端对测中继站”子目。

（3）防火墙设备以“台”为计量单位，防火墙设备定额计量包括防火墙设备、硬件加密装置、物理隔离装置的数量。

（4）磁盘阵列每增加 5 块以“组”为计量单位，不足 5 块按 5 块计列。

（5）磁带库 1000 盒以上每增加 50 盒以“组”为计量单位，不足 50 盒按 50 盒计列。

（6）局域网系统调测以“系统”为计量单位，以用户的数量分类，用户数一般指交换机的端口数量。

三、数据通信设备安装工程预算编制

以下案例中设备价格均为虚拟价，实际工程中应根据当期工程实际情况按规定计列。

【案例 6.7–1】某工程在局大楼 A 通信机房配置 1 台核心路由器，在 220kV 汇聚站 B 通信机房配置 1 台汇聚路由器，在 110kV 接入站 C 通信机房配置接入路由器 1 台，在供电所 D 通信机房配置接入交换机 2 台，并进行系统调测。

设备材料表如表 6-18 所示。

表 6-18　　设备材料表

序号	设备、材料名称	型号规格	单位	数量	备注
1	核心路由器	含光模块	台	1	接入广域网并调测网络安全
2	汇聚路由器	含光模块	台	1	
3	接入路由器	含光模块	台	1	
4	接入交换机	含光模块	台	2	

【要求】套用定额计算直接工程费（《电力建设工程预算定额　第七册　通信工程（2018 年版）》第七章未包括内容应另套子目）。

步骤：

（1）分析数据网设备施工主要内容。

1）安装调测路由器、交换机，包括设备接地、装配接口板、接口检查、接口正确性测试、硬件加电自检等。

2）接入广域网系统调测、网络安全系统调测。

（2）编制说明。

1）预算编制说明。

a. 国家有关部门发布的设备、材料、工器具等价格及相关文件。

b.《电力建设工程预算定额　第七册　通信工程（2018 年版）》

c.《电网工程建设预算编制与计算规定（2018 年版）》

d. 工程量计算依据建设工程施工图设计说明书、施工图纸，设备材料表。

2）电力系统通信相关标准、规程、规范。

（3）识图及工程量计算。

1）设备安装：从设备材料总表及设备施工图纸得知，安装 1 台核心路由器、1 台汇聚路由器、1 台接入路由器、2 台接入交换机。

2）设备调测：接入广域网系统调测、网络安全系统调测。

（4）定额套用及工程预算表填写并费用计算。定额套项必须结合定额的总说明、册说明、章说明中的内容范围、未包括内容、工程量计算规则、定额使用及调整等，再根据案例施工内容及工程量计算内容进行套项。

案例定额套用如表 6-19 所示。

表 6-19　　安装工程预算表　　元

编制依据	项目名称及规格	单位	数量	单价				合价			
				设备费	装置性材料费	安装费	其中：人工费	设备费	装置性材料费	安装费	其中：人工费
	A 站点										
设备	核心路由器	台	1	250 000				250 000			
YZ7－3	路由器安装调测　核心层	台	1			4567.35	2903.45			4567	2903
YZ7－36	接入广域网系统调测	系统	1			2939.37	1326.27			2939	1326
YZ7－38	网络安全系统调测	系统	1			11 773.41	4301.40			11 773	4301
	B 站点										
设备	汇聚路由器	台	1	220 000				220 000			
YZ7－2	路由器安装调测　汇聚层	台	1			3235.83	2150.70			3236	2151
	C 站点										
设备	接入路由器	台	1	15 000				15 000			
YZ7－1	路由器安装调测　接入层	台	1			1721.25	1025.17			1721	1025
	D 站点										
设备	接入交换机	台	2	6500				13 000			
YZ7－7	网络交换机安装调测　低端	台	2			532.34	394.30			1065	789
	设备运杂费										
	甲供设备费小计										
	小计									25 302	12 496

第八节　监控设备、安全防护设备

《电力建设工程预算定额　第七册　通信工程（2018 年版）》第八章适用于视频监控设备、动力环境监控设备、扩音呼叫系统、显示装置、安全防护系统设备的安装工程。

一、定额设置与工程计量

（一）定额设置

《电力建设工程预算定额　第七册　通信工程（2018 年版）》第八章包括采集设备安装调测，视频管理机安装调测，视频监控管理设备安装调测，视频监控设备系统联调，动力环境监控系统安装调测，扩音呼叫系统安装调测，显示装置、记录设备安装调测，电子围栏安装调测，门禁系统安装调测。分为 9 个小节，共 51 个子目。

（二）工程计量

（1）立钢管杆、终端（中间）绝缘杆，以“根”为计量单位。

（2）摄像机、云台、照明灯（含红外）、吹扫装置、冷却装置、前端视频管理机、前端监视器、视频监控管理服务器、多画面分割器/合成器（不含显示器）、动力环境监控子站主机、调音台、服务主机、无线接收器、无线发射主机、扩音装置、数字录像机、读卡器、电磁锁、门禁控制器，以“台”为计量单位。

（3）安装调测烟雾、门窗告警装置、温度、湿度传感器、水浸监控装置、风速传感器、空调、风机控制器、号筒喇叭、警号装置安装，以“只”为计量单位。

（4）视频监控设备系统联调、动力环境监控远端接入联调、入侵报警系统中心调测，以“系统”为计量单位。

（5）动力环境监控子站调测，以“站”为计量单位。

（6）动力监控装置、呼叫器、主控制设备、红外探测器，以“套”为计量单位。

（7）扩音呼叫系统联调，以“点”为计量单位。

（8）显示装置，以“m^2”为计量单位。

（9）围栏线，以“100m”为计量单位。

（10）入侵报警系统前端调测，以“段”为计量单位。

（11）门禁系统联调，以“控制点”为计量单位。

二、定额使用与工程计量注意事项

（一）定额使用

动力环境监控系统安装调测定额不包括采集设备安装调测，使用时执行本章其他节相关子目。

（二）工程计量注意事项

（1）前端视频管理机、视频监控管理服务器以“台”为计量单位，以路数划分子目，按照前端采集设备数量确定定额子目，1 台摄像机为 1 路。前端视频管理机包含视频处理单元及存储硬盘。

（2）终端（中间）绝缘杆以“根”为计量单位，指承力杆安装，不包括绝缘子安装。

（3）绝缘子以“串”为计量单位，定额按一根承力杆安装一串绝缘子综合考虑，绝缘子的串数计量按终端（中间）绝缘杆的数量计列。

（4）围栏线以“100m”为计量单位，指单根围栏线长度，围栏线计量按单根的长度再乘以 1 排围栏的根数计算。

（5）红处探测器以“套”为计量单位，一般为两只成对使用，两只计量为 1 套。

三、监控设备安装工程预算编制

以下案例中设备价格均为虚拟价，实际工程中应根据当期工程实际情况按规定计列。

【案例 6.8-1】某工程在 110kV 变电站室外场地安装摄像机 8 台，在通信机房、主控室等房间内安装摄像机 7 台，在通信机房内安装 16 路前端视频管理机 1 台，并进行视频监控系统联调。

设备材料表如表 6-20 所示。

表 6-20　设备材料表

序号	设备、材料名称	型号规格	单位	数量	备注
1	摄像机	安装于场地	台	8	
2	摄像机	安装于室内	台	7	
3	前端视频管理机	16 路，含 3T 硬盘	台	1	

【要求】套用定额计算直接工程费（《电力建设工程预算定额　第七册　通信工程（2018 年版）》第八章未包括内容应另套子目）。

步骤：

（1）分析监控设备施工主要内容。

1）安装调测摄像机、前端视频管理机，包括设备安装、接线、标记、通电检查、调测等。

2）视频监控系统联调。

（2）编制说明

1）预算编制说明。

a. 国家有关部门发布的设备、材料、工器具等价格及相关文件。

b.《电力建设工程预算定额　第七册　通信工程（2018 年版）》。

c.《电网工程建设预算编制与计算规定（2018 年版）》。

d. 工程量计算依据建设工程施工图设计说明书、施工图纸，设备材料表。

2）电力系统通信相关标准、规程、规范。

（3）识图及工程量计算。

1）设备安装：从设备材料总表及设备施工图纸得知，安装摄像机 15 台，16 路前端视频管理机 1 台。

2）设备调测：视频监控系统联调。

（4）定额套用及工程预算表填写并费用计算。定额套项必须结合定额的总说明、册说明、章说明中的内容范围、未包括内容、工程量计算规则、定额使用及调整等，再根据案例施工内容及工程量计算内容进行套项。

案例定额套用如表 6-21 所示。

表 6-21　　安装工程预算表　　元

编制依据	项目名称及规格	单位	数量	单价				合价			
				设备费	装置性材料费	安装费	其中：人工费	设备费	装置性材料费	安装费	其中：人工费
设备	摄像机（安装于场地）	套	8	7500				60 000			
YZ8－3	采集设备安装调测　摄像机　室外	台	8			168.71	100.10			1350	801
设备	摄像机（安装于室内）	套	7	6500				45 500			
YZ8－2	采集设备安装调测　摄像机　室内	台	7			122.69	73.90			859	517
设备	前端视频管理机	台	1	13 000				13 000			
YZ8－14	视频管理机安装调测　前端视频管理机　16 路以下	台	1			468.66	236.58			469	237
YZ8－22	视频监控设备系统联调	系统	1			3704.15	1075.35			3704	1075
	设备运杂费										
	甲供设备费小计										
	小计									6381	2630

第九节　卫星通信甚小口径地面站（VSAT）设备

《电力建设工程预算定额　第七册　通信工程（2018 年版）》第九章适用于卫星通信甚小口径地面站子目（VSAT）设备安装工程。

一、定额设置与工程计量

（一）定额设置

《电力建设工程预算定额　第七册　通信工程（2018 年版）》第九章包括中心站、端站设备安装调测，中心站站内环测及全网系统对测。分为 2 个小节，共 6 个子目。

（二）工程计量

（1）安装调测室外单元、室内单元、监控设备，以“台”为计量单位。

（2）端站设备、中心站站内环测、全网系统对测，以“站”为计量单位。

二、定额使用与工程计量注意事项

（1）中心站、端站设备安装调测包括安装固定、接地、单机及单元调测。

（2）中心站站内环测及全网系统对测包括站内中频和射频环测、中心站与各端站对测、用户试通。

三、卫星设备安装工程预算编制

以下案例中设备价格均为虚拟价，实际工程中应根据当期工程实际情况按规定计列。

【案例 6.9-1】某工程在 A 局大楼安装卫星通信设备 1 套、监控设备 1 台，在 B 远端站安装卫星通信设备 1 套，并进行系统测试。

设备材料表如表 6-22 所示。

表 6-22　　设备材料表

序号	设备、材料名称	型号规格	单位	数量	备注
1	卫星通信设备（中心站）	室外	套	1	
2	卫星通信设备（端站）		套	1	
3	监控设备		台	1	

【要求】套用定额计算直接工程费（《电力建设工程预算定额　第七册　通信工程（2018 年版）》第九章未包括内容应另套子目）。

步骤：

（1）分析卫星设备施工主要内容。

1）安装调测中心站及端站卫星通信设备、监控设备，包括设备安装固定、接地、通电检查、单机及单元调测等。

2）中心站站内环测、全网系统对测。

（2）编制说明。

1）预算编制说明。

a. 国家有关部门发布的设备、材料、工器具等价格及相关文件。

b.《电力建设工程预算定额　第七册　通信工程（2018 年版）》。

c.《电网工程建设预算编制与计算规定（2018 年版）》。

d. 工程量计算依据建设工程施工图设计说明书、施工图纸，设备材料表。

2）电力系统通信相关标准、规程、规范。

（3）识图及工程量计算。

1）设备安装：从设备材料总表及设备施工图纸得知，安装 1 套中心站卫星通信设备、1 套端站卫星通信设备、1 台监控设备。

2）设备调测：中心站站内环测、全网系统对测。

（4）定额套用及工程预算表填写并费用计算。定额套项必须结合定额的总说明、册说明、章说明中的内容范围、未包括内容、工程量计算规则、定额使用及调整等，再根据案例施工内容及工程量计算内容进行套项。

案例定额套用如表 6-23 所示。

表 6-23　　安装工程预算表　　元

序号	编制依据	项目名称及规格	单位	数量	单价				合价			
					设备费	装置性材料费	安装费	其中：人工费	设备费	装置性材料费	安装费	其中：人工费
	设备	卫星通信设备（中心站，室外）	套	1	300 000				300 000			
	YZ9－1	中心站、端站设备安装调测　室外单元	台	1			5727.05	3642.46			5727	3642
	设备	卫星通信设备（端站）	套	1	150 000				150 000			
	YZ9－4	中心站、端站设备安装调测　端站设备（固定站、移动站）	站	1			4200.25	1166.47			4200	1166
	设备	监控设备	台	1	20 000				20 000			
	YZ9－3	中心站、端站设备安装调测　监控设备	台	1			2070.12	1097.46			2070	1097
	YZ9－5	中心站站内环测	站	1			2519.95	666.72			2520	667
	YZ9－6	全网系统对测	站	2			503.14	129.04			1006	258
		设备运杂费										
		甲供设备费小计										
		小计									15 524	6831

第十节　同步网设备

《电力建设工程预算定额　第七册　通信工程（2018 年版）》第十章适用于电力通信站同步网设备安装工程。

一、定额设置与工程计量

（一）定额设置

《电力建设工程预算定额　第七册　通信工程（2018 年版）》第十章包括大楼综合定时系统（BITS），基准时钟（铯钟），卫星接收机，网络时间协议设备（NTP），卫星接收天线、馈线安装调测，系统联调。分为 1 个小节，共 7 个子目。

（二）工程计量

（1）安装调测大楼综合定时系统（BITS）、基准时钟（铯钟）、卫星接收机、网络时间协议设备（NTP），以“套”为计量单位。

（2）卫星接收天线、馈线安装调测，以“条”为计量单位。

（3）系统联调，以“站”为计量单位。

二、定额使用与工程计量注意事项

（一）定额使用

（1）通信数字同步网设备安装调测是指通信专用的频率同步网设备安装调测，不适用于变电站二次、自动化系统的时间同步。

（2）大楼综合定时系统（BITS）安装调测包括本地监控终端网管调测工作内容。

（二）工程计量注意事项

卫星接收机以“套”为计量单位，无论对应何种卫星均执行此定额不做调整。

三、同步网设备安装工程预算编制

以下案例中设备价格均为虚拟价，实际工程中应根据当期工程实际情况按规定计列。

【案例 6.10–1】某工程在通信站安装调测 1 套 PRC 基准时钟，包含 BITS 设备 1 套、铯钟 1 套、卫星接收机 2 套、卫星接收天线 2 副、馈线 2 条（每条长度 50m）。

设备材料表如表 6-24 所示。

表 6-24　　设 备 材 料 表

序号	设备、材料名称	型号规格	单位	数量	备注
1	BITS 设备		套	1	
2	铯钟		套	1	
3	卫星接收机		套	2	
4	卫星接收天线		副	2	包括在天线、馈线安装调测定额子目中
5	馈线	每条长度 50m	套	2	

【要求】套用定额计算直接工程费（《电力建设工程预算定额　第七册　通信工程（2018 年版）》第十章未包括内容应另套子目）。

步骤：

（1）分析同步网设备施工主要内容。

1）安装调测主站时钟屏、卫星接收机、天馈线，包括插装机盘、接地、通电检查、单机性能测试等。

2）系统联调，包括数据记录、填写调测报告等。

（2）编制说明。

1）预算编制说明。

a. 国家有关部门发布的设备、材料、工器具等价格及相关文件。

b.《电力建设工程预算定额　第七册　通信工程（2018 年版）》。

c.《电网工程建设预算编制与计算规定（2018 年版）》。

d. 工程量计算依据建设工程施工图设计说明书、施工图纸，设备材料表。

2）电力系统通信相关标准、规程、规范。

（3）识图及工程量计算。

1）设备安装：从设备材料总表及设备施工图纸得知，安装 BITS 设备 1 套、铯钟 1 套、卫星接收机 2 套、卫星接收天线 2 副、馈线 2 条。

2）设备调测：同步网设备系统联调。

（4）定额套用及工程预算表填写并费用计算。定额套项必须结合定额的总说明、册说明、章说明中的内容范围、未包括内容、工程量计算规则、定额使用及调整等，再根据案例施工内容及工程量计算内容进行套项。

案例定额套用如表 6-25 所示。

表 6-25　　安 装 工 程 预 算 表　　元

编制依据	项目名称及规格	单位	数量	单价				合价			
				设备费	装置性材料费	安装费	其中：人工费	设备费	装置性材料费	安装费	其中：人工费
设备	BITS 设备	套	1	40 000				40 000			
YZ10–1	通信数字同步网设备安装调测　大楼综合定时系统（BITS）	套	1			4206.95	1824.81			4207	1825

续表

编制依据	项目名称及规格	单位	数量	单价				合价			
				设备费	装置性材料费	安装费	其中：人工费	设备费	装置性材料费	安装费	其中：人工费
设备	铯钟	套	1	30 000				30 000			
YZ10-2	通信数字同步网设备安装调测　基准时钟（铯钟）	套	1			1304.77	849.83			1305	850
设备	卫星接收机	套	2	50 000				100 000			
YZ10-3	通信数字同步网设备安装调测　卫星接收机	套	2			461.37	247.63			923	495
	卫星接收天线	副	2	5000				10 000			
	馈线　每条长度 50m	条	2	10 000				20 000			
YZ10-5	通信数字同步网设备安装调测　卫星接收天线、馈线安装调测 30m	条	2			168.48	114.44			337	229
YZ10-6	通信数字同步网设备安装调测　卫星接收天线、馈线安装调测　每增加 10m	条	4			37.35	23.85			75	48
YZ10-7	通信数字同步网设备安装调测　系统联调	站	1			2030.52	1326.27			2031	1326
	设备运杂费										
	甲供设备费小计										
	小计									8877	4773

第十一节　网络管理系统

《电力建设工程预算定额　第七册　通信工程（2018 年版）》第十一章适用于新建网络管理系统的安装调测工程。

一、定额设置与工程计量

（一）定额设置

《电力建设工程预算定额　第七册　通信工程（2018 年版）》第十一章包括Ⅰ类网管安装调测、Ⅱ类网管安装调测，共 2 个子目。

（二）工程计量

Ⅰ类网管安装调测、Ⅱ类网管安装调测，以“套”为计量单位。

二、定额使用与工程计量注意事项

（一）定额使用

（1）网络管理系统安装调测只适用于新建的网管系统。

（2）网络管理系统按照技术复杂程度，分为Ⅰ类网管、Ⅱ类网管。Ⅰ类网管系统适用于 SDH、OTN、PTN、xPON、交换网、无线专网、数据网等新建网管系统；Ⅱ类网管系统适用于 PDH、切换装置、IMS 设备、卫星通信、PCM 设备、载波设备、微波设备、光路子系统、同步网、动力环境监控系统等其他新建网管系统。

（二）工程计量注意事项

在同一网络内无论所管理设备数量多少，网管设备安装调测只计列 1 次。

第十二节　通信电源设备

《电力建设工程预算定额　第七册　通信工程（2018年版）》第十二章适用于电力通信专用电源设备安装工程。

一、定额设置与工程计量

（一）定额设置

《电力建设工程预算定额　第七册　通信工程（2018年版）》第十二章包括蓄电池安装调测、蓄电池容量试验、蓄电池在线监测设备安装调测、高频开关电源安装调测、高频开关电源系统调测、配电设备安装调测、配电设备系统调测、其他电源设备安装调测。分为8个小节，共28个子目。

（二）工程计量

（1）蓄电池柜，以“架”为计量单位。

（2）48V阀控式密封铅酸蓄电池安装调测、48V蓄电池容量试验，以“组”为计量单位。

（3）蓄电池在线监测设备安装调测，以“套”为计量单位。

（4）高频开关电源屏，以“面”为计量单位。

（5）高频开关整流模块，以“块”为计量单位。

（6）开关电源系统调测、配电系统自动性能调测，以“系统”为计量单位。

（7）开关电源远端监控配合，以“站”为计量单位。

（8）配电屏，以“面”为计量单位。

（9）整流设备、电源变换器、电源浪涌保护器，以“台”为计量单位。

（10）UPS三相不间断电源、电源分配器，以“套”为计量单位。

二、定额使用与工程计量注意事项

（一）定额使用

（1）蓄电池柜定额子目是按成套配置取定，不包括现场加工制作。如需现场加工制作，另计列相应制作及材料费用。

（2）如在原有开关电源上扩容或更换模块执行高频开关整流模块定额。

（二）工程计量注意事项

电源分配器（PDU）以“套”为计量单位，单独安装的电源分配器执行本定额子目，若与机柜（架）成套供应时执行机柜子目，不得重复计算。

三、通信电源设备安装工程预算编制

以下案例中设备价格均为虚拟价，实际工程中应根据当期工程实际情况按规定计列。

【案例6.12－1】某工程在A变电站安装（48V/200A）通信电源（单套通信电源含整流屏、直流分配屏各1面）2套、蓄电池（含蓄电池柜，容量48V/500Ah）2组，蓄电池在线监测设备2套，并进行电源系统调测。

设备材料表如表6-26所示。

表6-26　　设备材料表

序号	设备、材料名称	型号规格	单位	数量	备注
1	整流屏	48V/200A	面	2	
2	直流分配屏		面	2	
3	蓄电池	含蓄电池柜，容量48V/500Ah	组	2	
4	蓄电池组在线监测设备		套	2	

【要求】套用定额计算直接工程费（《电力建设工程预算定额　第七册　通信工程（2018 年版）》第十二章未包括内容应另套子目）。

步骤：

（1）分析通信电源设备施工主要内容。

1）安装调测蓄电池柜，包括安装固定、加固、补刷耐酸漆等。

2）安装调测蓄电池，包括安装电池、调整水平、固定连线等，

3）安装通信电源，包括设备安装固定、接地、调整垂直、水平、安装附件，绝缘测试、通电前检查、单机主要电气指标性能调测等。

4）蓄电池补充电、容量试验。

5）开关电源系统调测、远端监控配合。

（2）编制说明。

1）预算编制说明。

a. 国家有关部门发布的设备、材料、工器具等价格及相关文件。

b.《电力建设工程预算定额　第七册　通信工程（2018 年版）》。

c.《电网工程建设预算编制与计算规定（2018 年版）》。

d. 工程量计算依据建设工程施工图设计说明书、施工图纸，设备材料表。

2）电力系统通信相关标准、规程、规范。

（3）识图及工程量计算。

1）设备安装：从设备材料总表及设备施工图纸得知，安装 2 套通信电源、2 组蓄电池、2 套蓄电池在线监测设备。

2）设备调测：蓄电池补充电、容量试验、开关电源系统调测、远端监控配合。

（4）定额套用及工程预算表填写并费用计算。定额套项必须结合定额的总说明、册说明、章说明中的内容范围、未包括内容、工程量计算规则、定额使用及调整等，再根据案例施工内容及工程量计算内容进行套项。

案例定额套用如表 6-27 所示。

表 6-27　　　　安装工程预算表　　　　元

编制依据	项目名称及规格	单位	数量	单价				合价			
				设备费	装置性材料费	安装费	其中：人工费	设备费	装置性材料费	安装费	其中：人工费
设备	通信电源（48V/200A）整流屏	面	2	60 000				120 000			
YZ12－12	高频开关电源屏安装调测 200A 以下	面	2			522.15	376.67			1044	753
设备	通信电源直流分配屏	面	2	20 000				40 000			
YZ12－21	配电设备安装调测　配电屏直流	面	2			300.37	166.83			601	334
YZ12－18	高频开关电源系统调测	系统	2			807.96	358.45			1616	717
YZ12－19	高频开关电源远端监控配合系统调测	站	1			248.70	200.73			249	201
设备	蓄电池（含蓄电池柜，48V/500Ah）	组	2	25 000				50 000			

续表

编制依据	项目名称及规格	单位	数量	单价				合价			
				设备费	装置性材料费	安装费	其中：人工费	设备费	装置性材料费	安装费	其中：人工费
YZ12－1	蓄电池安装调测　蓄电池柜	架	2			292.42	118.59			585	237
YZ12－3	48V 阀控式密封铅酸蓄电池安装调测　500Ah 以下	组	2			461.48	302.24			923	604
YZ12－7	蓄电池容量试验　48V 500Ah	组	2			1436.57	645.21			2873	1290
设备	蓄电池组在线监测设备	套	2	5000				10 000			
YZ12－10	蓄电池在线监测设备安装调测	套	2			858.63	681.06			1717	1362
	主要设备运杂费										
	甲供设备费小计										
	小计									9608	5499

第十三节　通　信　线　路

《电力建设工程预算定额　第七册　通信工程（2018 年版）》第十三章适用于通信线路安装工程，其他专业相关工程中有关光（电）缆敷设工作可执行本章定额。

一、定额设置与工程计量

（一）定额设置

《电力建设工程预算定额　第七册　通信工程（2018 年版）》第十三章包括立杆架线、架设架空光缆、敷设管（沟）道光缆、敷设室内光缆、敷设音频电缆、保护管敷设及其他、音频电缆接续与测试、光缆单盘测试、光缆接续、厂（站）内光缆熔接、厂（站）内光缆测试、光缆全程测试、光缆跨越。分为 13 个小节，共 105 个子目。

（二）工程计量

（1）装单股拉线、立水泥杆、安装引上钢管，以“根”为计量单位。

（2）架设架空吊线、架空普通光缆（芯以下）、ADSS 自承式光缆、人工敷设穿子管光缆、沟内人工敷设音频电缆、架空音频电缆（对以下）、电缆全程充气，以“km”为计量单位。

（3）牵、张场场地建设、光缆跨越，以“处”为计量单位。

（4）槽道式光缆、槽板式沿墙光缆、室内通道光缆、墙壁式音频电缆（对以下）、子管敷设，以“100m”为计量单位。

（5）成端电缆（对以下）、打穿墙洞、安装支撑物、封焊热可塑套管、制作安装热可塑套管气闭头，以“个”为计量单位。

（6）钢管敷设，以“m”为计量单位。

（7）穿放引上光（电）缆、电缆全程调测、布放安装输气管，以“条”为计量单位。

（8）音频电缆接续、光缆接续（芯以下）、厂（站）内光缆熔接（芯以下），以“头”为计量单位。

（9）厂（站）内光缆测试（芯以下）、光缆全程测试（芯以下），以“段”为计量单位。

（10）光缆单盘测试，以“盘”为计量单位。

（11）安装告警器，以“台”为计量单位。

二、定额使用与工程计量注意事项

（一）定额使用

1. 光缆接续

光缆接续是指光缆纤芯之间的熔接，《电力建设工程预算定额　第七册　通信工程（2018 年版）》中指光缆线路中间点的接续，只适用光缆线路中间部分的连接头（见图 6-6）。变电站构架光缆接头盒至机房两端的光缆熔接均执行厂（站）内光缆熔接。

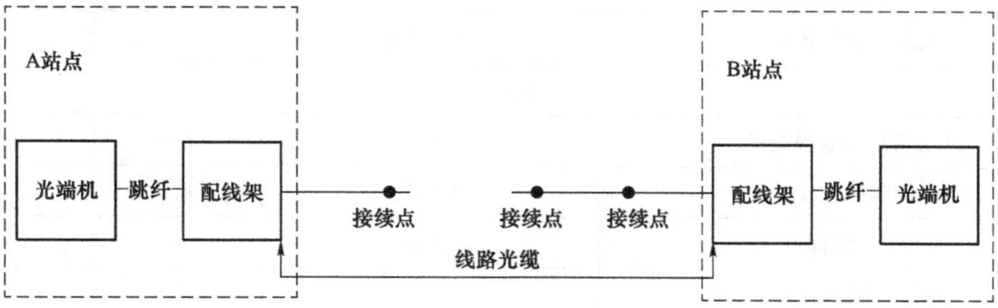

图 6-6　光缆线路

2. 厂（站）内光缆

厂（站）内光缆（见图 6-7）是指光缆线路的引入部分以及厂（站）内各种设备之间业务连接的光缆。例如：ADSS、普通光缆、OPGW（OPPC）的引入光缆、同一厂（站）内传输设备与传输设备、传输设备与保护设备、保护设备与保护设备之间的光缆等。

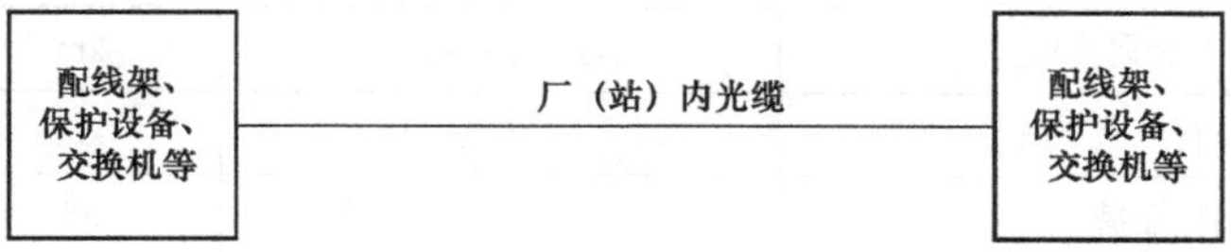

图 6-7　厂（站）内光缆

3. 厂（站）内光缆熔接

同一厂（站）内各种设备之间、门型构架处 OPGW（OPPC）的终端盒与导引光缆之间、导引光缆与光纤配线架之间的熔接。

4. 架设架空光（电）缆

架设架空光（电）缆是按平地考虑的，在其他地形条件下施工时，地形增加系数执行架空输电线路工程册说明。

（二）工程计量注意事项

（1）架设架空光缆工程量以光缆线路路径长度计算。

（2）架设 ADSS 光缆必须采用张力放线，牵、张场场地建设以“处”为计量单位，按设计方案确定的数量计算；设计方案未确定时，架设 ADSS 光缆一般可按 3km 一处计算。

（3）光缆接续、厂（站）内光缆熔接，以“头”为计量单位，是指光缆接头的个数。

（4）光缆接续定额的使用，12 芯以下光缆接续执行“光缆接续 12 芯以下”子目，12 芯以上 24 芯以下执行“光缆接续 24 芯以下”子目，以此类推。厂（站）内光缆熔接和测试也按此方法执行。

（5）子管敷设以“100m”为计量单位，子管一般是指管道光缆中用于保护光缆的套管，也称为保护管，子管按制作材料不同可分为 PVC 管、硅管等。

三、通信线路工程预算编制

以下案例中设备价格均为虚拟价，实际工程中应根据当期工程实际情况按规定计列。

【案例 6.13-1】某工程在平原地带的 A 站与 B 站间利用 10kV 杆路架设 24 芯普通非金属光缆 2km，管道敷设 24 芯普通非金属光缆 4km，110kV 铁塔上架设 24 芯 400m 档 ADSS 光缆 2km。其中跨越一般公路 5 次，河流 2 次。

光缆线路材料表如表 6-28 所示。

表 6-28　　光缆线路材料表

序号	光缆、材料名称	型号规格	单位	数量	备注
架空光缆					
1	24 芯普通非金属光缆	GYFTY-24	km	2	
2	镀锌钢绞线	GJ35	km	2	
3	引上钢管	ϕ100mm	m	10	
4	挂钩		个	6000	
5	接地件		套	4	
6	拉线		套	3	
7	杆用标示牌		套	40	
8	抱箍		套	40	
9	三眼双槽夹板		套	40	
管道光缆					
1	24 芯普通非金属光缆	GYFTY-24	km	4	
2	硅管	ϕ40mm	km	4	
3	管道用标示牌		套	80	
ADSS 光缆					
1	24 芯 400m 档 ADSS 光缆	ADSS-AT-31kV-Z4B1	km	2	
2	400m 档耐张紧固件及金具		套	8	
3	400m 档悬垂紧固件及金具		套	4	
4	防振器		套	20	
5	引下夹具		套	10	
6	塔用标示牌		套	8	
其他材料					
1	24 芯普通光缆接头盒		个	3	
2	24 芯 ODF 子架		个	2	

【要求】套用定额计算直接工程费（《电力建设工程预算定额　第七册　通信工程（2018 年版）》第十三章未包括内容应另套子目）。

步骤：

（1）分析光缆施工主要内容。

1）普通光缆 10kV 杆路架设。

2）普通光缆管道敷设。

3）ADSS 光缆 110kV 杆塔架设。

4）架设架空吊线、子管敷设、穿放引上光（电）缆、安装引上钢管、安装拉线。

5）光缆跨越河流、公路。

6）光缆单盘测试、接续、中继段测试。

（2）编制说明。

1）预算编制依据：

a. 国家有关部门发布的设备、材料、工器具等价格及相关文件。

b.《电力建设工程预算定额　第七册　通信工程（2018 年版）》。

c.《电网工程建设预算编制与计算规定（2018 年版）》。

d. 工程量计算依据建设工程施工图设计说明书、施工图纸，设备材料汇总表。

2）电力系统通信相关标准、规程、规范。

（3）识图及工程量计算。

1）光缆建设：从施工图得知，利用 10kV 杆路架设 24 芯普通非金属光缆 2km，管道敷设 24 芯普通非金属光缆 4km，35kV 铁塔上架设 24 芯 400m 档 ADSS 光缆 2km。

2）材料类安装：从光缆材料总表中得知，安装配套金具及附件。

3）主要材料：详见光缆线路材料表，主材价格按市场价或信息价。

4）调测：单盘测试、接续、中继段测试。

（4）定额套用及工程预算表填写并费用计算。定额套项必须结合定额的总说明、册说明、章说明中的内容范围、未包括内容、工程量计算规则、定额使用及调整等、再根据施工内容及工程量计算内容进行套项。

案例定额套用如表 6-29 所示。

表 6-29　　安装工程预算表　　元

编制依据	项目名称及规格	单位	数量	单价				合价			
				装置性材料/设备	安装费			装置性材料/设备	安装费		
					合计	其中：人工费	其中：机械费		合计	其中：人工费	其中：机械费
	本体工程							132 920	109 230	35 260	15 707
	通信线路安装工程							132 920	109 230	35 260	15 707
	复合光缆线路							132 920	109 230	35 260	15 707
	架线工程							132 920	109 230	35 260	15 707
	架空光缆										
（甲）	24 芯普通非金属光缆 GYFTY-24	km	2.000	4500.00				9000			
YZ13-5	架设架空普通光缆　36 芯以下	km	2.000		1269.47	820.42	387.24		2539	1641	774
YZ13-52	光缆单盘测试　24 芯以下	盘	1.000		798.41	100.37	553.12		798	100	553
	镀锌钢绞线　GJ35	km	2.000	2700.00				5400			
YZ13-2	立杆架线　架设架空吊线	km	2.000		1166.63	868.66	279.91		2333	1737	560
	引上钢管　ϕ100mm	m	10.000	30.00				300			
YZ13-39	保护管敷设及其他　穿放引上光（电）缆	条	2.000		37.36	30.89			75	62	
YZ13-40	保护管敷设及其他 安装引上钢管	根	2.000		44.19	30.89			88	62	
	挂钩	个	6000.000	0.50				3000			

续表

编制依据	项目名称及规格	单位	数量	单价				合价			
				装置性材料/设备	安装费			装置性材料/设备	安装费		
					合计	其中：人工费	其中：机械费		合计	其中：人工费	其中：机械费
	接地件	套	4.000	500.00				2000			
	拉线	套	3.000	300.00				900			
YZ13-1	立杆架线　装单股拉线	根	3.000		62.50	57.08			188	171	
	杆用标示牌	套	40.000	30.00				1200			
	抱箍	套	40.000	200.00				8000			
	三眼双槽夹板	套	40.000	200.00				8000			
	管道光缆										
（甲）	24 芯普通非金属光缆 GYFTY-24	km	4.000	4500.00				18 000			
YZ13-13	管（沟）道内人工敷设穿子管光缆 36 芯以下	km	4.000		2622.83	2237.80	279.91		10 491	8951	1120
	硅管 ϕ40	km	4.000	8000.00				32 000			
YZ13-37	保护管敷设及其他　子管敷设	100m	40.000		408.18	259.29			16 327	10 372	
YZ13-52	光缆单盘测试 24 芯以下	盘	2.000		798.41	100.37	553.12		1597	201	1106
	管道用标示牌	套	80.000	10.00				800			
	ADSS 光缆										
（甲）	24 芯 400 米挡 ADSS 光缆 ADSS-AT-31kN-24B1	km	2.000	8700.00				17 400			
YZ13-11	架设架空光缆　ADSS 自承式光缆　35kV 以上	km	2.000		2594.91	905.84	1602.07		5190	1812	3204
YZ13-52	光缆单盘测试　24 芯以下	盘	1.000		798.41	100.37	553.12		798	100	553
	400 米挡耐张紧固件及金具	套	8.000	600.00				4800			
	400 米挡悬垂紧固件及金具	套	4.000	600.00				2400			
	防振器	套	20.000	300.00				6000			
	引下夹具	套	10.000	200.00				2000			
	塔用标示牌	套	8.000	150.00				1200			
YZ13-8	架设架空光缆　牵、张场场地建设 场地平整	处	2.000		870.70	819.75	50.95		1741	1640	102
YZ13-9	架设架空光缆　牵、张场场地建设 钢板铺设	处	2.000		3295.57	434.70	751.40		6591	869	1503
YZ13-102	光缆跨越　一般公路	处	5.000		777.53	583.24	72.51		3888	2916	363
YZ13-105	光缆跨越　河流	处	2.000		951.87	642.53	309.34		1904	1285	619
（甲）	24 芯普通光缆接头盒	个	3.000	500.00				1500			
YZ13-60	光缆接续　24 芯以下	头	3.000		2170.22	645.21	1281.84		6511	1936	3846
YZ13-93	光缆全程测试　24 芯以下	段	1.000		1815.01	931.97	872.23		1815	932	872
（甲）	24 芯 ODF 子架	个	2.000	1000.00				2000			
YZ13-72	厂（站）内光缆熔接　24 芯以下	头	2.000		610.11	236.58	266.38		1220	473	533
	乙供设备税金										
	甲供设备费小计										
	乙供设备费小计										
	小计								64 095	35 260	15 707

第十四节 辅 助 设 备

《电力建设工程预算定额　第七册　通信工程（2018 年版）》第十四章适用于设备安装工程中辅助设备及其他设备的安装。

一、定额设置与工程计量

（一）定额设置

《电力建设工程预算定额　第七册　通信工程（2018 年版）》第十四章包括光（电）缆槽道、走线架及其他安装，配线架安装，敞开式音频配线架安装，分线设备安装。分为 4 个小节，共 27 个子目。

（二）工程计量

（1）机柜安装，以“面”为计量单位。

（2）光（电）缆槽道、光（电）缆走线架，以“m”为计量单位。

（3）光分配架（整架）、数字分配架（整架）、音频配线架（VDF）、网络分配架（整架）、综合配线架、音频配线架（回线以下），以“架”为计量单位。

（4）设备底座、光分配架（子架）、数字分配架（子架）、网络分配架（子架）、电缆交接配线箱、光缆交接箱、音频分线盒、高频分线盒安装，以“个”为计量单位。

（5）保安单元，以“组”为计量单位。

二、定额使用与工程计量注意事项

（一）定额使用

（1）分配架整架子目是按成套配置取定，包括机柜安装。

（2）分配架扩容时应执行子架子目，子架子目含子框和端子板的安装。

（3）综合配线架按集约型考虑，定额子目包括机柜、光配（ODF）、数配（DDF）、音配（VDF）、网配（IDF）等配线模块的安装。不随机柜成套供应的配线模块另行计列，执行子架子目。

（二）工程计量注意事项

光分配架”整架子目按 144 芯，数字配线架整架子目按 128 系统，音频配线架整架子目按 300 回，网络分配架整架子目按 288 口综合考虑，基本配置以外执行子架子目。

三、辅助设备安装工程预算编制

以下案例中设备价格均为虚拟价，实际工程中应根据当期工程实际情况按规定计列。

【案例 6.14-1】某工程在 A 局通信机房安装机柜 20 架，光分配架（整架，144 芯）2 架，数字分配架（整架，128 系统）2 架，音频配线架（整架，300 回）1 架，网络配线架（整架，288 口）1 架。在 B 站通信机房安装光分配子架（48 芯）2 个，数字分配子架（16 系统）2 个，音频配线子架（100 回）2 个，网络配线子架（24 口）2 个。

设备材料表如表 6-30 所示。

表 6-30　　设 备 材 料 表

序号	设备、材料名称	型号规格	单位	数量	备注
	A 局				
1	机柜		架	20	
2	光分配架	整架，144 芯	架	2	
3	数字分配架	整架，128 系统	架	2	
4	音频配线架	整架，300 回	架	1	

续表

序号	设备、材料名称	型号规格	单位	数量	备注
5	网络配线架	整架，288 口	架	1	
	B 站				
1	光分配子架	48 芯	个	2	
2	数字分配子架	16 系统	个	2	
3	音频配线子架	100 回	个	2	
4	网络配线子架	24 口	个	2	

【要求】套用定额计算直接工程费（《电力建设工程预算定额　第七册　通信工程（2018 年版）》第十四章未包括内容应另套子目）：

步骤：

（1）分析辅助设备施工主要内容。

安装机柜、光分配架、数字分配架、音频配线架、网络配线架，包括开箱检验、清洁搬运、划线定位、安装固定、接地等。

（2）编制说明。

1）预算编制说明。

a. 国家有关部门发布的设备、材料、工器具等价格及相关文件。

b.《电力建设工程预算定额　第七册　通信工程（2018 年版）》。

c.《电网工程建设预算编制与计算规定（2018 年版）》。

d. 工程量计算依据建设工程施工图设计说明书、施工图纸，设备材料表。

2）电力系统通信相关标准、规程、规范。

（3）识图及工程量计算。

设备安装：从设备材料总表及设备施工图纸得知，安装机柜 20 架，光分配架 2 架，数字分配架 2 架，音频配线架 1 架，网络配线架 1 架，光分配子架 2 个，数字分配子架 2 个，音频配线子架 2 个，网络配线子架 2 个。

（4）定额套用及工程预算表填写并费用计算。定额套项必须结合定额的总说明、册说明、章说明中的内容范围、未包括内容、工程量计算规则、定额使用及调整等，再根据案例施工内容及工程量计算内容进行套项。

案例定额套用如表 6-31 所示。

表 6-31　　安装工程预算表　　元

序号	编制依据	项目名称及规格	单位	数量	单价				合价			
					设备费	装置性材料费	安装费	其中：人工费	设备费	装置性材料费	安装费	其中：人工费
		A 局										
	设备	机柜	架	20	10 000				200 000			
	YZ14－1	机柜安装	面	20			228.56	111.42			4571	2228
	设备	光分配架　整架，144 芯	架	2	20 000				40 000			
	YZ14－5	光分配架（ODF）安装　整架（144 芯以下）	架	2			344.86	222.84			690	446

续表

序号	编制依据	项目名称及规格	单位	数量	单价				合价			
					设备费	装置性材料费	安装费	其中：人工费	设备费	装置性材料费	安装费	其中：人工费
	设备	数字分配架　整架，128系统	架	2	22 000				44 000			
	YZ14-7	数字分配架（DDF）安装整架（128系统以下）	架	2			337.69	215.67			675	431
	设备	音频配线架　整架，300回	架	1	16 000				16 000			
	YZ14-9	音频配线架（VDF）安装整架（300回以下）	架	1			327.21	199.39			327	199
	设备	网络配线架　整架，288口	架	1	22 000				22 000			
	YZ14-11	网络分配架（IDF）安装整架（288口以下）	架	1			330.52	208.50			331	209
		B站										
	设备	光分配子架　48芯	个	2	3000				6000			
	YZ14-6	光分配架（ODF）安装子架	个	2			22.00	21.51			44	43
	设备	数字分配子架　16系统	个	2	1500				3000			
	YZ14-8	数字分配架（DDF）安装子架	个	2			14.83	14.34			30	29
	设备	音频配线子架　100回	个	2	2000				4000			
	YZ14-10	音频配线架（VDF）安装模块（100回线）	架	2			11.24	10.75			22	22
	设备	网络配线子架　24口	个	2	1000				2000			
	YZ14-12	网络分配架（IDF）安装子架	条	2			17.78	12.90			36	26
		设备运杂费										
		甲供设备费小计										
		小计									6726	3633

第十五节　设　备　电　缆

《电力建设工程预算定额　第七册　通信工程（2018年版）》第十五章适用于设备与设备之间连接线缆的布放，设备与分配单元之间连接线缆的布放，分配单元之间连接线的跳接等。

一、定额设置与工程计量

（一）定额设置

《电力建设工程预算定额　第七册　通信工程（2018年版）》第十五章包括布放射频同轴电缆，数字分配架布放跳线，同轴电缆头制作安装，布放电话线、以太网线，音频配线架布放跳线，放绑软光纤，固定线缆，电力电缆，共12个子目。

（二）工程计量

（1）布放射频同轴电缆，布放电话、以太网线、电源电缆，以“100m”为计量单位。无论设备电缆芯数多少，均不做调整。

（2）音频配线架布放跳线，以“100 回线”为计量单位。

（3）放绑软光纤，以“条”为计量单位。此条定额子目是指单芯软光纤，单位为“条”定额工日是按长度 10m 取定的，如果长度与此不同，定额工日不得调整。

（4）数字分配架布放跳线，以“100 条”为计量单位。带有“U”形接线的数字分配架，不得使用本定额子目。

（5）固定线缆，以“条”为计量单位。

二、定额使用与工程计量注意事项

（一）定额使用

（1）布放射频同轴电缆定额适用于单芯同轴电缆，布放多芯同轴电缆定额乘以系数 1.3。

（2）电力电缆定额子目适用于单芯电力电缆，2 芯电力电缆执行单芯电力电缆定额乘以系数 1.3。

（二）工程计量与注意事项

（1）布放电话、以太网线均以“100m”为计量单位。定额已综合各种规格型号、电缆芯数，使用时不做调整。

（2）放绑软光纤以“条”为计量单位，指放绑成品软光纤，使用时不论长短、芯数定额均不做调整。

（3）音频配线架布放跳线以“100 回线”为计量单位。

三、线缆布放安装工程预算编制

以下案例中设备价格均为虚拟价，实际工程中应根据当期工程实际情况按规定计列。

【案例 6.15-1】某工程在 A 局大楼通信机房布放射频同轴电缆 1000m，以太网线 1220m，电源线 1000m。

设备材料表如表 6-32 所示。

表 6-32　　设备材料表

序号	设备、材料名称	型号规格	单位	数量	备注
1	同轴电缆	SYV75－2－2，10m/根	根	100	含 200 个同轴电缆头制作
2	以太网线	超五类，305m/箱	m	1220	定额内含水晶头
3	电源线	RVVZ2×6	m	1000	

【要求】套用定额计算直接工程费（《电力建设工程预算定额　第七册　通信工程（2018 年版）》第十五章未包括内容应另套子目）。

步骤：

（1）分析设备电缆施工主要内容。布放射频同轴电缆、以太网线、电源电缆，包括放线、分线、绑扎、剥隔离皮、做头、对线、卡线、整理、试通等。

（2）编制说明。

1）预算编制说明。

a. 国家有关部门发布的设备、材料、工器具等价格及相关文件。

b.《电力建设工程预算定额　第七册　通信工程（2018 年版）》。

c.《电网工程建设预算编制与计算规定（2018 年版）》。

d. 工程量计算依据建设工程施工图设计说明书、施工图纸，设备材料表。

2）电力系统通信相关标准、规程、规范。

（3）识图及工程量计算。

1）材料类安装：从设备材料表中得知，布放射频同轴电缆 1000m，以太网线 1220m，电源线 1000m。

2）主要材料：详见设备材料表，主材价格按市场价或信息价。

（4）定额套用及工程预算表填写并费用计算。定额套项必须结合定额的总说明、册说明、章说明中的内容范围、未包括内容、工程量计算规则、定额使用及调整等，再根据案例施工内容及工程量计算内容进行套项。

案例定额套用如表 6-33 所示。

表 6-33　　安装工程预算表　　元

编制依据	项目名称及规格	单位	数量	单价				合价			
				设备费	装置性材料费	安装费	其中：人工费	设备费	装置性材料费	安装费	其中：人工费
	同轴电缆　SYV75－2－2，10m/根	根	100		30				3000		
YZ15－3	设备电缆　同轴电缆头制作安装	个	200			9.66	9.18			1932	1836
调 YZ15－1×1.3	设备电缆　布放射频同轴电缆	100m	10			218.89	149.11			2189	1491
	以太网线　超五类，305m/箱	箱	4		1500				6000		
YZ15－4	设备电缆　布放电话、以太网线	100m	12.2			123.01	93.20			1501	1137
	电源线　RVVZ2×6	m	1000		12				12 000		
YZ15－10	设备电缆　电力电缆　单芯截面 $10mm^2$	100m	10			223.16	133.23			2232	1332
	主材费小计								21 000		
	小计								21 000	7853	5796

第十六节　公　共　设　备

《电力建设工程预算定额　第七册　通信工程（2018 年版）》第十六章适用于公共设备的安装工程。

一、定额设置与工程计量

（一）定额设置

《电力建设工程预算定额　第七册　通信工程（2018 年版）》第十六章包括通用计算机、电话机、IP 话机（含可视）、特种电话机、语音网关、信息模块、防雷模块、手动屏幕、电动屏幕、投影机、多电脑切换器（KVM），共 11 个子目。

（二）工程计量

（1）通用计算机、电话机、IP 话机（含可视）、特种电话机、语音网关、投影机，以“台”为计量单位。

（2）信息模块、防雷模块，以“只”为计量单位。

（3）手动屏幕、电动屏幕，以“块”为计量单位。

（4）多电脑切换器（KVM），以“套”为计量单位。

二、定额使用与工程计量注意事项

特种电话机是指防尘、防水、防腐蚀、抗噪声的特殊电话机，子目不包括安装支架及基础的工作内容。

三、通信公共设备预算编制

以下案例中设备价格均为虚拟价，实际工程中应根据当期工程实际情况按规定计列。

【案例 6.16-1】某工程在 A 局大楼配置通用计算机 10 台、电话机 100 台、信息模块 100 个、投影机 5 台。

设备材料表如表 6-34 所示。

表 6-34 设备材料表

序号	设备、材料名称	型号规格	单位	数量	备注
1	通用计算机		台	10	
2	电话机		台	100	
3	信息模块		个	100	
4	投影机		台	5	

【要求】套用定额计算直接工程费(《电力建设工程预算定额　第七册　通信工程(2018 年版)》第十六章未包括内容应另套子目)。

步骤:

(1)分析公共设备施工主要内容。

安装通用计算机,包括设备定位安装、通电检查、单机性能检测、互联、检测调测等。

(2)编制说明。

1)预算编制说明。

a. 国家有关部门发布的设备、材料、工器具等价格及相关文件。

b.《电力建设工程预算定额　第七册　通信工程(2018 年版)》。

c.《电网工程建设预算编制与计算规定(2018 年版)》。

d. 工程量计算依据建设工程施工图设计说明书、施工图纸,设备材料表。

2)电力系统通信相关标准、规程、规范。

(3)识图及工程量计算。

设备安装:从设备材料总表及设备施工图纸得知,安装通用计算机 10 台、电话机 100 台、信息模块 100 个、投影机 5 台。

(4)定额套用及工程预算表填写并费用计算。定额套项必须结合定额的总说明、册说明、章说明中的内容范围、未包括内容、工程量计算规则、定额使用及调整等,再根据案例施工内容及工程量计算内容进行套项。

案例定额套用如表 6-35 所示。

表 6-35 安装工程预算表 元

序号	编制依据	项目名称及规格	单位	数量	单价				合价			
					设备费	装置性材料费	安装费	其中:人工费	设备费	装置性材料费	安装费	其中:人工费
	设备	通用计算机	台	10	10 000				100 000			
	YZ16-1	公共设备安装调测　通用计算机	台	10			129.04	129.04			1290	1290
	设备	电话机	台	100	1000				100 000			
	YZ16-2	公共设备安装调测　电话机	台	100			16.49	16.49			1649	1649
	设备	信息模块	个	100	100				10 000			

续表

序号	编制依据	项目名称及规格	单位	数量	单价				合价			
					设备费	装置性材料费	安装费	其中：人工费	设备费	装置性材料费	安装费	其中：人工费
	YZ16－6	公共设备安装调测　信息模块	只	100			28.68	28.68			2868	2868
	设备	投影机	台	5	2000				10 000			
	YZ16－10	公共设备安装调测　投影机	台	5			64.52	64.52			323	323
		设备运杂费										
		甲供设备费小计										
		小计									6130	6130

第十七节　通信业务调测

《电力建设工程预算定额　第七册　通信工程(2018 年版)》第十七章适用于通信工程业务的调测工作。

一、定额设置与工程计量

（一）定额设置

《电力建设工程预算定额　第七册　通信工程（2018 年版）》第十七章包括 2M 以下（不含 2M）业务通道、2M 业务通道、34M 业务通道、155M 业务通道、622M 业务通道、2.5G 业务通道、10G 业务通道、10/100M 业务通道、GE 业务通道、10GE 业务通道等各种类型、各种速率的通信业务调测，共 10 个子目。

（二）工程计量

业务接入子目，以“条”为计量单位，是指主站与业务端的业务开通。

二、定额使用与工程计量注意事项

（一）定额使用

（1）通信业务调测是指端与端之间具体业务通道的开通、调测。主站端调测是指在网管上进行通道开通、调测；业务端调测是指现场的业务测试（包括光功率测试、误码率测试、信噪比测试等）。其中主站端调测工作量为 40%，业务端调测工作量为 60%。

（2）业务开通前准备工作，用户数据、功能的调测，整理及填写调测报告。

（3）通信业务调测在中间站点仅有跳纤、跳线工作时，执行《电力建设工程预算定额　第七册　通信工程（2018 年版）》第一章“光、电调测中间站配合”定额子目。如有光板扩容等其他工作时，按相应的工程量计列，不再计列“光、电调测中间站配合”。

（4）通信业务调测需要在不同的传输网管对接操作时，定额乘以系数 1.2。

（5）通信业务调测按通信业务的类型、速率划分，不区分设备的厂家、型号。

（二）工程计量注意事项

通信业务调测以“条”为计量单位，是指端与端之间具体业务通道的开通、调测，不论中间经过多少站点均按 1 条业务计列。

三、通信业务接入预算编制

【案例 6.17－1】某工程在局大楼 A 与下属变电站 B 之间开通 2M 业务通道、2.5G 业务通道、10/100M 业务通道、GE 业务通道各 1 条。

【要求】套用定额计算直接工程费（《电力建设工程预算定额　第七册　通信工程（2018年版）》第十七章未包括内容应另套子目）。

步骤：

（1）分析通信业务施工主要内容。业务开通前准备工作，主要用户数据、功能的调测、整理、填写调测报告等。

（2）编制说明。

1）预算编制说明。

a.《电力建设工程预算定额　第七册　通信工程（2018年版）》。

b.《电网工程建设预算编制与计算规定（2018年版）》。

c. 工程量计算依据建设工程施工图设计说明书、施工图纸。

2）电力系统通信相关标准、规程、规范。

（3）识图及工程量计算。

业务开通：2M业务通道、2.5G业务通道、10/100M业务通道、GE业务通道各1条。

（4）定额套用及工程预算表填写并费用计算。定额套项必须结合定额的总说明、册说明、章说明中的内容范围、未包括内容、工程量计算规则、定额使用及调整等，再根据案例施工内容及工程量计算内容进行套项。

案例定额套用如表6-36所示。

表6-36　　安装工程预算表　　元

编制依据	项目名称及规格	单位	数量	单价				合价			
				设备费	装置性材料费	安装费	其中：人工费	设备费	装置性材料费	安装费	其中：人工费
YZ17－2	通信业务调测　2M业务通道	条	1			375.96	272.42			376	272
YZ17－6	通信业务调测　2.5G业务通道	条	1			556.61	401.46			557	401
YZ17－8	通信业务调测　10/100M业务通道	条	1			319.80	172.06			320	172
YZ17－9	通信业务调测　GE业务通道	条	1			565.08	344.11			565	344
	小计									1817	1190

第七章

工程量清单计价与计算

《电力建设工程工程量清单规范（2020年版）》适用于电力建设工程初步设计和施工图设计两阶段发承包计价活动。初步设计阶段工程量清单应根据初步设计图纸（方案）计算工程量，施工图设计阶段工程量清单应根据施工图纸计算工程量。在进行合同价款调整时，工程量计算规则应依据合同约定、同口径原则，采用对应阶段的现行电力行业工程量清单计算规范。

第一节 概 述

一、电力建设工程工程量清单计价规范

（一）主要内容

电力建设工程工程量清单计价规范主要内容包括总则、术语、基本规定、工程量清单编制、最高投标限价、投标报价编制、合同价格约定、工程计量、合同价格调整、工程结算、合同价款支付、合同价格争议的解决、工程计价资料与档案、工程量清单格式、工程量清单计价格式、条文说明。

（二）工程量清单格式

1. 工程量清单表格组成

工程量清单表格主要包括如下内容：封面，扉页，填表须知，总说明，分部分项工程量清单，措施项目清单，其他项目清单，投标人采购材料、设备表，招标人采购材料、设备表。

2. 清单表格使用规定

工程量清单应采用统一格式。

封面应按规定的内容填写、签字、盖章。

（三）工程量清单计价格式

工程量清单计价表格分最高投标限价/投标报价表格和竣工结算总价表格。

其中最高投标限价/投标报价表格包括封面、填表须知、编制说明、工程项目最高投标限价/投标报价汇总表、分部分项工程费用汇总表、分部分项工程量清单计价表、投标人采购材料计价表、投标人采购设备计价表、措施项目清单计价表、其他项目清单计价表、招标人采购材料表、主要工日价格表、主要机械台班价格表。

竣工结算总价包括封面、填表须知、编制说明、工程项目竣工结算汇总表、分部分项工程费用汇总表、分部分项工程量清单结算汇总对比表、承包人采购材料计价表、承包人采购设备计价表、措施项目清单计价表、其他项目清单计价表、发包人采购材料表、主要工日价格表、主要机械台班价格表。

二、变电工程工程量清单计算规范

（一）主要内容

变电工程工程量清单计算规范由正文、附录、条文说明组成。正文共四章，包括总则、术语、工程

量计算、工程量清单编制；规范性附录五个，包括附录A变电建筑工程初步设计阶段工程量清单项目及计算规则、附录B变电安装工程初步设计阶段工程量清单项目及计算规则、附录C变电建筑施工图阶段工程量清单项目及计算规则、附录D变电安装工程施工图阶段工程量清单项目及计算规则、附录E变电工程项目划分和编码。

各附录的工程量清单项目及计算规则表格示例如表7-1所示。

表7-1　工程量清单项目及计算规则表格示例

项目编码	项目名称	项目特征	计量单位	工程量计算规则	工作内容

项目编码由2位英文字母和2位数字组成："C"表示初步设计阶段；"S"表示施工图设计阶段；"A～W"表示章节顺序，2位数字表示清单顺序码。

附录E"变电工程项目划分和编码"包括16个子目：变电站建筑工程项目划分及编码、变电站安装工程项目划分及编码；开关站建筑工程项目划分及编码、开关站安装工程项目划分及编码；换流站建筑工程项目划分及编码、换流站安装工程项目划分及编码；串联补偿站建筑工程项目划分及编码、串联补偿站安装工程项目划分及编码；静止无功补偿建筑工程项目划分及编码、静止无功补偿安装工程项目划分及编码；换流站接地极建筑工程项目划分及编码、换流站接地极安装工程项目划分及编码；调相机建筑工程项目划分编码、调相机安装工程项目划分及编码；通信安装工程项目划分及编码、安全稳定控制系统工程安装工程项目划分及编码。变电工程项目划分和编码相关表格如表7-2所示。

表7-2　变电工程项目划分和编码相关表格示例

序号	项目编码	项目名称	主要内容及范围说明

各项目划分均按照《电网工程建设预算编制与计算规定（2018年版）》结合工程建设实际进行划分，并附于编码，该项目编码由1位数字和5位英文字母组成。

（二）通信工程工程量清单项目及计算规则

通信工程分初步设计和施工图两个阶段的工程量清单项目及计算规则，其中变电通信工程初步设计阶段工程量清单项目及计算规则包括118个清单项目；变电通信工程施工图设计阶段工程量清单项目及计算规则包括126个清单项目。

第二节　工程量清单

一、工程量清单内容

（一）一般规定

招标工程量清单应由具有编制招标文件能力的招标人或受其委托，具有相应资质的工程造价咨询人编制和复核。工程量清单的项目特征应依据设计图纸并结合工程要求进行编制和复核，招标工程量清单是工程量清单计价的基础，是编制最高投标限价、投标报价、计算或调整工程量、索赔等的依据之一，并作为招标文件的组成部分。

招标工程量清单由封面、填表须知、总说明、分部分项工程量清单、措施项目清单、其他项目清单、投标人采购材料设备表、招标人采购材料设备表。各清单应采用《电力建设工程工程量清单计价规范》规定的统一表式。项目划分应根据《电力建设工程工程量清单计算规范　变电工程》进行编制。

（二）总说明

“总说明”的编制应包括但不限于下列内容：工程概况，应包括工程性质、本期容量、规划容量、系统组织、电气主接线、配电装置、补偿装置、设计单位、建设地点等内容；工程招标和分包范围；招标工程量清单编制依据；交通运输状况；环境保护和安全文明施工；工程质量要求；工程材料要求；工程施工特殊要求；其他需要说明的问题。

（三）分部分项工程量清单

分部分项工程量清单应载明项目编码、项目名称、项目特征、计量单位、工程量。这五个要素在分部分项工程量清单组成中缺一不可。

为便于工程标准管理和满足计价要求分部分项工程量清单规定五统一，即统一项目编码、统一项目名称、统一项目特征、统一计量单位，统一工程量计算规则，招标人必须按规定执行，不得因情况不同擅自变动。

分部分项工程量清单的表现格式如表 7-3 所示。

表 7-3　　分部分项工程量清单的表现格式

序号	项目编码	项目名称	项目特征	计量单位	工程量	备注
…	…					

1. 项目编码

分部分项工程量清单的项目编码由十二位编码组成如图 7-1 所示，共分为五级：

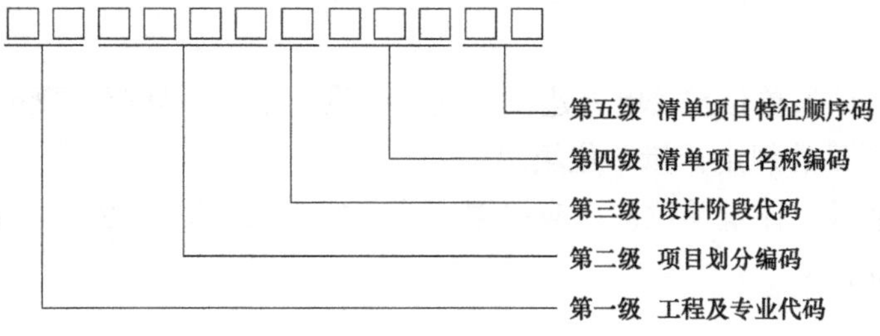

图 7-1　工程量清单十二位编码组成

第一级为工程及专业代码，一位阿拉伯数字和一位英文字母表示：“2A”表示变电站建筑工程、“2B”表示变电站安装工程，“2C”表示开关站建筑工程，“2D”表示开关站安装工程；“2E”表示换流站建筑工程，“2F”表示换流站安装工程，2G”表示串联补偿站建筑工程，“2H”表示串联补偿站安装工程，“2J”表示静止无功补偿建筑工程，“2K”表示静止无功补偿安装工程，“2L”表示换流站接地极建筑工程，“2M”表示换流站接地极安装工程，“2N”表示调相机建筑工程，“2P”表示调相机安装工程，“2Q”表示通信安装工程，“2R”表示安全稳定控制系统工程。

第二级为项目划分编码，四位英文字母表示：按照《电力建设工程工程量清单计算规范　变电工程》附录 E 中列出的项目划分编码。

第三级为阶段码，“C”代表初步设计阶段，“S”代表施工图阶段。

第四级为清单项目名称编码，用一位英文字母加两位阿拉伯数字表示；按照《电力建设工程工程量清

单计算规范　变电工程》附录A、附录B、附录C、附录D工程量清单项目及计算规则表中的项目编码。

第五级为清单项目特征顺序码，用两位阿拉伯数字表示：由清单编制人根据拟建工程的工程量清单项目名称和特征设置，自“01”起根据相同项目特征进行顺序编码。

在编制招标项目工程量清单时，需按照工程及专业划分、《电力建设工程工程量清单计算规范　变电工程》附录D的项目划分并结合相应附录A、附录B、附录C、附录D的项目编码，组成一个十位码，这十位码为固定统一编码，编制人不得更改，确需增列的清单项目，可在相应级别的固定编码后按顺序增列。

2. 项目特征

工程量清单的项目特征是确定一个清单项目综合单价不可缺少的重要依据，在编制工程量清单时，必须对项目特征进行规范、简洁、准确、全面的描述，确保能够准确进行计价。

（1）必须描述的内容。

涉及正确计量的内容必须描述。

涉及结构要求的内容必须描述。例：混凝土构件的混凝土的强度等级，是使用C20、C30或C40等，因混凝土强度等级不同，其价格也不同，必须描述。

涉及材质要求的内容必须描述。例：地面整体面层项目特征必须对面层材质进行描述。

（2）可不详细描述的内容。

无法准确描述的可不详细描述。例：土壤类别，由于我国幅员辽阔，南北东西差异较大，特别是对南方来说，在同一地点，由于表层土与表层土以下的土壤，其类别可能不同，要求清单编制人准确判定某类土壤在石方中所占比例是困难的，可考虑将土壤类别描述为综合，但应注明由投标人根据地勘资料自行确定土壤类别，决定报价。

施工图纸、标准图集标注明确的可不详细描述。对这些项目可描述为见××图集××页号及节点大样等。

对应由施工措施解决并充分体现竞争要求的可不详细描述。

3. 计量单位

分部分项工程量清单计量单位按《电力建设工程工程量清单计算规范　变电工程》附录A、附录B、附录C、附录D中相应项目的规定计量单位填写。

附录中有两个或两个以上计量单位的，应根据规范中规定的特征描述且结合拟建工程项目的实际来选定一个合适的计量单位。

4. 工程量

分部分项工程量清单工程量应按《电力建设工程工程量清单计算规范　变电工程》附录A、附录B、附录C、附录D“工程量计算规则”栏内规定的计算方法计算确定。工程量的小数有效位数应遵守下列规定。

（1）以“t”为单位，应保留小数点后三位数字，第四位数字四舍五入。

（2）以“m”“m^2”“m^3”“kg”“跨/三相”“组/三相”为单位，应保留小数点后两位数字，第三位数字四舍五入。

（3）以“个”“件”“根”“块”“只”“副”“套”“座”“项”“部”“台”“组”“串”“站”“口”“段”“极”“支”“根/跨”“间隔”“系统”为单位，应取整数。

工程量计算规则坚持统一、方便计算，规定严密，尽可能唯一的原则。凡是有两个或两个以上计量单位的项目，分别规定了不同计量单位的计算规则。例如：变电建筑部分中M15围墙计量单位分别为m^2、m^3，对应的工程量计算规则按分别为：按“m^2”计量明按设计图纸尺寸，以面积计算；按“m^3”计量明按设计图纸尺寸，以体积计算等。

5. 注意事项

（1）随着工程建设中新材料、新技术、新工艺的不断出现，《电力建设工程工程量清单计算规范　变电工程》附录所列的工程量清单项目不可能包含所有项目。在编制工程量清单时，当出现附录中未包括的清单项目时，编制人应作补充。在编制补充项目时应注意以下方面：

1）补充项目的编码由《电力建设工程工程量清单计算规范　变电工程》的顺序码与 B 和 4 位阿拉伯数字组成，并应从××××××B0001 起顺序编制，同一招标工程的项目不得重码。“××××××”为工程及专业代码和《电力建设工程工程量清单计算规范　变电工程》附录 E 的项目划分码。

2）在工程量清单中应附补充项目的项目名称、项目特征、计量单位、工程量计算规则和工作内容。

3）由招标人将编制的补充项目报电力工程造价与定额管理总站。

（2）若本专业的分部分项工程量招标清单无该内容的清单项目，而其他专业的分部分项工程量招标清单包括了这部分内容的清单项目，则可以应用其他专业的清单项目的十位码，再加 2 位顺序码，注“参”即可。

（四）措施项目清单编制

措施项目清单应根据拟建工程的实际情况列项。其中：单价措施项目清单应结合拟定的施工方案列出项目编码、项目名称、项目特征、计量单位、工程数量和工程量计算规则；总价措施项目清单应结合拟定的施工方案明确其包含的内容、要求及计算公式。

（五）其他项目清单编制

工程建设标准的高低、工程的复杂程度、工程的工期长短、工程组成内容、发包人对工程管理要求等都直接影响其他项目清单的具体内容。招标工程量清单编制人应根据招标人要求或招标文件的招标范围，并结合拟建工程实际情况确定列项。一般包括但不限于下列项目：暂列金额；暂估价：包括材料、设备暂估单价、专业工程暂估价；计日工；施工总承包服务费。若招标工程涉及拆除项目、建设场地征用及清理费、招标人供应材料设备卸车及保管费，可以补充。

二、工程量清单表格组成

（一）工程量清单统一格式

工程量清单编制应采用统一格式，其表格组成见表 7-4。

表 7-4　　工程量清单统一格式

序号	表名	表序
1	封面	清单封-1
2	填表须知	清单封-2
3	总说明	清单表-1
4	分部分项工程量清单	清单表-2
5	措施项目清单	清单表-3.1
6	其他项目清单	清单表-4
	暂列金额明细表	清单表-4.1
	材料、工程设备暂估单价表	清单表-4.2
	专业工程暂估价表	清单表-4.3
	计日工表	清单表-4.4
	施工总承包服务项目内容表	清单表-4.5
7	投标人采购材料、设备表	清单表-5
8	招标人采购材料、设备表	清单表-6

（二）注意事项

若招标人要求投标人对招标人采购的材料、设备进行卸车、保管的，需在总说明里叙述；若项目涉及拆除的，可增加拆除工程项目清单；若招标人要求投标人处理有关建设场地征用及清理项目内容的，也可补充相应表格。

（三）清单编码及说明

通信工程工程量清单项目计算规则表分初步设计和施工图两个阶段，初设阶段工程量清单编码设置表及相关内容说明表如表 7-5 所示。

表 7-5　　变电通信工程初步设计阶段工程量清单编码及相关内容说明表

序号	名称		清单项目编码	内容说明
1	通信设备工程 CK	光纤通信数字设备	CK01-22	（1）光传输设备清单项目适用于 SDH 光传输设备、PDH 传输设备。 （2）SDH 光传输设备清单项目以“套”为计量单位，适用于基本配置（ADM 包含 2 块高阶光板，TM 包含 1 块高阶光板）。 （3）基本子架及公共单元盘清单项目适用于 SDH 光传输设备、OTN 光传送网设备的扩容。 （4）接口单元盘、OTN 光（电）交叉设备、光波长转换器（OTU）清单项目特征“类别”适用于新建、扩容。 （5）光传送网（OTN）设备清单项目适用于新建 OTN 基本成套设备（含 2 个光系统）。 （6）OTN 光路系统设备清单项目计量单位“套”适用于 1 个光路系统，“类别”适用于新建 OTN 基本成套设备（2 个光系统）以外的增装或已有 OTN 设备扩容的光路系统设备。 （7）光功率放大器、转换器清单项目适用于光功率放大器、光电转换器、协议转换器、其他光功率补偿类装置。 （8）切换装置清单项目适用于 2Mbit/s 切换装置、光纤线路自动切换保护装置（OLP）。 （9）线路段光端对测清单项目适用于 SDH 设备的端站、中继站，OTN 设备的光放站、端站/再生站。 （10）合波器、分波器清单项目适用于已有 OTN 设备上增装合波器、分波器。 （11）光传送网（OTN）网络保护清单项目适用于线路保护、光通道保护、子网连接保护。 （12）压缩通道 PCM 设备（ADPCM）执行 PCM 设备清单项目。 （13）密集波分复用设备执行光传送网（OTN）设备相应清单项目
		无线专网设备	CK23-32	（1）钢管杆、铁塔工程及其相关的工地运输、土石方工程、基础工程执行《电力建设工程工程量清单计算规范　输电线路工程》相应清单项目。 （2）通信抱杆清单项目特征“类型”是指抱杆、支撑杆，“位置”是指抱杆安装在楼面、自立铁塔、钢管杆、支撑杆上，“高度”是指楼面抱杆高度、支撑杆高度、铁塔抱杆的安装高度（底部距塔或杆底座的高度）。 （3）天线清单项目特征“位置”是指天线安装在楼面抱杆上、支撑杆上或铁塔上，“高度”是指天线底部距塔或杆底座的高度。 （4）核心网设备的机柜、防火墙、交换机执行通信工程相应清单项目。 （5）无线专网设备联调清单项目适用于基站系统调测、联网调测和核心系统调测
		电力载波设备	CK33-34	阻波器、滤波器、耦合电容器安装执行配电装置工程清单项目
		微波设备	CK35-38	（1）钢管杆、铁塔工程及其相关的工地运输、土石方工程、基础工程执行《电力建设工程工程量清单计算规范　输电线路工程》相应清单项目。 （2）抛物面天线清单项目特征“位置”是指天线安装在楼顶上、铁塔上；微波馈线、分路系统清单项目特征“位置”是指馈线安装在楼房上、铁塔上。 （3）微波设备清单项目适用于收发信机、直接放大器、分集接收机、调制解调机、波道倒换机、数字公务、监控设备、被控设备、波导充气机
		交换设备	CK39-48	（1）程控电话交换设备系统联调清单项目适用于用户线调试、中继线调试、增值服务调试。 （2）扩装交换设备板卡、模块清单项目适用于公控板、用户板/中继板、模块。 （3）电力调度程控交换机清单项目适用于电力调度程控交换机、电力调度台、电力调度录音装置。 （4）IMS 设备清单项目适用于核心设备、应用服务器、网关设备、AG 接入网关、IAD 接入设备、IP 话务台设备。 （5）应用平台调试清单项目适用于 IMS 基础业务应用平台调试、短信平台、WEB 视频会议平台、彩铃系统、计费系统等

续表

序号	名称		清单项目编码	内容说明
1	通信设备工程 CK	会议电话、会议电视设备	CK49-55	（1）摄像机、显示装置、调音台及扩音执行监控设备、安全防护设备清单项目。 （2）会议电视系统调试清单项目适用于会议电视视频终端联网试验，会议电视系统联网调试 20 站以下、20 站以上。 （3）业务、指标、性能测试清单项目适用于业务功能检查、指标检查、稳定性测试
		数据通信设备	CK56-59	（1）网络设备清单项目适用于路由器、交换机、服务器和宽带接入设备。 （2）数据存储设备清单项目适用于硬盘驱动器、磁盘阵列、磁带机、磁带库、光盘机、光盘库。 （3）网络系统调试清单项目适用于局域网系统调试、接入广域网系统调试、接入互联网系统调试、网络安全系统调试
		监控设备、安全防护设备	CK60-74	（1）摄像机清单项目特征“位置”是指摄像机安装在室内、室外。 （2）摄像机与主控设备连接的光（电）缆敷设执行通信线路相应清单项目。 （3）告警、传感器清单项目适用于烟雾、门窗告警装置，温度、湿度传感器，吹扫装置、冷却装置，动力监控装置，水浸监控装置，风速传感器，空调、风机控制器等。 （4）扩音呼叫设备清单项目适用于呼叫器、调音台、服务主机、无线收发器、无线发射主机、扩音装置、号筒喇叭等。 （5）电子围栏清单项目包括电子围栏主控制设备、围栏线、绝缘杆、围栏监测装置的安装和入侵报警系统调试。 （6）门禁清单项目适用于读卡器、电磁锁、门禁控制器
		卫星通信甚小口径地面站（VSAT）设备	CK75-77	（1）中心站设备清单项目包括室外单元、室内单元、监控设备。 （2）天线、馈线执行微波设备相应清单项目。 （3）钢管杆、铁塔工程及其相关的工地运输、土石方工程、基础工程执行《电力建设工程工程量清单计算规范　输电线路工程》相应清单项目
		同步网设备	CK78-83	
		网络管理系统	CK84	（1）网络管理系统清单项适用于新建的网络管理系统。 （2）网络管理系统清单项的类别是指 I 类网管、Ⅱ类网管
		通信电源设备	CK85-92	（1）蓄电池组清单项目适用于各种类型蓄电池。 （2）“高频开关电源系统调测”清单项目适用于开关电源系统调测、开关电源远端监控配合。 （3）其他电源设备清单项目适用于整流设备、电源变换器、UPS、电源浪涌保护器、电源分配器等
2	通信辅助设备及设施 CL	辅助设备	CL01-04	（1）配线架清单项目适用于光纤分配（子）架、数字分配（子）架、音频分配（子）架、网络分配（子）架、综合分配架、敞开式音频配线架。 （2）分线设备清单项目适用于保安单元、电缆交接配线箱、光缆交接箱、音频分线盒、高频分线盒
		设备电缆	CL05-09	（1）布放线缆清单项目适用于射频同轴电缆（不含电缆头制作安装）、电话线、以太网线、电力电缆。 （2）配线架布放跳线清单项目适用于数字分配架布放跳线、音频配线架布放跳线。 （3）固定线缆清单项目适用于 PCM、程控交换机至音频配线架之间电缆的布放，包括电缆两端头制作
		公共设备	CL10-11	（1）公共设备清单项目适用于通用计算机、电话机、语音网关、投影机、屏幕、多电脑切换器（KVM）等。 （2）模块清单项目适用于信息模块、防雷模块
		通信业务调试	CL12	（1）通信业务调试清单项目适用于 2M 以下（不含 2M）业务通道、2M 业务通道、34M 业务通道、155M 业务通道、622M 业务通道、2.5G 业务通道、10G 业务通道、10/100M 业务通道、GE 业务通道、10GE 业务通道。 （2）通信业务调试是指端与端之间具体业务通道的开通、调试
3	通信线路工程 CM	通信线路工程	CM01-14	（1）OPGW、OPPC 的架设、接续、测量执行《电力建设工程工程量清单计算规范　输电线路工程》相应清单项目。 （2）电缆沟揭盖盖板、人工开挖路面执行电缆工程量清单项目。 （3）管（沟）道光缆敷设方式是指穿子管敷设、沟道内敷设光缆。 （4）室内光缆敷设方式分为槽道式光缆、槽板式沿墙光缆、室内通道光缆。 （5）音频电缆敷设方式分为沟内人工敷设音频电缆、架空音频电缆、墙壁式音频电缆。 （6）光缆接续清单项适用于线路光缆中间部分的接续，变电站构架光缆接头盒至机房的光缆熔接执行厂（站）内光缆熔接。 （7）光缆全程测量指从本端光配单元到对端光配单元之间的全程测试

三、工程量清单案例

【案例】 某工程在 A 变电站安装 1 套 10Gbit/s 分插复用器（ADM）（本期开通 2.5Gbit/s），另增加 1 个 622Mbit/s 光方向，在 B 变电站安装 1 套 10Gbit/s 终端复用器（TM）（本期开通 2.5Gbit/s），在 C 变电站原有 SDH 设备上增加 1 块 2.5Gbit/s 接口盘，在 D 变电站原有 SDH 设备上增加 1 块 622Mbit/s 接口盘。A 站点与 B、C、D 站点之间均通过光缆直连，并分别进行系统联调。

设备材料表如表 7-6 所示。

表 7-6　设备材料表

序号	设备、材料名称	型号规格	单位	数量	备注
1	SDH 光端机（ADM）	10Gbit/s	套	1	本期开通 2.5Gbit/s
2	SDH 光端机（TM）	10Gbit/s	套	1	本期开通 2.5Gbit/s
3	光接口盘（含光模块）	2.5Gbit/s	块	1	
4	光接口盘（含光模块）	622Mbit/s	块	2	

按《电力建设工程工程量清单计算规范》规定表式填写。分部分项工程量清单见表 7-7。

表 7-7　分部分项工程量清单

工程名称						
序号	项目编码	项目名称	项目特征	计量单位	工程量	备注
一	2QA	通信设备工程				
1	2QAA	光纤通信数字设备				
1.1	2QAAAA	光纤数字传输设备				
1.1.1	2QAAAACK0201	光传输设备	1. 名称：10G SDH 光端机 2. 规格型号：分插复用器（ADM） 3. 传输速率：2.5Gbit/s	套	1	A 站：含保护倒换测试
1.1.2	2QAAAACK0701	线路段光端对测	1. 名称：2.5Gbit/s 光通道 2. 类别：光通道	方向·系统	3	A 站
1.1.3	2QAAAACK0401	接口单元盘	1. 名称：622M 光板 2. 规格型号：622Mbit/s 3. 类别：板卡	块	1	A 站
1.1.4	2QAAAACK0202	光传输设备	1. 名称：10G SDH 光端机 2. 规格型号：终端复用器（TM） 3. 传输速率：2.5Gbit/s	套	1	B 站
1.1.5	2QAAAACK0702	线路段光端对测	1. 名称：2.5Gbit/s 光通道 2. 类别：光通道	方向·系统	1	B 站
1.1.6	2QAAAACK0301	基本子架及公共单元盘	1. 名称：基本子架及公共单元盘（SDH） 2 .型号规格：2.5Gbit/s	套	1	C 站
1.1.7	2QAAAACK0402	接口单元盘	1. 名称：2.5G 光板 2. 规格型号：2.5Gbit/s 3. 类别：板卡	块	1	C 站

续表

序号	项目编码	项目名称	项目特征	计量单位	工程量	备注
1.1.8	2QAAAACK0703	线路段光端对测	1. 名称：2.5Gbit/s 光通道 2. 类别：光通道	方向·系统	1	C 站
1.1.9	2QAAAACK0302	基本子架及公共单元盘	1. 名称：基本子架及公共单元盘（SDH） 2. 型号规格：622Mbit/s	套	1	D 站
1.1.10	2QAAAACK0403	接口单元盘	1. 名称：622M 光板 2. 规格型号：622Mbit/s 3. 类别：板卡	块	1	D 站
1.1.11	2QAAAACK0704	线路段光端对测	1. 名称：622Mbit/s 光通道 2. 类别：光通道	方向·系统	1	D 站

第三节　工程量清单计价

一、工程量清单计价内容

（一）一般规定

工程量清单应采用全费用综合单价计价。全费用综合单价的确定，应综合考虑以下内容发生的费用，并划分列入相应的人工费、材料费、施工机具使用费、措施费、企业管理费、规费、利润和增值税中：其中构成措施费的安全文明施工费、临时设施费必须按国家或省级、行业建设主管部门的规定计算，不得作为竞争性费用；风险按照合同约定的范围与幅度考虑，报价时隐含在相应费用中，不单独体现；暂估材料应按提供的单价计入。

（二）最高投标限价编制/投标报价编制

最高投标限价应由具有编制能力的招标人或受其委托具有相应资质的工程造价咨询人编制和复核。工程造价咨询人接受招标人委托编制最高投标限价，不应再就同一工程接受投标人委托编制投标报价。投标价应由投标人或受其委托具有相应资质的工程造价咨询人编制。

实行工程量清单招标，要求投标人在投标报价中填写的工程量清单的项目编码、项目名称、项目特征、计量单位、工程量必须与招标人招标文件中提供的一致。

以下按最高投标限价编制与复核为例介绍：

（1）封面“最高投标限价”填写。填写内容要完整，要求签字、盖章的地方，必须按规定签字、盖章。

（2）“最高投标限价编制说明”填写。应包括但不限于下列内容：工程概况（同清单内容），招标范围，最高投标限价编制依据等。

（3）“工程项目最高投标限价汇总表”的编制。项目或费用名称按规定名称填写，金额按小写格式填写。

（4）“分部分项工程量清单计价表”的编制。表中序号、项目编码、项目名称、项目特征、计量单位、工程量、单价、合价应与“分部分项工程量清单”中的相应内容完全一致，不得擅自增减或变更。

“分部分项工程量清单表计价表”中的人、材、机及综合单价从“工程量清单综合单价分析表”中读取，并进行汇总，项目名称、项目编码和“分部分项工程量清单”的内容一一对应。

合价=工程量×全费用综合单价

（5）“工程量清单全费用综合单价分析表”的编制。表中的序号、项目编码、项目名称、计量单位应与“分部分项工程量清单”中的相应内容完全一致，不得擅自增减或变更。

全费用综合单价组成中的人、材、机从“工程量清单全费用综合单价人、材、机计价表”中读取。

全费用综合单价=人工费+材机费+主要材料费+措施费+企业管理费+规费+利润+编制年价差+增值税

其中

人工费=Σ（人工消耗量×人工价格）

材机费=Σ（计价材料消耗量×材料价格）+Σ（施工机械台班消耗量×机械台班价格）

主要材料费=Σ（未计价材料消耗量×材料价格）

措施费是指建筑安装施工企业组织施工生产和经营管理所发生的费用，按预规计取。

企业管理费是指建筑安装施工企业组织施工生产和经营管理所发生的费用，按预规计取。

利润是指按规定应计入电力建设建筑安装工程造价的，由施工企业完成所承包工程而获得的盈利，按预规计取。

编制年价差按照电力工程造价与定额管理总站发布的调差文件计列的相应调整系数。

增值税按政府有关主管部门的规定计算。

（6）“工程量清单全费用综合单价人、材、机计价表”的编制。表中的序号、项目编码、项目名称、计量单位、工程量或数量应与“分部分项工程量清单表”中的相应内容一致。表中的编制依据可以参照电力建设工程预算、概算定额的编号。

表中的主要材料费由投标人采购材料费（暂估材料费）组成，其中材料暂估价是包含在投标人采购材料费或招标人采购材料费的一部分，招标文件提供了暂估单价的材料应按提供的单价计入。招标人采购材料费不计入全费用综合单价。

（7）“投标人采购材料计价表”的编制。表中的序号、材料名称、型号规格、计量单位、数量应与“投标人采购材料及设备表”中相应内容完全一致。招标文件提供了暂估价的材料，其单价应按提供的单价计列。要求投标人采购的材料需按照各项目划分计入相应的工程量清单全费用综合单价人、材、机计价表中。

（8）“投标人采购设备计价表”的编制。表中的序号、设备名称、型号规格、计量单位、数量与“投标人采购材料及设备表”中相应内容一致。招标文件提供了暂估价的设备，其单价应按提供的单价计列。汇总计入“工程项目最高投标限价汇总表”。

（9）“措施项目清单计价表”的编制。“措施项目清单计价表”列的费用包括总价和单价措施项目费用，表中的序号、项目名称、项目特征、计量单位、工程量应按“措施项目清单”中相应内容填写并保持一致，按常规的施工组织设计或施工方案计列相应费用。

（10）“其他项目清单计价表”的编制。“其他项目清单计价表”中项目的序号、项目名称应按“其他项目清单”中的相应内容填写并保持一致，并应按下列规定计价：

1）“暂列金额明细表”“材料、工程设备暂估单价表”“专业工程暂估价表”按照招标人提供的明细填写；

2）“计日工表”中编号、项目名称、单位、暂定数量按照招标工程量清单“计日工表”中的相应内容填写并保持一致，并根据工程特点，按有关计价依据计算；

3）“施工总承包服务项目计价表”中序号、工程名称、项目价值、服务内容应按“施工总承包服务项目内容表”相应内容填写并保持一致，按照行业有关规定计算。

（11）“招标人采购材料设备计价表”的编制。表中序号、材料（设备）名称、型号规格、计量单位、数量、单价应与“招标人采购材料设备计价表”中的相应内容完全一致。

（12）“主要工日价格表”“主要机械台班价格表”的编制。可以根据“工程量清单综合单价人、材、机组成表”的人工、机械统计。

（三）工程计量

工程量应按照《电力建设工程工程量清单计算规范　变电工程》附录规定的工程量计算规则计算。

正确的计量是发包人向承包人支付合同价款的前提和依据。采用统一的工程量计算规则，对于规范工程建设各方的计量计价行为，有效地减少计量争议具有十分重要的意义。

招标人提供的招标工程量清单，应当被认为是准确和完整地。但实际工作中，难免会出现疏漏，工程建设的特点也决定了难免会出现变更。因此，为体现合同的公平，工程量应按照承包人在履行合同义务过程中实际完成的工程量计量。若发现招标工程量清单中出现缺项、工程量偏差，以及工程变更引起工程量的增减变化应按实调整。

（四）合同价款调整

1. 合同价款调整的一般规定

合同价款调整的若干事项，大致包括五大类：一是法规变化类，“法律法规变化”；二是工程变更类，“工程变更”“项目特征描述不符”“工程量清单缺项”“工程量偏差”“计日工”；三是物价变化类：“物价变化”“暂估价”；四是工程索赔类：“不可抗力”“提前竣工（赶工）补偿”“误期补偿”“索赔”；五是其他类。“现场签证”以发承包双方约定的其他调整事项，现场签证根据签证内容，有的可归于工程变更类，有的可归于索赔类，有的可能涉及合同价款调整。

2. 法律法规变化

（1）规定了基准日的定义。招标工程以投标截止日前 28 天，非招标工程以合同签订前 28 天为基准日。

（2）规定了法律法规发生变化时，合同价款的调整原则。基准日后国家的法律、法规、规章和政策发生变化引起工程造价增减变化的，发承包双方应当按照电力行业建设主管部门发布的规定调整合同价款。

3. 工程变更

（1）工程变更引起招标工程量清单项目变化或其工程量发生超量变化引起全费用综合单价的调整。

（2）工程变更引起施工方案改变，使措施项目发生变化的引起措施费的调整。

4. 项目特征描述不符

（1）项目特征描述的要求。项目特征是构成清单项目价值的本质特征，单价的高低与其具有必要的联系。因此发包人在招标工程量清单中对项目特征的描述，应被认为是准确和全面的，并且与实际施工要求相符合，否则承包人无法报价。

（2）项目特征变化后重新确定综合单价的要求。当施工中施工图纸（含设计变更）与工程量清单项目特征描述不一致时，发承包双方应该按实际施工的项目特征重新确定综合单价，调整合同价款。

5. 工程量清单缺项

（1）合同履行期间，由于招标工程量清单中缺项，新增分部分项工程量清单项目的，应按照计价规范的规定重新确定全费用综合单价，调整合同价款。

（2）新增分部分项工程量清单后，引起措施项目发生变化的，应按照计价规范的规定，在承包人提交的实施方案被发包人批准后，计算调整合同价款。

（3）由于招标工程量清单中措施项目缺项，承包人应将新增措施项目实施方案提交发包人批准后，按照计价规范的规定计算调整合同价款。

6. 工程量偏差

（1）工程量偏差超过 15%时综合单价的调整方法。对于任一招标工程量清单项目，工程量偏差和计价规范规定的工程变更等原因导致工程量偏差超过 15%，调整的原则为：当工程量增加 15%以上时，其增加部分的工程量的综合单价应予调低；当工程量减少 15%以上时，减少后剩余部分的工程量的综合单价应予调高。

当 $Q_1 > 1.15 \times Q_0$ 时

$$S = 1.15 \times Q_0 \times P_0 + (Q_1 - 1.15 \times Q_0) \times P_1$$

当 $Q_1 < 0.85 \times Q_0$ 时

$$S = Q_1 \times P_1$$

式中：S 表示调整后的某一分部分项工程费结算价；Q_1 表示最终完成的工程量；Q_0 表示招标工程量清单中列出的工程量；P_1 表示按照最终完成工程量重新调整后的综合单价；P_0 表示承包人在工程量清单中填报的综合单价。

以整数计量的工程量清单项目，当工程量增加超过 15%时，其增加部分的工程量可按四舍五入取整后进行调整。

（2）工程量偏差超过 15%时，相关措施项目的调整方法。如果工程量偏差超过 15%的变化，且该变化引起相关措施项目相应发生变化，按系数或单一总价方式计价的，工程量增加的措施项目费调增，工程量减少的措施项目费调减。

7. 不可抗力

（1）不可抗力发生后，损失承担以及价款调整的要求。

因不可抗力事件导致的人员伤亡、财产损失及其费用增加，发承包双方应按以下原则分别承担并调整合同价款和工期。

a. 合同工程本身的损害、因工程损害导致第三方人员伤亡和财产损失以及运至施工场地用于施工的材料和待安装的设备的损害，由发包人承担。

b. 发包人、承包人人员伤亡由其所在单位负责，并承担相应费用。

c. 承包人的施工机械设备损坏及停工损失，由承包人承担。

d. 停工期间，承包人应发包人要求留在施工场地必要的管理人员及保卫人员的费用由发包人承担。

e. 工程所需清理、修复费用，由发包人承担。

（2）不可抗力解除后，复工的工期及费用承担的要求。不可抗力解除后复工的，若不能按期竣工，应合理延长工期，发包人要求赶工的，赶工费用由发包人承担。

8. 索赔

合同一方向另一方提出索赔时，应有正当的索赔理由和有效证据，并应符合合同的相关约定。

建设工程施工中索赔是发承包双方行驶正当权利的行为，承包人可向发包人索赔，发包人也可向承包人索赔。索赔三要素：一是正当的索赔理由，二是有效的索赔证据，三是在合同约定的时间内提出。

9. 现场签证

（1）承包人应发包人要求完成合同以外的零星项目、非承包人责任事件等工作的，发包人应及时以书面形式向承包人发出指令，提供所需的相关资料；承包人在收到指令后，应及时向发包人提出现场签证要求。

（2）现场签证的工作如已有相应的计日工单价，则现场签证中应列明完成该类项目所需的人工、材料和施工机械台班的数量。如现场签证的工作没有相应的计日工单价，应在现场签证报告中列明完成该签证工作所需的人工、材料和施工机械台班的数量及单价。

（3）合同工程发生现场签证事项，未经发包人签证确认，承包人便擅自施工的，除非征得发包人同意，否则发生的费用应由承包人承担。

（4）承包人在施工过程中，若发现合同工程内容因场地条件、地质水文、发包人要求而不一致时，应提供所需的相关资料，提交发包人签证认可，作为工程价款调整的依据。

（五）竣工结算

1. 封面“竣工结算总价”填写

填写内容要完整，要求签字、盖章的地方，必须按规定签字、盖章。

2.“竣工结算编制说明”填写

应包括但不限于下列内容：工程概况（同清单内容），承包范围，竣工结算编制依据，清单增加项目的名称和依据等。

3.“工程项目竣工结算汇总表”“分部分项工程费用汇总表”的编制

项目或费用名称按规定名称填写，金额按小写格式填写。

4.“分部分项工程量清单结算汇总对比表”的编制

在施工过程中，在合同约定的范围内，由于工程变更、工程量清单缺项、项目特征描述不符、工程量偏差等，承包人可按合同约定对变更的清单项目重新计算，以确定结算全费用综合单价和结算工程量；未调整的清单项目，则按照合同工程量和合同全费用综合单价确定结算综合单价和结算工程量。

结算合价=结算工程量×结算全费用综合单价

合同合价=合同工程量×合同全费用综合单价

5.“分部分项工程量清单计价表”的编制

所有实际发生的清单项目均需列入本清单计价表中。

合价=工程量×单价

6.“工程量清单综合单价人、材、机计价表”“工程量清单全费用综合单价分析表”的编制

承包人仅填写新增全费用综合单价或全费用综合单价有变化的清单项目。

7.“承包人采购材料计价表”的编制

该表只需计列主要材料。表中材料名称、型号规格、计量单位、数量应按工程设计图纸和工程实际填写。材料单价按已标价工程量清单中的材料单价计列。

施工过程中，由于分部分项工程量清单漏项或非承包人原因产生的工程变更等，引起新采购的材料，依据发、承包双方确认的数量、单价计列。

8.“承包人采购设备计价表”的编制

该表应计列所有承包人采购的设备。表中设备名称、型号规格、计量单位、数量应按工程设计图纸和工程实际填写。

承包人自主报价的设备，按已标价工程量清单中的单价计列。

施工合同中属暂估单价的设备，按发承包双方最终确认的单价计列。

施工过程中，由于分部分项工程量清单漏项或非承包人原因产生的工程变更等，引起新采购的设备，按发承包双方最终确认的数量和单价计算。

9.“措施项目清单计价表”的编制

施工合同已列项目其序号、项目名称、项目特征、计量单位与已标价工程量清单相应内容保持一致，并依据发承包双方确认的工程量与已标价工程量清单的全费用综合单价计算，如发生调整的，以发承包双方确认调整的全费用综合单价计算。

施工过程实际未发生或已标价工程量清单中为零的措施项目，不得删除，金额一律以“0”计列。

承包人可根据施工工程实际情况并经发包人同意，增加措施项目，承包人增加的措施项目应填写在“施工过程增列项目”中，并按发、承包双方确认的工程量和综合单价计算。

10.“其他项目清单计价表”的编制

“其他项目清单计价表”应按施工合同已列项目的序号、项目名称中的相应内容填写并保持一致，承包人按实际发生确定金额，并填写计算说明。实际工程不发生或报价为零的其他项目，不得删除，金额一律以“0”计列。

（1）“暂估材料单价确认及价差计价表”应按发包人提供的“材料、工程设备暂估单价表”中材料的序号、材料名称、型号规格、计量单位的相应内容填写并保持一致。

当暂估价中的材料是招标采购的，其单价按中标价计入表中；当暂估价中的材料为非招标采购的，其单价按发包方最终确认的单价计入表中。最后将暂估材料确认价差合计填入“其他项目清单计价表”中。

（2）“专业工程结算表”应按发包人提供的“专业工程暂估价表”中的序号、工程名称、主要工程内容的相应内容填写并保持一致，其金额按经发包人确认的实际分包结算价计列，并提供相应的分包结算资料。

（3）“计日工表”应按照发包人实际签证确认的数量和合同约定的相应单价计算费用。

（4）“施工总承包服务费计价表”中施工总承包服务费依据合同约定金额计算，如发生调整的，以发承包双方确认调整的金额计算。

（5）“索赔与现场签证费用计价汇总表”“费用索赔申请（核准）表”在索赔事件发生后，承包人持证明索赔事件发生的有效证据和依据正当的索赔理由，按合同约定的时间向发包人提出索赔（包括费用和工期），填写相应“费用索赔申请（核准）表”，发包人应按合同约定的时间对承包人提出的索赔进行答复和确认。

承包人应发包人要求完成合同以外的零星工作或非承包人责任事件发生时，应进行现场签证。填写相应“现场签证表”。若没用相应的计日工单价，签证中还应包括用工数量和单价、机械台班数量和单价、使用材料数量和单价等。发包人应按合同约定的时间对承包人提出的现场签证进行答复和确认。

索赔事件产生的费用和现场签证发生的费用在办理竣工结算时应汇总到“索赔与现场签证费用计价汇总表”，且在其他项目费中反映，费用金额应依据发、承包双方确认的项目和金额计列。

合同价款中的暂列金额在用于各项价款调整、索赔与现场签证后，若有余额，则余额归发包人，若出现差额，则由发包人补足并反映在相应的工程价款中。

（6）“人工、材料、机械台班价格调整计价表”按照合同约定范围、幅度进行计列，且只调整风险范围以外部分。如合同没有约定或约定不明，可参考“计价规范”提供的变化范围、幅度。

11.“发包人采购主要材料设备计价表”的编制

表中材料（设备）名称、型号规格、计量单位、数量、单价应与发包人已标价工程量清单中“招标人采购材料设备计价表”相应内容完全一致。

施工过程中，由于分部分项工程量清单漏项或非承包人原因产生的工程变更等，新增发包人采购材料（设备），依据发、承包双方确认的数量、单价计列。

$$合价=数量\times单价$$

12.“主要工日价格表”“主要机械台班价格表”的编制

“主要工日价格表”“主要机械台班价格表”按照施工实际发生的工日、机械台班进行填写。

二、工程量清单计价表格组成

（一）最高投标限价/投标报价表格组成

最高投标限价/投标报价表格组成应采用统一格式，其表格组成详见表 7-8。

表 7-8　　最高投标限价/投标报价表格组成

序号	表名	表序
1	封面（最高投标限价封面）	最高投标限价/投标报价封-1.1
	封面（投标总价封面）	最高投标限价/投标报价封-1.1
2	填表须知	最高投标限价/投标报价封-2
3	编制说明	最高投标限价/投标报价表-1
4	工程项目最高投标限价汇总表	最高投标限价/投标报价表-2
5	分部分项工程费用汇总表	最高投标限价/投标报价表-3
6	分部分项工程量清单计价表	最高投标限价/投标报价表-4
	工程量清单综合单价分析表	最高投标限价/投标报价表-4.1
	工程量清单综合单价人、材、机组成表	最高投标限价/投标报价表-4.2
7	投标人采购材料计价表	最高投标限价/投标报价表-5
8	投标人采购设备计价表	最高投标限价/投标报价表-6
9	措施项目清单计价表	最高投标限价/投标报价表-7.1
10	其他项目清单计价表	最高投标限价/投标报价表-8
	暂列金额明细表	最高投标限价/投标报价表-8.1
	材料、工程设备暂估单价表	最高投标限价/投标报价表-8.2
	专业工程暂估价表	最高投标限价/投标报价表-8.3
	计日工表	最高投标限价/投标报价表-8.4
	施工总承包服务费计价表	最高投标限价/投标报价表-8.5
12	招标人采购材料（设备）计价表	最高投标限价/投标报价表-9
13	主要工日价格表	最高投标限价/投标报价表-10
14	主要机械台班价格表	最高投标限价/投标报价表-11

（二）结算计价表格组成

结算计价表格组成应采用统一格式，其表格组成详见表 7-9。

表 7-9　　结 算 计 价 表 格 组 成

序号	表名	表序
1	封面	结算计价封-1
2	填表须知	结算计价封-2
3	竣工结算编制说明	结算计价表-1
4	工程项目竣工结算汇总表	结算计价表-2
5	分部分项工程费用汇总表	结算计价表-3
6	分部分项工程量清单结算汇总对比表	结算计价表-4
	分部分项工程量清单计价表	结算计价表-4.1
	工程量清单综合单价分析表	结算计价表-4.2
	工程量清单综合单价人、材、机组成表	结算计价表-4.3
7	承包人采购材料计价表	结算计价表-5
8	承包人采购设备计价表	结算计价表-6
9	措施项目清单计价表	结算计价表-7.1

续表

序号	表名	表序
10	其他项目清单计价表	结算计价表-8
	暂估材料单价确认及价差计价表	结算计价表-8.1
	专业工程结算价表	结算计价表-8.2
	计日工表	结算计价表-8.3
	施工总承包服务费计价表	结算计价表-8.4
	索赔与现场签证费用计价汇总表	结算计价表-8.5
	人工、材料、机械台班价格调整计价表	结算计价表-8.7
	费用索赔申请（核准）表	结算计价表-8.9
11	发包人采购材料（设备）计价表	结算计价表-9
12	主要工日价格表	结算计价表-10
13	主要机械台班价格表	结算计价表-11

（三）注意事项

（1）工程量清单计价格式中的任何内容不应删除或涂改；工程量清单计价格式中列明的所有需要填报的单价和合价，招标人均应填报；金额（价格）以人民币“元”为单位，单价保留小数点后两位，合价取整数。

（2）工程量清单计价格式的填写应符合下列规定：工程量清单计价格式中所有要求签字、盖章的地方，应由规定的单位和人员签字、盖章。编制人是指电力工程造价专业的人员；编制说明应包括：工程概况、编制依据以及其他需要说明的问题；如有需要说明的其他事项可增加条款。

三、最高投标限价示例

1. 全费用综合单价的形成、组成

第一步，确定编制原则。

根据工程实际情况，人工费、材机费按 2018 版建筑工程概算定额；措施费、规费、企业管理费和利润参照《电网工程建设预算编制与计算规定（2018 年版）》计列；主要材料费中只包括投标人采购材料费，单价按照装置性预算价格以及暂估单价计列。

第二步，编制工程量清单全费用综合单价人、材、机计价表。

（1）综合单价中人、材、机计算。报价计算过程、表式可自行设定。

人工、材机单价及消耗量参照《电力建设工程预算定额（2018 年版）》建筑工程计算；混凝土、砂浆配合比的量参照《电力建设工程预算定额（2018 年版）》建筑工程计算。材机费仅包括定额材料费和定额机械费，主要材料费仅包含投标人采购的未计价材料。

（2）全费用综合单价人、材、机组成表计算。

按《电力建设工程工程量清单计算规范　变电工程》规定表式填写，将 1）步计算结果汇总进入全费用综合单价人、材、机计价表中。

第三步，编制工程量清单全费用综合单价分析表。

按《电力建设工程工程量清单计算规范　变电工程》规定表式填写人工费、材机费、主要材料费，由第一步人、材、机组成表查得，管措施费、规费、企业管理费和利润参照《电网工程建设预算编制与计算标准》（2018 年版）。

2. 编制分部分项工程量清单计价表

工程量清单综合单价人、材、机组成表见表 7-10。

表 7-10

工程量清单综合单价人、材、机组成表

工程名称：　　　　　　　　　　　　　　　　　　　　　　元

序号	项目编码（编制依据）	项目名称	计量单位	工程量（数量）	单价					合价				
					人工费	材料费			机械费	人工费	材料费			机械费
						投标人采购	招标人采购	其中：暂估价			投标人采购	招标人采购	其中：暂估价	
1	2QAAAACK0201	光传输设备	套	1										
	YZ1-5	光纤同步数字（SDH）传输设备安装调测　分插复用器（ADM）10Gbit/s	套	1	4882.69	22.17			1968.97	4882.69	22.17			1968.97
	YZ1-38	数字通信通道调测　保护倒换测试	环·系统	1	200.73				700.95	200.73	0			700.95
	综合单价人、材、机小计				5083.42	22.17			2669.92	5083.42	22.17			2669.92
2	2QAAAACK0701	线路段光端对测	方向·系统	3										
	YZ1-35	数字通信通道调测　数字线路段光端对测　端站	方向·系统	3	200.73				684.96	602.19	0			2054.88
	综合单价人、材、机小计				200.73	0			684.96	602.19	0			2054.88
3	2QAAAACK0401	接口单元盘	块	1										
	YZ1-16	光纤同步数字（SDH）传输设备接口盘安装调测　接口单元盘（SDH）622Mbit/s	块	1	114.7	0.36			110.32	114.7	0.36			110.32
	综合单价人、材、机小计				114.7	0.36			110.32	114.7	0.36			110.32
4	2QAAAACK0202	光传输设备	套	1										
	YZ1-9	光纤同步数字（SDH）传输设备安装调测　终端复用器（TM）10Gbit/s	套	1	4610.27	22.17			1561.83	4610.27	22.17			1561.83
	综合单价人、材、机小计				4610.27	22.17			1561.83	4610.27	22.17			1561.83
5	2QAAAACK0702	线路段光端对测	方向·系统	1										
	YZ1-35	数字通信通道调测　数字线路段光端对测　端站	方向·系统	1	200.73				684.96	200.73	0			684.96
	综合单价人、材、机小计				200.73	0			684.96	200.73	0			684.96

续表

序号	项目编码（编制依据）	项目名称	计量单位	工程量（数量）	单价					合价				
					人工费	材料费			机械费	人工费	材料费			机械费
						投标人采购	招标人采购	其中：暂估价			投标人采购	招标人采购	其中：暂估价	
6	2QAAAACK0301	基本子架及公共单元盘	套	1										
	YZ1-21	光纤同步数字（SDH）传输设备接口盘安装调测 基本子架及公共单元盘（SDH）622Mbit/s 以上	套	1	206.26	4.49			609.71	206.26	4.49			609.71
	综合单价人、材、机小计				206.26	4.49			609.71	206.26	4.49			609.71
7	2QAAAACK0402	接口单元盘	块	1										
	YZ1-23	光纤同步数字（SDH）传输设备接口盘安装调测 扩容接口单元盘（SDH）2.5Gbit/s	块	1	1187.19	0.36			284.72	1187.19	0.36			284.72
	综合单价人、材、机小计				1187.19	0.36			284.72	1187.19	0.36			284.72
8	2QAAAACK0703	线路段光端对测	方向·系统	1										
	YZ1-35	数字通信通道调测 数字线路段光端对测 端站	方向·系统	1	200.73				684.96	200.73	0			684.96
	综合单价人、材、机小计				200.73	0			684.96	200.73	0			684.96
9	2QAAAACK0302	基本子架及公共单元盘	套	1										
	YZ1-20	光纤同步数字（SDH）传输设备接口盘安装调测 基本子架及公共单元盘（SDH）622Mbit/s 以下	套	1	170.41	4.49			409.69	170.41	4.49			409.69
	综合单价人、材、机小计				170.41	4.49			409.69	170.41	4.49			409.69
10	2QAAAACK0403	接口单元盘	块	1										
	YZ1-24	光纤同步数字（SDH）传输设备接口盘安装调测 扩容接口单元盘（SDH）622Mbit/s	块	1	1177.87	0.36			237.1	1177.87	0.36			237.1
	综合单价人、材、机小计				1177.87	0.36			237.1	1177.87	0.36			237.1
11	2QAAAACK0704	线路段光端对测	方向·系统	1										
	YZ1-35	数字通信通道调测 数字线路段光端对测 端站	方向·系统	1	200.73				684.96	200.73	0			684.96
	综合单价人、材、机小计				200.73	0			684.96	200.73	0			684.96

附录A 专业术语缩写

PCM（Pulse Code Modulation）：脉冲编码调制
PDH（Plesiochronous Digital Hierarchy）：准同步数字体系
SDH（Synchronous Digital Hierarchy）：同步数字体系
STM-n（Synchronous Transport Module level n）：同步传输模块 n 级
TM（Termination Multiplexer）：终端复用器
ADM（Add-Drop Multiplexer）：分插复用器
Reg（Regenerate）：再生中继器
DXC（Digital Cross Connect）：数字交叉连接设备
MSTP（Multi-Service Transfer Platform）：多业务传送平台
WDM（Wavelength Division Multiplexing）：波分复用
CWDM（Coarse Wavelength Division Multiplexing）：稀疏波分复用
DWDM（Dense Wavelength Division Multiplexing）：密集波分复用
Multiplexer：合波器
Demultiplexer：分波器
EPON（Ethernet Passive Optical Network）：以太网无源光网络
GPON（Gigabit-Capable Passive Optical Network）：千兆比无源光网络
OLT（optical line terminal）：光线路终端
ONU（Optical Network Unit）：光网络单元
ODN（optical distribution network）：光分布网络
PLC（Powerline Carrier）：电力线载波
Carrier Machine：载波机
microwave relay communication system：微波接力通信系统
MLCM（Multilevel Coded Modulation）：多级编码调制
ISDN（Integrated Services Digital Network）：综合业务数字网
DDN（Digital Data Network）：数字数据网
FR（Frequency Response）：频率响应
BITS（Building Integrated Timing Supply）：大楼综合定时系统
PRC（Primary Reference Clock）：基准钟
LPR（Local Primary Reference）：区域基准钟
DLU（Digital Line Unit）：数字线路单元
LTG（Line Terminator Group）：线路中继组
SN（Switch network）：交换网络
NGN（Next Generation Network）：下一代网络
Softswitch：软交换
MCU（Micro Controller Unit）：多点控制设备
Gatekeeper：网守
Gateway：网关

Endpoint：终端
LCD（Liquid Crystal Display）：液晶显示器
CRT（Cathode Ray Tube）：阴极射线管
DLP（Digital Light Processor）：数码光处理器
D-ILA（Direct-Drive Image Light Amplifier）：直接驱动图像光源放大器技术
PA（Power Amplifier）：功率放大器
TCP/IP（Transmission Control Protocol/Internet Protocol）：传输控制协议/因特网互联协议
MPLS（Multi-Protocol Label Switching）：多协议标签交换
VPN（Virtual Private Network）：虚拟专用网络
Server：服务器
Router：路由器
Switch：交换机
IDS（Intrusion Detection System）：入侵监测设备
IPS（Intrusion Prevention System）：入侵防御设备
RAID（Redundant Array of Inexpensive Disks）：独立冗余磁盘阵列
VSCS（video surveillance & control system）：视频安防监控系统
DVR（digital video recorder）：数字录像设备
SCADA（Supervisory Control And Data Acquisition）：监督控制数据采集
PMU（Performance Monitor Unit）：性能监测装置
VSAT（Very Small Aperture Terminal）：甚小口径卫星终端站
AC（Alternating current）：交流电
DC（Direct current）：直流电
UPS（Uninterruptible Power System）：不间断供电装置
VSCS（Video surveillance & Control system）：视频安防监控系统
Analog video signal：模拟视频信号
Digital video：数字视频
Video detection：视频探测
Video monitoring：视频监控
Video transport：视频传输
Front-end device：前端设备
Video controller/switcher：视频主机
DVR（Digital video recorder）：数字录像设备
Branch console：分控
Analog video surveillance system：模拟视频监控系统
Digital video surveillance system：数字视频监控系统
Picture quality：图像质量
Video data format：图像数据格式
Digital compression for video：数字图像压缩
Video check to alarm：报警图像复核
Action with alarm：报警联动
PDU（Power Distribution unit）：机架式电源分配单元

ODF（Optical Fiber Distribution Frame）：光纤配线架
DDF（Digital Distribution Frame）：数字配线架
VDF（Voice Distribution Frame）：音频配线架
ADSS（All-dielectric Self-supporting Optical Cable）：全介质自承式光缆
OPGW（Optical Fiber Composite Overhead Ground Wires）：架空地线复合光缆
OPPC（Opticalphase Conductor）：相线复合光缆
OPLC（Optical Fiber Composite Low-voltage Cable）：光纤复合低压电缆
FC（Ferule Conector）圆形带螺纹
LC（Little Conector）卡接式小方形
SC（Subscriber Conector）卡接式方形
ST（straight tip）卡接式圆形
On-line Monitoring System：在线监测系统
CAC（Condition information Acquisition Controller）：状态信息接入控制器
CAG（Condition information Acquisition Gateway）：状态信息接入网关机
IED（Intelligent Electronic Device）：智能电子装置
CMA（Condition Monitoring Agent）：状态监测代理
OTN（Optical Transmission Net）：光传送网
OTU（Optical Transform Unit）：光波长转换器
DCM（Dispersion Compensator Module）：色散补偿模块
POS（Passive Optical Splitter）：光分路器
AP（Access Point）：接入点设备
TG（Trunk Gateway）：中继设备
FEC（Forward Error Correction）：前向纠错
SBS（Stimulated Brillouin Scattering）：受激布里渊散射
OLP（Optical Fiber Line Auto Switch Protection Equipment）：光纤线路自动切换保护装置
RRU（Radio Remote Unit）：射频拉远设备
BBU（Base Band Unit）：基站主设备
IMS（IP Multimedia Subsystem）：（IP）多媒体子系统，IMS 设备
SLC（Subscriber Line Concentrator）：用户集线器
AG（access gateway）：接入网关
IAD（Integrated Access Device）：综合接入设备
DSLAM（DSL Access Multiplexer）：接入复用设备
BAS（Broadband Access Server）：带宽接入服务器
NTP（Network Time Protocol）：网络时间协议设备

附录 B 通信安装工程预算编制案例

B.1 通信线路安装工程技术方案

B.1.1 光缆路由

新建 500kV C 变电站，随新建 500kV 线路建设 500kV C 变电站—500kV A 变电站，500kV C 变电站—500kV B 变电站各 1 根 72 芯 OPGW 光缆（OPGW 光缆随输电线路工程统一投资建设），分别形成 C—A（约 88km）、C—B（约 55km）72 芯光缆路由，并新建 500kV C 变电站—××地调（约 45km，其中 ADSS 光缆约为 24km，管道光缆约为 21km）72 芯光缆路由。

光纤路由如图 B.1、图 B.2 所示。新建 500kV C 变电站—××地调光缆配盘表见表 B.1。

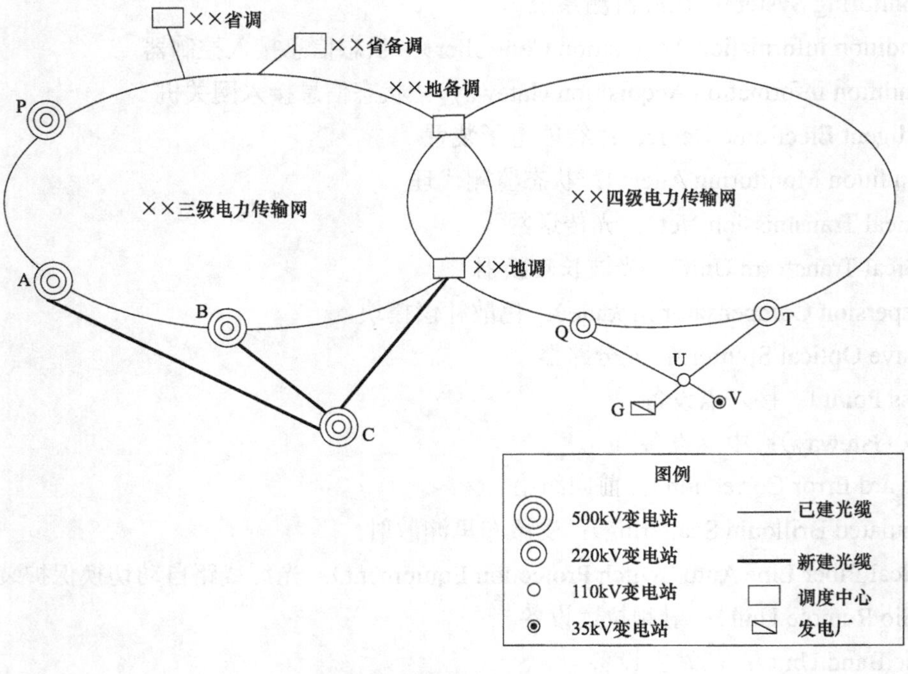

图 B.1 光纤路由建设示意图

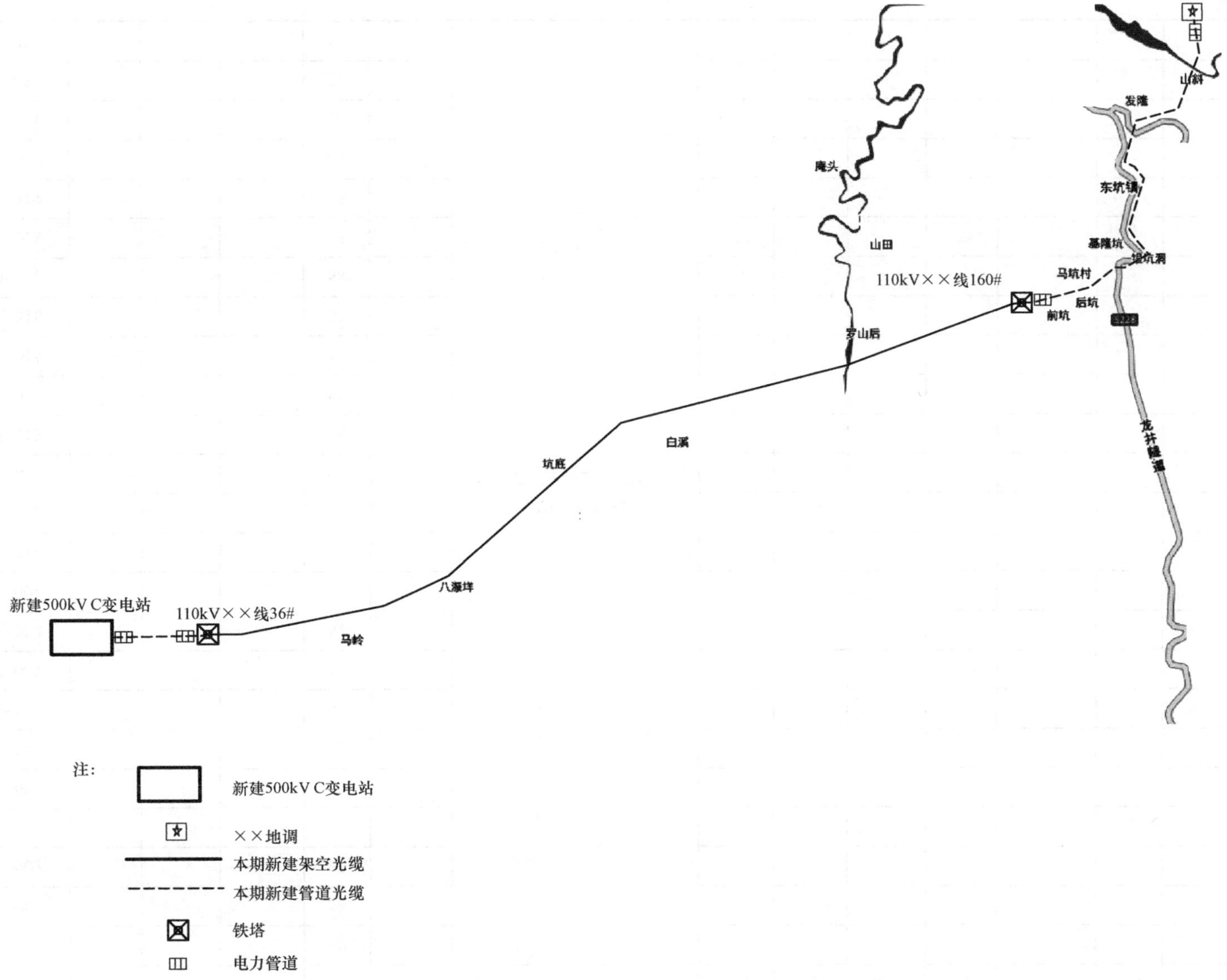

图 B.2　新建 500kV C 变电站—××地调光缆路径示意图

表 B.1 **新建 500kV C 变电站—××地调光缆配盘表**

杆塔号	光缆编号	杆塔高（m）	光缆挂高（m）	线路转角或仰角（°）	档距（m）	防振器（个）	缆长与型号（m）	光缆夹具（个）				光缆接头盒（个）	ODF（个）	光缆尾纤（根）	备注
								静端夹具	悬端夹具	切线夹具	引下夹具				
新建 500kV C 变电站					60		GYFTY-72B1 2482×1.03+20=2578m						1		
	光 001				58										
	光 002				63										
	光 003				55										
	光 004				60										
	光 005				56										
	光 006				50										
	光 007				49										
	光 008				51										
	光 009				58										
	光 010				63										
	光 011				55										
	光 012				60										
	光 013				56										
	光 014				50										
	光 015				49										
	光 016				51										
	光 017				58										
	光 018				63										
	光 019				55										
	光 020				60										
	光 021				56										
	光 022				50										
	光 023				49										

续表

杆塔号	光缆编号	杆塔高（m）	光缆挂高（m）	线路转角或仰角（°）	档距（m）	防振器（个）	缆长与型号（m）	光缆夹具（个）				光缆接头盒（个）	ODF（个）	光缆尾纤（根）	备注
								静端夹具	悬端夹具	切线夹具	引下夹具				
	光 024				60										
	光 025				56										
	光 026				50										
	光 027				49										
	光 028				51										
	光 029				58										
	光 030				51										
	光 031				58										
	光 032				63										
	光 033				55										
	光 034				60		GYFTY-72B1 2482×1.03+20=2578m								
	光 035				56										
	光 036				50										
	光 037				49										
	光 038				60										
	光 039				56										
	光 040				50										
	光 041				49										
	光 042				60										
	光 043				56										
	光 044				50										
110kV××线 36 号	光 045	28	18		93		ADSS-AT-31kN-72B1 2569×1.06+40=2763m	2			6	1			套 6m 钢管引上，ϕ100 mm 接头 1
110kV××线 37 号	光 046	28	18		180	2			1						

续表

杆塔号	光缆编号	杆塔高（m）	光缆挂高（m）	线路转角或仰角（°）	档距（m）	防振器（个）	缆长与型号（m）	光缆夹具（个）				光缆接头盒（个）	ODF（个）	光缆尾纤（根）	备注
								静端夹具	悬端夹具	切线夹具	引下夹具				
110kV××线38号	光047	28	18		178	2	ADSS-AT-31kN-72B1 2569×1.06+40=2763m		1						
110kV××线39号	光048	28	18		179	2			1						
110kV××线40号	光049	28	18		184	2			1						
110kV××线41号	光050	28	18	左转45°	166	2		2							
110kV××线42号	光051	28	18		114	2			1						
110kV××线43号	光052	28	18		175	2			1						
110kV××线44号	光053	28	18		128	2			1						
110kV××线45号	光054	28	18		179	2			1						
110kV××线46号	光055	28	18		147	2			1						
110kV××线47号	光056	28	18		133	2			1						
110kV××线48号	光057	28	18		225	4			1						
110kV××线49号	光058	28	18		171	2			1						
110kV××线50号	光059	28	18	左转30°	157	2		2							
110kV××线51号	光060	28	18		160	2			1						
110kV××线52号	光061	28	18	左转35°	175	2	ADSS-AT-31kN-72B1 2487×1.06+40=2676m	2			6	1			接头2
110kV××线53号	光062	28	18		128	2			1						
110kV××线54号	光063	28	18		179	2			1						
110kV××线55号	光064	28	18		147	2			1						
110kV××线56号	光065	28	18		133	2			1						
110kV××线57号	光066	28	18		225	4			1						
110kV××线58号	光067	28	18	右转35°	171	2		2							
110kV××线59号	光068	28	18		157	2			1						
110kV××线60号	光069	28	18		160	2			1						
110kV××线61号	光070	28	18		128	2			1						

续表

杆塔号	光缆编号	杆塔高（m）	光缆挂高（m）	线路转角或仰角（°）	档距（m）	防振器（个）	缆长与型号（m）	光缆夹具（个）				光缆接头盒（个）	ODF（个）	光缆尾纤（根）	备注
								静端夹具	悬端夹具	切线夹具	引下夹具				
110kV××线62号	光071	28	18		179	2	ADSS-AT-31kN-72B1 2487×1.06+40=2676m		1						
110kV××线63号	光072	28	18		147	2			1						
110kV××线64号	光073	28	18		233	4			1						
110kV××线65号	光074	28	18	右转45°	225	4		2							
110kV××线66号	光075	28	18		100				1						
110kV××线67号	光076	28	18	左转45°	260	4	ADSS-AT-31kN-72B1 2468×1.06+40=2656m	2			6	1			接头3
110kV××线68号	光077	28	18		241	4			1						
110kV××线69号	光078	28	18		136	2			1						
110kV××线70号	光079	28	18		276	4			1						
110kV××线71号	光080	28	18		337	8			1						
110kV××线72号	光081	28	18		281	4			1						
110kV××线73号	光082	28	18		333	8			1						
110kV××线74号	光083	28	18	右转45°	251	4		2							
110kV××线75号	光084	28	18		353	8			1						
110kV××线76号	光085	28	18	右转45°	345	8		2			6	1			接头4
110kV××线77号	光086	28	18		204	2	ADSS-AT-31kN-72B1 2617×1.06+40=2814m		1						
110kV××线78号	光087	28	18		242	4			1						
110kV××线79号	光088	28	18		274	4			1						
110kV××线80号	光089	28	18		226	4			1						
110kV××线81号	光090	28	18		249	4			1						
110kV××线82号	光091	28	18	左转45°	314	8		2							
110kV××线83号	光092	28	18		202	2			1						
110kV××线84号	光093	28	18		328	8			1						
110kV××线85号	光094	28	18		233	4			1						

续表

杆塔号	光缆编号	杆塔高（m）	光缆挂高（m）	线路转角或仰角（°）	档距（m）	防振器（个）	缆长与型号（m）	光缆夹具（个）				光缆接头盒（个）	ODF（个）	光缆尾纤（根）	备注
								静端夹具	悬端夹具	切线夹具	引下夹具				
110kV××线86号	光095	28	18	左转45°	175	2	ADSS-AT-31kN-72B1 2487×1.06+40=2676m	2			6	1			接头5
110kV××线87号	光096	28	18		128	2			1						
110kV××线88号	光097	28	18		179	2			1						
110kV××线89号	光098	28	18		147	2			1						
110kV××线90号	光099	28	18		133	2			1						
110kV××线91号	光100	28	18		225	4			1						
110kV××线92号	光101	28	18	左转35°	171	2		2							
110kV××线93号	光102	28	18		157	2			1						
110kV××线94号	光103	28	18		160	2			1						
110kV××线95号	光104	28	18		128	2			1						
110kV××线96号	光105	28	18		179	2			1						
110kV××线97号	光106	28	18		147	2			1						
110kV××线98号	光107	28	18		233	4			1						
110kV××线99号	光108	28	18	右转35°	225	4		2							
110kV××线100号	光109	28	18		100				1						
110kV××线101号	光110	28	18	右转35°	175	2		2			6	1			接头6
110kV××线102号	光111	28	18		128	2	ADSS-AT-31kN-72B1 2387×1.06+40=2570m		1						
110kV××线103号	光112	28	18		179	2			1						
110kV××线104号	光113	28	18		147	2			1						
110kV××线105号	光114	28	18		133	2			1						
110kV××线106号	光115	28	18		225	4			1						
110kV××线107号	光116	28	18	左转35°	171	2		2							
110kV××线108号	光117	28	18		157	2			1						
110kV××线109号	光118	28	18		160	2			1						

续表

杆塔号	光缆编号	杆塔高（m）	光缆挂高（m）	线路转角或仰角（°）	档距（m）	防振器（个）	缆长与型号（m）	光缆夹具（个）				光缆接头盒（个）	ODF（个）	光缆尾纤（根）	备注
								静端夹具	悬端夹具	切线夹具	引下夹具				
110kV××线 110 号	光 119	28	18		128	2	ADSS-AT-31kN-72B1 2387×1.06+40=2570m		1						
110kV××线 111 号	光 120	28	18		179	2			1						
110kV××线 112 号	光 121	28	18		147	2			1						
110kV××线 113 号	光 122	28	18		133	4			1						
110kV××线 114 号	光 123	28	18	左转 35°	225	4		2							
110kV××线 115 号	光 124	28	18		100	2			1						
110kV××线 116 号	光 125	28	18	右转 35°	179	2	ADSS-AT-31kN-72B1 2538×1.06+40=2730m	2			6	1			接头 7
110kV××线 117 号	光 126	28	18		147	2									
110kV××线 118 号	光 127	28	18		128	2			1						
110kV××线 119 号	光 128	28	18		179	2			1						
110kV××线 120 号	光 129	28	18		147	2			1						
110kV××线 121 号	光 130	28	18		133	2			1						
110kV××线 122 号	光 131	28	18		225	4			1						
110kV××线 123 号	光 132	28	18	右转 35°	171	2		2							
110kV××线 124 号	光 133	28	18		157	2			1						
110kV××线 125 号	光 134	28	18		160	2			1						
110kV××线 126 号	光 135	28	18		128	2			1						
110kV××线 127 号	光 136	28	18		179	2			1						
110kV××线 128 号	光 137	28	18		147	2			1						
110kV××线 129 号	光 138	28	18		233	4			1						
110kV××线 130 号	光 139	28	18		225	4			1						
110kV××线 131 号	光 140	28	18	右转 45°	240	4	ADSS-AT-31kN-72B1 2599×1.06+40=2795m	2			6	1			接头 8
110kV××线 132 号	光 141	28	18		147	2			1						
110kV××线 133 号	光 142	28	18		128	2			1						
110kV××线 134 号	光 143	28	18		179	2			1						

续表

杆塔号	光缆编号	杆塔高（m）	光缆挂高（m）	线路转角或仰角（°）	档距（m）	防振器（个）	缆长与型号（m）	光缆夹具（个）				光缆接头盒（个）	ODF（个）	光缆尾纤（根）	备注
								静端夹具	悬端夹具	切线夹具	引下夹具				
110kV××线135号	光144	28	18		147	2	ADSS-AT-31kN-72B1 2599×1.06+40=2795m		1						
110kV××线136号	光145	28	18		133	2			1						
110kV××线137号	光146	28	18		225	4			1						
110kV××线138号	光147	28	18	左转35°	171	2		2							
110kV××线139号	光148	28	18		157	2			1						
110kV××线140号	光149	28	18		160	2			1						
110kV××线141号	光150	28	18		128	2			1						
110kV××线142号	光151	28	18		179	2			1						
110kV××线143号	光152	28	18		147	2			1						
110kV××线144号	光153	28	18		233	4			1						
110kV××线145号	光154	28	18		225	4			1						
110kV××线146号	光155	28	18	左转35°	140	4	ADSS-AT-31kN-72B1 2174×1.06+40=2304m	2			6	1			接头9
110kV××线147号	光156	28	18		147	2			1						
110kV××线148号	光157	28	18		128	2			1						
110kV××线149号	光158	28	18		179	2			1						
110kV××线150号	光159	28	18		147	2			1						
110kV××线151号	光160	28	18		133	2			1						
110kV××线152号	光161	28	18	右转45°	225	4		2							
110kV××线153号	光162	28	18		171	2			1						
110kV××线154号	光163	28	18		157	2			1						
110kV××线155号	光164	28	18		160	2			1						
110kV××线156号	光165	28	18		128	2			1						
110kV××线157号	光166	28	18		179	2			1						
110kV××线158号	光167	28	18		147	2			1						
110kV××线159号	光168	28	18		133	4			1						

续表

杆塔号	光缆编号	杆塔高（m）	光缆挂高（m）	线路转角或仰角（°）	档距（m）	防振器（个）	缆长与型号（m）	光缆夹具（个）				光缆接头盒（个）	ODF（个）	光缆尾纤（根）	备注
								静端夹具	悬端夹具	切线夹具	引下夹具				
110kV××线160号	光169	28	18	右转45°			GYFTY-72B1 2300m	2			6	1			接头10，套6m钢管引下ϕ100
	…														
	光213						GYFTY-72B1 2258m					1			接头11
	…														
												1			
	光256						GYFTY-72B1 2360m								接头12
	…														
	光296						GYFTY-72B1 2200m					1			接头13
	…														
	光317						GYFTY-72B1 2358m					1			接头14
	…														
	光358						GYFTY-72B1 2430m					1			接头15
	…														
	光399						72芯普通非金属光缆 GYFTY-72B1 2238m					1			接头16
	…														
	光440						72芯普通非金属光缆 GYFTY-72B1 2268m					1			接头17
	…														
	光481														
××地调													1		
合计						338	44 974	46	101	0	60	17	2	0	

B.1.2 光缆材料汇总表

表 B.2　　光缆材料汇总表

序号	材料（设备）名称	型号规格	计量单位	数量	备注
一	光缆配置				
	ADSS 光缆				
1	72 芯 ADSS 光缆	ADSS-AT-31kN-72B1	km	23.984	2.763km/盘；2.676km/盘；2.656km/盘；2.814km/盘；2.676km/盘；2.57km/盘；2.73km/盘；2.795km/盘；2.304km/盘
2	72 芯 ADSS 接头盒	ADSS，72 芯	个	10	与 ADSS 光缆配套
3	余缆架		个	10	
4	静端紧固件及夹具		套	46	与 ADSS 光缆配套
5	悬垂紧固件及夹具		套	101	与 ADSS 光缆配套
6	引下夹具		套	60	与 ADSS 光缆配套
7	防振器		套	338	
8	引（上）下钢管	6m，ϕ100mm	根	2	
9	塔用标示牌		套	125	
10	光缆跨越　一般公路		处	5	
11	光缆跨越　河流		处	2	
	管道光缆				
1	72 芯普通非金属光缆	GYFTY-72B1	km	20.99	2.578km/盘；2.3km/盘；2.258km/盘；2.36km/盘；2.2km/盘；2.358km/盘；2.43km/盘；2.238km/盘；2.268km/盘
2	72 芯普通接头盒	普通，72 芯	个	7	与普通光缆配套
3	保护管	ϕ40mm	km	20	
4	管道用标示牌		套	420	
7	ODF 子架	72 芯	个	1	××地调

B.1.3 通信线路安装工程初步设计概算

表 B.3　　通信线路工程总预算表　　元

序号	工程或费用名称	费用金额	各项占静态投资（%）	单位投资（万元/km）
一	本体工程	1 527 651	94.88	
二	辅助设施工程			
	小计	1 527 651	94.88	
三	其中：编制基准期价差	3919	0.24	
四	其他费用	66 539	4.13	
	其中：建设场地征用及清理费			
五	基本预备费	15 942	0.99	
六	特殊项目			
	工程静态投资（一～六项合计）	1 610 132	100.00	
七	动态费用			
（一）	价差预备费			
（二）	建设期贷款利息			
	工程动态投资（一～七项合计）	1 610 132		
	其中：可抵扣增值税额	587 861		

表 B.4　　通信线路安装工程汇总预算表　　元

序号	工程或费用名称	取费基数	费率（%）	复合光缆线路	架空光缆/音频电缆线路	直埋光缆/音频电缆线路	管道光缆/音频电缆线路	土石方工程	构筑物工程	合计	各项占总计（%）	单位投资（元/km）
一	直接费		100.000		192 075		219 103			411 179	26.92	
1	直接工程费		100.000		171 705		190 314			362 020	23.70	
1.1	定额直接费		100.000		171 705		190 314			362 020	23.70	
1.1.1	人工费		100.000		53 155		116 429			169 584	11.10	
1.1.2	材料费		100.000		33 921		40 311			74 232	4.86	
1.1.3	施工机械使用费		100.000		84 629		33 575			118 204	7.74	
1.2	装置性材料费		100.000									
1.2.1	甲供装置性材料费		100.000									
1.2.2	乙供装置性材料费		100.000									
2	措施费		100.000		20 370		28 789			49 159	3.22	
2.1	冬雨季施工增加费		4.890		2599		5693			8293	0.54	
2.2	施工工具用具使用费		4.020		2137		4680			6817	0.45	
2.3	特殊地区施工增加费											
2.4	临时设施费		5.590		9598		10 639			20 237	1.32	
2.5	施工机构迁移费		1.890		1005		2200			3205	0.21	
2.6	安全文明施工费		2.930		5031		5576			10 607	0.69	
二	间接费		100.000		32 133		70 382			102 514	6.71	
1	规费		100.000		21 698		47 527			69 225	4.53	
1.1	社会保险费		26.150		14 873		32 577			47 450	3.11	
1.2	住房公积金		12.000		6825		14 949			21 775	1.43	
2	企业管理费		19.630		10 434		22 855			33 289	2.18	
3	施工企业配合调试费											
三	利润		5.000		11 210		14 474			25 685	1.68	
四	编制基准期价差		100.000		844		3075			3919	0.26	
1	人工价差		100.000		1627		3563			5189	0.34	
2	材料价差		100.000		–224		–266			–490	–0.03	
3	机械价差		100.000		–559		–222			–780	–0.05	
4	装置性材料价差		100.000									
4.1	甲供装置性材料价差		100.000									
4.2	乙供装置性材料价差		100.000									
五	税金		9.000		21 264		27 633			48 897	3.20	
六	设备费		100.000		585 574		349 884			935 458	61.24	
1	乙供设备不含税价		100.000		242 798		192 712			435 510	28.51	
2	甲供设备含税价		100.000		342 776		157 172			499 948	32.73	
九	总计		100.000		843 099		684 552			1 527 651	100.00	
	合计				843 099		684 552			1 527 651	100.00	

表 B.5 **通信线路安装工程汇总预算表** 元

序号	工程或费用名称	安装工程费	各项占总计（%）	单位投资（元/km）
一	本体工程	592 193	100.00	
1	通信线路安装工程	592 193	100.00	
1.2	架空光缆/音频电缆线路	257 526	43.49	
1.2.2	架线工程	257 526	43.49	
1.4	管道光缆/音频电缆线路	334 668	56.51	
1.4.2	敷线工程	334 668	56.51	
	合计	592 193	100.00	

表 B.6 **通信线路单位工程预算表** 元

序号	编制依据	项目名称及规格	单位	数量	单价				合价			
					装置性材料/设备	安装费			装置性材料/设备	安装费		
						合计	其中：人工费	其中：机械费		合计	其中：人工费	其中：机械费
一		本体工程							935 458	592 193	169 584	118 204
1		通信线路安装工程							935 458	592 193	169 584	118 204
1.2		架空光缆/音频电缆线路							585 574	257 526	53 155	84 629
1.2.2		架线工程							585 574	257 526	53 155	84 629
		ADSS 光缆										
	（甲）	72 芯 ADSS 光缆 ADSS-AT-31kN-72B1	km	23.984	14 000.00				335 776			
	YZ13-11	架设架空光缆 ADSS 自承式光缆 35kV 以上	km	23.984		2594.91	905.84	1602.07		62 236	21 726	38 424
	YZ13-55	光缆单盘测试 72 芯以下	盘	9.000		1860.45	243.75	1140.64		16 744	2194	10 266
	（甲）	72 芯 ADSS 光缆接头盒	个	10.000	700.00				7000			
	YZ13-63	光缆接续 72 芯以下	头	10.000		4157.59	1089.69	2490.59		41 576	10 897	24 906
	YZ13-96	光缆全程测试 72 芯以下	段	1.000		3531.68	1469.65	2028.45		3532	1470	2028
		余缆架	个	10.000	200.00				2000			
		静端紧固件及夹具	套	46.000	600.00				27 600			
		悬垂紧固件及夹具	套	101.000	600.00				60 600			
		引下夹具	套	60.000	200.00				12 000			
		防振器	套	338.000	300.00				101 400			
		引（上）下钢管（6m，ϕ100mm）	根	2.000	200.00				400			
	YZ13-39	保护管敷设及其他穿放引上光（电）缆	条	2.000		37.36	30.89			75	62	

续表

序号	编制依据	项目名称及规格	单位	数量	单价				合价			
					装置性材料/设备	安装费			装置性材料/设备	安装费		
						合计	其中：人工费	其中：机械费		合计	其中：人工费	其中：机械费
	YZ13-40	保护管敷设及其他安装引上钢管	根	2.000		44.19	30.89			88	62	
		塔用标示牌	套	125.000	150.00				18 750			
	YZ13-102	光缆跨越　一般公路	处	5.000		777.53	583.24	72.51		3888	2916	363
	YZ13-105	光缆跨越　河流	处	2.000		951.87	642.53	309.34		1904	1285	619
	YZ13-8	架设架空光缆　牵、张场场地建设场地平整	处	10.000		870.70	819.75	50.95		8707	8198	510
	YZ13-9	架设架空光缆　牵、张场场地建设钢板铺设	处	10.000		3295.57	434.70	751.40		32 956	4347	7514
		乙供设备税金	%	9.000	222 750.00				20 048			
		甲供设备费小计							342 776			
		乙供设备费小计							242 798			
		小计							585 574	171 705	53 155	84 629
一		直接费		100.000		192 075.19				192 075		
1		直接工程费		100.000		171 705.14				171 705		
1.1		定额直接费		100.000		171 705.14				171 705		
1.1.1		人工费		100.000		53 155.29				53 155		
1.1.2		材料费		100.000		33 920.97				33 921		
1.1.3		施工机械使用费		100.000		84 628.89				84 629		
2		措施费		100.000		20 370.05				20 370		
2.1		冬雨季施工增加费		4.890		53 155.29				2599		
2.2		施工工具用具使用费		4.020		53 155.29				2137		
2.4		临时设施费		5.590		171 705.14				9598		
2.5		施工机构迁移费		1.890		53 155.29				1005		
2.6		安全文明施工费		2.930		171 705.14				5031		
二		间接费		100.000		32 132.64				32 133		
1		规费		100.000		21 698.25				21 698		
1.1		社会保险费		26.150		56 876.16				14 873		
1.2		住房公积金		12.000		56 876.16				6825		
2		企业管理费		19.630		53 155.29				10 434		
三		利润		5.000		224 207.83				11 210		
四		编制基准期价差		100.000		844.12				844		
1		人工价差		100.000		1626.55				1627		
2		材料价差		100.000		−223.88				−224		

续表

序号	编制依据	项目名称及规格	单位	数量	单价				合价			
					装置性材料/设备	安装费			装置性材料/设备	安装费		
						合计	其中：人工费	其中：机械费		合计	其中：人工费	其中：机械费
3		机械价差		100.000		–558.55				–559		
五		税金		9.000		236 262.34				21 264		
六		设备费		100.000		585 573.50				585 574		
1		乙供设备不含税价		100.000		242 797.50				242 798		
2		甲供设备含税价		100.000		342 776.00				342 776		
七		安装费		100.000		257 525.95				257 526		
九		总计		100.000		843 099.45				843 099		
十		合计		100.000		257 525.95				257 526		
1.4		管道光缆/音频电缆线路							349 884	334 668	116 429	33 575
1.4.2		敷线工程							349 884	334 668	116 429	33 575
		管道光缆										
	（甲）	72 芯普通非金属光缆 GYFTY-72B1	km	20.990	7000.00				146 930			
	YZ13-14	管（沟）道内人工敷设穿子管光缆 72 芯以下	km	20.990		2992.34	2607.31	279.91		62 809	54 727	5875
	YZ13-55	光缆单盘测试 72 芯以下	盘	9.000		1860.45	243.75	1140.64		16 744	2194	10 266
	（甲）	72 芯普通接头盒 72 芯	个	7.000	600.00				4200			
	YZ13-63	光缆接续 72 芯以下	头	7.000		4157.59	1089.69	2490.59		29 103	7628	17 434
		保护管 $\phi 40$	km	20.000	8000.00				160 000			
	YZ13-37	保护管敷设及其他子管敷设	100m	200.000		408.18	259.29			81 636	51 858	
		管道用标示牌	套	420.000	40.00				16 800			
	（甲）	光分配子架 72 芯	个	1.000	6000.00				6000			
	YZ14-6	光分配架（ODF）安装 子架	个	1.000		22.00	21.51			22	22	
		主要设备运杂费	%	0.700	6000.00				42			
		乙供设备税金	%	9.000	176 800.00				15 912			
		甲供设备费小计							157 172			
		乙供设备费小计							192 712			
		小计							349 884	190 314	116 429	33 575
一		直接费		100.000		219 103.46				219 103		
1		直接工程费		100.000		190 314.40				190 314		
1.1		定额直接费		100.000		190 314.40				190 314		
1.1.1		人工费		100.000		116 428.53				116 429		

续表

序号	编制依据	项目名称及规格	单位	数量	单价				合价			
					装置性材料/设备	安装费			装置性材料/设备	安装费		
						合计	其中：人工费	其中：机械费		合计	其中：人工费	其中：机械费
1.1.2		材料费		100.000		40 310.67				40 311		
1.1.3		施工机械使用费		100.000		33 575.20				33 575		
2		措施费		100.000		28 789.07				28 789		
2.1		冬雨季施工增加费		4.890		116 428.53				5693		
2.2		施工工具用具使用费		4.020		116 428.53				4680		
2.4		临时设施费		5.590		190 314.40				10 639		
2.5		施工机构迁移费		1.890		116 428.53				2200		
2.6		安全文明施工费		2.930		190 314.40				5576		
二		间接费		100.000		70 381.63				70 382		
1		规费		100.000		47 526.71				47 527		
1.1		社会保险费		26.150		124 578.52				32 577		
1.2		住房公积金		12.000		124 578.52				14 949		
2		企业管理费		19.630		116 428.53				22 855		
三		利润		5.000		289 485.09				14 474		
四		编制基准期价差		100.000		3075.07				3075		
1		人工价差		100.000		3562.71				3563		
2		材料价差		100.000		−266.05				−266		
3		机械价差		100.000		−221.60				−222		
五		税金		9.000		307 034.41				27 633		
六		设备费		100.000		349 884.00				349 884		
1		乙供设备不含税价		100.000		192 712.00				192 712		
2		甲供设备含税价		100.000		157 172.00				157 172		
七		安装费		100.000		334 667.51				334 668		
九		总计		100.000		684 551.51				684 552		
十		合计		100.000		334 667.51				334 668		

表 B.7　　通信线路工程取费表　　元

序号	费用名称	计算说明	费率	总价
	线路取费表			
一	直接费		100.000	411 179
1	直接工程费		100.000	362 020
1.1	定额直接费		100.000	362 020
1.1.1	人工费		100.000	169 584
1.1.2	材料费		100.000	74 232
1.1.3	施工机械使用费		100.000	118 204
2	措施费		100.000	49 159
2.1	冬雨季施工增加费		4.890	8293
2.2	施工工具用具使用费		4.020	6817
2.4	临时设施费		5.590	20 237

续表

序号	费用名称	计算说明	费率	总价
2.5	施工机构迁移费		1.890	3205
2.6	安全文明施工费		2.930	10 607
二	间接费		100.000	102 514
1	规费		100.000	69 225
1.1	社会保险费		26.150	47 450
1.2	住房公积金		12.000	21 775
2	企业管理费		19.630	33 289
三	利润		5.000	25 685
四	编制基准期价差		100.000	3919
1	人工价差		100.000	5189
2	材料价差		100.000	−490
3	机械价差		100.000	−780
五	税金		9.000	48 897
六	设备费		100.000	935 458
1	乙供设备不含税价		100.000	435 510
2	甲供设备含税价		100.000	499 948
七	安装费		100.000	592 193
九	总计		100.000	1 527 651
十	合计		100.000	592 193

表 B.8 通信线路其他费用预算表 元

序号	工程或费用项目名称	编制依据及计算说明	合价
	合计		66 539
2	项目建设管理费		50 565
2.1	项目法人管理费	(本体工程费＋设备购置费)×1.43%	21 845
2.2	招标费	(本体工程费＋设备购置费)×0.34%	5194
2.3	工程监理费	(本体工程费＋设备购置费)×1.54%	23 526
3	项目建设技术服务费		3672
3.5	项目后评价费	本体工程费×0.35%	2073
3.6	工程建设检测费		1007
3.6.1	电力工程质量检测费	本体工程费×0.17%	1007
3.7	电力工程技术经济标准编制费	本体工程费×0.1%	592
4	生产准备费		12 302
4.1	管理车辆购置费	(本体工程费＋设备购置费)×0.32%	4888
4.2	工器具及办公家具购置费	(本体工程费＋设备购置费)×0.4%	6111
4.3	生产职工培训及提前进场费	本体工程费×0.22%	1303
	小计		66 539

B.2 通信设备安装工程技术方案

B.2.1 通信设备配置

1. 光传输系统配置

500kV C 变电站：该站配置 10G SDH 设备 1 套（含线缆辅材），以 10Gbit/s 速率分别接入 500kV A 变电站、500kV B 变电站及××地调，同时为调度数据网汇聚层节点路由器接入提供 1 个 155M 光接口，考虑 500kV C 变电站—500kV A 变电站距离为 88km，需进行光功率放大及色散补偿，另在该站配置落地式余缆箱 3 个，72 芯站内引入光缆 3km。

500kV A 变电站：已建光传输设备上新增 10G 光接口板 1 块，并进行光功率放大及色散补偿。

500kV B 变电站：已建光传输设备上新增 10G 光接口板 1 块。

××地调：已建光传输设备上新增 10G 光接口板 1 块。

光通信设备组网图、光纤通信通道组织图如图 B.3、图 B.4 所示。

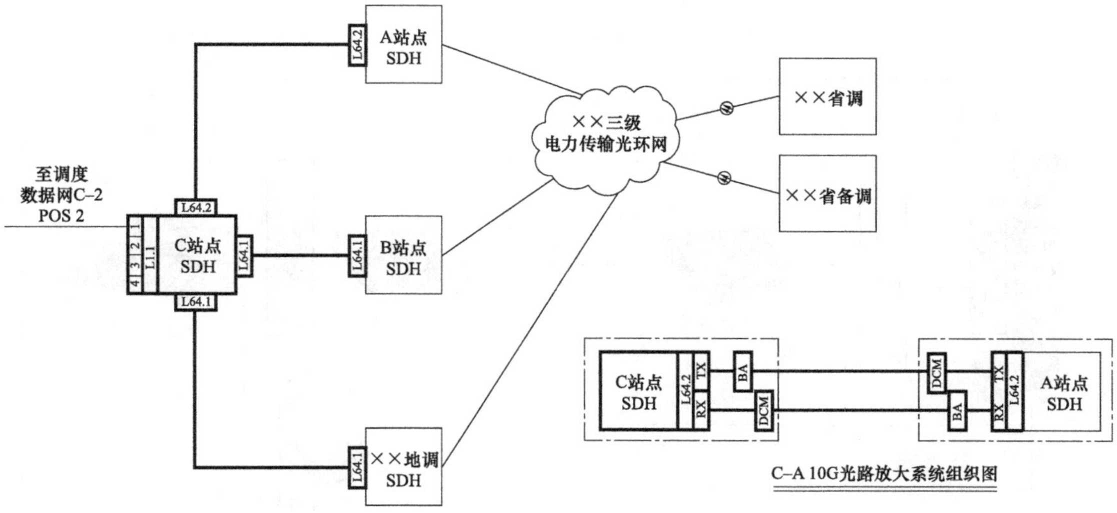

说明：
图中加粗设备为本工程新上设备，包括：C站新增SDH1套，A站、B站、××地调各新增板卡1块，C站、A站各新增光功率放大器及色散补偿1套。

图 B.3　光通信设备组网图

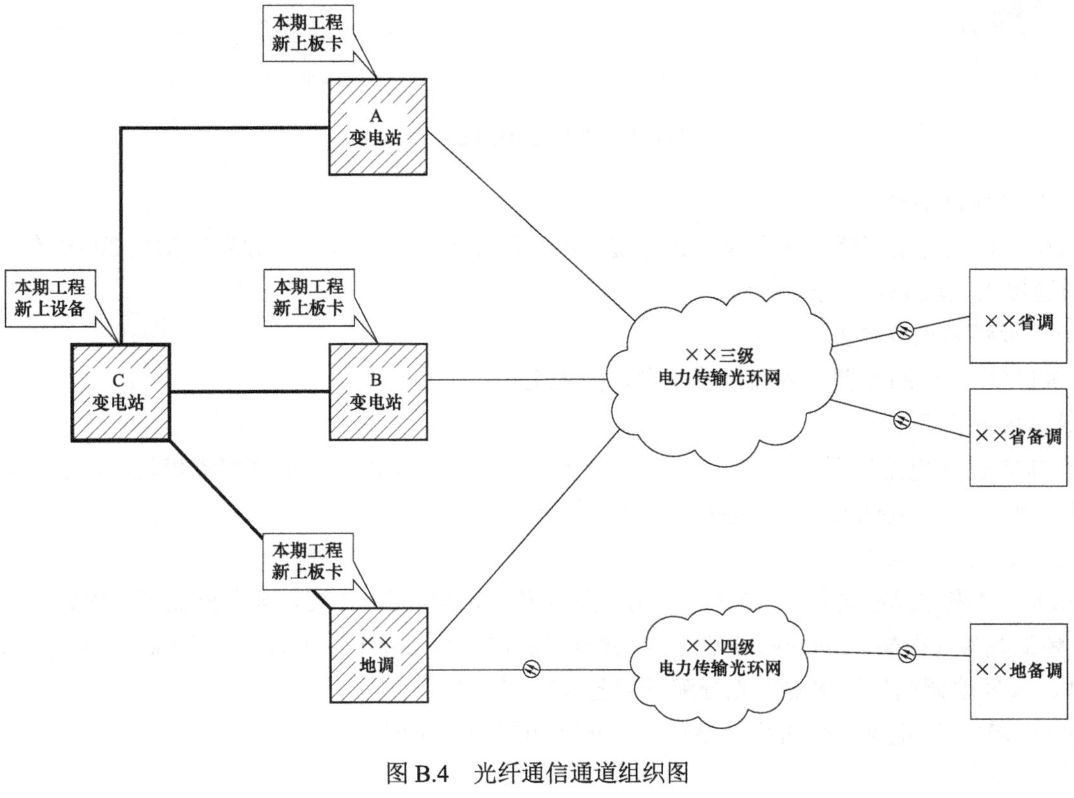

图 B.4　光纤通信通道组织图

2. 调度交换设备配置

在 500kV C 变电站配置调度交换专用 2M 切换装置 2 台、电力调度台（32 键）2 台、电力调度录音装置（8 通道）1 台，另配置 PCM 设备 1 台，场地电话机 4 部。在地调及备调调度交换机上新增调度接口板各 1 块、调度交换专用 2M 切换装置各 1 台，在地调 PCM 设备上新增 FXO 板卡 1 块。

调度交换系统示意图如图 B.5 所示。

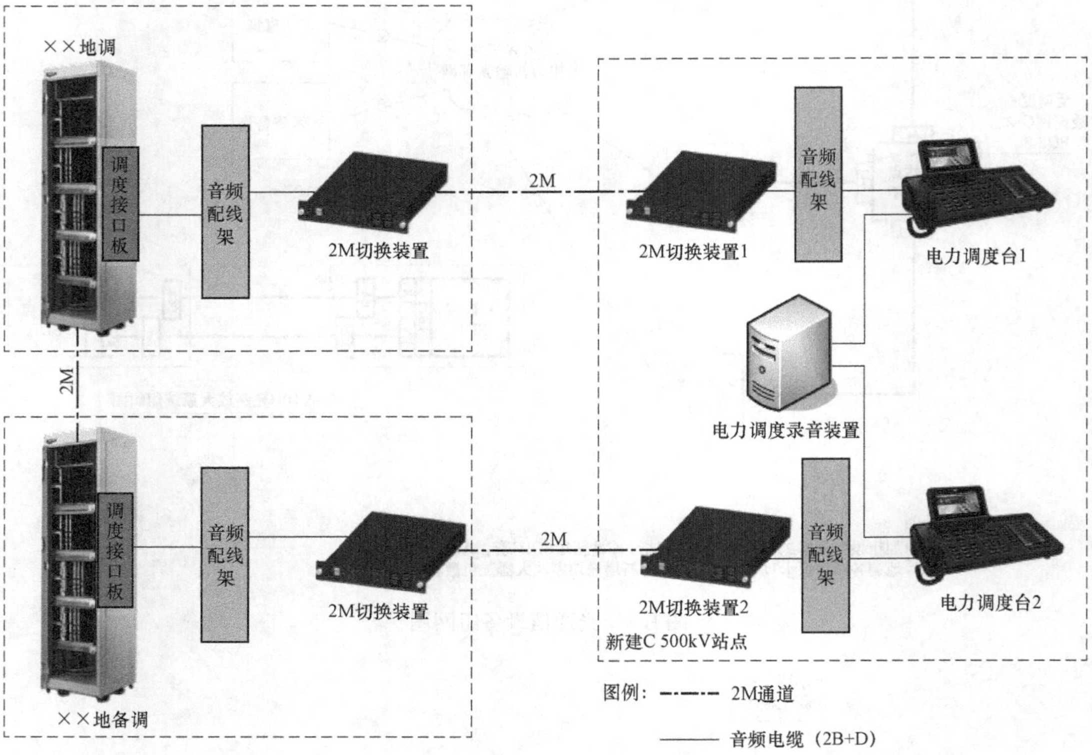

图 B.5　调度交换系统示意图

3. 行政交换设备配置

在 500kV C 变电站配置行政交换 IMS 设备（IAD 接入设备 32 线）1 套、数字电话机 20 部，经 10/100M 以太网通道接入区域 IMS 交换平台。

4. 通信数据网设备配置

在 500kV C 变电站配置接入路由器 1 台、接入交换机 2 台。

5. 通信电源设备配置

在 500kV C 变电站配置 2 套–48V 直流电源系统，每套系统由整流屏（整流模块 300A）、直流分配屏、蓄电池组（2V/500Ah）、蓄电池在线监测设备组成。

6. 通信配线设备配置

在 500kV C 变电站配置机柜 40 架，光分配架（整架，144 芯）3 架，数字分配架（整架，128 系统）2 架，音频配线架（整架，300 回）1 架，网络配线架（整架，288 口）1 架。在 500kV A 变电站、500kV B 变电站、××地调通信机房安装光分配子架各（72 芯）1 个。

新建 500kV C 变电站通信机房及蓄电池室平面布置图详见图 B.6。

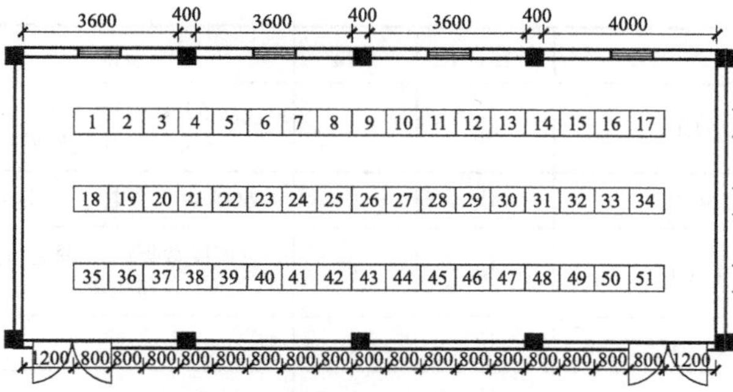

新建500kV C变电站主控楼3楼通信机房平面布置图

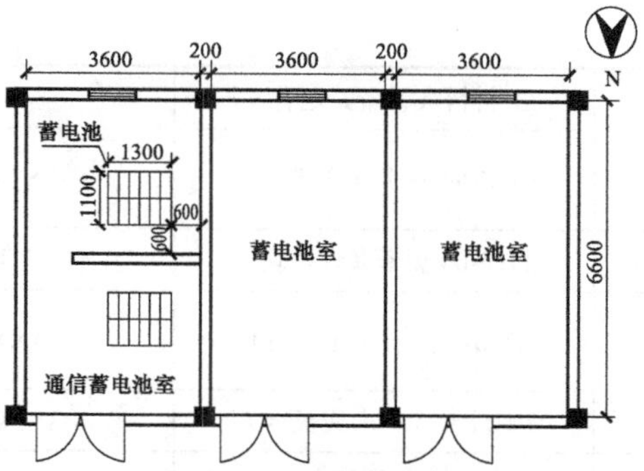

新建500kV C变电站主控楼1楼蓄电池室平面布置图

设 备 列 表

屏位	名称	规范	单位	数量	备注	屏位	名称	规范	单位	数量	备注
1	整流屏 1	500A	面	1		24～25	地区网光传输设备屏 1-2		面	2	预留
2	直流分配屏 1		面	1		26	国网光传输设备屏		面	1	预留
3	整流屏 2	500A	面	1		27～28	国网 OTN 设备屏 1-2		面	2	预留
4	直流分配屏 2		面	1		29～31	光纤配线架 1-3	144 芯	面	3	
5	××1 线保护接口屏	O/E（2M）	面	1	O/E 由保护专业开列	32～33	数字分配架	128 系统	面	2	
6	××2 线保护接口屏	O/E（2M）	面	1	O/E 由保护专业开列	34	音频配线架	300 回	面	1	
7～10	500kV 保护屏		面	4	预留	35	网络配线架	288 回	面	1	
11	220kV 保护屏 1	O/E（2M）	面	1	O/E 由保护专业开列	36	调度电话 U 接口屏		面	1	
12	220kV 保护屏 2	O/E（2M）	面	1	O/E 由保护专业开列	37	通信数据网屏		面	1	
13～17	220kV 保护屏		面	5	预留	38	行政电话 IAD 屏		面	1	
18	省网光传输设备屏 1		面	1		39	通信动环监控屏		面	1	
19～20	省网光传输设备屏 2-3		面	2	预留	40	图像监控屏		面	1	
21～23	华东网省网光传输屏 1-3		面	3	预留	41～51	预留屏位		面	11	预留

图 B.6 新建 500kV C 变电站通信机房及蓄电池室平面布置图

B.2.2 设备材料汇总表

表 B.9　　设 备 材 料 汇 总 表

序号	材料（设备）名称	型号规格	计量单位	数量	备注
一	**光纤通信系统**				
	新建 500kV C 变电站				
（一）	光传输设备				
1	10G 光传输设备 STM-64		套	1	
1.1	STM-64 板卡（含模块）	STM-64/板；L-64.2	块	1	500kV C 变电站 —500kV A 变电站

续表

序号	材料（设备）名称	型号规格	计量单位	数量	备注
1.2	STM-64 板卡（含模块）	STM-64/板；L-64.1	块	1	500kV C 变电站—500kV B 变电站
1.3	STM-64 板卡（含模块）	STM-64/板；L-64.1	块	1	500kV C 变电站 —地调
1.4	STM-1 板卡（含模块）	4×STM-1/板；L-1.1	块	1	至调度数据网汇聚层节点路由器
1.5	E1 板卡（含出线板卡）	D75Ω，G.703，E1=32	块	2	
1.6	E1 保护板卡		块	1	
1.7	以太网接口板	8×FE，含以太网业务处理板	块	1	
2	2 芯跳纤	20m/根	根	3	
3	同轴电缆	SYV-75-2-1×8，10m/根	m	160	同轴电缆头工厂完成
4	以太网线	超五类网线	m	100	
5	RJ45 水晶头	100 个/盒	盒	1	
（二）	光路放大系统				
2.1	光功率放大器	BA15	套	1	外置式
2.2	色散补偿	DCM40	套	1	
（三）	通信辅助设备				
1	机柜	800mm×600mm×2260mm，含直流分配单元	架	35	
2	机柜	800mm×600mm×2260mm，含 PDU	架	5	
3	光分配架	整架，144 芯	架	3	
4	数字分配架	整架，128 系统	架	2	
5	网络配线架	整架，288 口	架	1	
（四）	站内引入光缆				
1	72 芯非金属阻燃光缆	GYFZY-72B1	km	2	
2	保护管	ϕ35mm	m	2000	
3	落地式余缆箱	含接头盒	个	2	
	500kV A 变电站				
（一）	光传输设备				
1	STM-64 板卡（含模块）	STM-64/板；L-64.2	块	1	
（二）	光路放大系统				
2.1	光功率放大器	BA15	套	1	外置式
2.2	色散补偿	DCM40	套	1	
（三）	站内引入光缆				
1	72 芯非金属阻燃光缆	GYFZY-72B1	km	1	
2	保护管	ϕ35mm	m	1000	
3	落地式余缆箱	含接头盒	个	1	
4	ODF 子架	72 芯	个	1	
	500kV B 变电站				

续表

序号	材料（设备）名称	型号规格	计量单位	数量	备注
（一）	光传输设备				
1	STM-64 板卡（含模块）	STM-64/板；L-64.1	块	1	
（二）	站内引入光缆				
1	72 芯非金属阻燃光缆	GYFZY-72B1	km	1	
2	保护管	ϕ35mm	m	1000	
3	落地式余缆箱	含接头盒	个	1	
4	ODF 子架	72 芯	个	1	
	××地调				
（一）	光传输设备				
1	STM-64 板卡（含模块）	STM-64/板；L-64.1	块	1	
二	**程控交换系统（调度程控交换）**				
	新建 500kV C 变电站				
1	2M 切换装置	U 接口转换器，调度交换专用	台	2	
2	电力调度台	32 键	台	2	
3	电力调度录音装置	8 通道	台	1	
4	2M 同轴电缆线	SYV-75-2-1×2，20m/根	根	2	
5	2M 同轴电缆头		套	8	
6	音频电缆	HYA 10×2×0.5	m	400	
7	PCM 设备		套	1	
7.1	主子框	子框整件	个	1	
7.2	系统控制板卡（主控板）	中继及主控板，E1≥4 路	块	2	
7.3	电源板卡	PWX	块	2	
7.4	FXS 板卡	FXS≥4 路	块	1	
8	场地电话机		部	4	
9	分线盒	BF-20	个	2	
10	电话线	HYA 5×2×0.5	m	500	
11	音频配线架	整架，300 回	架	1	
	××地调				
1	调度接口板		块	1	地调扩容，适用于调度交换机设备接口板
2	2M 切换装置	U 接口转换器，调度交换专用	台	1	
3	FXO 板卡	FXO≥8 路	块	1	地调扩容，适用于 PCM 设备接口板
	××地备调				
1	调度接口板		块	1	地备调扩容，适用于调度交换机设备接口板
2	2M 切换装置	U 接口转换器，调度交换专用	台	1	
三	**程控交换系统（行政程控交换）**				

续表

序号	材料（设备）名称	型号规格	计量单位	数量	备注
	新建 500kV C 变电站				
1	IAD 接入设备	32 线	台	1	
2	数字电话机		部	20	
四	**数据网络系统**				
	新建 500kV C 变电站				
1	接入路由器		台	1	
2	接入交换机	48 口	台	2	
3	以太网线	超五类	m	50	
五	**通信电源系统**				
	新建 500kV C 变电站				
1	通信电源	300A 整流屏、直流分配屏各 1 面	套	2	
2	蓄电池组	500Ah（2V×24 只）	组	2	
3	蓄电池在线监测设备		套	2	
4	电力电缆	ZR-VV-3×35＋1×16	m	400	4 根
5	电力电缆	ZR-VV-1×120	m	160	4 根
6	电力电缆	ZR-VV-2×10	m	600	

B.2.3 通信设备安装工程初步设计概算

表 B.10 变电站工程总预算表 元

序号	工程或费用名称	建筑工程费	设备购置费	安装工程费	其他费用	合计	各项占静态投资（%）	单位投资（元/kVA）或（元/kW）
一	主辅生产工程		2 584 159	309 997		2 894 156	97.70	
（一）	主要生产工程		2 584 159	309 997		2 894 156	97.70	
（二）	辅助生产工程							
二	与站址有关的单项工程							
	小计		2 584 159	309 997		2 894 156	97.70	
三	其中：编制基准期价差			2233		2233	0.08	
四	其他费用				38 731	38 731	1.31	
	其中：建设场地征用及清理费							
五	基本预备费				29 329	29 329	0.99	
六	特殊项目							
	工程静态投资（一～六项合计）		2 584 159	309 997	68 060	2 962 216	100.00	
	各项占静态投资的比例（%）		87	10	2	100		
七	动态费用							
（一）	价差预备费							
（二）	建设期贷款利息							
	工程动态投资（一～七项合计）		2 584 159	309 997	68 060	2 962 216		
	其中：可抵扣增值税额		2 570 200	51 284	2178	2 623 662		

表 B.11　　变电站安装工程汇总预算表　　元

序号	工程或费用名称	设备购置费	安装工程费			合计	技术经济指标		
			装置性材料	安装	小计		单位	数量	指标
	安装工程	2 584 159	81 825	228 172	309 997	2 894 156			
一	主要生产工程	2 584 159	81 825	228 172	309 997	2 894 156			
7	通信及远动系统	2 584 159	81 825	228 172	309 997	2 894 156	元/kVA		
7.1	通信系统	2 584 159	81 825	228 172	309 997	2 894 156			
7.1.1	光纤通信系统	1 806 032	8910	75 197	84 107	1 890 139			
7.1.2	程控交换系统	484 643	9540	14 830	24 370	509 013			
7.1.2.1	调度程控交换	466 553	9540	13 081	22 621	489 174			
7.1.2.2	行政程控交换	18 090		1749	1749	19 839			
7.1.3	数据网络系统	50 250	175	8916	9091	59 341			
7.1.4	通信电源系统	231 150	23 200	23 291	46 491	277 641			
7.1.5	引入光缆	12 084	40 000	105 938	145 938	158 022			
	合计	2 584 159	81 825	228 172	309 997	2 894 156			

表 B.12　　安装工程专业汇总预算表（取费）　　元

序号	工程或费用名称	直接费		间接费	利润（6%）	编制基准期价差	税金（9%）	安装费	主材费	合计
		直接工程费	措施费	规费						
	安装工程	182 152	20 181	29 002	14 518	2233	23 284	228 172	81 825	309 997
一	主要生产工程	182 152	20 181	29 002	14 518	2233	23 284	228 172	81 825	309 997
7	通信及远动系统	182 152	20 181	29 002	14 518	2233	23 284	228 172	81 825	309 997
7.1	通信系统	182 152	20 181	29 002	14 518	2233	23 284	228 172	81 825	309 997
7.1.1	光纤通信系统	43 903	6442	9280	4326	745	6945	75 197	8910	84 107
7.1.2	程控交换系统	15 183	1419	1884	1258	136	2012	14 830	9540	24 370
7.1.2.1	调度程控交换	14 476	1262	1610	1168	117	1868	13 081	9540	22 621
7.1.2.2	行政程控交换	707	157	275	90	19	144	1749		1749
7.1.3	数据网络系统	4040	781	1278	467	93	751	8916	175	9091
7.1.4	通信电源系统	31 398	2333	2730	2403	197	3839	23 291	23 200	46 491
7.1.5	引入光缆	87 628	9206	13 829	6064	1063	9738	105 938	40 000	145 938
	合计	182 152	20 181	29 002	14 518	2233	23 284	228 172	81 825	309 997

表 B.13　　变电站安装工程预算表　　元

序号	编制依据	项目名称及规格	单位	数量	单价				合价			
					设备费	装置性材料费	安装费	其中：人工费	设备费	装置性材料费	安装费	其中：人工费
		安装工程							2 584 159	81 825	228 172	58 478
一		主要生产工程							2 584 159	81 825	228 172	58 478
7		通信及远动系统							2 584 159	81 825	228 172	58 478
7.1		通信系统							2 584 159	81 825	228 172	58 478

续表

序号	编制依据	项目名称及规格	单位	数量	单价				合价			
					设备费	装置性材料费	安装费	其中：人工费	设备费	装置性材料费	安装费	其中：人工费
7.1.1		光纤通信系统							1 806 032	8910	75 197	18 711
		新建 500kV　C 变电站（光传输设备）										
	（甲）	10G SDH 光传输设备（本期配置 3 个 10G 光接口、1 块 155M 光口 POS 板）	套	1.000	750 000.00				750 000			
	YZ1-5	光纤同步数字（SDH）传输设备安装调测　分插复用器（ADM）10Gbit/s	套	1.000			6873.83	4882.69			6874	4883
	YZ1-35	数字通信通道调测　数字线路段光端对测　端站	方向·系统	3.000			885.69	200.73			2657	602
	YZ1-38	数字通信通道调测　保护倒换测试	环·系统	1.000			901.68	200.73			902	201
	YZ1-14	光纤同步数字（SDH）传输设备接口盘安装调测　接口单元盘（SDH）10Gbit/s	块	1.000			311.75	129.04			312	129
	YZ1-17	光纤同步数字（SDH）传输设备接口盘安装调测　接口单元盘（SDH）155Mbit/s（光口）	块	1.000			218.22	107.54			218	108
		2 芯跳纤（20m/根）	根	3.000		120.00				360		
	YZ15-6	设备电缆　放绑软光纤	条	3.000			30.93	25.09			93	75
		同轴电缆（SYV-75-2-1×8），10m/根，同轴电缆头工厂完成	根	16.000		500.00				8000		
	调 YZ15-1×1.3	设备电缆　布放射频同轴电缆	100m	1.600			218.89	149.11			350	239
		以太网线	m	100.000		3.50				350		
	YZ15-4	设备电缆　布放电话、以太网线	100m	1.000			123.01	93.20			123	93
		RJ45 水晶头	盒	1.000		200.00				200		
		新建 500kV　C 变电站（光路放大系统）										
	（甲）	光功率放大器（BA15）	块	1.000	60 000.00				60 000			
	YZ1-31	光纤同步数字（SDH）传输设备接口盘安装调测　光功率放大器　外置	套	1.000			863.85	590.73			864	591
	（甲）	色散补偿（DCM40）	块	1.000	50 000.00				50 000			
	调 YZ1-31×0.5	光纤同步数字（SDH）传输设备接口盘安装调测　光功率放大器　外置	套	1.000			431.93	295.37			432	295
		新建 500kV　C 变电站（通信辅助设备）										
	（甲）	机柜（800mm×600mm×2260mm，含直流分配单元）	架	35.000	10 000.00				350 000			

续表

序号	编制依据	项目名称及规格	单位	数量	单价				合价			
					设备费	装置性材料费	安装费	其中：人工费	设备费	装置性材料费	安装费	其中：人工费
	（甲）	机柜（800mm×600mm×2260mm，含 PDU）	架	5.000	10 000.00				50 000			
	YZ14-1	机柜安装	面	40.000			228.56	111.42			9142	4457
	（甲）	光分配架　整架　144 芯	架	3.000	20 000.00				60 000			
	YZ14-5	光分配架（ODF）安装　整架（144 芯以下）	架	3.000			344.86	222.84			1035	669
	（甲）	数字分配架　整架　128 系统	架	2.000	22 000.00				44 000			
	YZ14-7	数字分配架（DDF）安装　整架（128 系统以下）	架	2.000			337.69	215.67			675	431
	（甲）	网络配线架　整架，288 口	架	1.000	22 000.00				22 000			
	YZ14-11	网络分配架（IDF）安装　整架（288 口以下）	架	1.000			330.52	208.50			331	209
		500kVA 变电站										
	（甲）	10G 光板	块	1.000	100 000.00				100 000			
	YZ1-21	光纤同步数字（SDH）传输设备接口盘安装调测　基本子架及公共单元盘（SDH）622Mbit/s 以上	套	1.000			820.46	206.26			820	206
	YZ1-22	光纤同步数字（SDH）传输设备接口盘安装调测　扩容接口单元盘（SDH）10Gbit/s	块	1.000			1523.78	1207.98			1524	1208
	YZ1-35	数字通信通道调测　数字线路段光端对测　端站	方向•系统	1.000			885.69	200.73			886	201
	（甲）	光功率放大器（BA15）	块	1.000	60 000.00				60 000			
	YZ1-31	光纤同步数字（SDH）传输设备接口盘安装调测　光功率放大器　外置	套	1.000			863.85	590.73			864	591
	（甲）	色散补偿（DCM40）	块	1.000	50 000.00				50 000			
	调 YZ1-31×0.5	光纤同步数字（SDH）传输设备接口盘安装调测　光功率放大器　外置	套	1.000			431.93	295.37			432	295
		500kV B 变电站										
	（甲）	10G 光板	块	1.000	100 000.00				100 000			
	YZ1-21	光纤同步数字（SDH）传输设备接口盘安装调测　基本子架及公共单元盘（SDH）622Mbit/s 以上	套	1.000			820.46	206.26			820	206
	YZ1-22	光纤同步数字（SDH）传输设备接口盘安装调测　扩容接口单元盘（SDH）10Gbit/s	块	1.000			1523.78	1207.98			1524	1208
	YZ1-35	数字通信通道调测　数字线路段光端对测　端站	方向•系统	1.000			885.69	200.73			886	201

续表

序号	编制依据	项目名称及规格	单位	数量	单价				合价			
					设备费	装置性材料费	安装费	其中：人工费	设备费	装置性材料费	安装费	其中：人工费
		××地调										
	（甲）	10G 光板	块	1.000	100 000.00				100 000			
	YZ1-21	光纤同步数字（SDH）传输设备接口盘安装调测　基本子架及公共单元盘（SDH）622Mbit/s 以上	套	1.000			820.46	206.26			820	206
	YZ1-22	光纤同步数字（SDH）传输设备接口盘安装调测　扩容接口单元盘（SDH）10Gbit/s	块	1.000			1523.78	1207.98			1524	1208
	YZ1-35	数字通信通道调测　数字线路段光端对测　端站	方向·系统	1.000			885.69	200.73			886	201
		主要设备运杂费	%	0.500	1 270 000.00				6350			
		主要设备运杂费	%	0.700	526 000.00				3682			
		甲供设备费小计							1 806 032			
		主材费小计								8910		
		小计							1 806 032	8910	34 993	18 711
一		直接费		100.000			50 345.01				50 345	
1		直接工程费		100.000			43 902.80				43 903	
1.1		定额直接费		100.000			34 992.80				34 993	
1.1.1		人工费		100.000			18 711.50				18 711	
1.1.2		材料费		100.000			5699.67				5700	
1.1.3		施工机械使用费		100.000			10 581.63				10 582	
1.2		装置性材料费		100.000			8910.00				8910	
1.2.2		乙供装置性材料费		100.000			8910.00				8910	
2		措施费		100.000			6442.21				6442	
2.1		冬雨季施工增加费		5.390			18 711.50				1009	
2.2		夜间施工增加费		0.850			18 711.50				159	
2.3		施工工具用具使用费		5.330			18 711.50				997	
2.5		临时设施费		4.970			34 992.80				1739	
2.6		施工机构迁移费		6.690			18 711.50				1252	
2.7		安全文明施工费		2.930			43 902.80				1286	
二		间接费		100.000			21 747.09				21 747	
1		规费		100.000			9279.97				9280	
1.1		社会保险费		26.150			24 324.94				6361	
1.2		住房公积金		12.000			24 324.94				2919	
2		企业管理费		59.690			18 711.50				11 169	
3		施工企业配合调试费		3.710			34 992.80				1298	
三		利润		6.000			72 092.11				4326	

续表

序号	编制依据	项目名称及规格	单位	数量	单价				合价			
					设备费	装置性材料费	安装费	其中：人工费	设备费	装置性材料费	安装费	其中：人工费
四		编制基准期价差		100.000			745.15				745	
1		人工价差		100.000			572.57				573	
2		材料价差		100.000			60.42				60	
3		机械价差		100.000			112.17				112	
五		税金		9.000			77 162.79				6945	
六		安装费		100.000			75 197.44				75 197	
七		主材费		100.000			8910.00				8910	
八		合计		100.000			84 107.44		1 806 032		84 107	
7.1.2		程控交换系统							484 643	9540	14 830	3800
7.1.2.1		调度程控交换							466 553	9540	13 081	3246
		新建 500kV C 变电站										
	（甲）	2M 切换装置（U 接口转换器，调度交换专用）	台	2.000	10 000.00				20 000			
	YZ1-33	2M 切换装置安装调测	台	2.000			276.47	143.38			553	287
	（甲）	电力调度台（32 键）	台	2.000	80 000.00				160 000			
	YZ5-14	电力调度程控交换机安装调测　电力调度台 64 键以下	台	2.000			284.74	107.54			569	215
	（甲）	电力调度录音装置	台	1.000	150 000.00				150 000			
	YZ5-18	电力调度程控交换机安装调测　电力调度录音装置	套	1.000			355.38	236.58			355	237
		2M 同轴电缆线（SYV-75-2-1×2），20m/根	根	2.000		200.00				400		
	YZ15-1	设备电缆　布放射频同轴电缆	100m	0.400			168.38	114.70			67	46
		2M 同轴电缆头	套	8.000		30.00				240		
	YZ15-3	设备电缆　同轴电缆头制作安装	个	8.000			9.66	9.18			77	73
		音频电缆（HYA10×2×0.5）	m	400.000		15.00				6000		
	YZ15-4	设备电缆　布放电话、以太网线	100m	4.000			123.01	93.20			492	373
	（甲）	PCM 设备	台	1.000	70 000.00				70 000			
	YZ1-3	光纤准同步数字（PDH）传输设备安装调测 PCM 设备	台	1.000			563.96	381.90			564	382
	（甲）	场地电话机	部	4.000	800.00				3200			
	YZ16-4	公共设备安装调测　特种电话机	台	4.000			71.69	71.69			287	287
		分线盒（BF-20）	个	2.000		200.00				400		
	YZ14-24	分线设备安装　音频分线盒　20 回线以下	个	2.000			34.69	32.26			69	65

续表

序号	编制依据	项目名称及规格	单位	数量	单价				合价			
					设备费	装置性材料费	安装费	其中：人工费	设备费	装置性材料费	安装费	其中：人工费
		电话线（HYA 5×2×0.5）	m	500.000		5.00				2500		
	YZ15-4	设备电缆 布放电话、以太网线	100m	5.000			123.01	93.20			615	466
	（甲）	音频配线架 整架 300 回	架	1.000	16 000.00				16 000			
	YZ14-9	音频配线架（VDF）安装 整架（300 回以下）	架	1.000			327.21	199.39			327	199
		××地调										
	（甲）	调度接口板	块	1.000	10 000.00				10 000			
	YZ5-17	电力调度程控交换机安装调测 扩装调度交换设备板卡 用户板/中继板	块	1.000			147.29	129.04			147	129
	（甲）	2M 切换装置（U 接口转换器，调度交换专用）	台	1.000	10 000.00				10 000			
	YZ1-33	2M 切换装置安装调测	台	1.000			276.47	143.38			276	143
	（甲）	FXO 板卡（FXO≥8 路）	块	1.000	5000.00				5000			
	YZ1-4	光纤准同步数字（PDH）传输设备安装调测 PCM 设备 接口盘	块	1.000			111.19	71.69			111	72
		××地备调										
	（甲）	调度接口板	块	1.000	10 000.00				10 000			
	YZ5-17	电力调度程控交换机安装调测 扩装调度交换设备板卡 用户板/中继板	块	1.000			147.29	129.04			147	129
	（甲）	2M 切换装置（U 接口转换器，调度交换专用）	台	1.000	10 000.00				10 000			
	YZ1-33	2M 切换装置安装调测	台	1.000			276.47	143.38			276	143
		主要设备运杂费	%	0.500	448 200.00				2241			
		主要设备运杂费	%	0.700	16 000.00				112			
		甲供设备费小计							466 553			
		主材费小计								9540		
		小计							466 553	9540	4936	3246
一		直接费		100.000			15 737.63				15 738	
1		直接工程费		100.000			14 475.54				14 476	
1.1		定额直接费		100.000			4935.54				4936	
1.1.1		人工费		100.000			3245.64				3246	
1.1.2		材料费		100.000			797.56				798	
1.1.3		施工机械使用费		100.000			892.34				892	
1.2		装置性材料费		100.000			9540.00				9540	
1.2.2		乙供装置性材料费		100.000			9540.00				9540	
2		措施费		100.000			1262.08				1262	

续表

序号	编制依据	项目名称及规格	单位	数量	单价				合价			
					设备费	装置性材料费	安装费	其中：人工费	设备费	装置性材料费	安装费	其中：人工费
2.1		冬雨季施工增加费		5.390			3245.64				175	
2.2		夜间施工增加费		0.850			3245.64				28	
2.3		施工工具用具使用费		5.330			3245.64				173	
2.5		临时设施费		4.970			4935.54				245	
2.6		施工机构迁移费		6.690			3245.64				217	
2.7		安全文明施工费		2.930			14 475.54				424	
二		间接费		100.000			3730.11				3730	
1		规费		100.000			1609.68				1610	
1.1		社会保险费		26.150			4219.33				1103	
1.2		住房公积金		12.000			4219.33				506	
2		企业管理费		59.690			3245.64				1937	
3		施工企业配合调试费		3.710			4935.54				183	
三		利润		6.000			19 467.73				1168	
四		编制基准期价差		100.000			117.23				117	
1		人工价差		100.000			99.32				99	
2		材料价差		100.000			8.45				8	
3		机械价差		100.000			9.46				9	
五		税金		9.000			20 753.03				1868	
六		安装费		100.000			13 080.80				13 081	
七		主材费		100.000			9540.00				9540	
八		合计		100.000			22 620.80		466 553		22 621	
7.1.2.2		行政程控交换							18 090		1749	554
		新建500kV C变电站										
	（甲）	IAD接入设备（32线）	台	1.000	10 000.00				10 000			
	YZ5-24	IMS设备安装调测 IAD接入设备	台	1.000			377.49	224.18			377	224
	（甲）	数字电话机	部	20.000	400.00				8000			
	YZ16-2	公共设备安装调测 电话机	台	20.000			16.49	16.49			330	330
		主要设备运杂费	%	0.500	18 000.00				90			
		甲供设备费小计							18 090			
		小计							18 090		707	554
一		直接费		100.000			864.32				864	
1		直接工程费		100.000			707.29				707	
1.1		定额直接费		100.000			707.29				707	
1.1.1		人工费		100.000			553.98				554	
1.1.2		材料费		100.000			73.36				73	

续表

序号	编制依据	项目名称及规格	单位	数量	单价				合价			
					设备费	装置性材料费	安装费	其中：人工费	设备费	装置性材料费	安装费	其中：人工费
1.1.3		施工机械使用费		100.000			79.95				80	
2		措施费		100.000			157.03				157	
2.1		冬雨季施工增加费		5.390			553.98				30	
2.2		夜间施工增加费		0.850			553.98				5	
2.3		施工工具用具使用费		5.330			553.98				30	
2.5		临时设施费		4.970			707.29				35	
2.6		施工机构迁移费		6.690			553.98				37	
2.7		安全文明施工费		2.930			707.29				21	
二		间接费		100.000			631.66				632	
1		规费		100.000			274.75				275	
1.1		社会保险费		26.150			720.17				188	
1.2		住房公积金		12.000			720.17				86	
2		企业管理费		59.690			553.98				331	
3		施工企业配合调试费		3.710			707.29				26	
三		利润		6.000			1495.98				90	
四		编制基准期价差		100.000			18.58				19	
1		人工价差		100.000			16.95				17	
2		材料价差		100.000			0.78				1	
3		机械价差		100.000			0.85				1	
五		税金		9.000			1604.32				144	
六		安装费		100.000			1748.70				1749	
八		合计		100.000			1748.70		18 090		1749	
7.1.3		数据网络系统							50 250	175	8916	2577
		新建 500kV C 变电站										
	（甲）	接入路由器	台	1.000	30 000.00				30 000			
	YZ7-1	路由器安装调测　接入层	台	1.000			1721.25	1025.17			1721	1025
	（甲）	接入交换机（48 口）	台	2.000	10 000.00				20 000			
	YZ7-8	网络交换机安装调测　中端	台	2.000			1041.21	752.75			2082	1506
		以太网线	m	50.000		3.50				175		
	YZ15-4	设备电缆　布放电话、以太网线	100m	0.500			123.01	93.20			62	47
		主要设备运杂费	%	0.500	50 000.00				250			
		甲供设备费小计							50 250			
		主材费小计								175		
		小计							50 250	175	3865	2577
一		直接费		100.000			4821.26				4821	

续表

序号	编制依据	项目名称及规格	单位	数量	单价				合价			
					设备费	装置性材料费	安装费	其中：人工费	设备费	装置性材料费	安装费	其中：人工费
1		直接工程费		100.000			4040.18				4040	
1.1		定额直接费		100.000			3865.18				3865	
1.1.1		人工费		100.000			2577.27				2577	
1.1.2		材料费		100.000			88.27				88	
1.1.3		施工机械使用费		100.000			1199.64				1200	
1.2		装置性材料费		100.000			175.00				175	
1.2.2		乙供装置性材料费		100.000			175.00				175	
2		措施费		100.000			781.09				781	
2.1		冬雨季施工增加费		5.390			2577.27				139	
2.2		夜间施工增加费		0.850			2577.27				22	
2.3		施工工具用具使用费		5.330			2577.27				137	
2.5		临时设施费		4.970			3865.18				192	
2.6		施工机构迁移费		6.690			2577.27				172	
2.7		安全文明施工费		2.930			4040.18				118	
二		间接费		100.000			2959.97				2960	
1		规费		100.000			1278.20				1278	
1.1		社会保险费		26.150			3350.45				876	
1.2		住房公积金		12.000			3350.45				402	
2		企业管理费		59.690			2577.27				1538	
3		施工企业配合调试费		3.710			3865.18				143	
三		利润		6.000			7781.23				467	
四		编制基准期价差		100.000			92.52				93	
1		人工价差		100.000			78.86				79	
2		材料价差		100.000			0.94				1	
3		机械价差		100.000			12.72				13	
五		税金		9.000			8340.62				751	
六		安装费		100.000			8916.27				8916	
七		主材费		100.000			175.00				175	
八		合计		100.000			9091.27		50 250		9091	
7.1.4		通信电源系统							231 150	23 200	23 291	5506
		新建 500kV C 变电站										
	（甲）	通信电源（300A 整流屏、直流分配屏各 1 面）	套	2.000	60 000.00				120 000			
	YZ12-13	高频开关电源屏安装调测 300A 以下	面	2.000			669.42	523.94			1339	1048
	YZ12-21	配电设备安装调测 配电屏 直流	面	2.000			300.37	166.83			601	334

续表

序号	编制依据	项目名称及规格	单位	数量	单价				合价			
					设备费	装置性材料费	安装费	其中：人工费	设备费	装置性材料费	安装费	其中：人工费
	（甲）	蓄电池组［500Ah（2V×24 只）］	组	2.000	40 000.00				80 000			
	YZ12-3	48V 阀控式密封铅酸蓄电池安装调测　500Ah 以下	组	2.000			461.48	302.24			923	604
	（甲）	蓄电池在线监测设备	套	2.000	15 000.00				30 000			
	YZ12-10	蓄电池在线监测设备安装调测	套	2.000			858.63	681.06			1717	1362
		电力电缆（ZR-VV-3×35＋1×16）	m	400.000		30.00				12 000		
	调 YZ15-11×1.3	设备电缆　电力电缆单芯截面 35mm²	100m	4.000			325.27	193.27			1301	773
		电力电缆（ZR-VV-1×120）	m	160.000		40.00				6400		
	YZ15-12	设备电缆　电力电缆单芯截面 120mm²	100m	1.600			360.45	215.71			577	345
		电力电缆（ZR-VV-2×10）	m	600.000		8.00				4800		
	调 YZ15-10×1.3	设备电缆　电力电缆单芯截面 10mm²	100m	6.000			290.11	173.20			1741	1039
		主要设备运杂费	%	0.500	230 000.00				1150			
		甲供设备费小计							231 150			
		主材费小计								23 200		
		小计							231 150	23 200	8198	5506
一		直接费		100.000			33 731.00				33 731	
1		直接工程费		100.000			31 398.26				31 398	
1.1		定额直接费		100.000			8198.26				8198	
1.1.1		人工费		100.000			5505.55				5506	
1.1.2		材料费		100.000			1942.65				1943	
1.1.3		施工机械使用费		100.000			750.06				750	
1.2		装置性材料费		100.000			23 200.00				23 200	
1.2.2		乙供装置性材料费		100.000			23 200.00				23 200	
2		措施费		100.000			2332.74				2333	
2.1		冬雨季施工增加费		5.390			5505.55				297	
2.2		夜间施工增加费		0.850			5505.55				47	
2.3		施工工具用具使用费		5.330			5505.55				293	
2.5		临时设施费		4.970			8198.26				407	
2.6		施工机构迁移费		6.690			5505.55				368	
2.7		安全文明施工费		2.930			31 398.26				920	
二		间接费		100.000			6320.90				6321	
1		规费		100.000			2730.48				2730	

续表

序号	编制依据	项目名称及规格	单位	数量	单价				合价			
					设备费	装置性材料费	安装费	其中：人工费	设备费	装置性材料费	安装费	其中：人工费
1.1		社会保险费		26.150			7157.22				1872	
1.2		住房公积金		12.000			7157.22				859	
2		企业管理费		59.690			5505.55				3286	
3		施工企业配合调试费		3.710			8198.26				304	
三		利润		6.000			40 051.90				2403	
四		编制基准期价差		100.000			197.01				197	
1		人工价差		100.000			168.47				168	
2		材料价差		100.000			20.59				21	
3		机械价差		100.000			7.95				8	
五		税金		9.000			42 652.02				3839	
六		安装费		100.000			23 290.71				23 291	
七		主材费		100.000			23 200.00				23 200	
八		合计		100.000			46 490.71		231 150		46 491	
7.1.5		引入光缆							12 084	40 000	105 938	27 884
		新建500kV　C变电站（站内引入光缆）										
	（甲）	72芯非金属阻燃光缆 GYFZY-72B1	km	2.000		7000.00				14 000		
	YZ13-14	管（沟）道内人工敷设穿子管光缆　72芯以下	km	2.000			2992.34	2607.31			5985	5215
	YZ13-55	光缆单盘测试　72芯以下	盘	1.000			1860.45	243.75			1860	244
		保护管 ϕ35mm	m	2000.000		3.00				6000		
	YZ13-37	保护管敷设及其他　子管敷设	100m	20.000			408.18	259.29			8164	5186
		落地式余缆箱（72芯光缆接头盒）	个	2.000								
	YZ13-75	厂（站）内光缆熔接 72芯以下	头	4.000			1483.45	645.21			5934	2581
	YZ13-88	厂（站）内光缆测试 72芯以下	段	2.000			459.57	286.76			919	574
		500kV A变电站（站内引入光缆）										
	（甲）	72芯非金属阻燃光缆 GYFZY-72B1	km	1.000		7000.00				7000		
	YZ13-14	管（沟）道内人工敷设穿子管光缆　72芯以下	km	1.000			2992.34	2607.31			2992	2607
	YZ13-55	光缆单盘测试　72芯以下	盘	1.000			1860.45	243.75			1860	244
		保护管 ϕ35mm	m	1000.000		3.00				3000		
	YZ13-37	保护管敷设及其他 子管敷设	100m	10.000			408.18	259.29			4082	2593

续表

序号	编制依据	项目名称及规格	单位	数量	单价				合价			
					设备费	装置性材料费	安装费	其中：人工费	设备费	装置性材料费	安装费	其中：人工费
		落地式余缆箱（72 芯光缆接头盒）	个	1.000								
	YZ13-75	厂（站）内光缆熔接 72 芯以下	头	2.000			1483.45	645.21			2967	1290
	YZ13-88	厂（站）内光缆测试 72 芯以下	段	1.000			459.57	286.76			460	287
	（甲）	光分配子架 72 芯	个	1.000	6000.00				6000			
	YZ14-6	光分配架（ODF）安装子架	个	1.000			22.00	21.51			22	22
		500kV B 变电站（站内引入光缆）										
	（甲）	72 芯非金属阻燃光缆 GYFZY-72B1	km	1.000		7000.00				7000		
	YZ13-14	管（沟）道内人工敷设穿子管光缆 72 芯以下	km	1.000			2992.34	2607.31			2992	2607
	YZ13-55	光缆单盘测试 72 芯以下	盘	1.000			1860.45	243.75			1860	244
		保护管 ϕ35mm	m	1000.000		3.00				3000		
	YZ13-37	保护管敷设及其他子管敷设	100m	10.000			408.18	259.29			4082	2593
		落地式余缆箱(72 芯光缆接头盒)	个	1.000								
	YZ13-75	厂（站）内光缆熔接 72 芯以下	头	2.000			1483.45	645.21			2967	1290
	YZ13-88	厂（站）内光缆测试 72 芯以下	段	1.000			459.57	286.76			460	287
	（甲）	光分配子架 72 芯	个	1.000	6000.00				6000			
	YZ14-6	光分配架（ODF）安装子架	个	1.000			22.00	21.51			22	22
		主要设备运杂费	%	0.700	12 000.00				84			
		甲供设备费小计							12 084			
		主材费小计								40 000		
		小计							12 084	40 000	47 628	27 884
一		直接费		100.000			96 833.57				96 834	
1		直接工程费		100.000			87 627.79				87 628	
1.1		定额直接费		100.000			47 627.79				47 628	
1.1.1		人工费		100.000			27 883.83				27 884	
1.1.2		材料费		100.000			9921.72				9922	
1.1.3		施工机械使用费		100.000			9822.24				9822	
1.2		装置性材料费		100.000			40 000.00				40 000	
1.2.1		甲供装置性材料费		100.000			28 000.00				28 000	
1.2.2		乙供装置性材料费		100.000			12 000.00				12 000	
2		措施费		100.000			9205.78				9206	
2.1		冬雨季施工增加费		5.390			27 883.83				1503	
2.2		夜间施工增加费		0.850			27 883.83				237	

续表

序号	编制依据	项目名称及规格	单位	数量	单价				合价			
					设备费	装置性材料费	安装费	其中：人工费	设备费	装置性材料费	安装费	其中：人工费
2.3		施工工具用具使用费		5.330			27 883.83				1486	
2.5		临时设施费		4.970			47 627.79				2367	
2.6		施工机构迁移费		6.690			27 883.83				1865	
2.7		安全文明施工费		2.930			59 627.79				1747	
二		间接费		100.000			32 239.83				32 240	
1		规费		100.000			13 828.99				13 829	
1.1		社会保险费		26.150			36 248.98				9479	
1.2		住房公积金		12.000			36 248.98				4350	
2		企业管理费		59.690			27 883.83				16 644	
3		施工企业配合调试费		3.710			47 627.79				1767	
三		利润		6.000			101 073.41				6064	
四		编制基准期价差		100.000			1062.53				1063	
1		人工价差		100.000			853.25				853	
2		材料价差		100.000			105.17				105	
3		机械价差		100.000			104.12				104	
五		税金		9.000			108 200.34				9738	
六		安装费		100.000			105 938.37				105 938	
七		主材费		100.000			40 000.00				40 000	
八		合计		100.000			145 938.37		12 084		145 938	

表 B.14　　变电站工程其他费用预算表　　元

序号	工程或费用名称	编制依据及计算说明	合价
	合计		38 731
2	项目建设管理费		26 195
2.1	项目法人管理费	（建筑工程费＋安装工程费）×2.63%	8153
2.2	招标费	（建筑工程费＋安装工程费）×1.75%	5425
2.3	工程监理费	（建筑工程费＋安装工程费）×3.32%	10 292
2.5	施工过程造价咨询及竣工结算审核费	（建筑工程费＋安装工程费）×0.75%	2325
3	项目建设技术服务费		2263
3.5	项目后评价费	（建筑工程费＋安装工程费）×0.35%	1085
3.6	工程建设检测费		868
3.6.1	电力工程质量检测费	（建筑工程费＋安装工程费）×0.28%	868
3.7	电力工程技术经济标准编制费	（建筑工程费＋安装工程费）×0.1%	310
4	生产准备费		10 273
4.1	管理车辆购置费	设备购置费×0.22%	5685
4.2	工器具及办公家具购置费	（建筑工程费＋安装工程费）×1.05%	3255
4.3	生产职工培训及提前进场费	（建筑工程费＋安装工程费）×0.43%	1333
	小计		38 731

附录C　通信安装工程工程量清单编制案例

500kV输变电工程——站外光缆册

招标工程量清单

招标人：　国网××省电力有限公司　　　　法定代表人
　　　　　××供电公司　　　　　　　　　或其授权人：

（单位盖章）　　　　　　　　　　　　　（签字或盖章）

工程造价
咨询人：　　　　　　　　　　　　　　　法定代表人
　　　　　　　　　　　　　　　　　　　或其授权人：

（单位资质专用章）　　　　　　　　　　（签字或盖章）

编制人：　　　　　　　　　　　　　　　复核人：

（签字、盖执业专用章）　　　　　　　　（签字、盖执业专用章）

编制时间：　　　　　　　　　　　　　　复核时间：

填 表 须 知

1 工程量清单应由具有编制招标文件能力的招标人、受其委托具有相应资质的电力工程造价咨询人或招标代理人进行编制。

2 招标人提供的工程量清单的任何内容不应删除或涂改。

3 工程量清单格式的填写应符合下列规定。

3.1 工程量清单中所有要求签字、盖章的地方，应由规定的单位和人员签字、盖章。

3.2 总说明应按下列内容填写。

3.2.1 工程概况应包括工程建设性质、本期容量、规划容量、电气主接线、配电装置、补偿装置、设计单位、建设地点、线路（电缆）亘长、回路数、起止塔（杆）号、设计气象条件、沿线地形比例、沿线地质条件、杆塔类型与数量、导线型号规格（电缆型号规格）、地形型号规格、光缆型号规格、电缆敷设方式等内容。

3.2.2 其他说明应按如下内容填写：

a）工程招标和分包范围；

b）工程量清单编制依据；

c）工程质量、材料等要求；

d）施工特殊要求；

e）交通运输情况、健康环境保护和安全文明施工；

f）其他需要说明的内容。

3.3 分部分项工程量清单、措施项目清单（二）按序号、项目编码、项目名称、项目特征、计量单位、工程量、备注等内容填写。

3.4 措施项目清单（一）按序号、项目名称等内容填写。

3.5 其他项目清单按序号、项目名称等内容填写。

3.6 规费、税金项目清单按序号、项目名称等内容填写。

3.7 投标人采购材料（设备）表按序号、材料（设备）名称、型号规格、计量单位、数量、单价等内容填写。

3.8 招标人采购材料（设备）表按序号、材料（设备）、型号规格、计量单位、数量、单价、交货地点及方式等内容填写。

4 如有需要说明其他事项可增加条款。

总说明

工程名称：500kV 输变电工程——站外光缆册

<table>
<tr><td rowspan="3">工程概况</td><td>工程名称</td><td>500kV 输变电工程-站外光缆册</td><td>建设性质</td><td>基建</td></tr>
<tr><td>设计单位</td><td>××</td><td>建设地点</td><td>××</td></tr>
<tr><td colspan="4">本工程新建 500kV C 变电站站外通信线路</td></tr>
<tr><td>其他说明</td><td colspan="4">1. 工程招标范围：1）通信安装工程：通信线路安装调试；具体以招标文件为准。
2. 工程量清单编制依据：① 中华人民共和国电力行业标准 DL/T 5341—××××《电力建设工程工程量清单计价规范》、中华人民共和国电力行业标准 DL/T 5341—××××《电力建设工程工程量清单计算规范》；② 工程招标文件及补充文件；③ 扩初设计图纸及补充提资。
3. 工程材料、设备品牌要求：招标人指定供选择品牌的材料及设备［详见投标人采购设备（材料）表］，投标人在投标文件中应标明与报价相应的材料及设备品牌，其他材料设备请投标人按施工图自行报价。如在投标文件中未标明，在工程实施时招标人将有权在招标时指定选择的品牌中任选一个，材料设备价格不做任何调整。
4. 本工程量清单中所列项目按中华人民共和国电力行业标准 DL/T 5341—××××《电力建设工程工程量清单计算规范》中工程量计算规则计算，投标人在报价中应将各类损耗考虑到相应项目的单价中，招标人不为损耗额外支付。
5. 投标人在确定工程量清单中的每一项综合单价时，均应结合招标文件、技术规范、设计施工图纸和现场勘察情况确定，其中：① 设计总说明与设计详图描述有冲突时，投标人应按设计详图要求报价；② 设计图纸未明确者，投标人应按清单明确内容报价。
6. 招标人供应设备、材料卸车保管费由投标人自行报价，结算时不做调整。招标人采购材料税金不计入报价。
7. 措施项目费：
（1）安全文明施工费（含安全生产费、文明施工费、环境保护费）和临时设施费等按招标文件要求及省市、行业、国家电网公司有关文件规定进行报价，并按招标文件及《国家电网公司关于进一步规范电力建设工程安全生产费用提取与使用管理工作的通知》（国家电网基建〔2013〕1286 号）、《国家电网公司输变电工程安全文明施工标准化管理办法》（国网基建/3 187—2015）要求执行。工程安全文明施工费费率为 2.93%，临时设施费费率为 5.59%。投标报价时不得作为竞争性费用。
（2）措施项目清单中的内容仅供投标人参考，投标人应依据招标文件、设计图纸、招标人提供的现场资料、投标人编制的施工组织设计及自身能力补充完善，确定合理报价，投标人不报或少投均视为已含在其投标报价总价之中或对招标人的优惠之中。
8. 规费执行《电网工程建设预算编制与计算标准》；税金执行《住房城乡建设部办公厅关于调整建设工程计价依据增值税税率通知》费率为 9%。
9. 企业管理费的组成内容增加城市维护建设税、教育费附加、地方教育费附加等。
10. 招标代理服务费、竣工图文件编制费、施工场地租用费由施工单位自主报价，结算不做调整</td></tr>
</table>

分部分项工程量清单

工程名称：500kV 输变电工程——站外光缆册

序号	项目编码	项目名称	项目特征	计量单位	工程量	备注
一	2QB	通信线路工程				
1	2QBAAA	架空光（电）缆				
1.1	2QBAAACM0301	架空 ADSS 光缆	1. 名称：ADSS 光缆 2. 规格型号：ADSS-AT-31kN-72B1 3. 电压等级：35kV 以下	km	23.984	
1.2	2QBAAACM0901	光缆单盘测试	1. 名称：ADSS 光缆 2. 规格型号：72 芯	盘	9	
1.3	2QBAAACM1001	光缆接续	1. 名称：ADSS 光缆 2. 规格型号：72 芯	头	10	
1.4	2QBAAACM1301	光缆全程测量	1. 名称：ADSS 光缆 2. 规格型号：72 芯	段	1	

续表

序号	项目编码	项目名称	项目特征	计量单位	工程量	备注
1.5	2QBAAACM1401	光缆跨越	被跨越物名称：一般公路	处	5	
1.6	2QBAAACM1402	光缆跨越	被跨越物名称：河流	处	2	
2	2QBBAA	敷设光（电）缆				
2.1	2QBBAACM0401	管（沟）道光缆	1. 名称：72 芯普通非金属光缆 2. 规格型号：GYFTY-72 3. 敷设方式：管（沟）道内	km	20.99	
2.2	2QBBAACM0901	光缆单盘测试	1. 名称：72 芯普通非金属光缆 2. 规格型号：GYFTY-72	盘	9	
2.3	2QBBAACM1001	光缆接续	1. 名称：72 芯普通非金属光缆 2. 规格型号：GYFTY-72	头	7	
2.4	2QBBAACM1301	光缆全程测量	1. 名称：72 芯普通非金属光缆 2. 规格型号：GYFTY-72	段	1	
2.5	2QBBAACM0402	管（沟）道光缆	1. 名称：保护管 2. 规格型号：ϕ40mm	km	20	
2.6	2QBBAACM1101	厂（站）内光缆熔接	1. 名称：72 芯普通非金属光缆 2. 规格型号：GYFTY-72	头	1	
2.7	2QBBAACL0301	配线架	1. 名称：光分配子架 2. 规格型号：72 芯	个	1	

措施项目清单（一）

工程名称：500kV 输变电工程——站外光缆册

序号	项目名称	备注
	建筑措施项目	
1	冬雨季施工增加费	
2	夜间施工增加费	
3	施工工具用具使用费	
4	特殊地区施工增加费	
5	临时设施费	
6	施工机构迁移费	
7	安全文明施工费	
	安装措施项目	
1	冬雨季施工增加费	
2	夜间施工增加费	
3	施工工具用具使用费	
4	临时设施费	
5	施工机构迁移费	
6	安全文明施工费	
7	多次进场增加费	

措 施 项 目 清 单 （二）

工程名称：500kV 输变电工程——站外光缆册

序号	项目编码	项目名称	项目特征	计量单位	工程量	备注

其 他 项 目 清 单

工程名称：500kV 输变电工程——站外光缆册　　元

序号	项目名称	金额	备注
1	暂列金额		
2	暂估价		
2.1	材料、工程设备暂估单价		材料暂估单价计入清单项目综合单价，此处不汇总
2.2	专业工程暂估价		
3	计日工		
4	施工总承包服务项目		
5	其他		
5.1	拆除工程项目清单		
5.2	招标人供应设备、材料卸车保管费		
5.2.1	设备保管费		
5.2.2	材料保管费		
5.3	施工企业配合调试费		
5.4	建设场地征用及清理费		
5.4.1	土地占用费		
5.4.2	施工场地租用费		
5.4.3	迁移补偿费		
5.4.3.1	房屋拆迁补偿费		
5.4.4	余物清理费		
5.4.5	输电线路走廊赔偿费		
5.4.6	通信设施防输电线路干扰措施费		

暂 列 金 额 明 细 表

工程名称：500kV 输变电工程——站外光缆册　　元

序号	项目名称	计量单位	暂列金额	备注
1	暂列金额			

材料、工程设备暂估单价表

工程名称：500kV 输变电工程——站外光缆册　　元

序号	材料、工程设备名称	规格、型号	计量单位	单价	备注

专 业 工 程 暂 估 价 表

工程名称：500kV 输变电工程——站外光缆册　　元

序号	工程 名称	工程内容	金额	备注
1	暂估价			
1.1	专业工程暂估价			

计 日 工 表

工程名称：500kV 输变电工程——站外光缆册

编号	项 目 名 称	计量单位	暂定数量	备 注
一	人工			
1				
2				
二	材料			
1				
2				
三	施工机械			
1				
2				

施工总承包服务项目内容表

工程名称：500kV 输变电工程——站外光缆册

序号	工程名称	项目价值（元）	服务内容	备注
1	施工总承包服务项目			

拆 除 工 程 项 目 清 单

工程名称：500kV 输变电工程——站外光缆册

序号	项目名称	项目特征	计量单位	工程量	备注

建设场地征用及清理项目表

工程名称：500kV 输变电工程——站外光缆册

序号	项目名称	备注
1	其他	
1.1	建设场地征用及清理费	
1.1.1	土地占用费	
1.1.2	施工场地租用费	
1.1.3	迁移补偿费	
1.1.3.1	房屋拆迁补偿费	
1.1.4	余物清理费	
1.1.5	输电线路走廊赔偿费	
1.1.6	通信设施防输电线路干扰措施费	

规费、税金项目清单

工程名称：500kV 输变电工程——站外光缆册

序号	项目名称	备注
一	规费	
	建筑规费项目	
（一）	社会保险费	
1	养老保险费	
2	失业保险费	
3	医疗保险费	
4	生育保险费	
5	工伤保险费	
（二）	住房公积金	
（三）	危险作业意外伤害保险费	
	安装规费项目	
（一）	社会保险费	
1	养老保险费	
2	失业保险费	
3	医疗保险费	
4	生育保险费	
5	工伤保险费	
（二）	住房公积金	
（三）	危险作业意外伤害保险费	
二	税金	

投标人采购材料（设备）表

工程名称：500kV 输变电工程——站外光缆册

序号	材料（设备）名称	型号规格	计量单位	数量	备注
一	投标人采购材料				
1	余缆架		个	10	
2	静端紧固件及夹具		套	46	
3	悬垂紧固件及夹具		套	101	
4	引下夹具		套	60	
5	防振器		套	338	
6	引（上）下钢管（6m，ϕ100mm）		根	2	
7	塔用标示牌		套	125	
8	保护管 ϕ40mm		km	20	
9	管道用标示牌		套	420	

招标人采购材料（设备）表

工程名称：500kV 输变电工程——站外光缆册　　　　元

序号	材料（设备）名称	型号规格	计量单位	数量	单价	交货地点及方式	备注
二	招标人采购设备						
1	光分配子架	72 芯	个	1		招标人负责运至施工组织设计现场指定堆放地点	
2	72 芯 ADSS 光缆	ADSS-AT-31kN-72B1	km	23.984			
3	ADSS 光缆接头盒	72 芯	个	10			
4	72 芯普通非金属光缆	GYFTY-72B1	km	20.99			
5	72 芯普通接头盒	72 芯	个	7			

500kV输变电工程——站内设备册

招标工程量清单

招标人： 国网××省电力有限公司
××供电公司

（单位盖章）

法定代表人
或其授权人：

（签字或盖章）

工程造价
咨询人：

（单位资质专用章）

法定代表人
或其授权人：

（签字或盖章）

编制人：

（签字、盖执业专用章）

复核人：

（签字、盖执业专用章）

编制时间：

复核时间：

填 表 须 知

1 工程量清单应由具有编制招标文件能力的招标人、受其委托具有相应资质的电力工程造价咨询人或招标代理人进行编制。

2 招标人提供的工程量清单的任何内容不应删除或涂改。

3 工程量清单格式的填写应符合下列规定：

3.1 工程量清单中所有要求签字、盖章的地方，应由规定的单位和人员签字、盖章。

3.2 总说明应按下列内容填写：

3.2.1 工程概况应包括工程建设性质、本期容量、规划容量、电气主接线、配电装置、补偿装置、设计单位、建设地点、线路（电缆）亘长、回路数、起止塔（杆）号、设计气象条件、沿线地形比例、沿线地质条件、杆塔类型与数量、导线型号规格（电缆型号规格）、地形型号规格、光缆型号规格、电缆敷设方式等内容。

3.2.2 其他说明应按如下内容填写：

a）工程招标和分包范围；

b）工程量清单编制依据；

c）工程质量、材料等要求；

d）施工特殊要求；

e）交通运输情况、健康环境保护和安全文明施工；

f）其他需要说明的内容。

3.3 分部分项工程量清单、措施项目清单（二）按序号、项目编码、项目名称、项目特征、计量单位、工程量、备注等内容填写。

3.4 措施项目清单（一）按序号、项目名称等内容填写。

3.5 其他项目清单按序号、项目名称等内容填写。

3.6 规费、税金项目清单按序号、项目名称等内容填写。

3.7 投标人采购材料（设备）表按序号、材料（设备）名称、型号规格、计量单位、数量、单价等内容填写。

3.8 招标人采购材料（设备）表按序号、材料（设备）、型号规格、计量单位、数量、单价、交货地点及方式等内容填写。

4 如有需要说明其他事项可增加条款。

总说明

工程名称：500kV 输变电工程——站内设备册

<table>
<tr><td rowspan="3">工程概况</td><td>工程名称</td><td>500kV 输变电工程——站内设备册</td><td>建设性质</td><td>基建</td></tr>
<tr><td>设计单位</td><td>××</td><td>建设地点</td><td>××</td></tr>
<tr><td colspan="4">本工程新建 500kV C 变电站内的配套通信设备，包括光传输设备、调度交换设备、行政交换设备、数据网设备、通信电源设备等。</td></tr>
<tr><td>其他说明</td><td colspan="4">1. 工程招标范围：通信安装工程——光传输设备、调度交换设备、行政交换设备、数据网设备、通信电源设备安装调试；具体以招标文件为准。
2. 工程量清单编制依据：① 中华人民共和国电力行业标准 DL/T 5341—××××《电力建设工程工程量清单计价规范》、中华人民共和国电力行业标准 DL/T 5341—××××《电力建设工程工程量清单计算规范》；② 工程招标文件及补充文件；③ 扩初设计图纸及补充提资。
3. 工程材料、设备品牌要求：招标人指定供选择品牌的材料及设备［详见投标人采购设备（材料）表］，投标人在投标文件中应标明与报价相应的材料及设备品牌，其他材料设备请投标人按施工图自行报价。如在投标文件中未标明，在工程实施时招标人将有权在招标时指定选择的品牌中任选一个，材料设备价格不做任何调整。
4. 本工程量清单中所列项目按中华人民共和国电力行业标准 DL/T 5341—××××《电力建设工程工程量清单计算规范》中工程量计算规则计算，投标人在报价中应将各类损耗考虑到相应项目的单价中，招标人不为损耗额外支付。
5. 投标人在确定工程量清单中的每一项综合单价时，均应结合招标文件、技术规范、设计施工图纸和现场勘察情况确定，其中：① 设计总说明与设计详图描述有冲突时，投标人应按设计详图要求报价；② 设计图纸未明确者，投标人应按清单明确内容报价。
6. 招标人供应设备、材料卸车保管费由投标人自行报价，结算时不做调整。招标人采购材料税金不计入报价。
7. 措施项目费：
（1）安全文明施工费（含安全生产费、文明施工费、环境保护费）和临时设施费等按招标文件要求及省市、行业、国家电网公司有关文件规定进行报价，并按招标文件及《国家电网公司关于进一步规范电力建设工程安全生产费用提取与使用管理工作的通知》（国家电网基建〔2013〕1286 号）、《国家电网公司输变电工程安全文明施工标准化管理办法》（国网基建/3 187—2015）要求执行。工程安全文明施工费费率为 2.93%，临时设施费费率为 4.97%。投标报价时不得作为竞争性费用。
（2）措施项目清单中的内容仅供投标人参考，投标人应依据招标文件、设计图纸、招标人提供的现场资料、投标人编制的施工组织设计及自身能力补充完善，确定合理报价，投标人不报或少投均视为已含在其投标报价总价之中或对招标人的优惠之中。
8. 规费执行《电网工程建设预算编制与计算标准》；税金执行《住房城乡建设部办公厅关于调整建设工程计价依据增值税税率通知》费率为 9%。
9. 企业管理费的组成内容增加城市维护建设税、教育费附加、地方教育费附加等。
10. 招标代理服务费、竣工图文件编制费、施工场地租用费由施工单位自主报价，结算不做调整</td></tr>
</table>

分部分项工程量清单

工程名称：500kV 输变电工程——站内设备册

序号	项目编码	项目名称	项目特征	计量单位	工程量	备注
一	2QA	通信设备工程				
1	2QAA	光纤通信数字设备				
1.1	2QAAAA	光纤数字传输设备				
1.1.1	2QAAAACK0201	光传输设备	1. 名称：10G SDH 光端机 2. 规格型号：分插复用器（ADM） 3. 传输速率：10Gbit/s	套	1	C 站：含保护倒换测试
1.1.2	2QAAAACK0701	线路段光端对测	1. 名称：10Gbit/s 光通道 2. 类别：光通道	方向·系统	3	C 站
1.1.3	2QAAAACK0401	接口单元盘	1. 名称：10G 光板 2. 规格型号：10Gbit/s 3. 类别：板卡	块	1	C 站
1.1.4	2QAAAACK0402	接口单元盘	1. 名称：155M 光板 2. 规格型号：155Mbit/s 3. 类别：板卡	块	1	C 站

续表

序号	项目编码	项目名称	项目特征	计量单位	工程量	备注
1.1.5	2QAAAACL0801	放绑软光纤	1. 名称：2 芯跳纤 2. 规格型号：20m/根	条	3	C 站
1.1.6	2QAAAACL0501	布放线缆	1. 名称：同轴电缆 2. 规格型号：SYV-75-2-1×8	m	160	C 站
1.1.7	2QAAAACL0502	布放线缆	1. 名称：以太网线	m	100	C 站
1.1.8	2QAAAACK0501	光功率放大器、转换器	1. 名称：光功率放大器 2. 规格型号：BA15	块	1	C 站，外置
1.1.9	2QAAAACK0502	光功率放大器、转换器	1. 名称：色散补偿 2. 规格型号：DCM40	块	1	C 站，外置
1.1.10	2QAAAACK0301	基本子架及公共单元盘	1. 名称：基本子架及公共单元盘（SDH） 2. 型号规格：10Gbit/s	套	1	A 站
1.1.11	2QAAAACK0403	接口单元盘	1. 名称：10G 光板 2. 规格型号：10Gbit/s 3. 类别：板卡	块	1	A 站
1.1.12	2QAAAACK0702	线路段光端对测	1. 名称：10Gbit/s 光通道 2. 类别：光通道	方向·系统	1	A 站
1.1.13	2QAAAACK0503	光功率放大器、转换器	1. 名称：光功率放大器 2. 规格型号：BA15	块	1	A 站，外置
1.1.14	2QAAAACK0504	光功率放大器、转换器	1. 名称：色散补偿 2. 规格型号：DCM40	块	1	A 站，外置
1.1.15	2QAAAACK0302	基本子架及公共单元盘	1. 名称：基本子架及公共单元盘（SDH） 2. 型号规格：10Gbit/s	套	1	B 站
1.1.16	2QAAAACK0404	接口单元盘	1. 名称：10G 光板 2. 规格型号：10Gbit/s 3. 类别：板卡	块	1	B 站
1.1.17	2QAAAACK0703	线路段光端对测	1. 名称：10Gbit/s 光通道 2. 类别：光通道	方向·系统	1	B 站
1.1.18	2QAAAACK0303	基本子架及公共单元盘	1. 名称：基本子架及公共单元盘（SDH） 2. 型号规格：10Gbit/s	套	1	××地调
1.1.19	2QAAAACK0405	接口单元盘	1. 名称：10G 光板 2. 规格型号：10Gbit/s 3. 类别：板卡	块	1	××地调
1.1.20	2QAAAACK0706	线路段光端对测	1. 名称：10Gbit/s 光通道 2. 类别：光通道	方向·系统	1	××地调
1.1.21	2QAAAACK0101	机柜	1. 名称：机柜 2. 规格型号：800mm×600mm×2260mm，含直流分配单元	面	35	C 站
1.1.22	2QAAAACK0102	机柜	1. 名称：机柜 2. 规格型号：800mm×600mm×2260mm，含 PDU	面	5	C 站
1.1.23	2QAAAACK0301	配线架	1. 名称：光分配架 2. 规格型号：整架 3. 容量：144 芯	架	3	C 站
1.1.24	2QAAAACK0302	配线架	1. 名称：数字分配架 2. 规格型号：整架 3. 容量：128 系统	架	2	C 站
1.1.25	2QAAAACK0304	配线架	1. 名称：网络配线架 2. 规格型号：整架 3. 容量：288 口	架	1	C 站

续表

序号	项目编码	项目名称	项目特征	计量单位	工程量	备注
2	2QAE	交换设备				
2.1	2QAEBA	电力调度程控交换机				
2.1.1	2QAEBACK0601	切换装置	1. 名称：2M 切换装置 2. 规格型号：U 接口转换器，调度交换专用	台	2	C站
2.1.2	2QAEBACK4501	电力调度程控交换机	1. 名称：电力调度台 2. 规格型号：32 键	台	2	C站
2.1.3	2QAEBACK4502	电力调度程控交换机	1. 名称：电力调度录音装置	台	1	C站
2.1.4	2QAEBACL0501	布放线缆	1. 名称：2M 线 2. 规格型号：20m/根	m	40	C站
2.1.5	2QAEBACL0601	同轴电缆头	1. 名称：同轴电缆头 2. 规格型号：制作	个	8	C站
2.1.6	2QAEBACL0502	布放线缆	1. 名称：音频电缆 2. 规格型号：HYA 10×2×0.5	m	400	C站
2.1.7	2QAEBACK0101	PCM 设备	1. 名称：PCM 设备	台	1	C站
2.1.8	2QAEBACL1001	公共设备	1. 名称：场地电话机 2. 规格型号：特种电话机	台	4	C站
2.1.9	2QAEBACL0401	分线设备	1. 名称：分线盒 2. 规格型号：BF-20	个	2	C站
2.1.10	2QAEBACL0503	布放线缆	1. 名称：电话线 2. 规格型号：HYA 5×2×0.5	m	500	C站
2.1.11	2QAEBACK0602	切换装置	1. 名称：2M 切换装置 2. 规格型号：U 接口转换器，调度交换专用	台	1	××地调
2.1.12	2QAEBACK4301	扩装交换设备板卡、模块	1. 名称：调度交换设备板卡 2. 规格型号：调度接口板	块	1	××地调
2.1.13	2QAEBACK0401	接口单元盘	1. 名称：FXO 板卡 2. 规格型号：FXO≥8 路 3. 类别：板卡	块	1	××地调
2.1.14	2QAEBACK0603	切换装置	1. 名称：2M 切换装置 2. 规格型号：U 接口转换器，调度交换专用	台	1	××地备调
2.1.15	2QAEBACK4302	扩装交换设备板卡、模块	1. 名称：调度交换设备板卡 2. 规格型号：调度接口板	块	1	××地备调
2.1.16	2QAEBACK0303	配线架	1. 名称：音频配线架 2. 规格型号：整架 3. 容量：300 回	架	1	C站
2.2	2QAEAA	程控电话交换设备				
2.2.1	2QAEAACK4701	IMS 设备	1. 名称：IAD 接入设备 2. 规格型号：32 线	台	1	C站
2.2.2	2QAEAACL1001	公共设备	名称：数字电话机	台	20	C站
3	2QAG	数据通信设备				
3.1	2QAGAA	网络设备				
3.1.1	2QAGAACK5601	网络设备	1. 名称：接入路由器 2. 规格型号：接入层	台	1	C站
3.1.2	2QAGAACK5602	网络设备	1. 名称：接入交换机 2. 规格型号：48 口	台	2	C站

续表

序号	项目编码	项目名称	项目特征	计量单位	工程量	备注
3.1.3	2QAGAACL0501	布放线缆	名称：以太网线	m	50	C站
4	2QAN	通信电源设备				
4.1	2QANAA	蓄电池				
4.1.1	2QANAACK8601	蓄电池组	1.规格型号：2V×24只 2. 容量：500Ah	组	2	C站
4.1.2	2QANAACK8701	蓄电池在线监测设备	1.规格型号：蓄电池在线监测设备	组	2	C站
4.1.3	2QANAACL0501	布放线缆	1. 名称：电力电缆 2. 规格型号：ZR-VV-1×120	m	160	C站
4.2	2QANBA	开关电源				
4.2.1	2QANBACK8801	高频开关电源屏	1.规格型号：整流屏 2. 容量：300A	面	2	C站
4.2.2	2QANBACK9101	配电屏	1. 名称：分配屏 2. 规格型号：直流	面	2	C站
4.2.3	2QANBACL0501	布放线缆	1. 名称：电力电缆 2. 规格型号：ZR-VV-3×35+1×16	m	400	C站
4.2.4	2QANBACL0502	布放线缆	1. 名称：电力电缆 2. 规格型号：ZR-VV-2×10	m	600	C站
二	2QB	通信线路工程				
1	2QBBAA	敷设光（电）缆				
1.1	2QBBAACM0401	管（沟）道光缆	1. 名称：非金属阻燃光缆 2. 规格型号：72芯 GYFZY-72B1 3. 敷设方式：穿子管敷设	km	4	C站2km，A站1km，B站1km
1.2	2QBBAACM0901	光缆单盘测试	1. 名称：非金属阻燃光缆 2. 规格型号：72芯	盘	3	
1.3	2QBBAACM1101	厂（站）内光缆熔接	1. 名称：非金属阻燃光缆 2. 规格型号：72芯	头	8	
1.4	2QBBAACM1201	厂（站）内光缆测试	1. 名称：非金属阻燃光缆 2. 规格型号：72芯	段	4	
1.5	2QBBAACM0402	管（沟）道光缆	1. 名称：保护管 2. 规格型号：PVC，ϕ35mm 3. 敷设方式：沟道内敷设	km	4	
1.6	2QBBAACK0305	配线架	1. 名称：光分配架 2. 规格型号：子架 3. 容量：72芯	个	2	A站、B站

措施项目清单（一）

工程名称：500kV输变电工程——站内设备册

序号	项目名称	备注
	建筑措施项目	
1	冬雨季施工增加费	
2	夜间施工增加费	
3	施工工具用具使用费	
4	特殊地区施工增加费	
5	临时设施费	
6	施工机构迁移费	
7	安全文明施工费	

续表

序号	项目名称	备注
	安装措施项目	
1	冬雨季施工增加费	
2	夜间施工增加费	
3	施工工具用具使用费	
4	临时设施费	
5	施工机构迁移费	
6	安全文明施工费	
7	多次进场增加费	

措施项目清单（二）

工程名称：500kV 输变电工程——站内设备册

序号	项目编码	项目名称	项目特征	计量单位	工程量	备注

其他项目清单

工程名称：500kV 输变电工程——站内设备册　　元

序号	项目名称	金额	备注
1	暂列金额		
2	暂估价		
2.1	材料、工程设备暂估单价		材料暂估单价计入清单项目综合单价，此处不汇总
2.2	专业工程暂估价		
3	计日工		
4	施工总承包服务项目		
5	其他		
5.1	拆除工程项目清单		
5.2	招标人供应设备、材料卸车保管费		
5.2.1	设备保管费		
5.2.2	材料保管费		
5.3	施工企业配合调试费		
5.4	建设场地征用及清理费		
5.4.1	土地占用费		
5.4.2	施工场地租用费		
5.4.3	迁移补偿费		
5.4.3.1	房屋拆迁补偿费		
5.4.4	余物清理费		
5.4.5	输电线路走廊赔偿费		
5.4.6	通信设施防输电线路干扰措施费		

暂 列 金 额 明 细 表

工程名称：500kV 输变电工程——站内设备册　　元

序号	项目名称	计量单位	暂列金额	备注
1	暂列金额			

材料、工程设备暂估单价表

工程名称：500kV 输变电工程——站内设备册　　元

序号	材料、工程设备名称	规格、型号	计量单位	单价	备注

专 业 工 程 暂 估 价 表

工程名称：500kV 输变电工程——站内设备册　　元

序号	工程 名称	工程内容	金额	备注
1	暂估价			
1.1	专业工程暂估价			

计 日 工 表

工程名称：500kV 输变电工程——站内设备册

编号	项 目 名 称	计量单位	暂定数量	备 注
一	人工			
1				
2				
二	材料			
1				
2				
三	施工机械			
1				
2				

施工总承包服务项目内容表

工程名称：500kV 输变电工程——站内设备册

序号	工程名称	项目价值（元）	服务内容	备注
1	施工总承包服务项目			

拆除工程项目清单

工程名称：500kV 输变电工程——站内设备册

序号	项目名称	项目特征	计量单位	工程量	备注

建设场地征用及清理项目表

工程名称：500kV 输变电工程——站内设备册

序号	项目名称	备注
1	其他	
1.1	建设场地征用及清理费	
1.1.1	土地占用费	
1.1.2	施工场地租用费	
1.1.3	迁移补偿费	
1.1.3.1	房屋拆迁补偿费	
1.1.4	余物清理费	
1.1.5	输电线路走廊赔偿费	
1.1.6	通信设施防输电线路干扰措施费	

规费、税金项目清单

工程名称：500kV 输变电工程——站内设备册

序号	项目名称	备注
一	规费	
	建筑规费项目	
（一）	社会保险费	
1	养老保险费	
2	失业保险费	
3	医疗保险费	
4	生育保险费	
5	工伤保险费	
（二）	住房公积金	
（三）	危险作业意外伤害保险费	
	安装规费项目	
（一）	社会保险费	
1	养老保险费	
2	失业保险费	
3	医疗保险费	
4	生育保险费	
5	工伤保险费	
（二）	住房公积金	
（三）	危险作业意外伤害保险费	
二	税金	

投标人采购材料（设备）表

工程名称：500kV 输变电工程——站内设备册

序号	材料（设备）名称	型号规格	计量单位	数量	备注
一	投标人采购材料				
1	电力电缆	ZR-VV-2×10	m	600	
2	电力电缆	ZR-VV-1×120	m	160	
3	电力电缆	ZR-VV-3×35+1×16	m	400	
4	电话线	HYA 5×2×0.5	m	500	
5	分线盒	BF-20	个	2	
6	音频电缆	HYA 10×2×0.5	m	400	
7	2M 同轴电缆头		套	8	
8	2M 同轴电缆线	SYV-75-2-1×2，20m/根	根	2	
9	落地式余缆箱	含 72 芯光缆接头盒	个	4	
10	保护管	ϕ35mm	m	4000	
11	RJ45 水晶头		盒	1	
12	以太网线		m	150	
13	同轴电缆	SYV-75-2-1×8，10m/根，同轴电缆头工厂完成	根	16	
14	2 芯跳纤	20m/根	根	3	

招标人采购材料（设备）表

工程名称：500kV 输变电工程——站内设备册　　元

序号	材料（设备）名称	型号规格	计量单位	数量	单价	交货地点及方式	备注
二	招标人采购设备						
1	光分配子架	72 芯	个	2		招标人负责运至施工组织设计现场指定堆放地点	
2	网络配线架	整架，288 口	架	1			
3	音频配线架	整架，300 回	架	1			
4	数字分配架	整架，128 系统	架	2			
5	光分配架	整架，144 芯	架	3			
6	机柜	800mm×600mm×2260mm，含 PDU	架	5			
7	机柜	800mm×600mm×2260mm，含直流分配单元）	架	35			
8	蓄电池在线监测设备		套	2			
9	蓄电池组	500Ah（2V×24 只）	组	2			
10	通信电源	300A 整流屏、直流分配屏各 1 面	套	2			
11	接入交换机	48 口	台	2			
12	接入路由器		台	1			
13	数字电话机		部	20			
14	IAD 接入设备	32 线	台	1			
15	FXO 板卡	FXO≥8 路	块	1			
16	调度接口板		块	2			

续表

序号	材料（设备）名称	型号规格	计量单位	数量	单价	交货地点及方式	备注
17	场地电话机		部	4			
18	PCM 设备		台	1			
19	电力调度录音装置		台	1			
20	电力调度台	32 键	台	2			
21	2M 切换装置	U 接口转换器，调度交换专用	台	4			
22	10G 光板		块	3			
23	色散补偿	DCM40	块	2			
24	光功率放大器	BA15	块	2			
25	10G SDH 光传输设备	本期配置 3 个 10G 光接口、1 块 155M 光口 POS 板）	套	1			
26	非金属阻燃光缆	72 芯 GYFZY-72B1	km	4			

参 考 文 献

[1] 樊昌信，曹丽娜．通信原理．北京：国防工业出版社，2007．

[2] 乔桂红．光纤通信．北京：人民邮电出版社，2005．

[3] 北京邮电学院多路通信研究室．载波通信原理．北京：人民邮电出版社，1979．

[4] 刘沈，沈传舜．微波通信原理．北京：人民邮电出版社，1988．

[5] 刘振亚．同步时钟设备卷（第二批） 国家电网公司物资采购标准（2009年版）．北京：中国电力出版社，2010．

[6] 陈建亚，余浩，王振凯．现代交换原理．北京：北京邮电大学出版社，2006．

[7] 黎雯霞．程控交换设备维护．北京：北京邮电大学出版社，2009．

[8] 谭伟贤．高清晰会议电视系统及应用技术．北京：科学出版社，2004．

[9] 刘晓辉，李利军．局域网组网技术大全．北京：人民邮电出版社，2007．

[10] 胡文启，徐军，张伍荣．网络安全大全．北京：清华大学出版社，2008．

[11] 陈振国，郭文彬．卫星通信系统与技术．北京：北京邮电大学出版社，2003．

[12] 张雷霆．通信电源．北京：人民邮电出版社，2007．

[13] 罗世伟，左涛，邹开耀．视频监控系统原理及维护．北京：电子工业出版社，2010．

[14] 李立高．光缆通信工程．北京：人民邮电出版社，2004．

[15] 赵梓森，等．光纤通信工程．北京：人民邮电出版社，2002．

[16] 刘世春．信线路维护实用手册．北京：人民邮电出版社，2007．

[17] 张开栋．通信光缆施工．北京：人民邮电出版社，2008．

[18] 程毅，等．光缆通信工程设计、施工与维护．北京：机械工业出版社，2010．

[19] 高小玲，吴刚，刘作学．数字通信技术．北京：科学出版社，2006．

[20] 方致霞，尚勇，杨文山．数字通信．北京：人民邮电出版社，2005．

[21] 尹树华，等．光纤通信工程与工程管理．北京：人民邮电出版社，2005．

[22] 王健，等．光传送网（OTN）技术、设备及工程应用．北京：人民邮电出版社，2016．

[23] 李允博，等．光传送网（OTN）技术的原理与测试．北京：人民邮电出版社，2014．

[24] 梁雪梅，等．IMS技术行业专网应用．北京：人民邮电出版社，2016．

[25] 汪丁鼎，等．5G无线网络技术与规划设计．北京：人民邮电出版社，2019．

[26] 吴成林，等．5G核心网规划与应用．北京：人民邮电出版社，2020．

[27] 吴成林，等．5G移动通信系统设计与标准详解．北京：人民邮电出版社，2020．

[28] 巩应奎，等．天空地一体化自组织网络导航技术及应用．北京：人民邮电出版社，2020．